모든 휴대폰을 위한

모바일 웹 사이트 제작 및 프로그래밍

임영환 저

programing

홍릉과학출판사

머리말

세상은 빠르게 변화하고 있습니다. 얼마 전까지만 해도 인터넷 세상이었습니다. 내가 가진 정보를 마음대로 인터넷 세계에 올릴 수 있게 되면서 나도 인터넷 세상의 일원으로 살아가는 맛에 이 새로운 세계에 빠져 들었습니다. 이제는 어디에서든지 PC 앞에서 인터넷을 하는 것이 TV를 보는 것만큼이나 흔하게 되었습니다.

이것이 디지털 미디어 시대를 살아가고 있는 우리의 모습이었습니다.

그런데 요즈음은 휴대폰으로 인터넷을 하거나 멀티미디어 콘텐츠를 보는 일들이 많아졌습니다. 특히 웹 2.0의 등장으로 UCC 개념과 휴대폰이 한데 어우러지면서 많은 무선 인터넷 콘텐츠가 생산되기 시작하였고, 앞으로는 휴대폰이 인터넷을 접속하는 주요 수단이 될 수밖에 없는 시대가 되었습니다.

지금까지 나와 있는 모바일 관련 책들은 플랫폼에 다운받아 수행하게 하는 모바일 프로그래밍 기법이나 모바일 웹 프로그래밍에 관한 전문적인 책들이 대부분이었습니다.

필자는 휴대폰이 인터넷의 리모컨이 될 것이라는 예상 하에 모바일 프로그램이나 콘텐츠 제작에 오랫동안 연구를 해 왔습니다. 그러면서 모바일 콘텐츠가 웹 기반과 VM 기반으로 완전히 분리되어 있고, 모바일 웹은 각 통신사들이 별도로 제작해야 하는 어려움에 대하여 고민을 많이 하였습니다. 그러면서 이동통신사의 기종에 모두 적용이 가능한 모바일 웹을 제작하는 방법을 연구하여 모바일 편집기와 서비스 변환기를 개발하고 실제 적용하였습니다. 또한, 모바일 서비스 플랫폼을 개발하여 모바일 UCC를 수용할 수 있게 하고, 필요할 때마다 VM기반의 모바일 컴포넌트를 다운받아 수행하게 함으로써 모바일 컨텐츠의 적용 범위를 대폭 확대하였습니다. 이러한 연구결과를 앞으로 모바일 미디어 세계를 이끌어 갈 학생들에게 조그마한 도움이라도 주고 싶은 마음에 이 책을 집필하게 되었습니다.

이 책은 제목 그대로 모든 휴대폰에 적용이 가능한 모바일 웹 콘텐츠를 제작하는 방법과 모든 휴대폰에 서비스하기 위하여 콘텐츠를 변환하는 방법, 그리고 실제 모바일 서비스를 제공하기 위한 서비스 플랫폼을 교육하는데 초점이 맞추어져 있습니다.

이 책의 구성을 보면,

전반부에서는 모바일 웹 서비스의 개요나 모바일 웹 콘텐츠에 대하여 소개하였습니다. 그리고 통신사 별로 필요한 모바일 웹을 프로그램하는 기법을 소개하였습니다. 중반부에는 모든 휴대폰에 적용이 가능한 모바일 웹 제작 및 프로그램하는 방법과 콘텐츠를 변환하는 방법에 대하여 기술하였습니다. 그리고 후반부에는 모바일 서비스를 제공하기 위한 플랫폼에 대하여 기술하였습니다.

아무쪼록 이 책이 미디어에 관련된 내용을 공부하려는 학생들뿐만 아니라 일반인들에게도 유용한 책이 되었으면 하는 바람입니다.

끝으로 이 책이 나오기까지 지대한 도움을 준 강의선교수와 UMedia 실험실의 고희애, 김종근, 심근호, 조미화, 윤창익과 그 외 실원들에게 감사의 뜻을 전하며 시종을 지켜주신 하나님께 진심으로 감사드립니다.

2008년 2월
저자 임영환

차 례

1부 모바일 웹 사이트 구성하기

4부 모든 휴대폰에 재생 가능한 모바일 웹 페이지 만들기

PART 01

모바일 웹 사이트 구성하기

01 모바일 웹 서비스의 개요

1.1 모바일 웹 서비스의 등장 배경 및 소개

1.1.1 월드 와이드 웹(World Wide Web)

우리는 21세기를 "정보화 사회"에 살아가고 있다고 얘기한다. 이 용어는 컴퓨터와 통신의 발달에 의해 시작되었지만 사실 인터넷(Internet)이라는 단어에 의해 실용화, 보편화, 그리고 대중화 되었다고 볼 수 있다. 인터넷은 전 세계에 걸쳐 있는 무수한 네트워크를 또 다른 네트워크로 형성한 것으로써 "상호 연결된 네트워크"라는 의미를 내포하고 있다. 이런 인터넷을 통하여 사람들은 엄청난 양의 정보를 생산하고 공유할 수 있게 되었다. 인터넷 서비스의 종류로는 편지형식의 메시지를 네트워크상에서 교환할 수 있는 전자메일(E-mail), 전 세계의 컴퓨터로부터 파일을 전송하거나 받을 수 있는 파일전송 서비스(FTP : File Transfer Protocol), 원격지에 있는 컴퓨터를 네트워크로 연결하여 로컬처럼 작업할 수 있는 원격접속 서비스(Telnet), 텍스트를 기본으로 다양한 멀티미디어 정보를 공유하고 표현할 수 있는 **월드 와이드 웹**(World Wide Web : 이하 웹)등이 있다.

이들 중 웹은 1989년 CERN의 팀 버너스 리에 의해 처음 만들어지면서 지속적이 발전을 하였고 웹 기술에 대한 권고안 및 통신기술에 힘입어 통신 선로가 연결된 일반 PC에서 자유롭게 정보를 습득할 수 있는 기술까지 발전하였다. 웹은 HTTP(Hypertext Transfer Protocol)이라는 규약을 이용하여 네트워크들이 연결된 서로 다른 컴퓨터 사이에 정보를 오류 없이 원활하게 전송할 수 있도록 한다. 일반적으로 사용자는 웹 사이트(Web Site)를 통하여 웹 문서를 확인할 수 있으며 넷스케이프(Netscape) 혹은 인터넷 익스플로러(Internet Explorer)를 통하여 볼 수 있다. 넷스케이프 혹은 인터넷 익스플로러는 웹 브라우저 프로그램으로써 일종의 HTML 문서를 확인할 수 있는 도구이다. 서버 관리자가 HTML이라는 문서 형태의 파일을 웹 서버에 저장하면, 넷스케이프 혹은 인터넷 익스플로러와 같은 웹 브라우저 프로그램은 HTML 페이지를 가져와서 텍스트, 이미지와 같은 명령어들을 적합한 형식으로 해석하여 화면상에 출력하다.

웹 사이트는 버튼과 같은 사용자가 사용하기 쉬운 인터페이스를 제공할 뿐만 아니라 일반 텍스트, 이미지와 같은 거의 모든 주제에 대한 정보를 멀티미디어 데이터들로 표현하여 시각적인 정보로써 풍부하게 제공하고 있다. 웹 사이트는 서로 다른 페이지들과의 연결을 위하여 링크 정보를 가지며 사용자는 이런 링크를 선택함으로써 연결된 페이지를 가져올 수 있다. 이렇게 다른 페이지에 대한 링크 정보를 가지고 있는 페이지를 하이퍼텍스트(Hypertext)라고 한다. 웹 사이트는 일반 텍스트나 하이퍼텍스트뿐만 아니라 이미지, 버튼 등 많은 멀티미디어 객체들을 포함한다. 이들 각 객체들은 또 다른 페이지에 링크할 수 있으며 링크된 객체를 클릭하면 브라우저에 의해 해당 페이지가 열린다.

| 그림 1.1 | 웹 페이지의 예 (www.naver.com : 2007년 11월 12일자)

모든 웹 사이트는 사용자가 주소 창에 웹 주소인 URL(Uniform Resource Locator)을 입력하면 브라우저는 URL 주소에 대한 실질 주소인 IP 주소를 DNS(Domain name Server)에 요청한다. 그럼 DNS는 IP를 브라우저에게 넘겨준다. 브라우저는 IP 주소에 해당하는 웹 사이트 서버에 HTML을 요청(request)하고, 서버는 해당 HTML을 브라우저에게 전달해 준다. HTML 문서를 모두 전송받은 브라우저는 비로소 화면상에 출력하며, 브라우저와 서버사이의 연결은 해제된다.

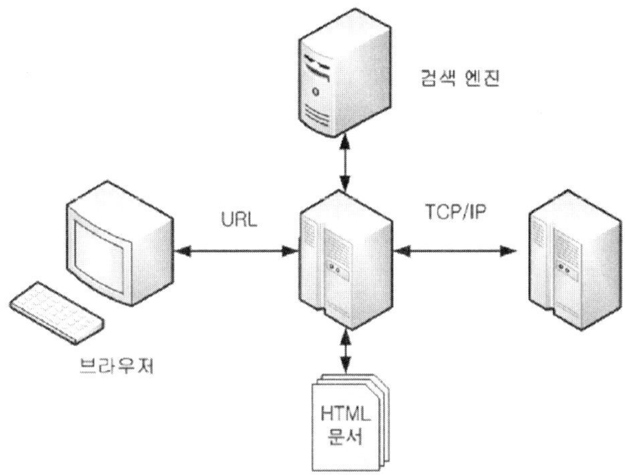

| 그림 1.2 | 웹의 작동 원리

1.1.2 모바일 웹 서비스

웹의 출현으로 인해 현재는 정보의 바다 속에서 살고 있다고 하여도 과언이 아니다. 즉, 책, 신문, 라디오, 텔레비전에서만 습득할 수 있었던 많은 정보들이 컴퓨터와 통신선로가 있는 곳이면 어디서든 인터넷을 사용하여 원하는 정보를 확인할 수 있게 되었다. 하지만 이런 웹은 많은 장점에도 불구하고 한정된 영역에서의 정보 습득이라는 단점이 제기되면서 이동성을 고려한 방법을 모색하게 되었다.

우리나라에서 휴대폰을 중심으로 하는 모바일 시장은 최근 몇 년간 급속한 발전과 변화를 이루어 왔다. 휴대폰은 남녀노소, 연령층에 관계없이 전화를 걸고 받을 수 있는 사람이면 누구나 사용가능하게 되었다. 언제 어디서나 이동하면서 사용할 수 있다는 장점과 함께 무선 네트워크 장비가 발전하고, 사용자의 인식이 기존의 휴대 전화기 개념에서 더 나아가 정보기기로 인식되고 있는 모바일 기기로 발전하고 있다. 이동성이라는 최고의 장점을 갖고 있는 휴대폰은 소형의 단말기임에도 불구하고 문자 메시지 서비스(SMS : Short Message Service), 카메라, MMS(Multimedia Messaging System) 등 다양한 서비스를 제공하고 있다. 즉, 단순 전화의 목적에서 데이터 처리가 가능하도록 단말기의 하드웨어 성능이 향상됨을 의미한다. 휴대폰의 이동성은 기존 웹의 흐름을 바꾸기 시작하였다. 이를 시작으로 모바일 웹과 이를 서비스하기 위한 모바일 웹 서비스라는 단어가 출현하였다.

모바일 웹은 핸드폰 또는 PDA와 같은 휴대 가능한 모바일 단말기를 이용하여 문자, 이미지와 같은 정보를 송신, 수신할 수 있는 것을 의미한다. 무선 환경에서 인터넷을 비롯한 다양한 데이터망에 접속하여 모바일 단말기에 내장된 브라우저를 통하여 정보를 송신, 수신할 수 있는 서비스를 모바일 웹 서비스라고 한다. 모바일 웹 서비스는 유비쿼터스의 Any Time, Any Where, Any Device, Any Service를 만족하기 위한 가장 기본적인 서비스이다. 무선 네트워크의 가장 큰 장점인 이동성을 갖고 있기 때문에 앞으로 더욱 다양한 서비스로 발전할 수 있는 영역을 가지고 있다.

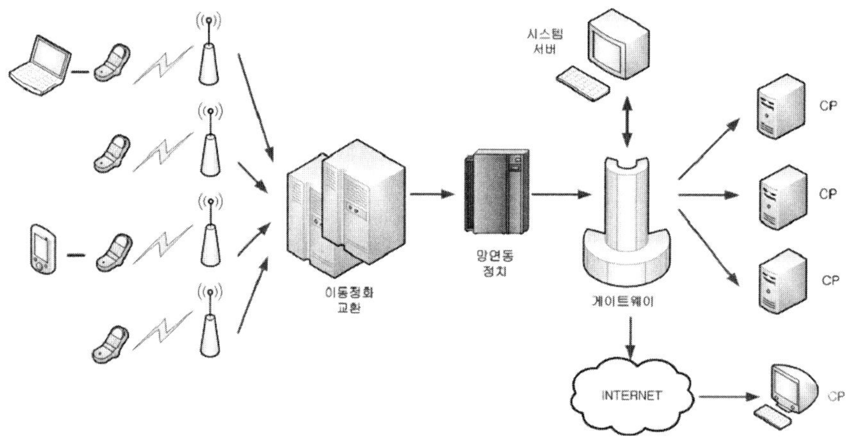

| 그림 1.3 | **모바일 인터넷 이동 통신망의 구성**

모바일 단말기의 이동성(Mobility), 위치기반(Localization), 고객차별성(Customization)의 큰 특징은 기존의 웹 서비스와는 차원이 다른 서비스를 제공할 수 있다는 것이다. 또한 기존 인터넷의 장점은 방대한 정보 획득이 가능하다는 점과 인터넷의 문제인 저작권에 대한 보호, 과금이 어렵다는 점을 모바일 웹 서비스에서는 통신사를 주축으로 하는 과금 정책에 의해서 해결하고 있다. 이동성, 정보기기, 과금 가능성의 장점에 의해서 모바일 웹 서비스는 최소의 비용으로 최대의 수익을 얻을 수 있는 시장이 되고 있다. 이러한 열린 시장에서 성공하기 위해서는 모바일 웹 서비스 구성 방법과 모바일 웹 서비스의 제한점을 극복하면서 모바일 웹 페이지를 제작하는 방법과 킬러 응용분야(KILLER Applica-tion)를 만들기 위한 모바일 웹 사이트 구축이 필요하다.

1.1.3 일반 웹 서비스와 모바일 웹 서비스 비교

웹 서비스는 홈페이지를 중심으로 개인, 회사의 홍보자료를 인터넷이 연결되는 어디서나 볼 수 있다는 광고성 차원으로 시작되었다. 현재의 웹 서비스는 판매, 유통, 고객관리 등 사업가치적 차원에서 사용되고 있다. 기존의 유선 전화에서 이동 전화로 통화의 영역이 변경되자 개인의 행동반경이 확대되고, 신규 사업 영역이 창출되었다. 모바일 웹 서비스 역시 웹 서비스의 부흥에 힘입어 모바일 웹 서비스의 몇몇 표준화 작업이 완료되고 있으며 제 2의 웹 서비스 부흥을 이룩할 준비 작업을 수행하고 있다.

이동 중에 언제 어디서나 접속할 수 있는 모바일 웹 서비스의 편리함에 의해서 모바일 웹 서비스 사업 영역의 잠재 능력은 기대 이상이라고 할 수 있다. 그러나 모바일 웹 서비스가 수년전부터 서비스되고 있지만, 아직 잠재된 능력이 나타나지 않은 이유를 보면 무시 못 하는 몇 가지 문제가 있기 때문이다. 초기의 모바일 단말기의 디스플레이 장치를 보면 텍스트 중심의 10행에서 20행정도의 200여자 내외의 정보만을 표현할 수 있었다. 그 이유는 정보를 재생하기 위한 비용이 많이 들었기 때문이다. 최근 모바일 기기가 발전하면서 점점 문제점들이 줄어들고 있지만, 아직 웹 서비스를 제공하는 측면과 모바일 웹 서비스를 제공하는 측면에서 차이가 있다. 다음 표 1.1과 표 1.2는 기술적, 비즈니스, 사용자 측면에서 웹 서비스와 모바일 웹 서비스를 비교하고 있다.

| 표 1.1 | 웹 서비스와 모바일 웹 서비스의 기술적인 특성 비교

구분	웹 서비스	모바일 웹 서비스
전송 속도	56Kbps~1Mbps	14.4Kbps~56Kbps
화면	640×480 픽셀 이상 평균 1024×768 해상도	120×176, 240×320 해상도
인터페이스	키보드, 마우스, 펜, 모니터, 프린터 등 입출력장치	액정화면, 소프트 버튼
통신 에러율	낮음	높음
휴대성	불편함	편리함
프로토콜	TCP/IP	TCP/IP, WAP
콘텐츠 형태	HTML, Javascript	WML, C-HTML, S-HTML, xHTML
접근 형태	양방향성	단방향성
응용 소프트웨어	다양함, 추가 변경 용이	한정됨, 추가 변경 불가
저장성	데이터 저장이 용이	데이터 저장이 제한
선도 기술	지불/인증, VR, 지능형, 에이전트	WAP기반 기술, 보안, GPS, PDA, IMT-2000
접근 방법	이동성이 배제된 컴퓨터	이동성을 갖는 무선 단말기
이용시간	이용 시간에 부담을 느끼지 않는 범위에서 장시간 사용	필요한 경우에만 짧게 사용하고 빠른 의사 결정 요구

〈자료 : 무선인터넷 백서 2001, 소프트뱅크미디어〉

| 표 1.2 | 웹 서비스와 모바일 웹 서비스의 비즈니스, 사용자 측면 비교

구분	웹 서비스	모바일 웹 서비스
기업의 관점	물품을 파는(selling)것이 아니라 고객이 찾아와 팔리는(be-bought) 정적인 서비스 기업 홍보 방식	유선 웹 서비스의 형태를 포함한 기업이 고객을 찾아가는 모바일 서비스가 강조된 다양한 방식의 기업 홍보 방식
진입 장벽	표준 기술의 대중화에 따라 진입 장벽 낮음	서비스 방식의 복잡과 표준화의 미확립에 의해 유선 웹 서비스에 비해서 높은 진입 장벽, 통신사 별 콘텐츠 관리 필요
대표적인 사업 분야	금융, 유통, 물류 등을 포함한 광범위한 전자상거래, 뉴스, 음악, 영상, 동호회 등의 콘텐츠 제공, 서비스 검색, 지불, 보안의 기반 기술 보유	이동성과 휴대성에 적합한 예약, 금융, 영업, 속보 제공, 오디오 서비스, 위치/시간 기반 정보 서비스, 오락 등 보이스 검색, 영상 압축 기술의 보유
전송 속도	초고속 데이터 서비스	저속의 데이터 서비스
정보의 제공	멀티미디어를 포함한 다양한 정보의 제공	텍스트, 이미지 기반의 간단한 정보 제공
디스플레이 및 입력장치	큰 화면(15~30인지), 편리한 인터페이스	작은 화면(2인지), 제한되고 불편한 작은 키패드
사용자 이용형태	장시간 여러 사이트를 돌아다님	여가 시간을 이용하여 몇몇 사이트 내의 간단한 정보 검색, 간단한 금융 서비스
이용료 지불의사	대부분의 서비스에 지불 의사 없음	사용 서비스에 따른 지불 의사 있음

〈자료 : 무선인터넷 백서 2001, 소프트뱅크미디어〉

1.1.4 모바일 웹 서비스의 종류

모바일 단말기와 통신에 의한 인터넷 접근은 시간적, 공간적 제약을 넘어 다양한 정보의 접근을 제시하였지만 단말기의 하드웨어적인 제약(작은 디스플레이 화면, 낮은 프로세스, 적은 메모리, 부족한 전력량 등)은 기존 유선상에서 제공되던 멀티미디어를 모두 서비스하는 것이 어려웠다. 하지만 최근, IMT-2000, WCDMA, IMS 서비스가 상용화됨으로써 정보 표현에 대한 시각화를 가능하도록 하고 있다. 이를 바탕으로 모바일 웹에서 제공되는 서비스의 종류로는 크게 4가지로 구분될 수 있다.

- 위치기반 서비스

이동성이라는 특성을 이용한 위치 기반 서비스는 자신의 위치를 중심으로 다양한 콘텐츠나 정보를 제공받을 수 있는 서비스이다. 즉, 현재 자신의 위치를 알 수 있는 것을 시작으로 특정 위치에 있는 지도 정보나 주변의 지역 정보 등을 제공하는 서비스로써 대중교통정보와 경로탐색, 개인위치를 확인할 수 있는 위치추적정보, 물류의 이동경로 및 지역 기상을 위한 생활편의 정보 등이 있다.

- 개인 기반 서비스

모바일 단말기는 개인당 한 개 이상 소유하고 있기 때문에 개인을 나타내는 표시의 일종이기도 하다. 즉, 이메일, 팩스 등을 포함하는 개인정보 관리 및 통신 서비스로써 사용자의 정보를 데이터베이스로 관리할 수 있다. 이를 응용하여 일정관리, 북마크, 주소록 등을 서비스할 수 있으며 온, 오프라인의 상거래 수단으로 사용할 수 있다.

- 실시간 기반 서비스

이동성을 강점으로 하는 모바일 단말기는 시간과 공간의 제약을 받지 않기 때문에 실시간 서비스가 가능하다. 즉, 실시간 인터넷 접속을 필요로 하는 뉴스, 날씨, 주식 등의 방대한 정보를 인터넷 접속을 통하여 서비스될 수 있다.

- 통합화를 통한 서비스

최근 홈 네트워크를 시작으로 유비쿼터스 컴퓨팅 기술이 발전하고 있다. 모바일 웹 서비스는 모바일 인터넷뿐만 아니라 이런 다른 종류의 기술들과 결합을 시도해 볼 수 있다. 이는 고정된 장소의 사무실 업무에서 벗어나 언제 어디서나 회사 업무를 처리할 수 있는 환경이 구축됨으로써 업무 방식의 다양화 및 가속화를 지원하는데 활용될 것이다.

1.2 모바일 서비스를 위한 브라우저

모바일에서는 모바일 콘텐츠를 제작하고, 제공하는 방법으로 모바일에서 바로 볼 수 있는 웹 브라우저와 콘텐츠를 다운로드 받아 핸드폰에 저장시키는 2가지 어플리케이션 방법이 있다. 이는 콘텐츠를 제작할 때, 가장 먼저 선택해야 할 부분이다.

1.2.1 모바일 웹 페이지를 표현하기 위한 브라우저

모바일 브라우저는 인터넷이 가능한 휴대 단말기에 탑재되어 PC에서 사용하는 것과 유사하게 인터넷을 사용할 수 있도록 해주는 애플리케이션으로써 PC의 인터넷 익스플로러, 모질라(Mozilla), 넷스케이프와 같은 프로그램이다. 즉, 모바일 단말기를 통해서 프로토콜을 이용해서 주소를 입력하고 그에 해당하는 정보를 보여주는 것이다. 현재 국내에서는 이동통신사에 따라서 프로토콜 방식이 다르지만 HTML로 구성된 무선 인터넷 페이지라고 보면 된다. 아직은 동적인 것보다 정적인 사용자 인터페이스가 대세를 이루고 있다. 브라우저에서 가능한 움직임은 SIS, GIF Animation을 이용한 동작이나 레이어를 활용하여 이동시키는 정도만 가능하다. 주소를 통해서 정보를 볼 수 있기 때문에 다운로드 없이 간편하게 이용할 수 있다는 것이 큰 장점이다.

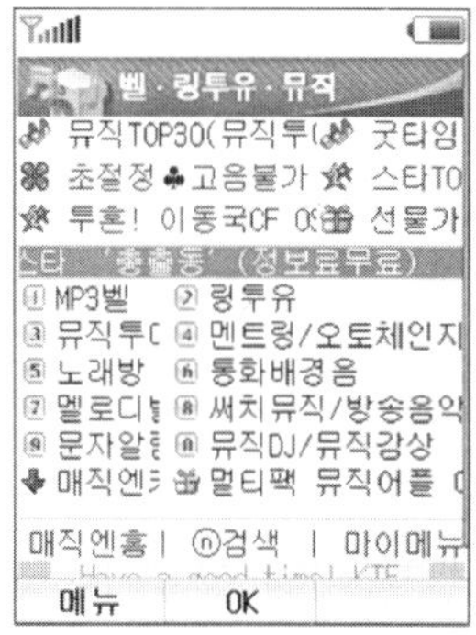

Borwser

| 그림 1.4 | 모바일 브라우저의 예

모바일 인터넷의 초기 브라우저는 각 모바일 콘텐츠를 표현하기 위하여 모바일 단말기별 콘텐츠를 재작성해야 하는 번거로움을 가지고 있었다. 하지만 최근에는 일반 PC 상에서 정보를 검색하거나 확인할 수 있는 1024*768의 브라우저를 작은 사이즈의 모바일 단말기 상에 모두 표현하기 위한 **풀 브라우저**(Full Browser) 개념이 출현하고 있다. 하지만 현재 풀 브라우저는 국내 각 통신사에 의존해야 하는 상황이다. 따라서 이런 단점을 해결하고 좀더 많은 콘텐츠 제공 사업자들로 하여금 보다 적은 노력으로 많은 콘텐츠를 서비스하기 위한 방안으로써 모바일 표준화가 요구되고 있는 실정이다.

1.2.2 주요 개발사 및 모바일 브라우저의 종류

Openwave는 미국 회사로 모바일 브라우저 시장을 처음으로 도입한 회사다. HDML이라는 전용 규격을 가지고 처음 시작했고 WAP Forum을 만들고 여기서 WML 규격들을 개발한다. 유럽과 한국, 일본을 제외한 거의 대부분의 이동통신사가 Openwave를 사용한다. Obigo사의 Teleca 브라우저는 다양한 사업자의 무선 인터넷 서비스 요청을 바탕으로 풀 인터넷 브라우징 기능을 지원하며 어떤 운영체제나 플랫폼에도 최적화하여 서비스될 수 있도록 지원하고 있다. 우리나라에서도 우리나라 회사가 브라우저를 공급하기 전에는 Openwave와 Obigo를 사용했었다. 그리고 일본에서는 i-Mode가 Acces를 사용함으로써 엄청난 성공을 거두면서 유명해진 회사다. NTT DoCoMo, KDDI, Vodafone KK 등의 이동통신 사업자들이 너나 할 것 없이 모바일 브라우저 사업 전략들을 활발히 진행하고 있다. 이 외에도 모질라의 "미니모", KTF의 "KUN", 노키아의 "Safari", Access의 "Netfront" 등이 있다.

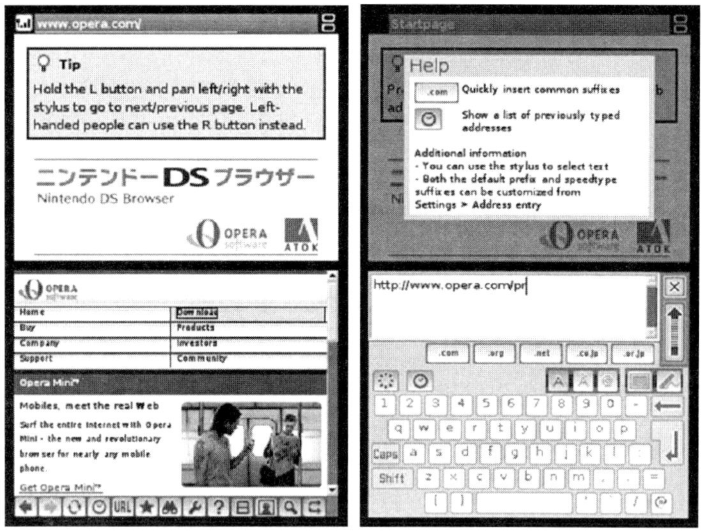

| 그림 1.5 | 닌텐도 오페라 브라우저 스크린샷 ⓒK모바일

국내에는 SKT, KTF, LGT 3개의 이동통신사가 존재한다. 현재 국내에서는 3개의 이동통신사를 중심으로 모바일 사업이 진행되는 현황이며 통신사마다 제공하는 프로토콜과 브라우저, 플랫폼이 모두 다르다. 각각 제공하는 것을 정확히 알아야 제대로 된 서비스가 가능할 것이다. 무선 인터넷 서비스와 무선 인터넷 플랫폼을 명확히 구분해야 나중에 착오가 생기지 않는다. 무선 인터넷에서는 SK-WML, mHTML, UP-WML 등으로 서비스하고 있다. 반면에 플랫폼에 해당하는 것은 하나의 실행 파일이 돌아간다고 생각하면 이해가 쉬울 것이다. 윈도우에서 EXE프로그램이 실행되듯이 무선 인터넷 플랫폼 위에서 어플리케이션이 구동된다. 무선 인터넷 서비스는 이동통신사가 제공하는 프로토콜과 이동통신사에서 탑재한 브라우저에 따라 **마크업 언어**(Markup Language)가 달라진다. 지원하는 마크업 언어에 따라서 개발 내용이 달라져야 한다. 언어별 개발에 필요한 브라우저 종류는 다음과 같다.

| 표 1.3 | 국내 이동통신사 별 브라우저 종류

이동통신사업자	내장브라우저	마크업언어	테스트용 시뮬레이터
SKT	AUR 브라우저 UP3.1 브라우저 UP4.1 브라우저	WML/HDML	UP.SDK 4.0 UP.SDK 3.2
LGT	AUR 브라우저 UP3.1 브라우저 UP4.1 브라우저	WML/HDML	UP.SDK 4.0 UP.SDK 3.2
KTF	ME 브라우저 KUN 브라우저	mHTML	ME1.1.1 ME1.2 KUN 1.1

1.2.3 브라우저의 한계점과 해결방안

모바일 브라우저는 각 이동통신사의 모델에 따라 다양한 규격의 브라우저가 있다. 이와 같은 문제점과 그에 대한 해결 방안은 다음과 같다.

현실적으로 작은 LCD를 보유한 핸드폰에서 아무리 모바일에 최적화된 웹 페이지를 본다고 하더라도 정보를 제공하는 측면에서 한계점은 있다. 최근의 모바일 브라우저는 PC 기반 웹페이지를 깨지는 현상 없이 그대로 확대/축소하여 볼 수 있으나, 그것 또한 PC의 정보 전달력만큼은 될 수 없다. PDA, Smart Phone, 그리고 앞으로 출시될 차세대 단말의 경우 지금의 핸드폰보다는 LCD가 커지겠지만 궁극적으로 PC보다 작은 화면에서 정보를 제공하는데 있어서는 능력이 떨어질 것이다.

이미 OMA(Open Mobile Alliance) 등 해외 표준기구 등에서 브라우저 표준 규격을 만들고 있기 때문에 국내에서는 이를 준용한 것이다. 하지만 최근 서비스의 발전과 함께 유무선 콘텐츠 간 자유로운 연동이 콘텐츠 활성화를 위한 이슈로 부각되면서 브라우저 규격 표준화 요구가 새롭게 제기되고 있다. 현재 유선에서 서비스 중인 대다수 콘텐츠는 무선 브라우저와 규격 호환이 안 돼 서비스가 극히 제한적이다. 모바일과 웹 문서를 구분하는 등 휴대폰에 최적화된 문서를 찾는 방법이 정해져 있지 않아 사용자나 서비스업체 모두 접근에 제한을 받는 실정이다. 게다가 망 개방 이후 무선콘텐츠 간의 검색 기능을 활용하기 위해서도 브라우저 규격 표준이 필요하다는 지적이다.

차세대 무선인터넷 서비스의 원활한 지원을 위해 모바일 브라우저 규격을 표준화해야 한다는 요구가 높아지고 있다. 꿈틀대는 해외 표준화 단체인 W3C와 함께 모바일 인증 규격인 '모바일 OK' 표준을 만들고 있는 ETRI 측은 최근 모바일 브라우저 업체 및 유선 포털들과 잇달아 협의를 갖고 브라우저 표준화 논의를 개시했다. 우선 W3C가 추진하는 '모바일 OK' 규격작업에서 국내 업체들이 주도할 수 있는 분야를 발굴하는 동시에 국내가 앞서가는 유무선 연동 서비스를 중심으로 독자 규격을 만드는 작업도 추진한다는 계획이다.

하향평준화는 브라우저 표준화에 대한 공감대는 폭넓게 형성되고 있지만 이동통신사를 중심으로 이를 반대하는 목소리도 제기되고 있다. 표준플랫폼인 위피 제정 과정에서 나타났듯 표준화로 인해 도리어 서비스의 하향평준화를 초래할 수 있다는 우려 때문이다. 이들은 브라우저 규격을 별도로 만들기보다는 OMA를 통한 국제화에 주력하는 대신 특화된 서비스는 개별적으로 발전시키는 것이 더 효과적이라고 주장한다.

1.3 모바일 플랫폼

1.3.1 모바일 플랫폼의 개요

휴대폰이 단순 음성 통화 위주의 기능을 수행하는 시기는 이미 오래된 얘기가 된 것처럼 무선 인터넷의 성장 및 변화는 빠르게 바뀌어 가고 있다. 즉, 사용자들은 휴대폰을 이용하여 게임, 화면배경, 벨소리 등 다양한 콘텐츠 및 응용프로그램을 일반 PC처럼 사용하게 되었다. 이에 맞추어 각 이동통신사와 프로그램 개발자들은 다양한 서비스를 제공하기 위하여 노력하였다. 하지만 같은 이동통신사라 할지라도 서로 다른 하드웨어 환경을 갖고 있는 핸드폰에 동일한 콘텐츠 및 프로그램을 제공하는 것이 어려웠다. 이는 개발자, 콘텐츠 제공업체, 이동통신사에게 시간적, 경제적 손실이 될 수밖에 없었다. 이런 디바이스 제약을 해결하기 위하여 이동통신사 및 VM 개발업체들이 다양한 플랫폼을 제시하게 되었다.

플랫폼이란 응용 프로그램을 실행시킬 때 기반이 되는 **운영체제**(OS : Operation System)의 종류나 환경 및 설정을 이루는 컴퓨터 시스템을 의미한다. 예를 들면 WindowXP와 매킨토시가 플랫폼의 일종이다. 따라서 응용 프로그램을 개발할 때 각 플랫폼의 환경에 맞게 실행되기 위하여 윈도우용 프로그램과 매킨토시용 프로그램을 별도로 개발해야 한다.

이런 플랫폼이 모바일에도 존재한다. 모바일 플랫폼이란 표준 규격에 따라 작성된 응용프로그램을 실행시킬 수 있는 단말기 실행 환경을 의미한다. 즉, 핸드폰이라는 단말기 상에 응용프로그램들이 원활하게 수행될 수 있도록 단말기 하드웨어 자원을 효율적으로 관리하는 일종의 단말기 운영체제이다.

모바일 인터넷의 초기 단계인 1990년대 말에는 플랫폼이라는 개념 도입이 없었다. 따라서 이동통신 사업자가 개발한 WAP, ME, I-mode 등의 종속적인 기술에 의존하여 이동 단말기가 인터넷에 접속하였다. 그리고 2000년대에 들어서 범용성을 지니는 다수의 서비스가 필요하였고 이동통신 사업자가 개별적으로 GVM, KVM, BREW를 도입하였다. 최근 2003년 이후에는 개방된 접속을 위하여 이동통신 사업자와 관계없이 인터넷 접근이 가능하도록 하기 위한 단일 플랫폼인 위피(WIPI)를 개발하였고 이동통신 사업자가 공동으로 사용하고 있다.

다음 그림은 일반 PC 상의 플랫폼과 모바일 플랫폼의 개념을 표현한 것이다.

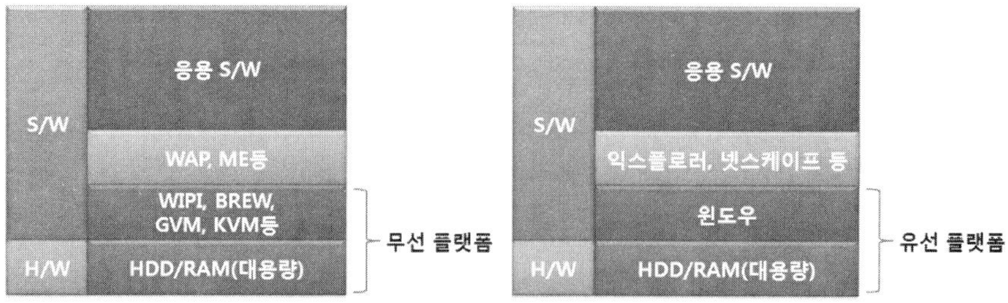

| 그림 1.6 | 유선과 모바일 플랫폼

일반 PC에서 사용되는 플랫폼은 하드웨어의 관리 및 제어를 담당하는 윈도우에 의해 익스플로러, 넷스케이프 등을 사용하여 인터넷에 접속된 내용을 확인하거나 그 외에 응용 소프트웨어를 구동하여 사용한다. 모바일 플랫폼은 핸드폰 단말기 위에 이동통신 사업자 혹은 각 단말기 회사에서 개발한 GVM, BREW 등을 사용하여 단말기 내부의 하드웨어에 접근하며 무선 통신망을 경유하여 유선망에 접속하기 위한 WAP, ME 등을 통하여 인터넷에 접속한다.

1.3.2 모바일 플랫폼의 종류

모바일 단말기에 게임 및 기타 응용 소프트웨어를 구동하여 실행하는 방법으로는 프로그램을 핸드폰에 직접 이식하여 실행하는 방법, 온라인으로 접속하여 사용자가 직접 실행하는 방법, 그리고 플러그인(Plug-in) 방식으로 핸드폰에 다운로드받아 실행하는 방법이 있다.

모바일 플랫폼 개발 언어로는 단말기의 특성을 고려하여 이진 코드(Binary Cord)를 실행시키는 C 언어 계열과 **가상기계**(Virtual Machine:이하 VM)에서 변역과정을 거치는 자바(Java) 언어 계열로 구분된다. 여기서 VM은 모바일 단말기의 제한된 하드웨어 환경에서 콘텐츠나 애플리케이션을 단말기 내에서 실행할 수 있는 환경을 제공하는 가상머신의 모바일 운영체제를 의미한다. 이런 방법들을 토대로 국내에서 사용되고 있는 모바일 플랫폼의 종류는 다음과 같다.

| 표 1.4 | 모바일 인터넷 플랫폼 종류

구분	브라우저	사용언어	서비스 사업자	서비스명칭
GNEX	WAP	모바일 C	SKT	엔탑 마법사
SK-VM	WAP	자바	SKT	네이트
KVM	WAP	자바	KTF	Ex 마법사
MAP	ME	C++	LGT	매직ⓝ
BREW	ME, WAP	C++	LGT	멀티팩
WIPI	ME, WAP	자바, C,C++	이통3사	

(1) GNEX(General & Next Multimedia Player)

GNEX는 신지소프트에서 개발된 모바일 C 언어의 국내 플랫폼으로써 처음에는 GVM (General Virtual Machine)이라는 이름으로 시작하였다. GVM은 적은 메모리의 모바일 단말기에 적합한 TCP/IP에 연결되어 브라우저에 관계없이 서비스를 제공할 수 있는 인터프리터(Interpreter) 방식이다. 신지소프트는 인터프리터라는 제한적 성능 제공이라는 단점을 보안하고 일반 VM과 하위 호환성을 보장하기 위한 GNEX를 개발하였다. GNEX는 한국형 모바일 인터넷 표준인 위피(WIPI)에 탑재되어 게임 콘텐츠를 실행할 수 있게 해주는 모바일 멀티미디어 플랫폼으로써 그래픽 기능, 빠른 실행 속도와 대용량 지원, 외부 멀티미디어 파일 및 주변 기기 지원 등을 통해 보다 다양한 고품질 모바일 콘텐츠 제작을 가능하게 한다. 뿐만 아니라 모바일 환경에 최적화된 고성능의 3차원 그래픽 및 멀티미디어 라이브러리를 갖추고 있으며, 전송 규격과 플랫폼에 구애받지 않고 대기 모드 실행과 다양한 외부의 멀티미디어 포맷을 지원하여 모바일 콘텐츠 응용 분야 영역을 확장해 준다.

(2) SK-VM (SK-Virtual Machine)

SK-VM은 SUN 사의 Java2 플랫폼에서 비교적 작은 규모의 하드웨어 환경을 대상으로 하는 플랫폼인 J2ME(Java 2 Micro Edition)스펙을 이용하여 SK Telecom에서 독자적으로 개발한 VM이다. 이는 PC 급 이상의 시스템보다 제한된 사용자 인터페이스를 제공하며 현재 "네이트"라는 명칭으로 서비스되고 있다. SK-VM은 가상머신 및 단말 확장 사용자 인터페이스, 네트워크, 입/출력을 포함하는 클래스 라이브러리로 구성되어 있으며, 모바일 단말기에서 응용프로그램을 다운로드 및 실행시킬 수 있는 환경을 제공한다.

(3) KVM (Kilobyte Virtual Machine)

SUN 마이크로 시스템즈에서 개발한 미들웨어로써 모바일 디바이스용 VM이다. 이름만으로도 알 수 있듯이 핸드폰, PDA와 같은 소형기기 및 임베디드 장비에서 구동될 수 있도록 킬로바이트 수준으로 축소된 JVM(Java Virtual Machine)이다. KVM은 다른 형태의 단말기간의 기본적인 기능들을 수용할 수 있는 최소한의 자바 VM과 자바 API 구성을 제공하며, 자바라는 언어적 특성 때문에 다른 플랫폼을 대상으로 개발된 프로그램을 큰 수정 없이 KVM을 장착한 모바일 단말기에 사용할 수 있기 때문에, 애플리케이션 개발 및 U-Mobile 데이터 통합에 큰 장점을 갖는다.

(4) MAP (Mobile Application S/W Plug-In)

모빌탑(Mobile Top)이라는 국내기업에서 개발한 C 언어 기반의 플랫폼으로 프로그램을 바이너리 형태로 다운받은 후 단말기 내에 탑재된 API를 이용해 실행할 수 있도록 한다. 이는 실행속도가 빠르고 모든 어플리케이션을 실행할 수 있는 장점을 가지며, KTF에서 "매직ⓝ" 서비스로 2001년 3월부터 사용되고 있다. MAP는 SDK에 비주얼 C 기반으로 제작된 에뮬레이터, 이미지 컨버터 등이 포함되어 있으며 마이크로 소프트웨어 IDE (Inte-gration Development Environment) 개발환경이 개발자에게 친숙한 비쥬얼 스튜디오로 제공되어 있다.

(5) BREW (Binary Runtime Environment for Wireless)

BREW(Binary Runtime Environment for Wireless)는 미국 퀄컴이 만든 플랫폼으로 PC의 윈도우와 같이 OS 역할을 하는 휴대폰 전용 미들웨어 플랫폼이다. 이는 CDMA 칩을 기반으로 구동되므로 CDMA 칩셋이 장착된 어떠한 핸드셋 상에서도 동작이 가능한 응용프로그램들을 만들 수 있다. 다른 플랫폼보다 빠른 속도와 적은 용량의 메모리 사용의 장점을 갖는 BREW는 응용프로그램과 칩의 운영체제 사이에서 동작되므로 개발자는 모바일 응용 프로그램의 이해 없이도 장치의 기능들을 사용할 수 있다. 이는 C언어를 사용하여 개발한 바이너리 다운로딩 방식을 채택하였으며 ME(Mobile Explore) 브라우저 및 자바 가상머신, 다른 언어로 구현된 어플리케이션과도 사용이 가능한 구조를 가지고 있다.

(6) WIPI (Wireless Internet Platform for Interoperability)

다양한 플랫폼의 개발에 의하여 디바이스를 포함한 근본적인 하드웨어로부터의 한계는 극복할 수 있었다. 하지만 아직 해결하지 못한 문제점은 각 플랫폼이 서로 상호 운용적이지 않다는 것이다. 즉, SKT의 SK-VM 환경에 맞게 개발자가 콘텐츠를 작성했다면 이는 SKT의 다양한 휴대폰에는 문제가 없었다. 하지만, 동일 콘텐츠를 LGT나 KTF에서는 사용할 수 없었다. 따라서 개발자는 각 통신업체에 맞춰 프로그램을 수정 혹은 재작성해야 했으며 이는 또 다른 시간적, 경제적 비용을 요구하는 원인을 발생시켰다. 이를 해결하기 위하여 정보통신부에서는 통합된 모바일 플랫폼을 개발하게 되었으며 이것이 바로 위피(WIPI: Wireless Internet Platform for Interoperability)인 것이다.

WIPI는 한국무선인터넷 표준화 포럼에서 만들어진 모바일 단말기 미들웨어 표준 플랫폼 규격으로 이동통신 단말기에 탑재되어 모바일 인터넷을 통해 다운로드 된 응용프로그램의 실행 환경을 제공하는데 필요한 표준 규격이다. C/C++과 자바 언어가 동시에 지원되며 C/C++로 동작하는 프로그램은 바이너리 방식으로 다운로드되어 실행되며, 바이트 코드로 되어 있는 자바의 콘텐츠인 경우에는 COD(Compile On Demand)를 거쳐 플랫폼으로 전달될 때 바이너리 이미지로 변경된다. 또한 플랫폼과 어플리케이션은 하드웨어에 독립적으로 구현이 가능하도록 단말기가 사용하는 운영체제에 관계없이 실행 및 이식이 가능하도록 하였다. 뿐만 아니라 PC처럼 다중 응용프로그램들을 독립적으로 동시에 수행할 수 있을 뿐만 아니라 어플리케이션이 이동통신사업자 및 단말기 제조사의 비밀과 단말기 사용자의 개인정보를 마음대로 접근할 수 없도록 하기 위한 보안 규격도 포함되어 있다. WIPI의 서비스 개념도는 다음 그림 1.7과 같다.

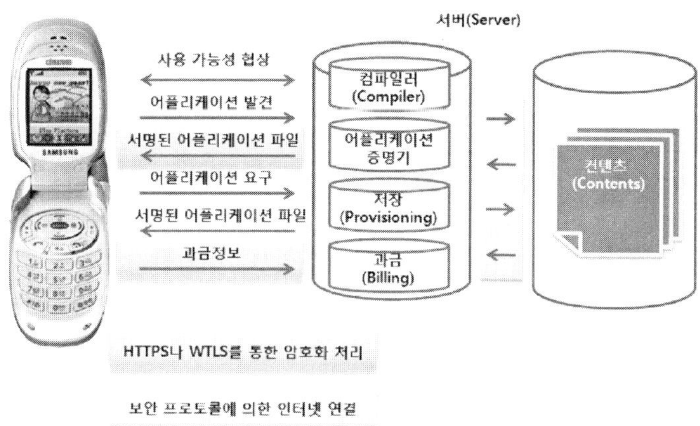

| 그림 1.7 | WIPI 서비스 개념도

2 모바일 웹 콘텐츠

2.1 모바일 콘텐츠의 정의 및 종류

2.1.1 모바일 콘텐츠의 정의

모바일 콘텐츠(Mobile Contents)란 휴대용 단말기(휴대폰, PDA, 스마트폰 등)와 이동통신 네트워크를 이용하여 전송 가능한 디지털화된 정보 및 콘텐츠를 의미한다. 여기서 기존의 유선 인터넷에서 사용되던 콘텐츠는 제외되지만 유무선이 연계되어 서비스가 가능한 콘텐츠는 모바일 콘텐츠의 범주에 포함시킨다. 이러한 구분은 통신, 단말기 특성등과 밀접한 관련이 있으며 콘텐츠의 내용, 비용, 지역 등과는 관련이 없다고 볼 수 있다. 해외에서는 모바일 콘텐츠라는 용어 대신 모바일 데이터(Mobile Data), 무선데이터(Wireless Data), 셀룰러 데이터(Cellular Data), 모바일 어플리케이션(Mobile Application) 등으로 정의하여 모바일 콘텐츠를 설명하고 있다. 모바일 어플리케이션이란 휴대용 단말기를 이용하여 사용가능한 모든 서비스를 의미하며 대표적인 예로써 음성 서비스를 들 수 있다.

모바일 콘텐츠는 응용 개발자(Application Developer), 콘텐츠 제공자(Contents Provi-der), 모바일 포털 제공자(Mobile Portal Providers)의 비즈니스 활동으로 이루어진다.

모바일 콘텐츠는 산업적으로 크게 4개의 기준에 의해 분류된다.

| 표 2.1 | 모바일 콘텐츠 분류

구분		내용
커뮤니케이션(Communication)		문자 메시지, 멀티미디어 메시지, E-Mail 등
인포메이션(Information)		뉴스, 날씨, 생활정보, 스포츠, 취미, 건강, 검색 등
트랜잭션(Transaction)		예매, 경매, 은행거래, 상거래 등
엔터테인먼트(Entertainment)	모바일 게임	임베디드, 다운로드, VM 게임 등
	모바일 음악	벨소리, 통화 연결음, MOD, BGM 등
	모바일 동영상	VOD, 캐릭터, 모바일 방송 등

하지만 이런 다양한 콘텐츠 서비스들 중에서 현재 가장 두각을 보이는 부분은 엔터테인먼트이다. 다음 표는 2005년 모바일 콘텐츠 주요 업종별 시장 현황을 나타낸다.

| 표 2.2 | 모바일 콘텐츠 주요 업종별 시장 현황

	2004년	2005년	성장률
모바일 게임	1,785	2,101	17.7%
애니메이션/캐릭터	640	734	14.7%
디지털 영상	782	1,195	52.8%
정보 콘텐츠	369	437	18.4%
e-Learning	111	141	27.0%
디지털 음악	1,911	2,026	6.0%
전자 출판	6	10	66.7%
합계	5,604	6,644	18.6%

〈출처 : 2005년 국내 디지털 콘텐츠 산업 시장조사(한국소프트웨어진흥원, 2006.2)〉

(단위 : 억원)

2.1.2 모바일 콘텐츠의 종류

모바일 콘텐츠는 디지털화된 정보 및 콘텐츠를 무선네트워크를 이용하여 최종 사용자의 무선인터넷 지원 단말기에 제공하는 서비스이다. 모바일 콘텐츠 비즈니스의 서비스 주체는 모바일 콘텐츠 제작업체 즉, CP(Contents Provider)에서 핸드폰이나 기타 PDA 등에 서비스되는 다양한 서비스 내용을 말한다. 예를 들어, 문자 메시지(SMS/MMS), 캐릭터, 벨소리, 만화, 애니메이션, 게임, 채팅, 커뮤니티, 성인 콘텐츠, 동영상, 포토, LBS(위치기반서비스)등 핸드폰으로 이용 가능한 모든 것을 모바일 콘텐츠라 말할 수 있다.

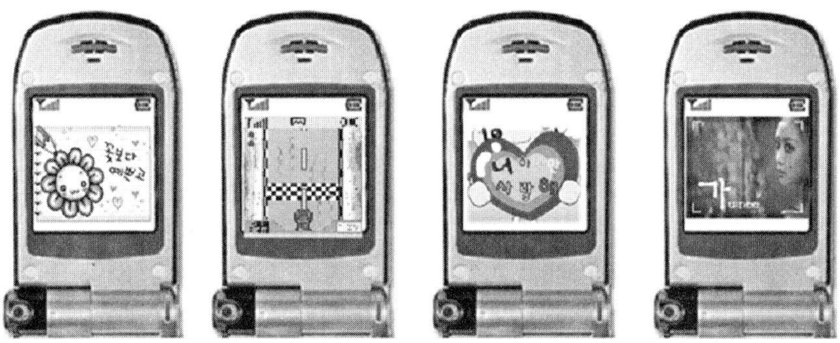

모바일 캐릭터　　모바일 게임 디자인　　모바일 플래쉬　　모바일 VOD

| 그림 2.1 | 모바일 콘텐츠의 예

그에 대한 종류를 짚어보도록 하자.

(1) 모바일 플래시

모바일 플래시는 모바일 캐릭터의 스토리와 디자인, 모바일 게임의 프로그래밍을 합쳐 놓은 콘텐츠로, 웹 상에서 구현되어지는 플래시 관련 콘텐츠를 모바일 전문 플래시 프로그램을 사용하여 핸드폰 상에서도 구현되어지는 가장 최근에 나온 콘텐츠 중 하나이다. 다음 그림은 Macromedia Flash Lite 1.1 Content Development Kit(CDK)의 화면을 나타낸다.

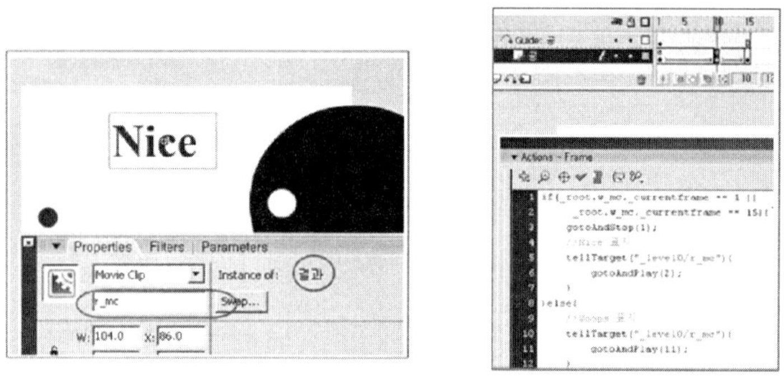

| 그림 2.2 | Flash Lite

모바일 환경의 플래시 제작을 위한 개발 툴킷의 일종인 Macromedia Flash Player는 윈도우, 맥, 유닉스 환경의 데스크톱 컴퓨터에서부터 모바일 폰, PDA, 셋톱박스까지 다양한 플랫폼을 지원한다. 하지만, Macromedia Flash Player는 사용자의 CPU나 메모리에 많이 의존을 하기 때문에, 모바일 환경에서 작동하기에는 너무 높은 사양의 하드웨어를 필요로 했다. 그래서 모바일 폰을 지원하기 위해 Macromedia에서 새로 만든 버전의 플래시 플레이어가 Macromedia Flash Lite였고, 현재는 Flash Lite 1.1까지 업데이트되었다. Macromedia Flash Lite 1.1은 플래시 디자이너와 개발자, 콘텐츠 제작자가 액션스크립트, 드로잉 툴, 템플릿 등을 활용하여 쉽게 모바일용 콘텐츠를 제작할 수 있도록 도와준다.

현재 웹에서 보편화되고 있는 플래시와 더불어 모바일 플래시 콘텐츠의 발전 방향은 무궁무진하며, 향후 모바일 콘텐츠의 가장 비중 있는 콘텐츠로 자리 잡을 예정이다

(2) 모바일 VOD

모바일 콘텐츠 중 동영상에 관련된 콘텐츠를 통틀어서 말하며, 이 중에 가장 대표적인 것은 모바일 캐릭터와 마찬가지로 동영상으로 핸드폰 바탕화면에 디스플레이를 하는 라이브스크린이 있으며, 이 외에 동영상 노래방, TV 콘텐츠, 광고, 모바일 영화 등 향후 가장 대표적인 모바일 콘텐츠로 자리 잡고 있다. 이동통신사에서 UCC(User creative contents)

로 적극 활용되고 있고 SK 커뮤니케이션즈, 모바일 동영상 학습 첫 실시, 개인 휴대 단말기 등으로, 다운로드 형이 아닌 휴대폰을 통한 스트리밍 방식의 실시간 학습 서비스로 응용될 전망이다. 최근 KTF에서는 "SHOW"를 통하여 영상통화 및 모바일 VOD의 활용분야를 확대, 서비스하고 있다.

| 그림 2.3 | 모바일 VOD

(3) 모바일 캐릭터

모바일 콘텐츠 중 가장 대표적인 콘텐츠로 핸드폰 바탕화면의 디스플레이용으로 많이 쓰이며, 다양한 애니메이션, 캐릭터 등으로 모바일 콘텐츠 디자인에 가장 대표적인 콘텐츠라고 할 수 있다.

| 그림 2.4 | 모바일 캐릭터

(4) 모바일 게임

모바일 캐릭터와 마찬가지로 가장 대표적인 콘텐츠 중의 하나이며, 제작면으로 볼 때 크게 프로그래밍과 디자인으로 나뉜다. 모바일 게임의 가장 중요한 부분은 물론 잘 짜여진 스토리와 프로그래밍도 있지만 무엇보다 시각적으로 보이는 디자인에 있다.

| 그림 2.5 | 모바일 게임

2.2 모바일 콘텐츠 서비스 방법

2.2.1 플랫폼(어플리케이션)에 의한 다운로드

모바일 인터넷 시장은 이동통신 사업자를 중심으로 콘텐츠 제공자, 플랫폼 제공자, 단말기 제조업체, 그리고 사용자로 구성되어 있다. 여기서 **콘텐츠 제공업체**(CP : Content Provider)는 이동통신 네트워크를 통하여 모바일 단말기로 전송이 가능한 다양한 부가서비스를 제공한다. 여기서 제공되는 부가서비스로는 게임, 음악, 동영상과 같은 모바일 콘텐츠를 의미하며 사용자는 이동통신사에서 제공되는 사이트를 통하여 다운로드하고 모바일 단말기 상에서 재생할 수 있다. 다음 그림은 특정 게임을 다운로드하여 단말기 상에 로드하고 실행한 화면을 보여준다.

| 그림 2.6 | 모바일 상에 게임 다운로드 및 실행

2.2.2 브라우저를 이용한 웹 페이지 표현

현재 이동통신사는 WAP 혹은 ME 기반의 프로토콜에 맞게 작성된 모바일 웹 사이트를 서비스하고 있다. 예를 들어, SKT 사용자는 NATE, KTF 사용자는 magicN, LGT 사용자는 eg-i라는 각 이동통신사가 구축해 놓은 무선포털에 접속하여, 이동통신사와 파트너 관계를 통해 제공된 콘텐츠를 이용할 수 있었다.

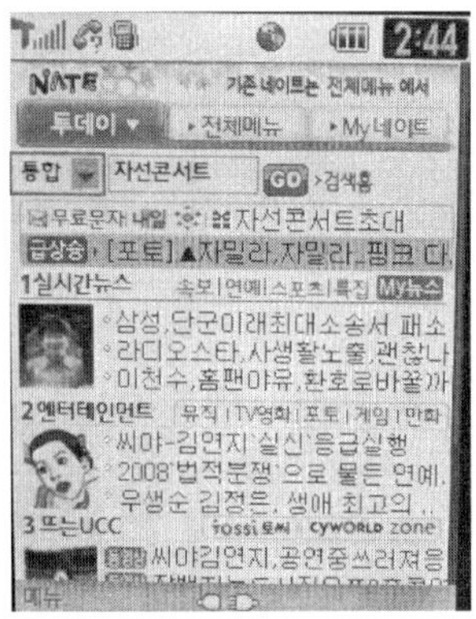

| 그림 2.7 | SKT에서 제공되는 NATE에 접속한 화면

2.2.3 웹 페이지의 풀 브라우징(Full Browsing)

웹 페이지의 풀 브라우징이란 기존에 PC 상에서 접근 가능했던 다양한 유선 웹 페이지를 모바일 단말기에서 재생하기 위한 방법으로써 PC로 볼 수 있었던 웹 사이트와 동일한 형태로 볼 수 있는 것을 의미한다. 즉, 이동통신사가 구축한 무선 포털 사이트 외에 모바일 단말기 상에 URL을 입력하여 모든 인터넷 페이지에 접속할 수 있는 개방형 기술이다. 이로써 SKT, KTF, LGT 이동통신사의 무선 포털에만 제한된 콘텐츠에서 벗어나 모든 유선 인터넷 웹사이트를 자유롭게 드나들 수 있게 되었다.

| 그림 2.8 | naver.com 홈페이지를 모바일 단말기 상에 풀 브라우징한 화면

2.3 모바일 콘텐츠에 활용되는 프로그램

모바일에서 콘텐츠를 제작하기 위해 쓰이고 있는 프로그램에는 어떠한 것들이 있는지 알아보도록 한다.

(1) SIS animator

모바일 전용 그래픽 및 애니메이션을 제작하는 가장 대표적인 프로그램으로서 네오엠텔사에서 개발했으며, 모바일 그래픽 관련 콘텐츠 제작시 70% 정도의 비중을 차지하고 있다. 대부분 모바일 캐릭터 제작에 쓰이며, 타 프로그램들과 달리 모바일 콘텐츠를 제작하는 CP에만 사용이 제한되어져 있는 프로그램으로 모바일 콘텐츠 관련 디자인 프로그램 중 가장 기본이 되고 있다.

(2) Mobilighter

Mobilighter는 모바일 동영상 컨버팅 툴로 프로그램이기보다는 하나의 동영상 코덱이라고 볼 수 있다. Mobilighter는 프리미어에 설치되어지는 플러그인으로서 제작 및 편집은 프리미어에서 이루어지고 Mobilighter로 렌더링을 하면 모바일 VOD 환경에서 사용되어지는 MP4 계열에 동영상으로 압축이 되고 있다. 대부분의 동영상 콘텐츠는 이런 방식으로 제작이 된다. 단, MP4 칩이 내장되어진 핸드폰에서만 사용이 가능하여 지금까지는 그 콘텐츠의 활성화가 되지는 않았지만, 향후 단말기가 계속 발전함에 따라 가장 대표적인 콘텐츠가 될 전망이다.

(3) 모바일 플래시

모바일 플래시는 기존 SWF의 플래시 파일을 전용 프로그램으로 컨버팅시켜 모바일 상에서도 사용 가능하게 한 프로그램이다. Mobilighter와 마찬가지로 제작 프로그램이라기보다는 컨버팅 프로그램이라고 볼 수 있고, 모바일 캐릭터 같은 경우에는 네오엠텔의 SIS로만 제작이 가능한데 반하여 모바일 플래시는 디지털 아리아에 "모바일 스튜디오", 네오엠텔에 "VIS"가 있다. 이 프로그램은 SWF로 만들어진 플래시 파일을 모바일 플래시로 변환하는 방법이다. 플래시 콘텐츠는 기존 정적인 모바일 캐릭터와 달리 여러 가지 프로그래밍(액션스크립트)이 사용 가능하고 용량 및 프레임 수가 늘어났기 때문에 향후 가장 대표적인 콘텐츠로 자리 잡을 것이며, 다양한 콘텐츠 개발이 있을 것으로 예상된다.

03 모바일 웹 솔루션 개발 방법론

현재 국내 모바일 시장은 급속한 기술의 발전과 상용화에 의해 세계 1위를 차지하고 있다. 이런 빠른 발전에 모바일 인터넷 솔루션 업체는 신규 시장을 지배하기 위한 새로운 기술들을 지속적으로 선보이고 있으며, 최소의 자원으로 고품질의 모바일 인터넷 서비스를 제공하기 위한 노력을 아끼지 않고 있다. 과거 일반 웹 사이트들은 사용자에게 단방향의 정보를 종이 대신 인터넷이라는 매체를 통하여 출판하는데 큰 의미를 두고 있었다. 하지만 최근에는 웹 사이트가 점점 복잡해지고 일반 문서에서 기업 및 조직의 다양한 업무 흐름까지 그 범위가 광범위해지고 있다. 이에 따라 웹 사이트의 구축 및 유지보수를 위해 각 분야의 전문가들이 참여하여 관리되고 있으며 기획, 분석, 설계, 구축, 관리 방법이 좀 더 구체적으로 체계화되고 있다. 현재 모바일 웹 시장은 기존 일반 웹 시장의 발전 단계를 유사하게 밟아가고 있다. 따라서 모바일 웹 사이트 역시 정규화 된 구조가 필요하며 이를 위한 개발 방법론이 필요하다. **개발 방법론**이란 프로젝트를 성공적으로 완성하기 위하여 개발자들이 개개인의 특정분야의 전문성과 지식 및 경험을 바탕으로 개발의 창조성, 기술력, 적응성을 이야기하는 것에서 시작된다. 개발 방법론은 어떤 시스템을 개발하기 위하여 작업 방법 혹은 절차, 산출물, 기법 등을 논리적으로 정리해 놓은 체계를 의미한다. 웹 시스템은 정보를 표현하는 출판의 의미보다는 정보 제공, 업무 흐름, 웹 포털과 같은 인터페이스를 혼합한 기능적 어플리케이션 개발에 소프트웨어 공학적 방법을 필요로 한다. 하지만 모바일 웹은 이동성이라는 큰 장점을 갖고 있는 반면 제한된 하드웨어 성능을 갖고 있다. 뿐만 아니라, 다양한 콘텐츠를 모바일 상에 서비스하는 방법으로는 플랫폼에 의한 다운로드, 브라우저의 이용방법, 그리고 풀 브라우징 방법에 대하여 2장에서 소개하였다. 이 장에서는 다양한 콘텐츠를 제공하기 위한 모바일 웹 사이트를 개발 및 구축하는데 있어 브라우저를 이용한 방법을 중심으로 개발 방법론을 소개하고자 한다.

3.1 모바일 웹 사이트의 특징

1990년대 중반 이후 등장한 인터넷 관련 기술은 개인, 사회 그리고 국가를 하나의 정보망으로 구성하였다. 특히 웹 기술은 기존의 클라이언트-서버 환경과는 달리 브라우저를 통해 접속하여 원하는 정보를 습득하고 사용자를 위한 편리한 인터페이스를 제공한다. 뿐만 아니라 사이트의 구조 및 깊이가 내비게이션으로 설계되어 있다는 것이 큰 특징이다. 모바일 웹은 단순히 기존 웹 기반의 발전 개념으로 보기보다는 무선 통신의 특성에 기반을 둔 새로운 서비스와 상품이라고 볼 수 있다. 모바일 웹 사이트가 가질 수 있는 특징을 보면 다음과 같다. 이는 모바일 웹 콘텐츠의 특성과도 유사하다.

① 편재성(Ubiquity)

어느 곳에서나 무선 인터넷 장비를 접할 수 있을 정도로 장소에 무관하게 보편적으로 존재한다. 따라서 사용자는 어디에 있든지 실시간으로 정보를 검색하고 통신할 수 있다.

② 접근성(Reachability)

모바일의 이동성을 기반으로 언제 어디서나 연결이 가능하고 사용자가 원할 때는 불특정 다수 혹은 특정 시간대에만 접근이 가능하도록 제한할 수 있다. 이는 최근 웹 서비스의 개인화, 다양화 추세에 발맞추어 점점 그 중요성을 더해가고 있다.

③ 보안(Security)

모바일의 장점과 콘텐츠의 다양성은 서비스의 종류를 증가시키고 있다. 그중 기존 인터넷에서 제공되던 각종 금융거래를 위한 응용이 증가되고 있다. 이와 같은 금융거래뿐만 아니라 개인 정보 보호를 위한 모바일 단말과 응용서비스 서버 간에 인증은 매우 중요하다. 현재 모바일 단말에 사용되고 있는 보안으로써는 이미 폐쇄적인 엔드투엔드(End to End) 시스템에서 SSL(Secure Socket Layer) 형태, 단말기에 부착되는 스마트카드를 사용하는 SIM(Subscriber Identification Module)이 있고 이들은 고정 인터넷 망에서의 보안보다 수준 높은 보안을 가능하게 해준다.

④ 편리성(Convenience)

초기 모바일 단말기는 음성 통화를 위한 기본 특성을 제공하고 있다. 하지만 최근에는 모바일 하드웨어 측면의 기술적 진보로 인해 화면의 크기 개선, 배터리 용량 강화, 메모리 용량 확장, 기능의 다양화로 인해 음성 및 텍스트 중심의 콘텐츠 외에 시각적인 멀티미디어 데이터를 포함하고 있다.

⑤ 위치확인(Localization)

단말기 사용자의 위치 정보를 이용하여 주변 정보 및 사용자의 위험 정보를 알려줄 수 있을 뿐만 아니라 특정 위치에 대하여 이용자에게 구매 혹은 거래하고자 하는 서비스를 제공할 수 있다.

⑥ 즉시 연결성(Instant Connectivity)

불특정 장소에서 인터넷에 접속하기 위해 별도의 통신을 연결할 필요 없이 간편하고 빠르게 모바일 웹 사이트에 연결할 수 있도록 한다.

⑦ 개인화(Personalization)

단말기 사용자에게 미리 제공한 정보나 사전 내용을 바탕으로 사용자 개인의 특성에 맞는 콘텐츠를 생성 및 제공하는 것으로써 모바일 포털 사이트를 통해 개인화된 정보 검색 및 거래 처리 등의 성능을 향상시킬 수 있다.

3.2 모바일 웹 사이트 구성시 고려사항

모바일 웹은 기존 웹과의 네트워크, 단말기의 차이점 등을 극복하기 위하여 모바일과 일반 웹 서버 사이에 프락시(Proxy) 혹은 게이트웨이(Gateway)를 둔다. 따라서 무선 통신 및 단말기의 특성을 중심으로 모바일 웹 사이트를 구성하면 된다.

① 모바일 단말기의 제약과 장점을 분석하여 그에 맞는 사이트를 구성한다.

유선상에서 제공되고 있는 웹은 PC의 하드웨어적 특성에 큰 제약을 받지 않는다. 그 이유는 PC 환경은 높은 처리율과 많은 메모리 용량 및 전원이 연결되어 있는 한 무제한의 전력을 사용할 수 있기 때문이다. 또한, 서버 급을 제외하고는 브라우저 크기가 비슷하기 때문에 다양한 멀티미디어 데이터들을 모두 표현할 수 있다. 하지만 모바일 단말기는 하드웨어 사양이 낮고 단말기의 종류에 따라 기능이 다르며 탑재된 브라우저에 따라 표시되는 정보가 달라진다. 비록 현재 모바일 단말기의 하드웨어 측면이 미흡한 점은 존재하나 제공되는 다음과 같은 장점이 있다.

- 문자 정보를 포함한 전화 통화 가능
- e-mail 등 다양한 정보 서비스 제공
- 스케줄 관리, 문자입력, 사전 검색 가능
- 적외선 통신 및 컴퓨터와의 데이터 연동 가능

이렇게 단말기가 갖는 장점들을 활용한다면 일반 웹 사이트에서 확장된 완벽한 사이트를 구성할 수 있다.

| 그림 3.1 | 모바일 단말기의 기능

② 모바일 웹 사이트의 방향과 목적을 명확히 한다.

일반적으로 웹 사이트는 목적의식에 따라 개발자, 디자이너, 시스템의 구축 및 운용에 대한 예산이 달라진다. 뿐만 아니라, 다양하고 많은 콘텐츠를 이용하여 웹 사이트를 구축할 수 있기 때문에 다기능화가 쉽고 이를 위한 운영비용도 분산된다. 현재 일반 웹 사이트의 종류는 크게 4가지로 구분할 수 있다.

- 정보 관람형

기본적으로 텍스트를 중심으로 구성된 정보를 제공하는 것으로써, 회사 개요나 뉴스, 매거진 열람 등이 중심이 되는 것으로써 시스템에 필요한 요구 조건을 최소화할 수 있다.

- 데이터베이스 조회형

데이터베이스를 이용하여 특정 조건에 충족되는 정보만을 공개하는 것으로써, 고객 정보를 기반으로 개개인의 맞춤 정보를 제공하고자 할 때 사용된다. 따라서 고객의 프라이버시에 관련된 정보를 보호하기 위한 강력한 보안벽을 구축해야 하는 과제를 지닌다.

- 다운로드형

사용자가 CP에서 제공되는 콘텐츠(벨소리, 게임, 바탕화면 등)를 단말기에 저장하여 이용할 수 있도록 정보를 제공하는 사이트로써, 파일로 다운로드 받아 단말기의 기능에 맞게 표현되어야 한다. 파일은 통상적으로 용량이 크므로 다량 접속시 시스템 상에 부하가 걸릴 수 있으므로 이를 고려하여 대용량 회선을 준비할 필요가 있다.

- 어플리케이션형

사용자가 웹 사이트를 이용하여 어떠한 행위를 지원할 목적으로 구축된 사이트로써 게시판이나 쇼핑 사이트가 이에 속한다. 따라서 복잡한 시스템이 필요하며 개발 비용 및 지원정도 등을 고려하여 사이트를 구축할 필요가 있다.

이와 같이 웹 사이트의 방향 및 콘텐츠의 구성에 따라 정해진 예산을 활용해야 하기 때문에 기업은 명확한 목표를 설정하여 기업이 원하는 사용자가 확실히 사이트를 방문할 수 있도록 사이트 형태를 선택하고 설계해야 한다.

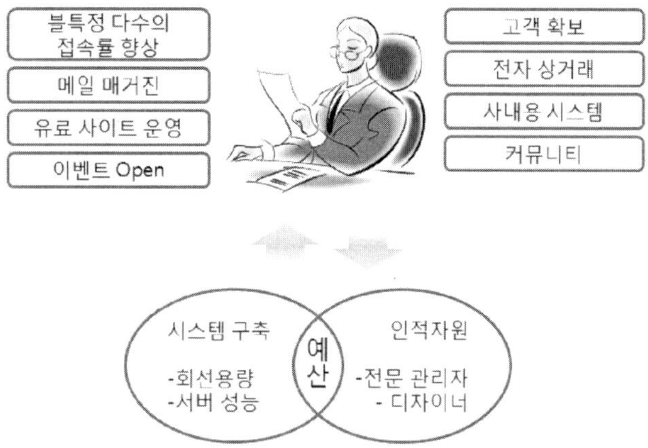

| 그림 3.2 | 모바일 웹 사이트 목적 확인

③ 사용자가 쾌적함을 느낄 수 있는 사이트의 이미지를 결정한다.

웹 사이트는 메인 페이지에 접속했을 때 보여지는 첫인상과 이용 편의성이 중요하다. 따라서 사용자 입장에서 시각적으로 관심을 끌 수 있는 디자인과 정확한 정보 전달을 위한 카피 톤 등을 제공하여 사용자로 하여금 사이트의 쾌적함을 느낄 수 있도록 하여야 한다.

● 디자인 톤

사이트를 표현한 모바일 단말기의 브라우저 지원 정도 및 화면 사이즈를 고려하여 디자인 색상을 정한다. 예를 들어, 브라우저의 지원 색상이 칼라라면 몇 가지 색을 지원하는지 고려하여 이용 가능한 색의 수를 최대한 활용할 수 있도록 한다.

● 카피 톤

단말기의 특성에 의해 전송 가능한 데이터 량과 표현 가능한 콘텐츠의 정확성은 한계를 가지고 있으므로 각 페이지의 콘텐츠를 명확하게 표현할 수 있는 문자 표시가 필요하다. 하지만 문자만 나열된 페이지는 화면을 어렵게 만들기 때문에 표현은 간결하게, 정보는 명확하게 전달하는 것이 필요하다. 즉, 모바일 웹 사이트는 PC에 비해 많은 제약사항을 가지므로 페이지마다 명확한 목적을 설정하는 것이 필요하다.

④ 모바일만을 위한 내비게이션(Navigation)을 최대한 활용한다.

사용자가 접속한 사이트는 쉽게 이동할 수 있도록 해야 한다. 즉, 한쪽 방향으로 진행할 것인지, 언제든지 특정 페이지로 이동할 수 있는 구조를 가질 것인지에 대해서 고려해야 한다. 특히, 모바일 단말기는 PC에서처럼 여러 페이지를 띄울 수 없고 페이지를 넘길 때마다 데이터 전송비에 대한 과금이 부여되므로 목적하는 페이지에 바로 넘어갈 수 있도록 배려하는 것이 중요하다. 따라서 사용자 입장에서 생각하고 편의성을 제공하기 위한 구조로써 웹 사이트를 구축해야 한다.

● 사이트 내의 이동을 알기 쉽게 한다.

PC상의 인터넷 브라우저처럼 "앞으로", "뒤로"등의 도구 모음이 제공되지 않는다. 따라서 사용자가 원하는 정보를 쉽게 찾을 수 있도록 바로 전 페이지나 메인 페이지로 되돌아 갈 수 있는 버튼을 설정하도록 한다.

● 정보의 목적이 분명할 경우에는 망설이게 되는 요소를 없앤다.

사용자가 일정의 조작을 하도록 하는 것이 목적이라면 망설이지 않도록 내비게이션을 설정한다. 예를 들어, 사용자가 여러 가지 조작을 할 때 사이트 내의 어느 위치에 와 있는지 확인할 수 있도록 한다.

● 단말기의 특성을 최대한 활용한다.

모바일 단말기 상에 존재하는 각 키는 일련의 번호를 제공한다. 그리고 이 숫자 키는 입력하기 가장 쉬운 문자이다. 따라서 숫자를 이용하여 자신의 사이트 콘텐츠 및 모바일 페이지마다 번호를 부여하고 그 번호를 클릭했을 때 한 번에 원하는 목적지에 쉽게 접속 가능하도록 한다.

⑤ 시스템 준비를 위한 서버와 운영체제(OS: Operating System)를 결정한다.

모바일 웹 사이트를 개설하기 위해서는 서버와 전용 주소가 필요하다. 여기서 서버는 하드웨어를 의미하며, 운영체제를 작동하고 인터넷 상에 정보를 공유하는 것으로써 DNS, WWW, FTP, MAIL, 데이터베이스 서버 등이 있다. 그리고 일반 웹 사이트처럼 사용자가 접속 도메인과 이를 위한 주소(IP 혹은 WINC)가 필요하다. 서버는 고기능일수록 서버로서의 기능도 강해지지만 고가이다. 따라서 회선 용량 및 사이트의 목적 및 규모를 고려하여 서버를 구매해야 한다. 그리고 서버를 동작시키기 위한 안정성이 보장된 운영체제가 필요하다. 즉, 모바일 인터넷 상에 정보를 공개하기 위한 물리적, 소프트웨어적인 사항들을 미리 체크하고 예산에 맞추어 검토하는 것이 필요하다.

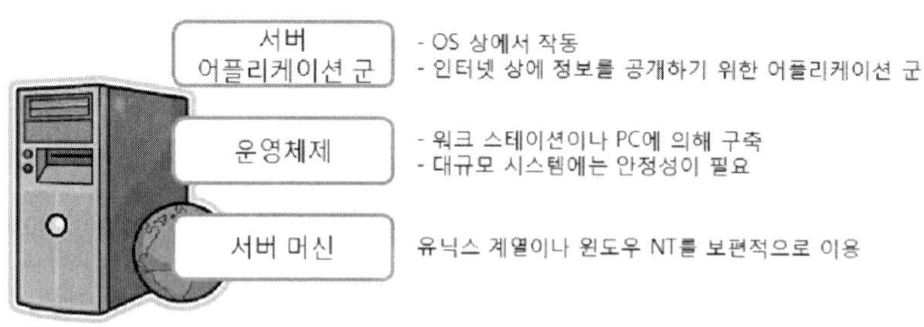

| 그림 3.3 | 시스템을 구축하기 위해 필요한 요소들

⑥ 고객 정보와 서비스 정보를 데이터베이스화한다.

데이터베이스란 은행의 고객 계좌, 학교의 학사관리, 도서관의 도서처럼 방대한 양을 보관, 관리하기 위한 유용한 데이터의 집단이다. 많은 데이터를 데이터베이스화함으로써 손쉽게 데이터를 검색, 갱신할 수 있다. 모바일 웹 사이트에서는 이런 데이터베이스를 이용하여 고객 정보를 수집하거나 고객에게 상품 정보를 전송할 수 있다. 수집된 데이터들은 자료를 분석하고 그 속에 숨겨진 패턴을 찾아 고객의 특징을 발견할 수 있다. 이렇게 수집된 자료는 고객의 기호를 파악하는데 도움을 주며 각각의 사용자가 홈페이지에 방문했을 때 기호가 반영된 개별정보를 표시할 수 있도록 준비 작업을 수행한다.

뿐만 아니라, 모바일 단말기의 다양한 하드웨어 사양에 적극적으로 대처하는 방법으로써 사용자가 개개인의 단말기를 사용하여 웹 사이트에 접속했을 때 단말기에 최적의 콘텐츠를 제공할 수 있는 방법이 되기도 한다.

| 그림 3.4 | 데이터베이스의 장점

⑦ 이동통신 단말기용 페이지 작성 툴을 선택하고 이용한다.

모바일용 웹 사이트를 처음 만들 때 접하게 되는 문제는 시간이다. 그 이유는 웹 사이트를 구축하는 과정에서 발생되는 단말기의 특성, 그에 지원되는 마크업 언어의 습득 및 작성, 콘텐츠 구성, 사이트의 유지보수 등 많은 일들이 산재해 있기 때문이다. 이에 대한 해결책으로 권하고 싶은 것이 사이트 작성 툴이다. 툴을 사용했을 때의 장점은 다음과 같다.

● 단말기 의존 태그(Tag)에 대응한다.

단말기 내의 접속 키를 조작하기 위한 태그를 제공한다. 예를 들어, WAP 단말기의 홈페이지는 PC 홈페이지와 작성법이 다르다. 이런 차이점을 별도의 습득 과정 없이 비주얼로 작성할 수 있다는 점에서 편리하다.

● 단말기의 에뮬레이션이 가능하다.

모바일 웹 사이트는 대부분 PC 상에서 만들고 모바일 단말기 상에서 어떻게 표현되는지 확인한다. 하지만 서비스하고자 하는 모든 단말기에 반복적으로 테스트하는데 한계가 있을 뿐만 아니라 단말기의 직접적인 환경 변화에 능동적으로 대처할 수 없다. 따라서 툴 상에 제공되는 에뮬레이션은 구축비용과 시간을 절약할 수 있는 효과를 제공한다.

● 파일의 용량 제한을 확인할 수 있다.

모바일 단말기의 종류는 다양하고 단말기별로 파일의 용량은 정해져 있다. 이러한 특징에 맞추어 파일 전체의 용량을 체크하여 초과했을 경우, 경고 메시지를 보내 주기 때문에 단말기의 사양에 맞는 최적의 콘텐츠를 만들 수 있다.

⑧ 모바일 단말기의 결제 방법을 고려한다.

최근에는 온라인 콘텐츠를 구입할 때 유용한 소액 결제 수단으로써 휴대폰을 사용하고 있다. 이는 번거로운 현금 결제와 신용카드의 보안문제를 극복할 뿐만 아니라 이용 절차가 간편하기 때문에 선호하는 사항이기도 하다. 현재 사용자의 개인정보가 SSL(Secure Socket Layer) 방식의 암호화로 보호되고 있는 신용카드에 의한 결제와 IC 카드에 개인정보를 입력하여 모바일 단말기에 삽입함으로써 개인인증이 가능한 시스템이 있다. 따라서 웹 사이트의 특징을 고려하여 모바일 단말기의 결제 방법 적용시 어떤 방법이 효과적인지 고려할 필요가 있다.

3.3 모바일 웹 사이트 개발 주기와 개발

웹 시스템은 일반 소프트웨어와는 다르게 콘텐츠를 중요시하고 있다. 웹 어플리케이션 개발 방법론은 하나의 페이지로 구성되는 콘텐츠 개발 방법론에서 데이터베이스를 연동하는 웹 데이터베이스 시스템에 이르기까지 규모가 다양하다.

3.3.1 모바일 웹 사이트 개발 주기

(1) 폭포수(Waterfall) 모델

폭포수가 떨어지는 듯한 모양을 가지고 있는 것으로써 요구 분석부터 테스트까지 시행착오 없이 폭포수처럼 진행을 하는 방법이다. 건축물의 예를 들면 설계부터 시공까지 이루어지는 방법이다.

건축물은 시공한 뒤 변경이 불가능하기 때문에 요구사항이 발생하지 않지만 소프트웨어는 변경이 가능하기 때문에 빈번한 요구가 일어난다. 뿐만 아니라, 소프트웨어를 개발하는 사람들은 요구사항 분석 담당과 구현 담당이 다르다. 보편적으로 고객의 요구사항

변경은 구현 역할이 끝난 뒤에 요청되기 때문에 바로 구현하는 사람들에게 할당되며 소프트웨어 전체에 불일치 혹은 기형적인 부분이 발생할 가능성이 커진다.

웹 사이트 개발에 있어 각 단계가 중복되거나 반복되는 경우가 많다. 따라서 순차적인 흐름을 지향하는 폭포수 모델은 웹의 빠른 변화에 유동적으로 적용할 수 없다. 이 방법은 규모가 작고 구체적인 개발 목표가 정립되어 있는 웹 사이트를 구축할 때 효과적이다.

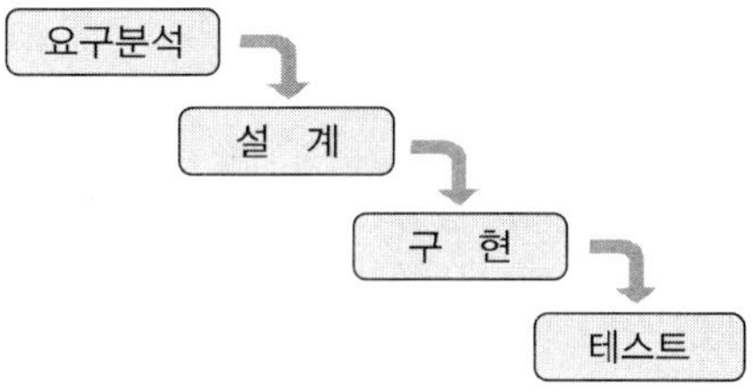

| 그림 3.5 | 폭포수 모델 개발 과정

(2) 나선형(Spiral) 모델

소프트웨어 개발의 특성상 요구분석이 처음부터 완벽하기는 힘들다. 나선형 모델은 점진적으로 시스템을 개발해가는 방법으로써 4가지 단계를 갖는다. 첫 번째는 목적과 한계를 정하는 계획 및 정의 단계, 두 번째는 초기 요구사항에 근거하여 위험을 규명하는 위험분석단계, 세 번째는 시제품을 개발하거나 최종 제품을 만드는 제품 개발 단계, 마지막으로 고객 평가 및 새로운 요구사항을 반영하는 고객평 단계로 이루어진다.

나선형 모델은 처음부터 많은 기능과 거창한 제품의 스펙을 생각하고 개발하는 것이 아니기 때문에 일정에 맞추어 제품의 사양을 조절하고 현재 사양의 개발에 집중할 수 있다.

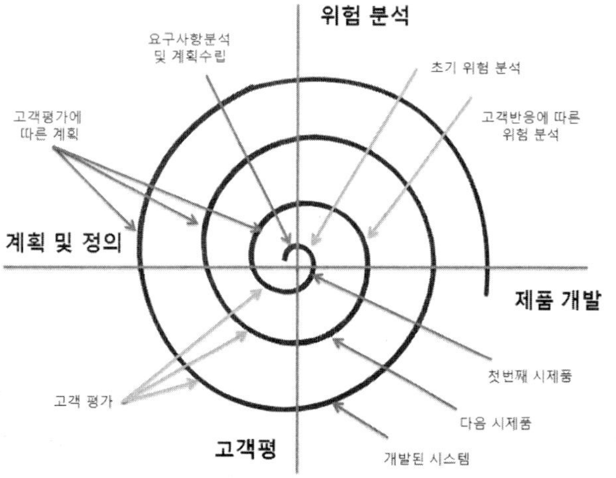

| 그림 3.6 | 나선형 개방 모델 개발 과정

(3) 프로토타입(Prototype) 모델

마치 건축에서 실제 건축물을 만들기 전에 설계도에 따른 작은 모형을 만드는 것으로써 소프트웨어의 기본적인 기능을 알아보기 위해 원형을 만들고 이후에 소프트웨어 완성품을 예측해 보는 방법으로써 너무 많은 비용과 시간이 들지 않는다면 프로젝트 시작을 위한 좋은 기반을 제공한다. 이 모델은 실제 사용자로부터 피드백을 시스템 개발 초기에 얻고 시제품을 통해 사용자의 요구사항을 구체적으로 규명할 수 있는 장점이 있다.

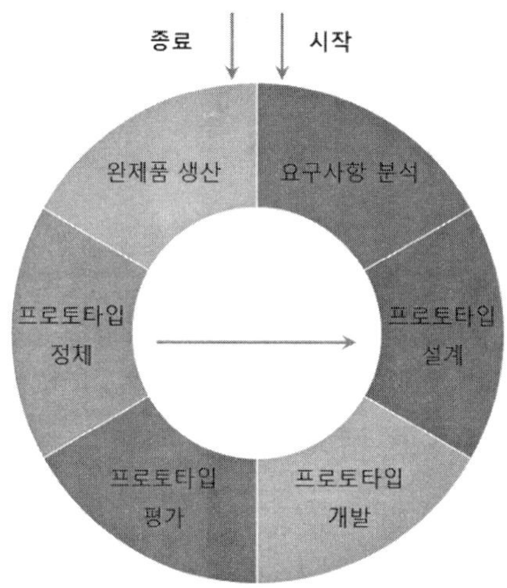

| 그림 3.7 | 프로토타입 모델 개발 과정

모바일 웹 사이트를 구축하는데 있어 프로토타입 모델은 사용자 그룹에 대한 정의가 명확하고 고객의 요구를 적극 수용해야 할 경우 적합한 방법이다. 개발 시점에서 고객의 요구를 철저히 분석하기 때문에 실패할 확률이 적다. 하지만 빠른 웹 사이트의 오픈을 위하여 우선적으로 시제품을 가지고 서비스를 시작하고 고객의 불만사항을 해소하겠다는 생각을 갖게 되면 완제품 생산단계에서 실패를 겪을 수도 있다.

3.3.2 모바일 웹 사이트 개발 방법론

모바일 웹 접근은 작은 화면에 PC로 접근했던 것처럼 인터넷 접근을 가능하게 했다는데 큰 의미를 두고 있다. 하지만 현재 대부분의 휴대전화에 웹 브라우저가 탑재되어 있음에도 불구하고 웹 접근은 기대만큼 이용되고 있지 않다. 뿐만 아니라, 모바일 단말기의 제한된 형태와 환경을 인지하면서도 데스크 톱 컴퓨터만큼 용이하지 않다는 것을 느끼고 있다. 더불어 콘텐츠 제공자는 모든 모바일 폰의 형태와 환경에 맞추어 웹사이트를 구축해야 하는 어려움과 문제점을 가지고 있다. 이런 전반적인 문제는 모바일 웹에 서비스 가능한 콘텐츠의 양과 접속시 소요되는 과금 문제에 기인하고 있다고 할 수 있다. 하지만, 최근에는 고속의 무선 통신 기술이 발전하고 있으며, 그에 따라 각 기업에서는 모바일 콘텐츠의 활성화를 위해 한 단계 더 진보적인 발전을 하고 있다. 즉, 모바일 웹 사이트의 보편화도 결코 먼 미래의 얘기는 아닐 것이다. 따라서 현 시점에서 모바일 단말기의 특성을 최대한 활용한 모바일 웹 사이트를 구축하기 위한 다양한 모바일 웹 사이트 개발 방법론이 연구되고 구체화되고 있다.

최근 웹사이트는 단순 정보 전달의 수단 목적에서 벗어나 콘텐츠 중심, 사용자 중심의 사이트로 발전하고 있으며 모바일 웹 사이트에도 존재한다. 그리고 보유한 단말기의 특성 및 사용자 인터페이스의 차별성을 갖는 사용자 중심의 사이트로 발전하고 있다. 모바일 웹 사이트를 구축할 때 개발 과정은 다음 그림 3.8과 같다.

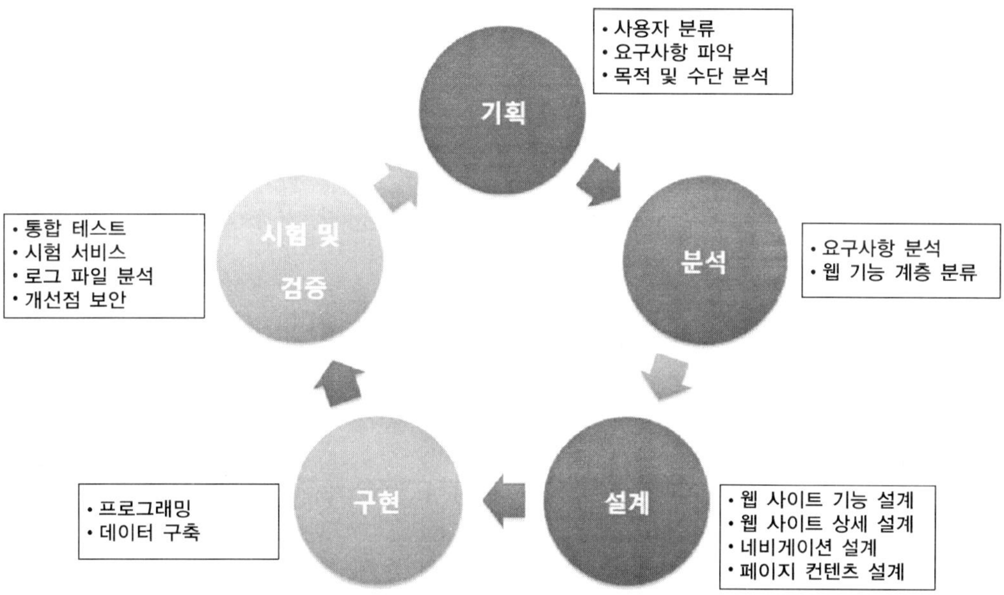

| 그림 3.8 | 모바일 웹 사이트 개발 과정

(1) 기획

기획단계에서는 웹 사이트를 사용할 대상을 파악하여 개발 목적 및 웹 개발 정책 등을 명확히 하는 단계이다. 가장 먼저 웹 사이트를 사용할 사용자들은 단순 사용자와 멤버 사용자로 구분한다. 여기서 단순 사용자는 특정한 이용 목적을 가지고 있지 않은 사용자이며, 멤버 사용자는 특정 목적을 갖고 사이트에 접속하고 개인 정보를 알고 있어야 하는 사용자이다. 이 외에도 시스템을 운영하는 조직에 소속된 내부 사용자와 시스템의 유지관리를 위한 시스템 사용자가 있다. 기획단계는 분류된 사용자 별로 요구사항을 조사하고 명시한다. 다음 단계로써 파악된 요구사항을 기초로 웹 사이트의 목적과 그 목적을 달성하기 위한 목표 및 세부적인 수단을 분석한다. 이 과정에서 웹 사이트를 제작하는데 있어 필요한 전문 인력 확보, 개발 기간과 비용을 산출해야 한다. 또한, 웹 사이트를 개발하는데 필요한 기술, 정보와 정보를 표현하기 위한 콘텐츠 획득 방법을 결정한다.

(2) 분석

분석단계는 웹 사이트를 구축하고 운영하는데 있어 필요한 정보들을 수집하여 비교하는 단계로써 요구사항을 분석하고 각 기능별로 분류한다. 즉 기획단계에서 수집된 요구사항을 비교, 분석한다. 분석된 결과는 유사한 기능별로 그룹화하여 각 사용자에게 원활히 전달할 수 있도록 하고 추후 사이트의 메뉴로 활용할 수 있도록 한다. 이때 분석자는 웹 사이트 개발 과정이 서비스의 대상이 되는 특정 이용자 그룹의 특성에 제대로 잘 반영하고 있는지, 최근 정보 기술을 적절히 잘 활용하고 있는지, 앞으로 서비스하고자 하는 주제와 관련되어 수집된 정보가 정확하고 유용한지를 고려하여 비교 분석한다.

(3) 설계

설계 단계는 각 웹 페이지이 구성과 웹 페이지들로 구성된 전체 사이트의 구조를 설계한다. 이 단계에서는 인터페이스 측면의 시각적, 미적 요소와 효율적인 정보 전달 측면을 고려해야 한다. 설계 단계에서는 가장 먼저 분석 단계에서 이루어진 웹 사이트의 기능을 설계한다. 기능 설계 단계는 각 기능들이 수행되는 순서와 처리 주체인 사용자의 참여 정보를 정의한다. 기능 설계의 결과는 웹과 사용자 사이의 상호작용을 알려줌으로써 사용자의 내비게이션 경로를 제공하는데 도움이 된다. 내비게이션 대상이 나타내는 정보는 웹 어플리케이션이 사용자에게 제공하는 인터페이스이며 각 페이지의 구성요소로써 구분할 수 있다. 각 페이지에는 포함할 정보 내용과 해당 기능에 대한 콘텐츠를 기술하고 페이지 번호와 제목 또한 기술한다. 이것은 구현 단계에서 페이지 간의 혼동을 최소화할 수 있으며 시험 및 검증 단계에서 로그 파일 분석 등의 평가 기준을 세우는데 활용할 수 있다. 설계는 구현 단계와 밀접한 관계를 가지고 있다. 즉, 잘못된 설계는 불명확한 구현으로 이어진다. 따라서 설계 단계에서 몇 가지 사항들을 고려하여야 한다.

- 웹 페이지들로 구성된 전체 사이트 구조의 일관성 유지를 해야 한다.
- 콘텐츠 배치 및 웹 페이지 구성을 고려해야 한다.
- 실제 이용자의 웹 서핑 방식을 고려한 웹 사이트의 정보 계측 구조 설계를 고려해야 한다.

(4) 구현

논리적 설계를 마치면 설계 단계에서 만들어진 디자인을 토대로 웹 사이트를 구축한다. 효과적인 개발 작업을 위해 개발 도구를 활용한다. 구현은 모든 모바일 단말기에 서비스할 수 있도록 다양한 브라우저를 지원할 수 있게 하고, 전체 사이트 구조의 일관성을 유지할 수 있도록 한다. 특히, 효율적인 정보전달을 위한 인터렉티브한 인터페이스를 구성할 수 있도록 한다.

(5) 시험 및 검증

사이트의 설계만큼 중요한 것이 충분한 테스트를 통하여 사용성을 평가하고 개선점을 찾아 사이트에 반영하는 것이다. 사이트의 사용성 평가 방법으로는 사용자를 대상으로 직접 설문 조사하는 방법, 로그파일을 이용한 사용자 이동 경로 비교 방법, 사이트 가이드라인을 가지고 기준 충족여부를 검사하는 방법 등이 있다. 사이트의 활용 목적에 맞는 적합한 방법을 선택하고 개선점을 반영하여 가장 안정적이고 기획 단계에서 정의한 목적 및 목표에 어긋나지 않도록 한다.

3.4 모바일 웹 솔루션 테스트 수행 과정

다음과 같은 순서를 이용하여 제작된 모바일 웹 사이트를 테스트한다.

① 피테스터를 선정한다.

피테스터는 마케팅 대상이 되는 경험이 없는 자, 있는 자로 구분하여 모집한다. 경험수준을 고려하여 과업을 준비하는 것이 중요하다.

② 피테스터와 인사를 하고, 테스트 전에 설문조사를 한다.

현재 솔루션에 대한 관심도를 기준으로 이해도를 높일 수 있는 수준으로 설문지를 조사한다.

③ 오리엔테이션을 한다. 피테스터에게 간단한 구두를 통해서 테스트의 목적 및 피테스터가 수행해야 할 과업을 설명하는 오리엔테이션을 실시한다.

이때, 평가 대상은 피테스터가 아니라 웹 사이트라는 점을 강조하며 테스트 세션을 관찰하고, 비디오로 녹화한다는 사실을 피테스터에게 알려주어야 한다.

④ 성능 테스트는 피테스터를 관찰하는 동안 피테스터가 수행해야 할 일련의 과업들로 진행한다.

진행 절차는 다음과 같다.

오리엔테이션이 끝나면 피테스터들에게 그룹별로 해당 모바일 컴퓨팅 기기를 선정해준다. 테스트 감독자는 이 기기를 통해 이후 세션에게 순서대로 제시될 정보 검색 과업을 수행하게 될 것임을 설명한다. 그런 다음 피테스터들에게 각자의 과업이 제시되고, 이 과업은 사내 또는 기타 장소에서 진행된다. 피테스터는 특정 정보를 요청하거나 검색하는 과업을 부여받게 된다. 피테스터는 안내자 없이 스스로 과업을 수행해야 한다. 만일 과업 수행이 어렵거나 혼동되는 경우 피테스터는 자신의 생각을 구두로 알리도록 테스트 감독자가 지시할 수 있도록 한다. 이를 통해서 문제의 원인을 정확하게 테스트 감독자에게 지적하여 알릴 수 있다. 성능 테스트 수행 시간과 오류는 과업 별로 과업 목록에 기록된다. 또한, 테스트 감독자는 피테스터의 행동, 의견 및 테스트 결과에 영향을 미칠 수 있는 이상 상황 역시 기록한다. 이 테스트는 모바일의 특성상 비디오 녹화가 불가능하지만 테스트 감독자는 전문가용 고화질 레코더와 외장 마이크를 설치하여 결과 분석을 한다.

⑤ 모든 과업이 완료되면 시간 및 피테스터의 느낌, 전반적인 의견, 테스터 감독자의 테스터 수행 중의 문제점 및 오류에 대한 피테스터의 답변을 기록하여야 한다.

⑥ 테스트 평가 항목은 다음과 같다.

피테스터가 전체적인 평균 과업 완료시간, 평균 클릭 수, 성공적인 과업 수행에 따른 비율, 오류 발생 회수 등이다. 오류 발생 건수에 대해서는 개선사항을 유추할 수 있는 수준으로 정확하게 테스터가 기술하여 개발에 전달할 수 있어야 한다.

PART 02

모바일 웹 사이트 디자인하기

Chapter 4 모바일 웹 사이트 디자인 방법

4 모바일 웹 사이트 디자인 방법

4.1 웹 페이지와 모바일 웹 페이지의 공통적인 디자인 요소

모바일은 웹의 발전과 비슷한 진화의 시기를 거쳐 가고 있다. 이에 따라 웹페이지의 디자인 가이드라인 및 사용자 인터페이스(UI:User Interface) 등을 숙지하여 모바일의 환경에 맞게 변화시키는 것이 중요하다 할 수 있겠다. 현재 서비스되고 있는 모바일 사이트를 분석해 보더라도 곳곳에서 웹 사이트에서 쓰이는 디자인 요소들을 찾아 볼 수 있다.

그 이유는 우리가 웹 사이트를 구축할 때 사용성과 편의성을 중시하는 것처럼 이는 모바일에서도 마찬가지로 적용되기 때문이다. 인간이 도구를 처음 사용할 때, “사용하기 쉬워야 한다.” 라는 생각을 공통적으로 반영하기 때문이기도 하다.

(1) 웹의 모습을 반영한 GUI 디자인

아래는 포털사이트의 주 경쟁 요소인 “검색의 편리성”이 모바일에 반영되는 것을 보여준다.

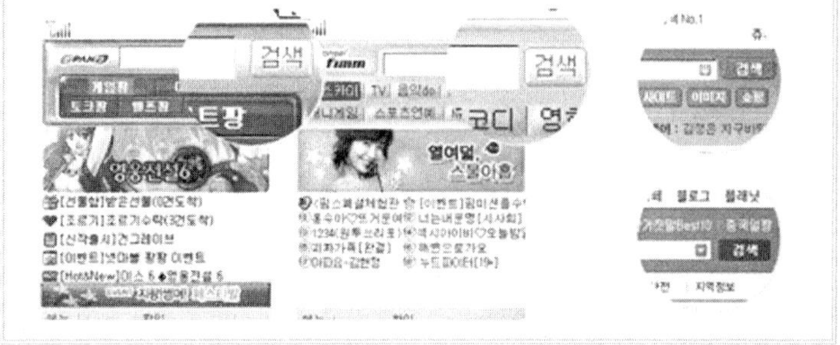

| 그림 4.1 | 모바일 화면과 웹 화면의 GUI 비교

점차 모바일에서도 콘텐츠가 늘어나면서 반영되는 메뉴도 많아졌으며, 정보량도 증가하고 있다. 초창기 웹이 지금의 방대한 콘텐츠의 웹으로 성장한 것보다 더 빠르게 모바일 콘텐츠들은 증가하고 있는 것이다. 이에 따라 직관적이고, 콘텐츠 접근이 용이한 UI로 구조가 전개되어야 한다.

(2) 화면 위에 배치되는 메뉴바

우리는 또한 웹 사이트에서 메뉴가 상단에 있는 것을 익숙하게 여겨왔다.

| 그림 4.2 | 사용자에게 익숙한 GUI설계

여기에 메뉴를 사용할 때마다 아래에 하부 메뉴들이 떠오르는 구조를 불편 없이 다루고 있다. 더군다나 작은 화면상에 콘텐츠를 보여 줘야 하는 모바일 GUI는 사용자들이 익숙한 부분을 반영해야 한다. 그러기 위해서는 모바일 이전 매체인 인터넷의 메뉴 구조를 가져가는 것이 사용성을 증가시킬 것이다.

4.2 모바일 웹 페이지의 제한된 요소

① 정보가 출력되는 화면이 작다.

불과 몇 년 전 15인치와 17인치 모니터의 사용자가 주를 이룰 때에는 해상도를 640*480에 맞추었지만, 모니터와 해상도를 지원해주는 그래픽 카드의 발전과 그에 따른 컴퓨터 모니터의 대형화 추세가 이어지면서 17인치와 19인치 모니터의 보급률이 높아졌다. 따라서 인터넷 사이트 디자인의 기본이 되는 해상도 역시 높아져 1280*1024에 맞추어야 한다.

모바일의 단말기는 기종마다 브라우저 사이즈가 틀리다. 현재 가장 많이 사용되어지고 있는 화면은 120*140에서 320*240까지의 사이즈이다. 작은 화면의 불편함과 함께 DMB

기술의 발전과 보급으로 인해서 화면이 점점 커지고 있는 추세이긴 하나 작은 화면의 사이즈에 대한 사용자의 불편함으로 모바일 웹의 발전에 한계점을 만들고 있는 것은 사실이다.

모바일은 디스플레이 화면이 작아 한 번에 보여줄 수 있는 정보의 양에 제약이 크고 기술적인 서비스를 표현해주는데 가장 큰 한계점을 갖고 있다. 필수 제공정보 이외에 공간 내에서의 사용자의 현재 위치정보, 내비게이션을 쉽게 하도록 하는 부가정보들을 제공하기에 공간이 부족하다는 한계점이 있다 .

② 제한된 입력 키와 화면으로 내비게이션을 해야 한다.

웹 페이지는 그림 4.3과 같이 주로 문서간의 하이퍼텍스트 링크를 클릭함으로써 이루어진다. 간결하고 일관된 아이콘과 그래픽이나 텍스트를 기본으로 하고, 사이트 맵이나 화면에서의 세세한 내비게이션은 시간 낭비를 하지 않고 원하는 정보를 찾을 수 있다.

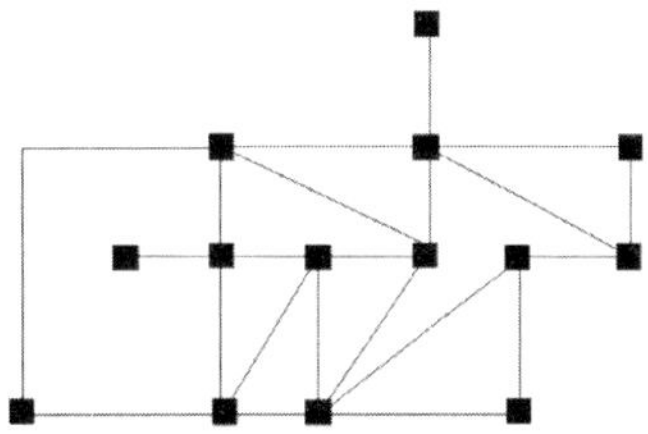

| 그림 4.3 | 웹에서의 네트워크 구조

그러나 모바일은 같은 과업을 수행하더라도 부가적인 키 입력을 필요로 하고 원하는 과업을 수행하기 위해서는 다른 디바이스보다 많은 인지자원을 필요로 한다. PC 상에서는 마우스를 이용하여 간단하게 원하는 곳을 클릭할 수 있지만, 현재까지 핸드폰에는 마우스 기능이 없기 때문에 원하는 곳까지 방향키를 이용해 이동해야 하는 불편함이 있다. 모바일에서는 그물구조의 내비게이션 환경을 둔 웹과는 달리, 그림 4.4와 같이 상하 좌우의 내비게이션만을 두는 한계가 있다.

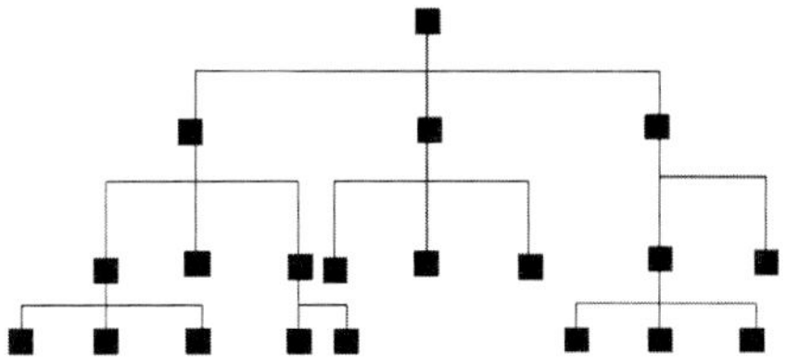

| 그림 4.4 | 모바일에서의 트리구조

또한 같은 과업을 수행하더라도 부가적인 키 입력이 필요하며, 원하는 과업을 수행하기 위해서 다른 디바이스보다 많은 인지자원을 필요로 하게 되는 것이다.

PC 상에서는 마우스를 이용해서 간단하게 원하는 곳을 클릭할 수 있지만, 현재까지 핸드폰에는 마우스 기능이 없기 때문에 원하는 곳까지 키 버튼을 이용한 방향키를 이용해 이동해야 하는 불편함이 있다.

③ 메모리 크기(단말에 저장되는 이미지)가 매우 작다

이런 물리적인 특성 즉, 출력되는 화면이 작아 GUI를 제공해야 하는 디자이너는 그래픽 이미지를 최적화시켜 작업을 진행시켜야 한다.

기능에 맞는 이미지를 최적화된 메모리 크기에 맞게 기획하고 디자인해야 하는 어려움이 있다.

④ 사용자의 정황(context)을 고려해야 한다.

모바일은 들고 다니며 사용하는 휴대성의 기기이므로 특히, 외부(Outdoor)에서 움직이는 상황을 고려해야 한다. 가령 한 손으로 조작한다거나, 태양빛과 Display의 특성을 감안한 디자인, 빠르게 정보를 습득하거나 기능을 사용해야 하는 것 등을 고려해야 한다.

4.3 모바일 웹 인터페이스

모바일의 가장 큰 문제점 및 화두는 작은 사이즈의 모니터 크기이다. 제공하고자 하는 콘텐츠는 많으나, 작은 크기로 인해, 일반적인 UI(User Interface)를 똑같이 따르기가 어렵다. 그러나 기본적인 사용자 인터페이스 법칙 및 활용법은 일반 매체 및 웹 UI와 같은 개념을 따르고 있다. 이 부분을 짚어본 다음 모바일 UI에서 새롭게 수용해야 할 법칙은 무엇이 있는지 알아보자.

4.3.1 인터페이스의 정의

인터페이스(Interface)란 제품과 사용자(User)의 관계에서 발생하는 상호작용(Interaction)을 말한다.

사용자 인터페이스 UI(User Interface)는 사용자를 고려하여 적절하게 디자인되었으며, 제품의 사용을 편리하게 함으로써 사용자와 제품간의 상호작용을 원활하게 하고 더 나아가 제품의 가치를 향상시키는 기능을 할 수 있다.

시장에 나온 제품의 UI는 사용자들에게 평가받고 경쟁하며 생존, 소멸, 융합의 과정을 통해 진화해가고 있다.

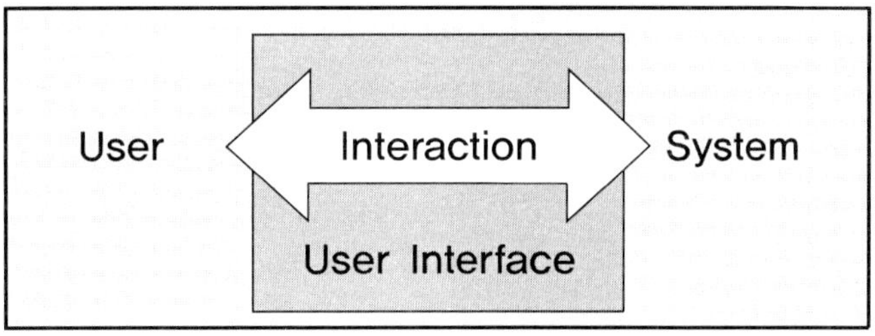

| 그림 4.5 | User Interface의 개념

(1) 사용자 인터페이스의 종류

① 사용자 인터페이스(User Interface)

사용자 인터페이스(User Interface)는 사람과 시스템간의 접점, 또는 사용자와 각각의 시스템 사이의 정보 채널이라고도 표현하며, 그 개념은 보다 사용하기 편한 시스템을 만들기 위해 사용자의 인지적인 측면에서 디자인하고 사용편리성을 평가하는 것이라고 할 수 있다.

② 그래픽 사용자 인터페이스 (GUI: Graphic User Interface)

사용자가 그래픽을 통해 컴퓨터와 정보를 교환하는 작업 환경을 말한다. 이제까지의 사용자 인터페이스는 키보드를 통해 명령어로 작업을 수행시켰고, 화면에 문자로 표시하였으나, 그래픽 사용자 인터페이스에서는 마우스 등을 이용하여 화면의 메뉴 중에서 하나를 선택하여 작업을 지시한다.

GUI는 도스(DOS)의 명령어 인터페이스와는 대조적이다. GUI의 요소를 살펴보면 윈도(Windows), 스크롤바, 아이콘 이미지, 단추들을 포함한다. 1980년 후반부터 IBM PC 및 워크스테이션에서도 GUI가 보급되어 현재의 컴퓨터는 모두 GUI를 사용하고 있다.

③ 인터렉션 디자인(Interaction Design)

인터렉션 디자인은 상호 작용성 디자인 (Interaction Design)이라고도 하며, 인간과 컴퓨터간에 상호작용하는 일련의 과정 또는 정보가 오고 가는 내용과 행동을 효과적으로 디자인하는 것이다. 인터렉션 디자인은 사용자가 원하는 정보를 쉽고, 빠르고, 즐겁게 찾으면서 새로운 경험을 할 수 있도록 도와주는 역할을 한다. 멀티미디어 기술의 발달로 인터렉션 디자인은 인쇄 매체에서 사용되는 시각중심의 상호작용을 넘어서 보다 구체화된 정보에 상호작용의 양식을 조화시킬 수 있는 장점이 있다.

④ 사용자 인터페이스 디자인(UI Design)

UI Design은 정의와 연구에 따라 사용성(Usability)의 상위영역에 속하기도 하고, 하위 영역에 속하기도 하며, 혹은 GUI(Graphic user Interface)의 영역에 속하기도 한다. 어느 정도의 범위를 UI Design으로 잡느냐에 따라 그 범위가 달라진다고 할 수 있는데 본 연구에서는 사용성(Usability)의 상위영역이 아니라 하위 영역에 속하는 UI Design, 즉, 사용성과 결부된 그래픽적 요소까지 범위를 한정하기로 한다.

⑤ 사용성(Usability)

사전적 의미는 '사용할 수 있음', '유용함'을 뜻한다. 웹에서 사용되는 의미는 '얼마나 사용하기 편리한가?'를 나타내는 말로 어떤 인터페이스를 보고 사용자들 스스로 해야 할 작업을 쉽고 자연스럽게 파악할 수 있는 경우, '사용성이 높다'고 말한다. 우리나라에서는 '사용편리성' 또는 '유저빌러티'라는 용어와 함께 쓰인다.

전체적으로 볼 때 사용성(Usability)이란, 제품이나 시스템에 대한 사용자 상호작용 경험정도를 측정한 것이라 할 수 있으며 이는 인터넷 웹사이트, 소프트웨어의 어플리케이션, 모바일, 뉴미디어 등 사용자를 필요로 하는 모든 것이 매우 중요한 부분이다. 사용성은 제품이나 시스템에 대한 사용자들의 경험에 영향을 주는 많은 요소들에 대한 결합이라 할 수 있다.

(2) 사용자 인터페이스의 원칙

① 보편적인 이용가능성

어떤 사용자라도 사이트를 방문하여 사용할 수 있도록 디자인해야 한다. 즉, 모든 사용자가 같은 방법으로 사용하게 해야 하며 어떤 사용자도 배제해서는 안되고 모든 사용자에게 같은 수준의 사생활 보호와 보안 장치를 제공해야 한다는 것이다.

② 사용자의 융통성

사용자 개개인의 선호도나 능력의 차이를 모두 포용할 수 있어야 한다. 이를 위해서는 사용자가 자기 수준에 맞춰 사이트를 사용할 수 있게 하면서도 정확하게 사용할 수 있도록 해야 한다.

③ 간단하고 직관적인 사용

사용자의 경험이나 학력, 언어 능력 또는 집중력 정도와 상관없이 디자인을 쉽게 이해할 수 있어야 한다.

④ 쉽게 알 수 있는 정보

디자인은 사용자의 주변 상황이나 지각 능력과 상관없이 필요한 정보를 효과적으로 전달해야 한다. 사용자가 우연히 또는 의도하지 않은 선택의 결과로 어려움에 빠지는 경우를 최소화해야 한다.

⑤ 물리적 노력의 최소화

사용자가 효과적이고 편안하게 작업할 수 있게 해서 피로를 최소화해야 한다.

⑥ 크기와 공간

사용자의 몸집이나 자세, 운동능력과 상관없이 쉽게 조작할 수 있도록 크기와 공간을 조정한다.

(3) 사용자 인터페이스 구성 원칙

① 메타포(Metaphor)

메타포를 사용함으로써 주변 세상에 대한 사람들의 지식을 이용해 제품의 특징과 개념을 전달할 수 있도록 만들 수 있다. 예를 들어, 사람들은 사무실에서 종이서류를 보관하기 위해 파일 폴더를 사용하며, 이와 유사한 모양의 컴퓨터용 폴더에 컴퓨터 문서들을 저장하는 것이 사용자들에게는 자연스럽게 느껴진다. 이와 같이 실생활의 대상물들을 컴퓨터 화면으로 옮긴 아이콘들은 실세계의 메타포로서 인터페이스에 효과적으로 작용하며 문화적, 언어적 장벽들을 더 잘 극복할 수 있게 해준다.

② 직접 조작(Direct Manipulation)

직접조작은 사용자로 하여금 컴퓨터에 의해 묘사된 객체를 직접 제어하고 있다는 느낌을 가지도록 한다. 사용자는 자신의 행동으로부터 물리적인 결과를 기대할 뿐만 아니라 반응이 나타나기를 바란다. 화면 전환시 로드될 때 적절한 애니메이션은 요구된 행동이 실행되고 있음을 알려주는 방법 중의 하나이다.

③ 보고 선택하기(See-and Point)

사용자들은 스크린에 제공된 대안들을 선택함으로써 행동하게 되며 시스템과 상호작용하게 되는데, 이와 같은 상호작용에서 사용자는 자신이 무엇을 하고 있는지를 스크린 상에서 볼 수 있으며 사용자는 자신이 보고 있는 것을 지정할 수 있다.

④ 반응과 대화(Feedback and Dialog)

사용자에게 시스템이 무슨 일이 일어나고 있는지를 계속 알려 주어야 한다. 작업을 수행할 때 반응을 가능한 한 즉각적으로 제공하여 시각적 혹은 청각적 신호를 제공한다.

⑤ 관대함(Forgiveness)

관대함을 기본으로 제작해 사용자들이 편안하게 제품을 살펴 볼 수 있도록 해야 한다. 시스템에 손상을 주지 않으면서 모든 일을 사용자가 갖도록 하는 것이 필요하다.

⑥ 미적 완전함(Aesthetic Integrity)

미적 완전함이란 정보가 잘 조작되어 시각 디자인의 원칙에 일치한다는 것을 뜻한다. 이 말은 모든 것이 스크린 상에서 훌륭하게 보이고 디스플레이 기술수준이 높다는 의미이다. 너무 많은 버튼이 디스플레이되거나 너무 복잡한 아이콘은 사용자에게 부담감을 줄 수 있으므로 인터페이스의 유용성을 보강하기 위한 그래픽 요소들을 사용해야 한다. 또한, 개념을 나타내는데 있어 임의적 그래픽 이미지의 사용을 피하도록 한다. 일반적으로 사용자가 기대하는 행동에 그래픽 요소를 맞추도록 하며 버튼은 옆으로 살짝 사라지는 것이 아니라 눌려지는 것처럼 보여야 한다.

⑦ 사용자에 대한 이해

대상으로 삼고 있는 사용자를 확인하고 이해하는 것은 중요한 단계이며 대상 사용자로 하여금 프로토타입과 개발 제품들을 테스트하도록 한다. 사용자의 반응에 귀 기울여 그들의 요구를 반영하며 컴퓨터와 컴퓨터의 능력이 아닌 사용자와 사용자의 능력을 염두에 두고 개발해야 한다.

⑧ 접근 가능성(Accessibility)

불특정 다수를 사용자로 선정하지 않더라도 모든 사람들이 컴퓨터에 접근할 수 있도록 개발자가 상상한 평균 사용자와는 다른 대상층을 염두에 두어야 하며 제품 개발 과정의 시작부터 대상 사용자의 문화적, 언어적 요구와 기대사항을 유의해야 한다.

⑨ 조직성

조직성이란 사용자에게 일관성 있는 개념적 구조를 제공하도록 하는 것으로 무질서와 혼란에 반대되는 개념으로 조직성을 이루기 위해서는 일관성, 스크린 레이아웃, 항해성(Navigability) 등의 하부 원칙들로 강화될 수 있다.

(4) 사용자 인터페이스 요소의 관계성

사용자 인터페이스에서 매력 요소, 부가 요소, 필수 요소가 필요하다.

● 필수 요소

사용자가 사용자 인터페이스 혹은 GUI로부터 필수적으로 기대하는 요소로서, 사용자가 사용자 인터페이스에서 기본적으로 있을 것이라고 예상하는 요소이다. 이러한 필수 요소는 부족하면 사용자가 많은 불편함을 느끼지만 필수요소가 모두 갖추어질 때에는 사용자는 불편함을 크게 나타내지는 않는다.

● 부가 요소

사용성이 충족된 후 사용자가 만족스럽게 느끼도록 하는 요소이다. 이는 필수 요소이외에 부가적으로 제공되는 사용자 인터페이스 및 GUI는 제공되면 제공될수록 비례하는 사용자의 만족감을 보여줄 수 있어, 얼마나 사용자를 위한 인터페이스로 설계했는지에 따라 사용자의 만족감은 높아진다.

● 매력 요소

부가 요소가 제공되고 사용자가 예상치 못한 요소들이다. 매력 요소는 사용자가 미처 예상치 못한 편리한 기능들을 사용자 인터페이스에서 제공하는 것이다. 이는 사용자가 예상하지 못한 편리함이나 추가 기능들이기 때문에 사용자는 이러한 매력 요소를 한두 가지만 발견하더라도 만족감은 배로 증가하게 된다.

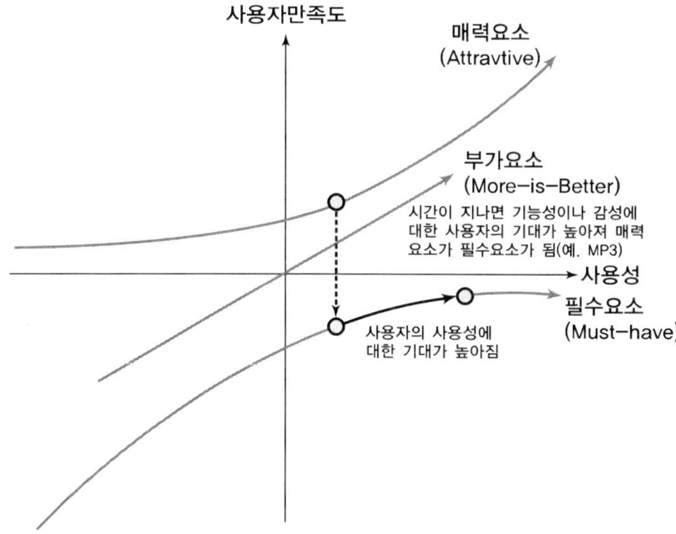

| 그림 4.6 | 사용성과 사용자 만족도와의 관계

(5) 사용자 인터페이스 디자인

그림 4.7은 사용자 인터페이스의 디자인 과정을 나타낸다.

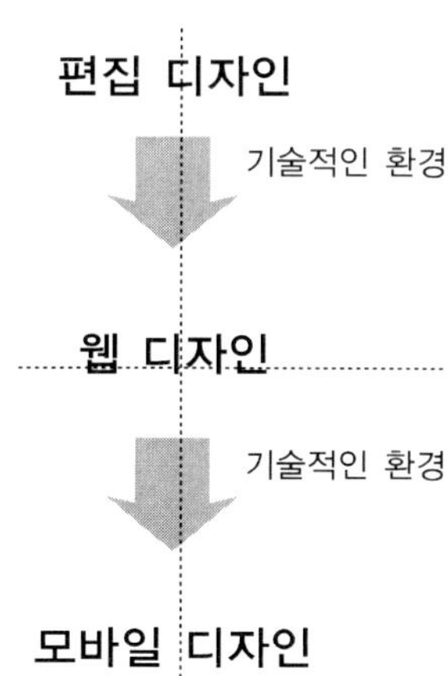

| 그림 4.7 | 사용자 인터페이스 디자인 흐름

각 디자인 단계에 기술적 환경이 존재하는데 이때 고려해야 하는 사항은 다음과 같다.

① 인터넷 기반의 디자인 기술적 한계점

- 브라우저라는 인터넷 환경
- 폰트, 색체, 레이아웃의 한계
- 미학적 측면 보다는 정보 사용자 입장에서의 요구 사항을 파악하여 정보의 유용성을 향상해야 한다는 점
- 사용자 중심의 레이아웃이 필요

② 모바일 기반 디자인의 기술적 한계점

- 브라우저 환경 : 모바일 웹은 인터넷 사이트에 비하여 브라우저 환경 및 사이즈가 다름
- 내비게이션 환경 : 모바일 웹은 한정된 인터페이스 및 내비게이션 버튼을 가지고 있음
- 메모리 용량 : 모바일 웹 사이트의 페이지는 최소한의 용량만을 유지해야 함
- 폰트 및 컬러 지원 환경 : 작은 브라우저 화면으로 인하여 가독성을 높일 수 있는 폰트를 개발하거나, 쓸 수 있는 폰트를 제한해야 할 필요성이 있고, 컬러 또한 액정 화면으로 보여지므로, 컬러제한을 두어야 할 필요가 있음.

4.3.2 웹 인터페이스 디자인

(1) 웹 인터페이스 디자인의 특성

웹에서의 사용자 인터페이스의 가장 기본적인 요소는 콘텐츠의 체계화이다. 아무리 디자인이 훌륭한 사이트라도 정보, 콘텐츠의 구조가 엉성하고 체계적이지 않다면 사용자들은 혼란을 겪게 될 것이다. 즉, 사용자가 필요한 정보가 사이트에 있다고 할지라도 무용지물이 될 것이기 때문이다.

인포메이션 아키텍처(Information Architecture)란 사용자들이 사이트의 구조 체계를 이해하고 내비게이션 시스템과 사이트 내에서 사용되어진 레이블을 이해하며 찾고자하는 정보를 찾을 수 있도록 하는 스트럭쳐를 구성하는 작업이고, 웹이 변화하고 성장하는 장기적인 계획도 포함된 정보 설계를 의미한다.

인포메이션 아키텍처는 웹 사이트의 조감도를 이해하고 전달하는 일이며 이것은 사이트가 만들어지기 전, 설계 단계에서 해결되어야 한다. 왜냐하면 이 부분을 간과한 채로 사이트 개발이 진행된다면 더 큰 문제들을 야기할 것이기 때문이다.

● 웹사이트 사용자 인터페이스의 원칙

- 보편적인 이용가능성 : 어떤 사용자라도 사이트를 방문, 사용할 수 있도록 사이트

를 만들어야 한다. 즉, 모든 사용자가 같은 방법으로 사용하게 해야 하며 어떤 사용자도 배제해서는 안되고 모든 사용자에게 같은 수준의 사생활 보호와 보안 장치를 제공해야 한다는 것이다

- **사용자의 융통성** : 사용자 개개인의 선호도나 능력의 차이를 모두 포용할 수 있어야 한다. 이를 위해서는 사용자가 자기 수준에 맞춰 사이트를 사용할 수 있게 하면서도 정확하게 사용할 수 있도록 해야 한다.
- **간단하고 직관적인 사용** : 사용자의 경험이나 학력, 언어 능력 또는 집중력 정도와 상관없이 디자인을 쉽게 이해할 수 있어야 한다.
- **쉽게 알 수 있는 정보** : 디자인은 사용자의 주변 상황이나 그의 지각 능력과 상관없이 필요한 정보를 효과적으로 전달해야 한다.
- **실수에 대한 관용** : 사용자가 우연히 또는 의도하지 않은 선택의 결과로 어려움에 빠지는 경우를 최소화해야 한다.
- **물리적 노력의 최소화** : 사용자가 효과적이고 편안하게 작업할 수 있게 해서 피로를 최소화해야 한다.
- **크기와 공간** : 사용자의 몸집이나 자세, 운동능력과 상관없이 쉽게 조작할 수 있도록 크기와 공간을 조정한다.

(2) 웹 내비게이션 디자인

내비게이션의 위치는 좌, 우, 상, 하로 다양하다. 그러나 일반적으로 내비게이션은 왼쪽에 있는 경우가 많다. 왼쪽 내비게이션(Left-Oriented)은 일반적인 웹 페이지의 경우이며 오른쪽에는 콘텐츠가 있다. 오른쪽 내비게이션(Right-oriented)은 일반적이지 못하기에 사용자에게 혼동을 줄 우려가 있다. 그 이유는 사람의 시선이 왼쪽 상단부터 시작하기 때문이며, 위치를 옮기는 스크롤 바 등은 마우스의 위치가 오른쪽에 있는 시간이 더 많기 때문이다.

상단(Top-Oriented) 역시 왼쪽에 위치한 내비게이션처럼 일반적이지만 공간 활용 면에서나 사용자의 시선이 내비게이션 바에 더욱 집중을 하게 되고 일정 공간을 상단에 배정해야 하기 때문에 어려운 점이 있다. 왼쪽 하단(Bottom-Orient)은 프레임이 사용 안된 경우 사용자는 거의 스크롤을 해서 내비게이션 바를 찾아야 한다. 그래서 대부분 사용자는 처음에는 메뉴를 보지 못하게 된다. 내비게이션 마지막 레벨에서 활용되는 경우나 보조적 수단으로 사용되는 경우가 많다.

4.3.3 모바일 웹 인터페이스 디자인

(1) 모바일 웹 인터페이스 디자인의 특성

모바일 사용자 인터페이스는 "정보설계 분야+표현설계 분야"로 표현할 수 있다. 보다 구체적인 시스템인 모바일 기기와 사용자가 상호작용하는 접점을 뜻하는 것으로 모바일 기기의 특성에 맞도록 정보를 구조화하는 정보설계 분야(Information Architecture)와 효과적 정보전달을 위한 표현설계 분야(Interface Design)를 포함하는 것이다.

모바일 웹 GUI의 개념에서의 GUI(Graphical User Interface)는 사용자가 인터페이스에서 소프트웨어를 조작하는 커맨드 명령을 아이콘이나 그래픽으로 표현하고 내비게이션 키 조작을 유도한다.

메인 메뉴를 아이콘으로 표현하고, 서브메뉴를 리스트로 보여주며, 최종적으로 결과물을 출력할 때 통일성 있는 GUI는 사용자가 쉽게 습득할 수 있도록 도와주고, 어떤 위치에 있으며 무슨 일을 해야 하는지 간접적으로 알려 줄 수 있다. 화려하기만 하고 사용자가 무엇을 해야 할지 모르는 GUI는 지양해야 하며 업데이트나 수시로 변동되는 기능의 확장성도 고려해야 한다.

(2) 모바일 웹 내비게이션 디자인

① Mobile UI의 용어

가장 먼저 모바일 웹 디자인을 위한 용어를 익혀보고자 한다.

● Card Sorting

다양한 개념이나 용어들을 무작위로 나열한 후 사용자로 하여금 유사한 개념끼리 구분하여 뽑도록 하는 방법이다.

개발 초기 단계의 메뉴 트리 구성시, 일반 사용자들의 생각을 알아내는데 도움이 된다.

● Cognitive Walkthrough

Expert Review 방식에 속하는 사용성(usability) 테스트를 하는 방법으로 Mobile UI전문가가 최종 사용자의 입장에서 인터페이스를 써보는 모의수행(simulation)을 통하여 최종 사용자가 실제 상황에서 부딪힐 수 있는 각종 문제점을 예측해 볼 수 있다

● Mobile UI Flipbook

Mobile UI 설계에서 플립북이란 사용자 인터페이스의 메뉴 체계, 인터랙션 과정 등을 기록한 내용이다. 혹은 Prototype이라고도 부를 수 있다.

Mobile UI Flip book에 들어가는 주요 사항으로는 다음과 같은 사항을 기록해야 한다.

- 제품의 기본 스팩 / 사용자 인터페이스의 기본 방침 / 키의 정의 / 사용자 인터페이스의 기본 요소와 기능

• 세부 어플리케이션 / 사용자 인터페이스흐름도 / 용어정리 / 기타

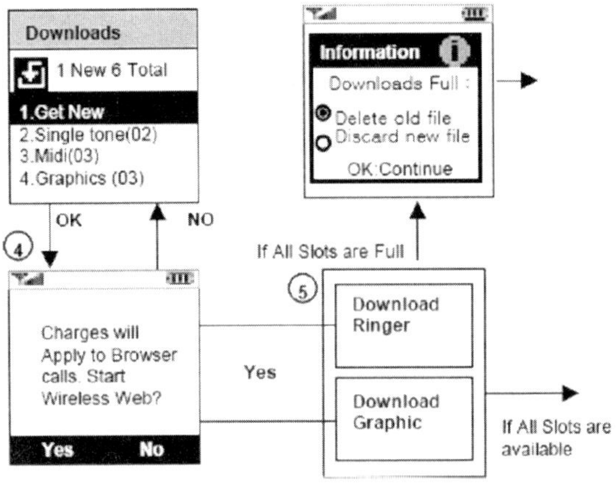

| 그림 4.8 | 플립북 예시화면

② Mobile UI 설계 과정

Mobile UI를 설계하기 위해서는 전체 Mobile UI를 구현해야 하며 다음은 그 과정 중에서 기획과 디자인/설계에 해당되는 부분이다. 이 과정은 그 중 가장 중요한 부분으로서 많은 고려사항과 유의점, 사용자의 여러 가지 행동 패턴 등을 고려하여 중요하게 설정이 되어야 한다. 다음의 Mobile UI 설계 process에 따라 GUI까지 설계되어야 프로그래밍을 통한 구현 후 테스트를 할 수 있는 것이다.

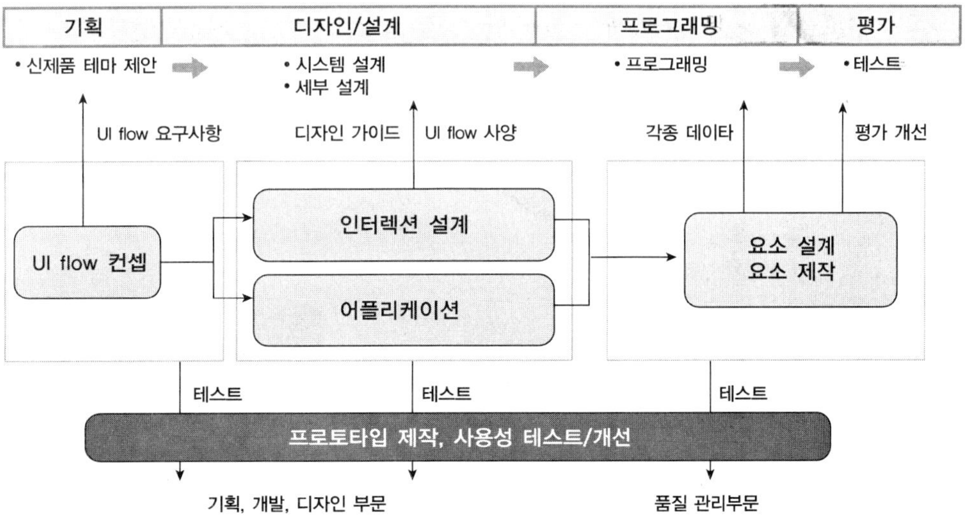

| 그림 4.9 | Mobile UI를 구현하는 과정

● 1단계 : 시장조사

1단계에는 Mobile UI의 목표와 범위를 설정하는 첫 단계이다. 과제의 성격과 범위에 대한 정의를 하고 사용자와 타깃 및 제품에 대한 특징을 파악하는 시장조사 단계가 필수적이다. 이 단계에서 사용자 인터페이스 및 GUI를 반영한 설계를 할 수 있다. 예를 들어 30대가 쓰는 핸드폰일 경우 혁신적이기보다는 기본형에 좀 더 가까운 특징의 Mobile UI를 설계하기 위해서는 이러한 컨셉과 타깃에 맞게 파격적이고 새로운 UI보다는 사용자에게 익숙한 인터페이스로 설계해야 한다.

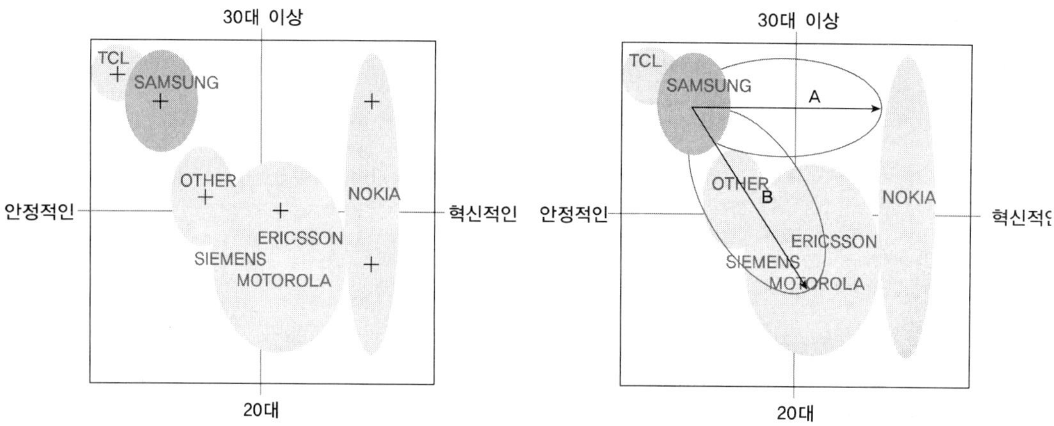

| 그림 4.10 | 시장조사 단계

● 2단계 : Flipbook에 근거한 GUI의 예시

플립북은 화면이 어떻게 전개해 나갈지를 프로토타입 형태를 만들어 보는 것이다. 사용자의 화면 및 기능 등을 고려하여 구체적인 사용 설계도를 구현하고, 그에 따라 1차 2차 프로토타입을 통해 구현하여 잘못된 사용자 인터페이스 및 설계는 이 단계에서 고쳐나가야 한다.

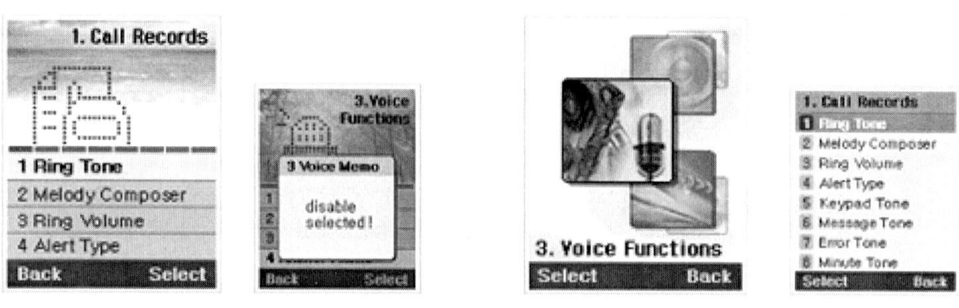

| 그림 4.11 | Filip book에 근거한 GUI 예시

● 3단계 : GUI 개발

GUI Style Guideline을 통해 개발된 스타일 가이드라인을 적용하여 GUI에 적용한다. 이때는 모바일에서만 있는 기능키 등을 적극 활용할 수 있기 때문에 이러한 모바일만의 특징적인 활용을 적극 고려해야 한다. 또한, 좌우키를 통해서는 Main Menu를 이동하고 상하 키를 이용해 각 Main Menu의 하위 메뉴를 이동할 수 있게 기획된 내용을 GUI에 반영한다.

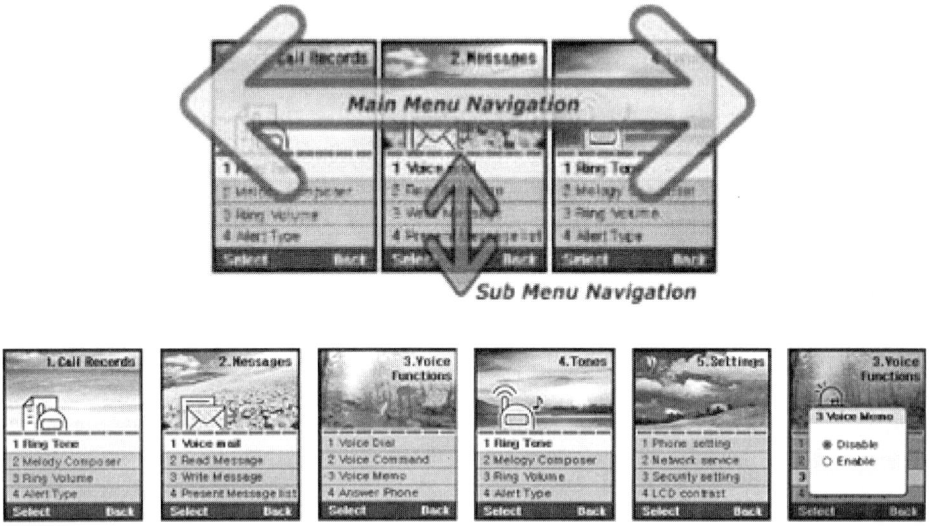

| 그림 4.12 | GUI 개발

● 4단계 : 개발된 GUI를 근거로 한 작업 예시

다음과 같이 개발된 GUI로 완료해 볼 수 있다.

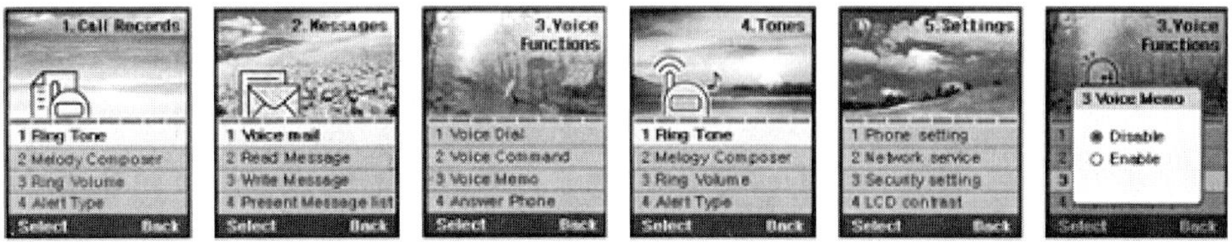

| 그림 4.13 | 작업 예시

③ Color

● 주조색(Main color)

전체 화면의 대부분을 차지하는 대표색인 주소색은 전체에서 70% 정도 비율로 배색한다

● 보조색(Sub color)

주조색 이외에 변형을 위해 선택되는 보조색은 전체중 20-25%에 해당하는 주조색과 어울리게 배색한다.

● 강조색(Point color)

단말기는 포커스를 이용한 메뉴 이동이 주를 이루기 때문에 선택된 메뉴가 사용자 눈에 잘 띄어야 하는 게 특징이다. 강조색을 많이 사용하거나 많은 비율을 차지하게 되면 사용자는 현재 포커스 위치를 잃어버리는 혼란을 야기할 수 있다. 5% 이내의 필요한 부분만 적용하는 것이 가장 중요하고 바람직하다.

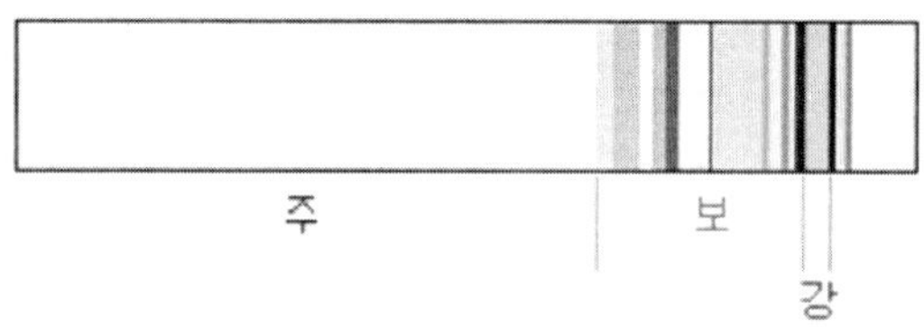

| 그림 4.14 | 주조색과 보조색, 강조색의 컬러맵

④ Color 적용

컬러 컨셉을 메인, 서브, 결과 콘텐츠 페이지로 나눠서 전체적으로 통일된 배색을 하고, 전체 흐름에서 사용자가 메인 서브 결과를 서핑하는데 있어 흐름을 놓치지 않도록 한다.

● 메인 페이지

메인 페이지에서 포커스되는 메뉴에 강조색을 적용해서 명시성 높인다.

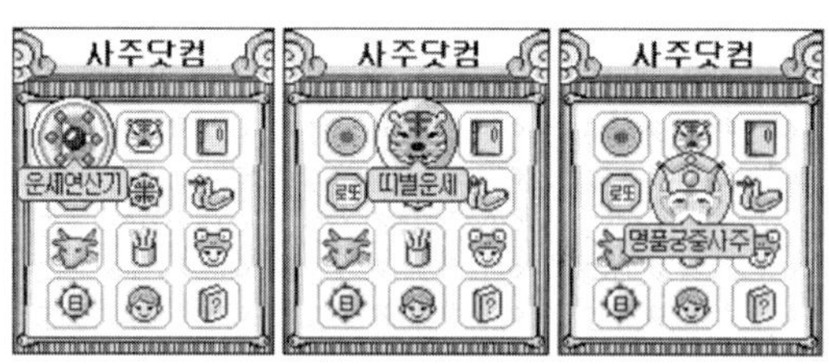

| 그림 4.15 | 모바일의 메인 페이지의 예시

● 서브 페이지

서브 페이지에서도 마찬가지로 사용자가 선택한 메뉴가 가시적으로 확연히 드러날 수 있도록 선택된 메뉴에 강조색을 적용해서 명시성 높인다.

| 그림 4.16 | 모바일의 서브 페이지의 예시

● 결과 콘텐츠 페이지

결과 콘텐츠에서는 많은 콘텐츠를 보여줘야 하므로 너무 시선을 끄는 강조색을 배재하도록 하고 전체적으로 콘텐츠를 사용자가 읽는데 무리가 가지 않도록 한다.

| 그림 4.17 | 결과 콘텐츠 페이지의 예

4.4 디지털 타이포그래피(Digital Typography)

4.4.1 타이포그래피(Typography)의 개념

타이포그래피는 오랜 역사와 전통을 가지고 있다. 시각적인 요소의 전달방법에서 서체는 모양과 색상이 복합적으로 영향을 미쳐 매우 다양하게 지각될 수 있으며, 수많은 이미지를 전달할 수 있다.

타이포그래피는 페이지 상에서 글자 사이의 상호작용에 관한 것으로써 독자들이 형식을 이해하고 그 내용을 파악하게 하는 데 도움을 주는 시각언어 처리 기법이다. 타이포그래피는 언어소통과 시각 커뮤니케이션의 이중적 역할을 한다. 타이포그래피의 원칙은 언어의 시각화와 주어진 면적 안에서 시각화할 수 있는 정보량을 명료성, 가독성 정도를 고려하여 결정하고 동시에 그 서체의 아름다움이나 내용표현의 적절성과 표현성을 갖추어야 한다. 타이포그래피의 목적은 보는 사람들로 하여금 눈에 띄고 읽기 쉬울 뿐만 아니라 시각적인 즐거움과 감동을 주며 하나의 이미지로써 총체적인 의미 전달이 가능한 문자를 제공하는데 있다. 이를 위해 적절한 글자의 형태를 찾아 글자의 크기, 의미 및 이미지와의 조화, 자간과 행간의 변화, 배역, 글자의 생략과 중복 등을 통해 적절하면서도 신선한 디자인을 이루어 내도록 디자인되어야 한다. 그러나 종이 매체에서 디지털 매체로 변화함에 따라, 전통적인 타이포그래피가 매체의 성격에 따라 많이 달라지고 있다. 다음은 PC에서의 타이포그래피와 모바일에서의 타이포그래피가 어떻게 달라야 하는지, 미묘한 차이를 구분지어 본다.

4.4.2 PC 타이포그래피의 개념

PC에서의 웹사이트의 타이포그래피도 사용자가 보다 내용을 읽기 쉽고 편리하도록 만들어져야 하며, 내용과 상응하는 이미지를 전달할 수 있도록 해야 한다. 즉, 웹에서의 정보전달이라는 기능과 이미지 창출이라는 조형적 가치를 만드는 것이 웹 타이포그래피의 역할이라고 할 수 있다. 이때의 PC 타이포그래피는 굴림보다 돋움이 가독성이 좋다. 명조체 보다는 고딕체가, 바탕체보다는 굴림체가 가독성이 좋은 것으로 나타났다. 가독성이 우수한 고딕체나 굴림체는 각 획에 장식선(serif)이 없는 글자체이다. 명조체나 바탕체에서 볼 수 있는 장식선은 글자의 인식에 부정적인 영향을 미친다.

4.4.3 모바일 타이포그래피(Mobile Typography)의 개념

폰트에서 가장 중요한 것은 가독성과 판독성이다. 모바일에서 제시하고자 하는 폰트는 작은 브라우저 화면으로 인하여 가독성을 높일 수 있는 폰트를 개발하거나, 쓸 수 있는 폰트를 제한해야 할 필요성이 있고, 컬러 또한 액정 화면으로 보여지므로, 컬러제한을 두어야 할 필요가 있다.

인쇄물에서 영문을 기준으로 세리프 체(serif font)가 가독성이 뛰어나지만 도트 LCD에서는 이와 반대이다. 간혹 웹 화면에서 링크에 사용될 영문의 세리프 서체가 사용될 수 있으나, 이런 특별한 경우를 제외하고 산세프리체(san serif font)를 적용하도록 한다. 국문에서는 굴림보다는 돋움이 가독성이 좋다. 명조체 보다는 고딕체가, 바탕체보다는 굴림체가 가독성이 좋다. 가독성이 우수한 고딕체나 굴림체는 각 획에 장식선(serif)이 없는 글자체이다.

Serif	San-serif
Bodoni	Univers
Garamond	Futura
Times New Roman	helvetica
Cardo	Geneva
Goudy	Franklin Gothic
Bembo-PMingLiU	Frutiger-Lucida Sans
Caslon	Tahoma
Centaur	Verdana
Palatino	JunienLight
Plantin	Gill Sans
TRAJAN	News Gothic
Goudy Old Style	chicago
Perpetua	

모바일에서의 폰트 사이즈는 인쇄물이나 웹처럼 다양하게 제공되지 못하고 8~10pt에서 제공되는 것이 가장 가독성이 좋다. 뉴스사이트로 대부분 텍스트로 구성된 정보를 제공해야 하므로 너무나 큰 폰트는 작은 LCD로 인해 오히려 가독성이 떨어져 기본 폰트의 틀에서 벗어나지 않도록 한다. 콘텐츠를 강조하거나, 제목 등으로 다른 콘텐츠보다 더 눈에 띄게 하기 위해서는 볼드체를 사용하거니 1pt의 차이만 두어야 한다. 볼드체는 중요한 정보를, 큰 타입은 상황표시, 작은 타입은 부가적인 설명 등을 통해 가독성을 높인다.

모바일에서는 중요한 인터페이스의 요소가 키패드와 좌, 우 등을 가리킬 수 있는 기능키이다. 이때의 키패드와 기능키 군에 사용되는 폰트의 사이즈는 간결하고 작은 사이즈로 만들며, 고딕체의 폰트를 사용하여 가독성을 고려하여 디자인한다. 한글의 경우 메모리가 커지면서 완성형 폰트를 적용하고 있다.

4.5 모바일 콘텐츠 디자인 방법

4.5.1 모바일 콘텐츠 디자인 기준

PC나 웹에 맞는 GUI 디자인과 모바일 폰이나 PDA와 같은 모바일 환경을 위한 GUI 디자인은 근본적으로 다르다. 디스플레이 공간의 제약, 선형적 정보구조, 이동과정, 제한된 인터페이스 등, 이러한 모바일 웹 환경에서 보다 효과적인 인터랙션을 위한 디자인 기준을 알아본다. 모바일 웹 디자인시 고려해야 할 구성요소로는 조형적 요소와 기능적 요소로 나누어 살펴볼 수 있다. 조형적 요소는 텍스트, 아이콘, 레이아웃, 컬러, 이미지 등이 있고, 기능적 요소는 디자인시 고려해야 할 요소로 일관성, 사용성, 가시성, 이해도 등으로 볼 수 있다.

(1) 조형적 요소

① 버튼

버튼은 다른 화면으로 이동하기 위해 선택하거나 누르도록 디자인되는 것으로 사용자가 버튼이라고 인지하도록 행동 유인력(perceived affordance)이 있어야 한다. PC 기반의 GUI 디자인에서는 마우스라는 직접적인 인터페이스를 사용하여 동시에 작동할 수 있지만, 모바일에서는 컨트롤 키와 숫자 키를 사용하여 선택하고 확인하는 과정을 거쳐야 한다.

버튼의 종류에는 그래픽 버튼, 아이콘 버튼, 텍스트 버튼으로 나눌 수 있다. 그래픽 버튼은 아이콘의 개념과 유사하며, 둘 다 메타포의 속성을 갖고 있어야 한다. 이때 가장 중요하게 고려해야 할 사항은 사용자가 버튼인지 인지할 수 있고, 어떤 용도인지 알고 선택할 수 있게 디자인되어야 한다. 아이콘 버튼은 숫자 키를 사용하여 선택과 동시에 실행이 되는 버튼이다. 텍스트 버튼은 컨트롤 키를 사용하여 선택하고 소프트 키를 사용하여 실행시킬 수 있는 버튼이다.

② 텍스트

텍스트는 제목, 메뉴, 내용, 하이퍼텍스트(Hypertext) 등 인터페이스 기능과 정보전달 기능을 한다. 모바일 폰의 화면 사이즈, 성능, 외부요인 등에 의해 텍스트의 사용 제약이 많고, 한글, 영문, 비트맵 폰트의 속성도 고려되어야 한다. 모바일 폰의 이러한 특성상 고딕체를 주로 사용하고 있으며, 폰트 사이즈는 8~10pt정도이다. 조형적으로 안정감 있는 웹 디자인을 위해서는 균형, 공간, 구성을 최적으로 제작하여 많은 테스트가 필요하다.

③ 아이콘

아이콘은 시각적 메타포의 하나로서 어떤 상황을 표현하기 위하여, 상황과 관련된 이미지(아이콘)를 가지고 표시하는 것이다. 메타포를 사용할 때는 단순히 미적 구성을 만족시키는 것 이외에도 의미를 혼동시키지 않도록 주의해야 한다.

아이콘을 디자인할 때는 화살표나 금지표시 등과 같은 문화적 습관의 시각기호들은 그 형태에서 크게 벗어나지 말아야 하며 문화적 차이에서 오는 의미의 혼동을 주의해야 한다. 또한 아이콘은 일관성, 단순성, 명확성, 보편성에 중심을 두고 디자인한다.

④ 레이아웃

레이아웃은 사람의 지각체계와 관련이 깊으며, 그러한 지각체계는 정보수용에서 가장 비중이 큰 감각기관인 시각에 의해 크게 좌우된다. 사람의 시각현상에 대해 연구한 게슈탈트 심리학에서 연구된 것으로 사람의 시각에서 일어나는 착시현상을 다룬 게슈탈트 법칙은 레이아웃 디자인시 고려해야 할 요소이다.

⑤ 컬러

컬러의 화상을 화면에 표시할 때는 세세한 하나의 점의 집합으로 표현된다. 여기서 각각의 점에 색을 주어 그림이나 문자가 표현되는데 각 점에 8비트의 데이터를 할당한 것이 8비트 컬러이다. 8비트는 동시에 256가지의 색을 표시할 수 있다. 모바일 이미지 제작시 이미지 압축에 쓰이는 SIS(Simple Image Service)는 포토샵에서 제작된 이미지의 256 팔레트를 SIS 이미지 제작 툴에 불러와서 압축한다. 제작된 이미지가 아무리 많은 색을 사용하였어도 256가지색만 압축된다. 화면의 크기를 고려할 때 사진을 제외한 그래픽 요소의 컬러의 수는 제한하는 것이 좋으며 모바일 폰의 특성상 실외에서 사용할 경우가 많다는 점, 하이퍼링크 텍스트와 일반 텍스트와의 구별, 현재 선택상태의 구별에 대한 컬러의 차이를 주어야 한다. 원색의 조합은 자극이 강하므로 중간색의 조합으로 되도록 컬러의 수를 줄이고 동일계통 색으로 정리하여 식별하기 쉬운 배색으로 선택해야 한다. 사용자의 주의를 환기한다든지 강조해야 할 상황 등은 강조색이나 반전표시 등으로 표시하는 것이 좋다.

⑥ 이미지

이미지에는 **래스터(raster) 방식**과 **벡터(vector) 방식**이 있다. GUI 디자인에서 이미지는 모두 래스터 방식으로 제작되는데 래스터 방식에서는 아이콘, 폰트, 이미지 모두 도트(dot)로 표현이 되기 때문에 도트의 크기와 간격에 의하여 이미지의 상태가 크게 좌우되므로 도트가 화면상에서 어떻게 보이는지 알아두어야 한다.

래스터 방식은 aliased와 anti-aliased 방식이 있는데, 사진일 경우 anti-aliased 방식을 사용하고 이미지와 텍스트의 경우 두 가지 방식을 혼용하며, 텍스트의 경우 aliased 방식을 사용하는 것이 좋다.

(2) 기능적 요소

① 일관성

효과적인 모바일 웹 디자인이 되려면 시각적으로 명확히 드러나야 하며 일관적으로 표현되어야 한다. 일관된 형태, 배치가 기존의 사용 맥락에서 크게 벗어나지 않는다면 사용자는 그 사용방법을 쉽게 예측할 수 있고 원하는 작업을 용이하게 할 수 있다.

모바일 웹 디자인의 그래픽 요소의 일관성은 아래와 같다.

- 버튼은 위치와 속성의 일관성이 있어야 한다.
- 텍스트의 크기와 컬러, 그리고 타이틀과 내용이라는 점에서 일관성이 있어야 한다.
- 아이콘은 컬러와 형태, 스타일에서 일관성이 있어야 한다.
- 레이아웃은 사용성의 전체적인 흐름에 크게 좌우되므로 일정한 가이드라인이 정해져야 한다.
- 컬러는 문맥과 맞물려 구조적인 일관성이 있어야 하고, 컬러테이블을 만들어 컬러의

일관성을 유지한다.

이러한 일관성을 유지했을 때, 전체 모바일 웹 디자인의 아이덴티티를 구축할 수 있다.

② 사용성

제품을 사용할 때 사용자가 느끼는 유용함이나 편리함의 정도를 사용성이라고 한다. 사용성의 룰은 여러 학자들에 의해 발표되었는데, 다음과 같은 내용을 포함하고 있다.

- 일관성을 유지하라
- 파워유저들을 위한 단축키 등을 제공하라.
- 사용자의 행동에 대해 빠르게 정보를 제공할 수 있도록 피드백을 줘라.
- 너무 긴 단계를 거치는 인터랙션은 중간 중간 끊어줘라.
- 언제나 탈출구를 제공하라.

③ 가시성

가시성은 지각적 측면과 이해도는 인지적 측면과 관계가 있다고 할 수 있는데, 전체 정보에서 부분정보를 표시할 때에는 이해도와 가시성을 높이기 위해서는 정보량(표시밀도, 그룹핑), 검색성(강조, 아이콘 등의 심벌화), 가독성(문자의 크기, 간격, 배치) 등의 요소를 통합적으로 고려하여야 한다.

이때 시각과 대비를 이용하여 가시성을 극대화할 수 있도록 디자인하여야 한다.

④ 이해도

사용자가 모바일 웹을 이용하는데 모바일 폰을 이용하여 조작시에 무엇을 할 수 있을지 유추하는 것이 가능하다. 특히 중요한 점은 사용자가 이용 가능한 용어를 사용하는 것이다.

이해도 향상의 3원칙은 다음과 같다.

- 적합한 정보제시
- 사고하기 위한 단서의 제공
- 사용자의 사고에 대응

(3) 모바일 GUI – Application의 경우

어플리케이션은 게임, 정보, Viewer 등 서비스 특성에 따라서 사용자 인터페이스 흐름이 결정되고 Viewer 기능을 제공하는 어플리케이션은 단순하게 목록페이지 ↔ Viewer 페이지가 주 기능이므로 깊이를 최대한 줄이고 단순한 내비게이션 키 조작이 이루어지도록 사용자 인터페이스를 설계하여야 한다.

메인
- 메뉴 리스트
- 메뉴 구성
  리스트 방식, 로테이션 방식,
  정적 또는 동적인 형태를 고려하여 디자인
- 좌우 방향키로 메뉴 리스트 포커스 이동

서브 메뉴
- 메인에서 선택한 메뉴에 해당하는 리스트
- 메인 메뉴 특성에 따라서 서브 메뉴 존재 유무 결정
- 상하 방향키로 서브 메뉴 리스트 포커스 이동

실행 애니메이션
- 동적인 효과가 필요한 경우 적용
- 많은 양의 정보를 다운받는 경우 user가 기다리는 시간 동안 흥미를 줌
- 정보 위주의 성향이 강하고 빠른 결과물을 보여 주는 콘텐츠는 로딩바로 적용하면 효과적

결과 페이지
- 네트워크를 통한 결과물 출력

Navigation Key
- Depth별 navigation key를 지정하거나 전체적으로 통일된 key 지정
- 결과물을 본 후 확인키를 누르면 이동하는 위치 지정

| 그림 4.18 | 모바일 GUI의 어플리케이션 예

(4) 모바일 GUI-Key 버튼의 활용

주 기능, 서브 기능을 구분한다. 주 기능과 서브 기능의 구성을 구분하는 단계는 사용자와 직접적인 관계가 있다. 물론 강조하고 싶은 메뉴를 주 기능으로 설정해도 문제가 없지만 사용자 입장에서 보면 주 기능이 자주 사용하지 않는 기능이 되어 버릴 수 있기 때문에 서비스의 목적을 파악하고 그에 맞게 설계해야 된다.

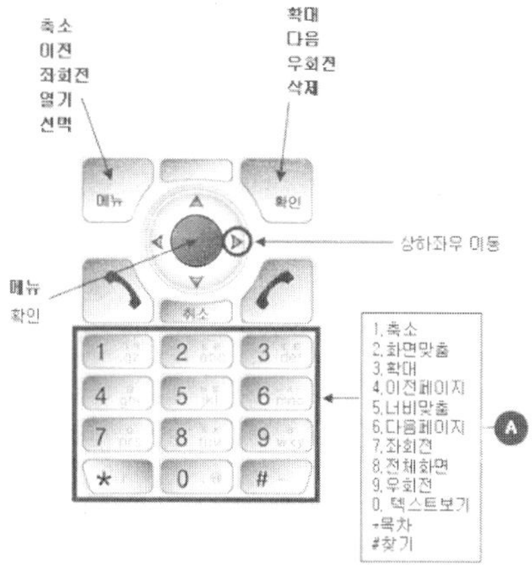

| 그림 4.19 | 키 버튼의 활용

4.5.2 모바일 콘텐츠 디자인 기법

모바일에서는 보여줄 수 있는 양의 한계로 인해, 적은 LCD 모니터에서 최대한 중요한 정보에 대한 구분 및 그룹핑이 중요한 관건으로 떠오르고 있다. 이에 따라, 모바일에서 콘텐츠 디자인을 하기 위해서는 어떠한 기법들을 가지고, 콘텐츠를 디자인해야 하는지에 대해 알아보도록 한다.

- 보여줄 정보의 양을 결정하는 기법

생략의 기법, 친숙한 정보 표현 양식, 도표 양식을 기용하는 기법 등은 작은 화면으로 많은 내용을 담아야 하는 모바일 UI에서의 기본이라 할 수 있다.

- 정보의 그룹핑

적절한 정보의 그룹핑을 위해 색채를 이용하는 기법이나 외곽선을 사용하는 기법이 있다.

- 정보의 위치와 순서를 결정하는 기법

정보의 위치와 순서를 결정하는 것은 작은 화면에 많은 콘텐츠를 보여줘야 하는 모바일 사용자 인터페이스에서는 가장 중요한 부분이다. 사용 순서에 의한 기법, 관습적인 순서를 존중하는 기법, 중요성과 사용 빈도에 따른 기법, 일반성, 특수성, 철자순, 시간순 등이 있다.

- 문자 정보를 보여주는 기법

문자 정보를 효과적으로 보여주기 위해 서체 선택의 기법, 대소문자의 사용기법, 정렬과 단어 간격 조절의 기법, 글줄 사이를 조절하는 기법 등을 사용할 수 있다.

● 그래픽 사용의 기법

사용하는 그래픽의 경우 텍스트보다 더 효과적으로 정수치 및 정보의 표현 등을 해줄 수 있다.

● 정보의 돋보임

정보의 일부분을 다른 부분보다 돋보이게 하고자 할 때 사용하며 반전의 기법, 색체 사용의 기법, 밝거나 굵기의 기법, 밑줄을 사용하는 기법, 깜박임을 사용하는 기법 등이 있다.

4.6 Story Board 만들기

4.6.1 주제선정하기

(1) 모바일 웹 사이트의 목적

모바일은 무선인터넷 환경의 구축적인 측면에서 멀티미디어 기반의 인터넷 환경이 모바일에 도입된 역사가 짧아 활발히 모바일 웹 사이트가 구축되지 않고 있는 것은 사실이다. 그러나 중요한 것은 현재 활발하지는 않지만 가까운 미래에 모든 기술과 정보 및 마케팅은 모바일로 집중될 것이다. 이에 대비하여 많은 비즈니스 업체들은 모바일을 기반으로 한 사이트 구축에 관심을 보이며, 먼저 모바일 사이트로의 포털을 점입하기 위해 고전분투 하고 있다.

이러한 시점에서 모바일 사이트를 구축하는 목적은 모바일에서 사이트를 왜 만들어야 하느냐의 질문에 봉착하게 된다. 현재의 동향으로 파악해 보았을 때 모바일 인터넷의 사용이 유선 웹만큼 활발하고 다양한 목적으로 활용되지 못하고 있는 것이 사실이지만, 모바일의 가장 큰 장점인 휴대성(Potable)의 이유로 무한한 발전가능성과 이에 따른 활용목적을 달성시킬 수 있다. 모바일 사이트를 구축하는 현시점은 시공간을 초월한 정보이용을 목적으로 하지만, 향후 모바일은 모든 마케팅과 고객과의 커뮤니케이션의 중심이 될 예정이다. 수익, 홍보, 커뮤니티, 정보, 업무, 미디어 등등의 요소를 복합적으로 또는 독립적으로 특화해 나갈 것이다.

모바일 사이트를 구축하는 목적으로는 모바일 사이트가 가지고 있는 근본적인 기능인 정보 공유 및 채널 확대를 통한 마케팅 목적을 달성하기 위한 것이다. 모바일 사이트에서 가장 빠르게 발전하고 있는 분야로는 정보를 제공하고자 하는 뉴스 및 정보 검색을 기본으로 하고 있는 포털 사이트 그리고 쇼핑몰이 있다. 쇼핑몰 모바일 사이트의 경우도 그 목적은 수익이지만, 제품을 판매하는 유통 채널을 확대함과 동시에 항상 휴대하고 다니는 매체를 통한 홍보 수단으로 볼 수 있다. 즉, 수익을 위한 목적에서도 정보 공유 및 채널 확대를 통한 마케팅적 목적을 달성하기 위한 것이라는 기본 구조를 이루고 있는 것이다.

정보의 공유라는 것은 자신이 가지고 있는 자신만의 특성들을 정보형태로 공유하고 그것을 통해서 자신의 정체성을 세상에 알리고 홍보하는 행위일 것이다. 그것이 회사건, 제품이건, 미디어 정보건 어떠한 형태의 콘텐츠로든지 구성되어 질 것이다.

이러한 콘텐츠가 모바일 사이트라는 강력한 장을 활용하며 모바일을 기반으로 한 마케팅 전략을 세울 수 있는 것이다.

모바일 사이트를 제작함에 있어서 목적을 선정하는 것은 무엇보다도 중요한 일일 것이다. 모바일 사이트에서 정보 제공 웹 사이트를 만들 것인지, 쇼핑몰을 만들 것인지, 아니면 회사의 홍보를 위한 사이트를 만들 것인지에 대한 이러한 기본적인 목적을 잘 설정해 주어야 한다.

(2) 사이트 이용자 타깃

사이트의 이용자 타깃은 중요하다. 사이트 이용자에 따라 모바일 웹의 내비게이션 및 인터페이스의 설계와 디자인이 달라져야 하기 때문이다. 모바일은 작은 해상도에서 최적의 콘텐츠를 전달해야 하는 한계점을 가지고 있다. 이러한 상황에서 모바일 사이트 이용자에 따라 다르게 설계된 모바일 웹의 내비게이션 및 인터페이스의 설계를 타깃의 이용에 맞게 디자인하여 타깃에 따라 설정된 설계 및 디자인에 따라 정보가 전달되도록 모바일 사이트 제작은 달라져야 하기 때문이다. 모바일 사이트를 제작하는데 있어서 어떠한 고객을 위한 모바일 사이트를 제작할 것인가에 대해 매우 중요한 사전 정보가 된다.

만일 아이들, 즉, 초등학교 고학년(5, 6학년)의 여자 아이들을 위한 사이트라면 아기자기하고 예쁜 원색적인 느낌의 웹사이트를 제작해야 할 것이며, 관공서 사이트인 경우는 신뢰적이며 공익의 느낌을 전달할 수 있어야 되고, 뉴스사이트인 경우엔 정확한 정보가 전달될 수 있도록 텍스트의 가독성을 높이는 디자인 및 정보 설계가 필요할 것이다.

웹사이트의 타깃 선정방법은 여러 가지가 있으며 명확한 타깃 선정이 무엇보다도 중요하다는 점은 다시 말할 필요가 없을 것이다. 또한 명확한 타깃 선정이 필요한 것은 모바일 사이트의 타깃이 아닌 상태에서 방문자 수만 늘어나는 것은 결코 바람직하지는 않다. 방문자 수가 늘어나게 되면 사용자의 불만사항 등을 해소하기 위해 하드웨어의 증설을 필요로 하며, 이러한 하드웨어적인 부담은 추가 비용의 지불로 연결된다.

모바일 사이트 구축을 위한 타깃은 다음과 같이 나눠볼 수 있다.

| 표 4.1 | 모바일 사이트 구축 타깃

연령별	지역별	직업별	성별
10대 이하	서울	유아	남
10대	수도권	초등학생	여
20대	충남북	중학생	
30대	경남북	고등학생	
40대 이상	전남북	대학생	
	부산	회사원 / 주부	

이러한 타깃 선정은 단순히 연령에 따른 타깃을 선정하는 것뿐만 아니라 사이트의 기본 목적을 사전에 설정하여 이에 맞는 타깃을 선정해야 하며, 타깃 또한 핵심 타깃(Core Target)과 추가 타깃(Sub Target) 등의 선정 등 세부적인 타깃 설정을 통하여 웹 사이트의 목적에 부합하는 타깃을 선정해야 할 것이다.

| 표 4.2 | 타깃별 다른 사이트의 컨셉 설정

사이트	숭실대학교	웨딩 사이트	샛별 유치원
타겟	대학생 및 일반인	결혼을 앞둔 커플	아이를 갖은 학부모
디자인 방향	깔끔하고 이지적인 느낌이 들 수 있는 분위기	웨딩을 하고 있는 느낌으로 우아하고 화려한 이미지	유치원에 들어온 듯한 느낌
디자인			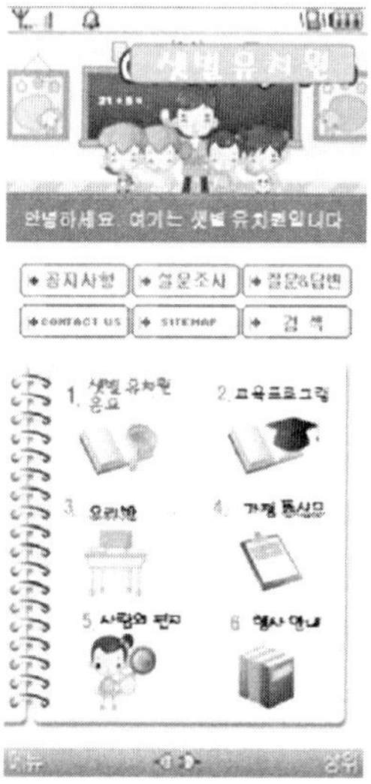

4.6.2 모바일 사이트 맵 그리기

PC 웹 콘텐츠에는 정적인 오브젝트와 다이나믹 오브젝트가 존재함을 알 수 있다.

(1) 정적 콘텐츠

정적인 오브젝트 즉, 콘텐츠라 함은 PC 상의 웹 페이지가 원 소스를 수정하지 않는 이상 PC의 브라우저에 보이는 모습도 변하지 않는 오브젝트를 말한다.

(2) 동적 콘텐츠

다이나믹 오브젝트 즉, 동적 콘텐츠라 함은 PC 웹 페이지가 사용자의 브라우저로 전송될 때나 전송된 이후에도 시간이나 사용자, 또는 각종 변수들에 의해 PC의 브라우저에 보이는 모습이 동적으로 변화하는 오브젝트를 말한다.

(3) 데이터베이스 연동

데이터베이스 연동이란 데이터베이스를 연결하는 작업을 의미한다. 데이터베이스 연동을 하게 되면 실시간으로 바뀌는 데이터베이스에서는 모바일 페이지에서도 실시간으로 콘텐츠가 변동될 수 있도록 설정해 놓을 수 있다.

4.6.3 개별적 페이지 디자인

(1) 정적 콘텐츠 페이지

정적 콘텐츠란, 페이지의 PC 웹 콘텐츠에서 PC 상의 웹 페이지가 원 소스를 수정하지 않는 이상 PC의 브라우저에 보이는 모습이 변하지 않는 페이지를 말하며 애니메이트한 요소가 없이 이미지와 텍스트가 추가되어 이루어진 페이지를 정적 콘텐츠가 모인 페이지라 한다. 이러한 페이지는 이미지와 텍스트로 이루어졌기 때문에 다른 페이지로의 이동이 가능한 링크를 주되게 제공해 줄 수 있다.

링크에는 이미지를 클릭하여 다른 페이지로의 이동이 가능하게 하는 버튼형이 있고, 텍스트로 링크가 가능하도록 설계할 수 있는 텍스트 버튼으로 구성되어 있다.

모바일에서는 중요한 단말기 키 버튼의 형태의 링크가 있다. 이는 단말기의 키 버튼과 연동되는 버튼으로서 페이지 화면의 인터페이스 상에서 제공되는 링크형식 뿐만이 아니라 단말기의 키를 이용해 링크가 가능하도록 제공되고 있다. 이는 모바일의 작은 디스플레이 화면에서 인터페이스의 단점을 최대한 보완할 수 있는 요소로서 사용자 인터페이스시에 키 버튼을 잘 활용할 수 있는 GUI 설계를 해야 할 것이다. 그림 4.20은 이미지와 텍스트로만 이루어진 페이지로서 링크는 이미지 링크 또는 텍스트 링크로 구성되어 제공된다.

그림 4.21은 이미지로 구성된 페이지로, 이미지에서 버튼 형식의 링크가 제공되고 또

한편 단말기 키 버튼을 이용하여 페이지 이동을 할 수 있는 키 버튼 형식의 GUI가 제공되고 있다.

연구실 소개 페이지

| 그림 4.20 | 이미지, 텍스트 페이지

메뉴타입 1 메뉴 타입 2 메뉴 타입 3

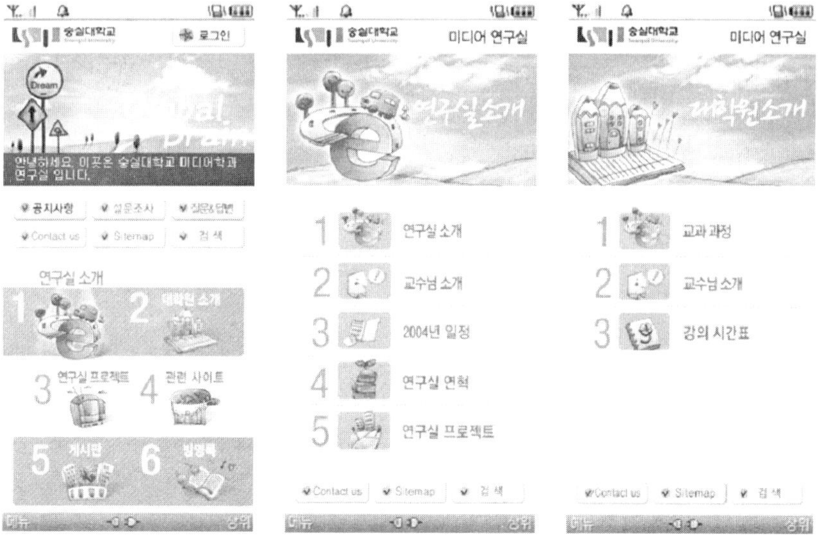

| 그림 4.21 | 단말기 키 버튼

(2) 동적 콘텐츠 포함 페이지

동적 콘텐츠는 PC 웹 페이지가 사용자의 브라우저로 전송될 때나 전송된 이후에도 시간이나 사용자, 또는 각종 변수들에 의해 PC의 브라우저에 보이는 모습이 동적으로 변화하는 페이지를 말한다. 기능적으로는 애니메이트되는 요소 또는 데이터베이스 연결 등으로 페이지가 변화하거나, 사용자의 내용을 넣을 수 있도록 사용자 인터페이스된 페이지 형식 등이 동적 콘텐츠에 해당되고, 이러한 요소로 구성된 페이지가 동적 콘텐츠 페이지라 할 수 있다. 그림 4.22는 사용자에게 내용을 넣도록 하여 회원 데이터베이스와 연결시키는 동적 콘텐츠 형태를 나타낸 페이지들이다. 그림 4.23은 사용자가 글을 넣고 볼 수 있으며, 게시판 데이터베이스를 불러와 페이지가 보여질 수 있도록 하는 구조를 갖는다.

| 그림 4.22 | 로그인 관련 페이지

| 그림 4.23 | 게시판 관련 페이지들

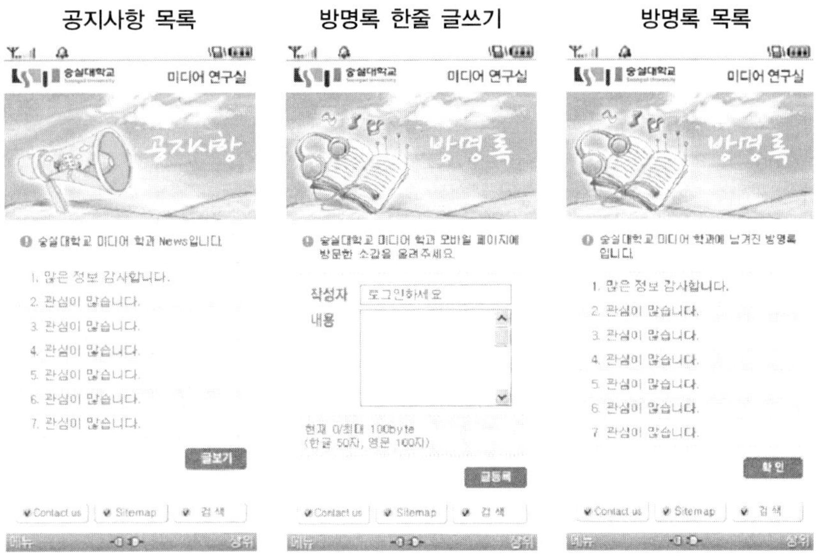

| 그림 4.24 | 공지사항 및 방명록

(3) 사용자 입력 페이지

사용자로부터 데이터를 입력 받는 페이지는 사용자가 내용을 넣어 쌓여진 데이터베이스에서 같은 것을 매칭시켜 보여주도록 하는 검색 형태와 사용자가 입력한 내용을 반영하여 누적된 데이터를 보여주는 설문조사 및 설문조사 결과보기 형태로 구분될 수 있다. 이렇게 축적된 데이터는 사용자 검색에 의해 페이지가 삭제되기도 한다.

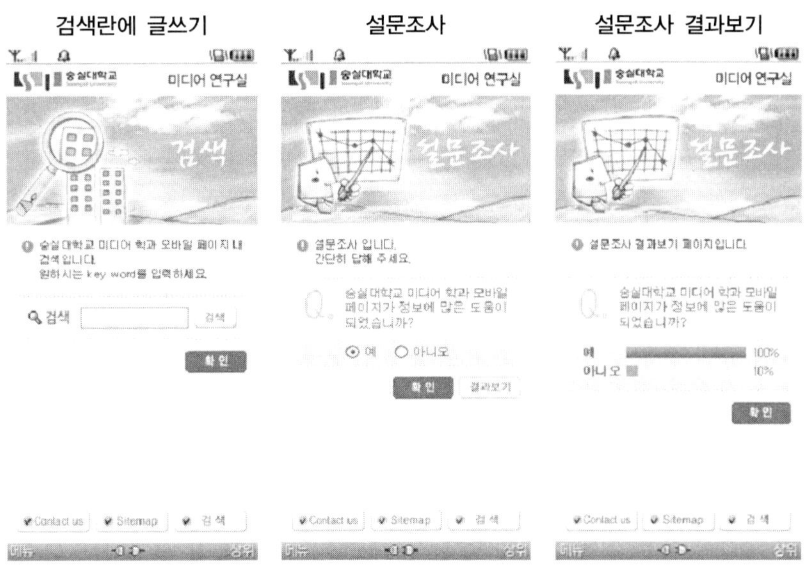

| 그림 4.25 | 검색 및 설문조사 페이지

글보기 글삭제

| 그림 4.26 | 글삭제 페이지

3
PART

통신사별 모바일 웹 페이지 만들기

5 모바일 웹 페이지 제작을 위한 마크업 언어

5.1 마크업 언어의 정의

마크업 언어(Markup Language)란, 문서안의 정보가 어떻게 구조화되는가를 지정하는 일종의 프로그램언어이다. 마크업 언어는 문서의 조직 구성과 구조적인 의미를 지정하며, 문서의 외형적인 모양이나 출력되는 형식에 대해서는 관계하지 않는다. 즉, 마크업 언어에서는 문서의 구조 형식과 문서의 외형적 표현 방식을 구분하고 있다. 마크업 언어는 문서의 구조 형식을 태그 등을 이용하여 데이터의 구조를 명기하는 언어의 한 가지이며, 구조화된 문서의 외형적인 모습은 스타일 시트(Style sheet)에 의해 표현 형태가 결정된다.

마크업 언어는 오래전부터 문서 편집 등에 널리 사용되어 왔다. 전자문서 시스템에서 마크업 언어의 변천과정은 다음과 같다. 제 1세대는 주로 출판 분야에서 사용되었으며, 효과적으로 문서를 편집하고 출력하기 위해서 사용되었다. 이때는 현재 통용되고 있는 RTF(Rich Text Format)등의 파일 형식을 사용하였다. 제 2세대는 전자 출판 시대이며, 보다 고도의 문서 편집이 요구되었다. Knuth에 의해 개발된 마크업 언어 TeX가 있으며, TeX는 출판 분야의 컴퓨터화에 혁신적인 변화를 가져왔다. 제 3세대의 마크업 언어는 문서의 외형적인 모습에는 관계하지 않고 문서의 조직 구성만 표현하는 일반 마크업(Gerneric markup) 특성을 보인다. TeX를 문서 편집기에 응용한 LaTeX나 SGML (Structural General Markup Language)을 인터넷에 응용한 HTML 등이 이 시대의 마크업 언어들이다. 그러나 이러한 마크업 언어들은 완벽한 문서 구조와 스타일 시트의 분리가 이루어지지 않고 있다.

마크업 언어는 문서 내용에 무엇인가 특별하거나 추가적인 정보를 부가하는 기능을 하는 언어로써, 문서의 구조 또는 내용과 관련한 기초 정보를 제공한다. 그리고 정보 또는 콘텐츠를 필요한 목적에 따라 가공할 수 있기 때문에 무한한 응용 능력을 가지고 있다.

5.2 모바일 서비스를 위한 마크업 언어

무선 인터넷 모바일 기기에서 사용되는 언어는 여러 가지이다. 우리나라에서 사용하는 언어는 4가지로서 업체별로 사용하는 언어가 다르다.

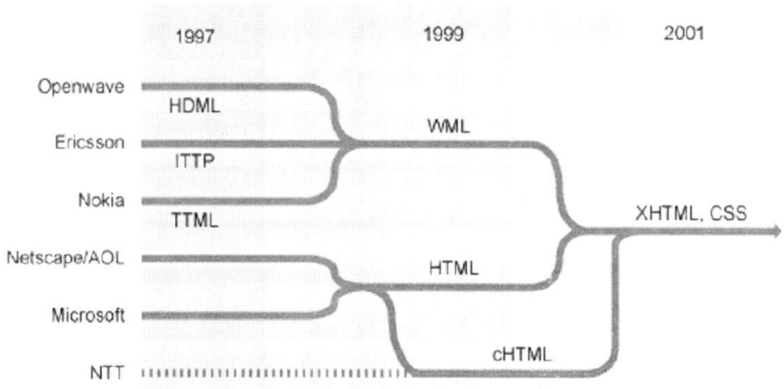

| 그림 5.1 | 무선 Makrup 언어의 역사

여기서는 우리나라에서 제공하는 언어인 WML, HDML, mHTML, xHTML 등에 대하여 알아보고자 한다.

(1) HDML(Handheld Device Markup Language)

인터넷이 한창 빅뱅을 준비하고 있던 시기인 1990년대 초, 일부 사람들과 업체에서는 인터넷을 통한 콘텐츠 서비스가 급속히 발전하여 인터넷의 시대, 더 나아가 무선 인터넷의 시대가 도래할 것임을 예견하고, 이러한 변화를 새로운 기회로 만들기 위한 무언가를 준비하는 데에 여념이 없었다. 그들 중 미국 실리콘 벨리에 본사를 둔 오픈웨이브라는 회사는 인터넷 상에서 제공되는 콘텐츠 서비스를 무선 휴대장비를 통해서도 사용할 수 있도록 UP.LINK 서비스 플랫폼을 고안하여 제안하게 된다. 이 UP.LINK 서비스 플랫폼에서는 무선 인터넷과 기존 유선 인터넷을 연동시켜주는 게이트웨이 역할을 하는 UP.LINK 서버의 데이터 변환 기술을 통해 인터넷의 수많은 콘텐츠를 무선 휴대장비에 서비스할 수 있음은 물론, 무선 휴대장비 전용 콘텐츠를 개발할 수 있도록 HDML(Handheld Device Markup Language)이라는 새로운 마크업 언어를 소개했다. HDML은 말 그대로 핸드폰과 같이 손에 들고 다닐 수 있는 무선 휴대 장비들에 사용자와 상호 작용할 수 있는 콘텐츠를 개발하기 위해 설계된 마크업 언어이다.

(2) WML

1997년 6월 휴대폰 제조업체인 노키아, 에릭슨, 모토로라 그리고 오픈웨이브는 비영리 단체인 WAP(Wireless Application Protocol) 포럼을 창립했다. WAP 포럼의 설립 목적은 기존 유선 인터넷의 기반 기술과 표준을 활용하여 무선 인터넷 서비스 플랫폼에 대한 공개 표준을 만들기 위함이다. 이 WAP 포럼은 개방되어 있다는 특성 때문에 현재 많은 업체들이 참여하여 무선 인터넷 서비스를 위한 공개된 표준 마련을 위해 활발하게 활동을 하고 있다. WAP 포럼에서 제안한 무선 인터넷 서비스를 위한 환경은 WAP 서비스 플랫폼이다. 이는 WAP 포럼에서 이미 오픈웨이브가 제안한 바 있는 UP.LINK 서비스 플랫폼을 수용하여 내세운 무선 인터넷 서비스를 위한 공개 표준 버전이라 할 수 있다.

WAP 서비스 플랫폼에서는 중앙처리장치(CPU), 메모리(RAM, ROM), 파워 지속 시간, 네트워크 대역폭 및 안정성 등 무선 휴대 장비들 즉, WAP 클라이언트에 맞는 콘텐츠를 개발할 수 있도록 WML(Wireless Markup Language)이라는 새로운 마크업 언어를 소개하는데, 이는 UP.LINK 서비스 플랫폼에서 콘텐츠 개발을 위해 HDML이 해주었던 역할을 보다 개선하고 확장하기 위함이다. 무선 인터넷 콘텐츠 개발자는 WAP 서비스 플랫폼에서 WML을 사용하여 무선 휴대 장비 사용자에게 데이터를 어떻게 보여줄 것이며, 또 메뉴 선택, 입력 등 사용자의 요구 처리를 어떻게 할 것인가에 대한 것들을 정의함으로써 무선 인터넷 환경보다 적합하고 유익한 콘텐츠를 개발할 수가 있다.

(3) mHTML

무선 인터넷 서비스 플랫폼의 등장과 무선 인터넷 서비스의 활성화, 그리고 특히 일본 NTT 도코모의 무선 인터넷 서비스 브랜드명인 i-Mode의 예상외의 대성공 이후 마이크로소프트사가 제시한 플랫폼 상에 지원되는 마크업 언어이다. ME 서비스 플랫폼에서는 무선 휴대장비 전용 콘텐츠를 개발하기 위해서 mHTML(Mobile HTML)이라는 마크업 언어를 소개하는데, 이는 무선 휴대 장비들의 특성인 중앙처리장치(CPU), 메모리(RAM, ROM), 파워 지속 시간, 네트워크 대역폭 등의 가용 자원 측면이나 화면에 표시할 수 있는 데이터의 양이나 질, 그리고 사용자로부터의 데이터 입력을 효과적으로 처리하기에는 다소 제한적이지만 언제 어디서나 간편하게 이용할 수 있다는 점을 충분히 고려하여, 표준 HTML을 이러한 무선 인터넷 환경에 적합하도록 축약한 것이다.

(4) xHTML

웹의 더 나은 발전성과 확장성에 따라 이에 대처할 수 있는 마크업 언어로써 XML이 부각되고 있다. xHTML(eXtensible Hyper Text Markup Language)은 W3C에서 제정한 것으로 기존의 HTML의 사용자들을 포함하고 XML 기반의 브라우저 및 툴 바 등의 호환성을 고려하기 위하여 생성된 일종의 XML 확장이라고 말한다. 또한, 기존의 HTML을 사용하였던 웹 브라우저에서 뿐만 아니라 임베디드 시스템(Embeded system : 예를 들어 셋톱박스, PDA 등) 지원과 전자상거래, 정보교환 및 공유를 위한 양식을 표준화 및 정형화하기 위하여 xHTML을 사용하고 새로운 양식을 추가적으로 지원하도록 한다. 모바일 웹서비스에서는 현재 LG에서 ez-i의 Lion Browser를 통하여 xHTML MP(Mobile Profile)를 지원하고 있다.

5.3 각 마크업 언어를 재생하기 위한 서비스 환경 구축하기

각 마크업 언어를 재생하기 위해서는 디자인된 모바일 페이지들을 각 마크업 언어의 문법에 맞게 작성하고 작성된 문서에 모바일로 접속해야 한다. 각 마크업 언어의 작성은 윈도우에서 기본으로 제공하는 메모장을 사용한다.

WML, mHTML, xHTML로 작성된 모바일 페이지들은 로컬 컴퓨터의 익스플로러를 통하여 확인할 수 있다. 하지만 HTML 계열을 제외하고 WML이나 HDML은 실행결과를 보여주는 것이 아니라 메모장에서 보이는 화면처럼 텍스트를 익스플로러 상에 보여준다. 뿐만 아니라 HTML 계열은 다른 컴퓨터에서 접속할 수 없게 된다. 이러한 문제점을 해결하기 위하여 로컬 컴퓨터를 서버(Server)로 만들어 주어야 한다.

서버(Server)란 다수 사용자(클라이언트:Client)의 요청 사항에 대해 서비스하는 것으로써 하나 이상의 응용 프로그램을 상호 협력적 환경에서 운영하는 분산처리의 형태를 의미한다. 예를 들어, 일반 사용자가 인터넷을 통하여 접속하는 각종 웹 페이지(Naver, Google, Daum, 싸이월드 등), 파일을 주고받기 위한 FTP(File Transper Protocol), 게임 등이 서버의 일종이며 한정된 공간에서는 데이터, 프린터 등을 공유하기 위해 사용되기도 한다. 게임 서버나 큰 회사의 서버는 무수한 접속자수와 안정성을 고려할 때 서버급 컴퓨터가 필요하지만 개인용 서버를 구축하고자 할 경우에는 펜티엄4 이상의 컴퓨터와 운영체제(Window 계열, 유닉스, 리눅스 등)가 있으면 된다.

서버를 구축하기 위해서는 서버를 만들어 주는 IIS(Internet Information Service), 아파치(Apache), 리눅스(Linux) 등이 필요하며 다양한 자료를 저장 및 관리하기 위한 데이터베이스(Database)가 필요하다. 본서에서는 웹 서버를 구축하기 위하여 Window 운영체제에서 사용되는 IIS를 사용하며 데이터베이스를 위해 MySQL을 사용하였다. 그리고 모바일의 접속 환경과 유사한 시뮬레이션을 설치하여 많은 테스트를 해보고자 한다. 각각의 마크업 언어에 대한 모바일 시뮬레이터로써 WML의 경우 Openwave를 이용하며, mHTML과 xHTML은 KTF에서 제공하는 KUN 시뮬레이터를 이용한다.

5.3.1 서버 설치하기

가장 먼저 서버를 설치해 보고자 한다. Windows를 설치할 때 IIS는 설치되어 있지 않다. 따라서 필요시 사용자가 직접 설치해 주어야 한다. 윈도우즈 XP의 경우는 다음의 그림 5.2 ~ 그림 5.3과 같은 순서로 IIS 서버를 설치한다.

설치를 위해 [시작] → [프로그램] → [제어판] → [프로그램 추가/제거] → [Windows 구성요소 추가/제거] → [인터넷 정보 서비스(IIS)] 체크 후 [다음] 버튼을 눌러 설치한다.

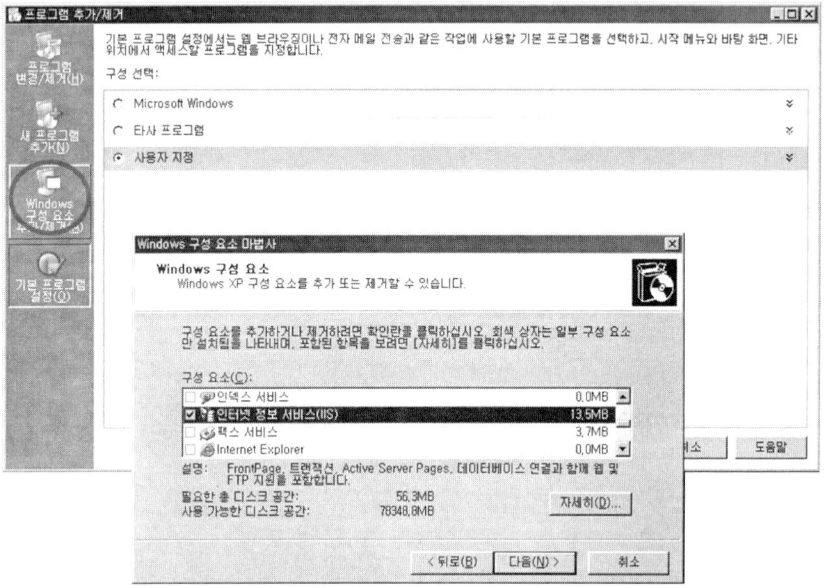

| 그림 5.2 | Windows 구성요소 추가/제거 클릭

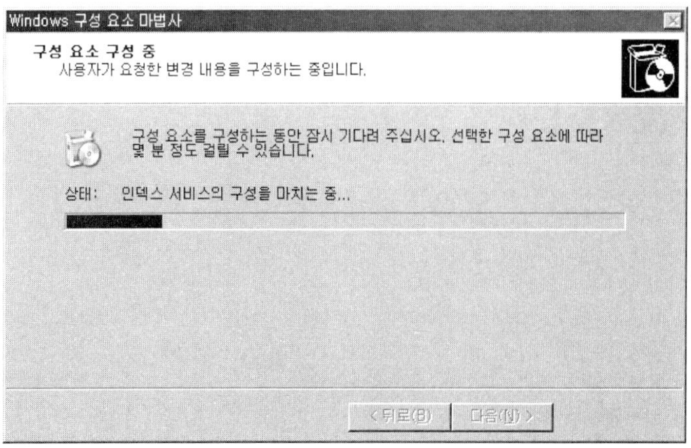

| 그림 5.3 | Windows 구성 요소 마법사

설치가 종료되면 그림 5.4와 같이 [서비스 및 응용 프로그램] 항목에 [인터넷 정보 서비스]가 생성된다.

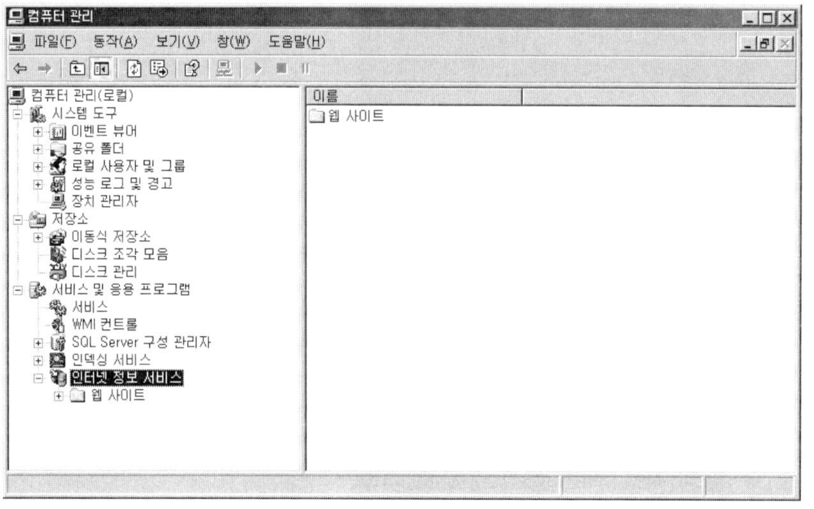

| 그림 5.4 | IIS 설치 결과

5.3.2 MIME Type 설정하기

MIME(Multipurpose Internet Mail Extensions)은 웹 브라우저의 능력을 확장시켜서 텍스트를 제외한 그래픽, 사운드, 멀티미디어를 다루기 위한 방식이다. 이는 바이너리 이메일을 첨부하는 데 쓰이는 것으로써, MIME 형태는 파일 종류와 파일 포맷을 슬러쉬로 나누어(image/gif) 구분한다. MIME의 형태를 등록하면 브라우저는 파일 암호를 풀고 관련 어플리케이션을 제공한다.

IIS 서버에 MIME을 설정하기 위해서는 [인터넷 정보 서비스]를 실행한다. 인터넷 서비스 관리자가 수행되면 왼쪽 메뉴에 있는 [기본 웹 사이트]에서 마우스 오른쪽 버튼을 클릭한 후 "속성"을 선택한다.

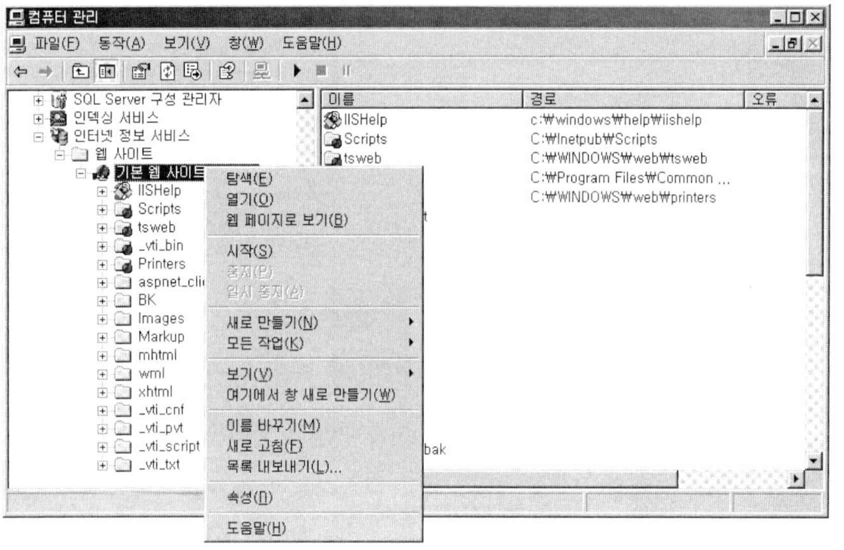

| 그림 5.5 | MIME을 설정하기 위한 인터넷 정보 서비스

[기본 웹 사이트 등록 정보] 대화상자가 나타나면 [HTTP 헤더] 탭을 선택하고 [파일 형식]을 클릭한다.

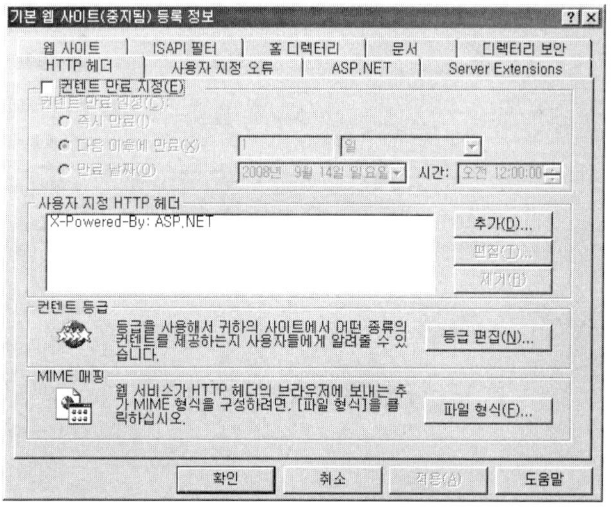

| 그림 5.6 | 기본 웹 사이트 등록 정보

[파일 형식] 대화 상자에서 [새 형식]을 클릭하고 "연결된 확장명"과 "콘텐츠 형식"을 작성하여 MIME Type을 추가한다. 인터넷 웹 서버에 추가해야 할 MIME Type은 표 5.1과 같다.

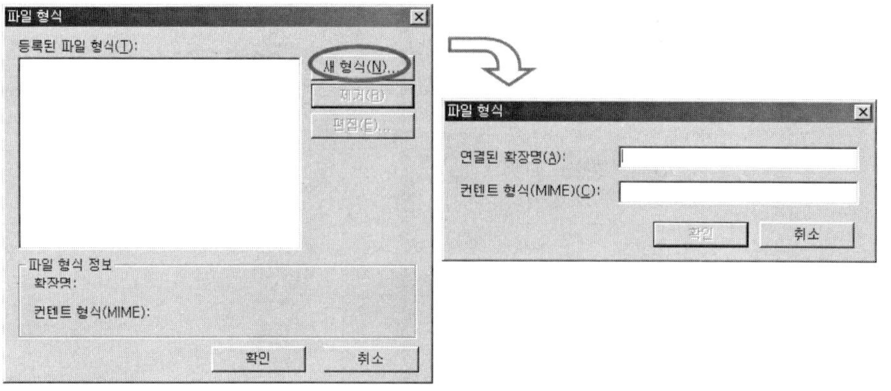

| 그림 5.7 | 파일 형식 입력하기

| 표 5.1 | IIS에 추가해야 할 MIME Type

구분	연결된 확장자(A)	내용 형식(MIME)
WML	.wbmp	image/vnd.wap.wbmp
	.wml	text/vnd.wap.wml
	.wmlc	application/vnd.wap.wmlc
	.wmlsc	application/vnd.wap.wmlscriptic
	.wmls	text/vnd.wap.wmlscript
	.wmlscript	text/vnd.wap.wmlscript
	.ws	text/vnd.wap.wmlscript
	.wsc	application/vnd.wap.wmlscriptic
HDML	.hdml	text/x-hdml;charset=KS_C_5601-1987
MHTML	.nbmp	image/nbmp
	.sis	image/sis
	.si6	image/si6
	.toy	image/toy
	.nsnd	audio/nsnd
	.ma1	audio/ma1
	.ma2	audio/ma2
	pmd	audio/pmd

5.3.3 데이터베이스(Database) 설치하기

모바일 웹 서비스를 위한 IIS 서버 환경을 구축하였으면, 다음으로 데이터베이스를 설정해야 한다. 데이터베이스란 논리적으로 연관된 레코드나 자료들의 집합으로써 여러 사용자 및 응용 시스템들이 데이터를 공유할 수 있도록 통합, 저장, 관리되는 데이터의 집합을 의미한다. 많은 사용자들이 접근 및 공유하기 때문에 실시간 접근성 및 처리가 보장되어야 하고 새로운 데이터 삽입이나 기존 데이터의 갱신 또는 삭제가 항상 이루어져야 하는 특성을 갖고 있다. 데이터베이스를 관리하는데 필요한 모든 일들을 수행하는 시스템을 **데이터베이스 관리 시스템(DBMS : Dateabase Management System)**이라 한다. 방대한 양의 데이터를 효율적으로 관리하기 위하여 몇몇 업체에서 시스템을 제품화하였고 그 중 대표적인 시스템이 오라클, MS SQL 서버, MySQL, Microsfot Access 등이 있다. DBMS는 데이터를 관리하기 위한 언어를 제공하는데 이를 SQL(Structured Query Language)라고 한다. 이 언어를 통하여 데이터베이스에 저장된 데이터를 검색, 저장, 삭제, 갱신할 수 있다. 데이터베이스와 SQL은 이 책의 범위를 벗어나므로 아주 간략히 예를 통하여 설명을 할 것이며 자세한 내용은 별도의 책을 참고하기 바란다.

본서에서는 데이터베이스로써 MySQL을 사용하고자 한다. 독자는 모바일 웹 서비스를 구축하기 위하여 어떤 데이터베이스를 사용하여도 관계없다. MySQL 서버를 설치하기 위해서는 http://www.mysql.com의 Developer Zone을 선택하고 하위 메뉴에서 Downloads를 선택하여 MySQL Community Server를 다운받아 설치한다. 또한 MySQL Tools의 MySQL GUI Tools와 MySQL Connector/ODBC도 다운받아 설치한다. 참고로 MySQL GUI Tools는 윈도우즈 상에서 보다 쉽게 MySQL을 관리할 수 있게 해주는 툴이다.

다음 그림 5.8과 그림 5.9는 홈페이지에 접속하여 다운로드하는 과정을 나타낸다.

| 그림 5.8 | MySQL 다운로드 화면

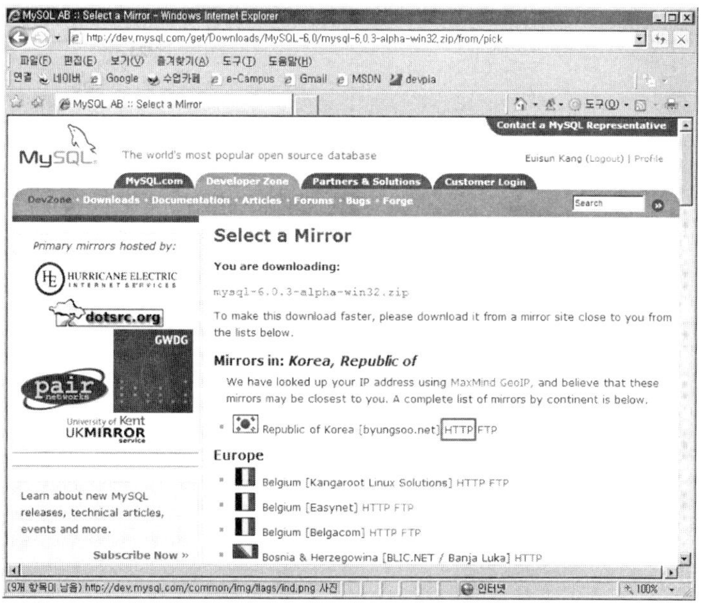

| 그림 5.9 | MySQL 다운로드 화면(한국어 선택)

위와 같은 방법으로 Connector와 MySQL GUI Tools도 다운로드한다. 모든 설치 파일이 저장되어 있으면 다운받은 파일(mysql-6.0.3-alpha-win32)의 압축을 풀고 폴더 내에 있는 "Setup.exe"를 클릭한다.

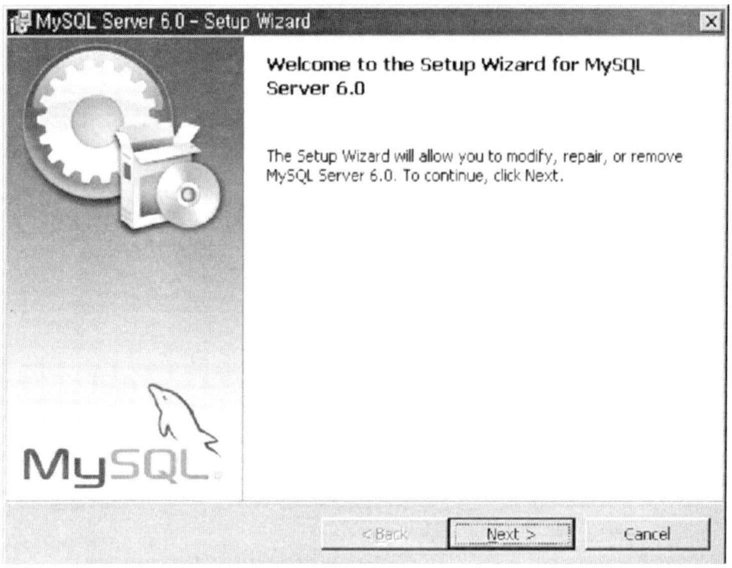

| 그림 5.10 | MySQL 설치 화면

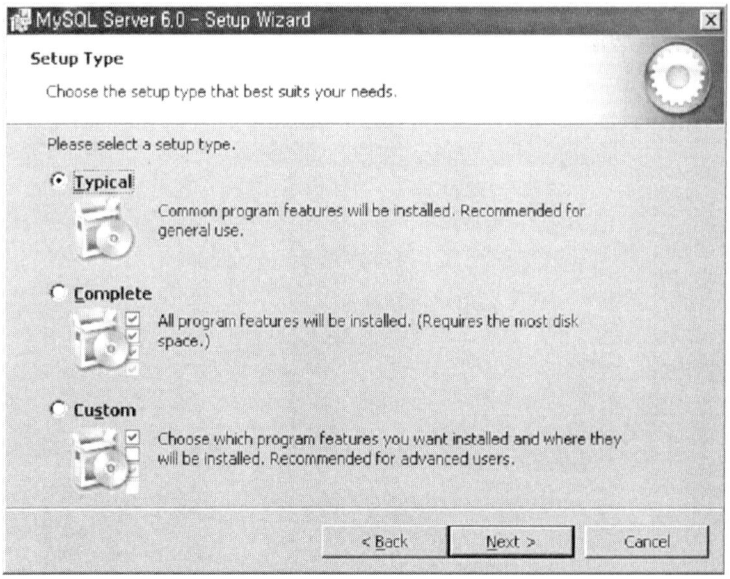

| 그림 5.11 | MySQL 설치 화면

"Typical"을 선택하고 Next를 클릭한다. 만약 설치하고자 하는 폴더를 변경하고자 할 경우에는 Custom을 선택하여 폴더를 변경한다. "Typical"을 선택했을 때 기본으로 설치되는 디렉토리는 그림 5.12처럼 "C:₩Program Files₩MySQL₩MySQL Server 6.0" (단, 윈도우가 C 드라이브에 설치되었을 경우)이다.

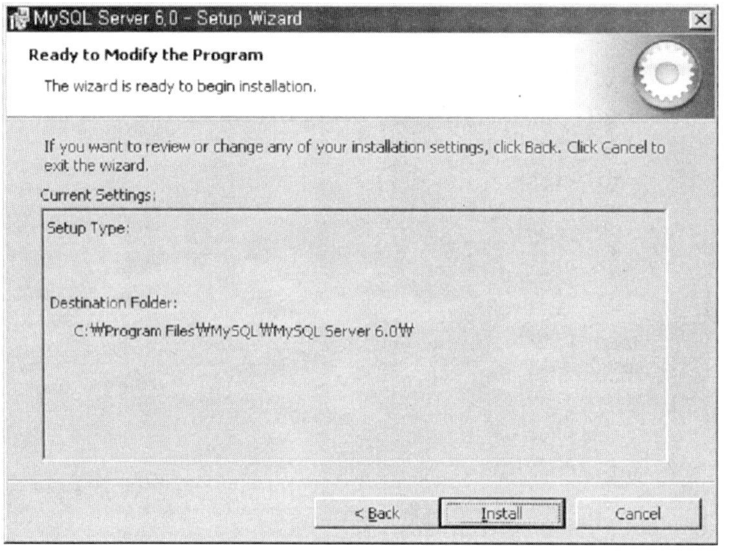

| 그림 5.12 | MySQL 설치 화면

Install을 클릭하면 설치가 완료되고 다음과 같은 창이 뜨면 Skip-Up을 클릭하여 다음 화면으로 넘어간다.

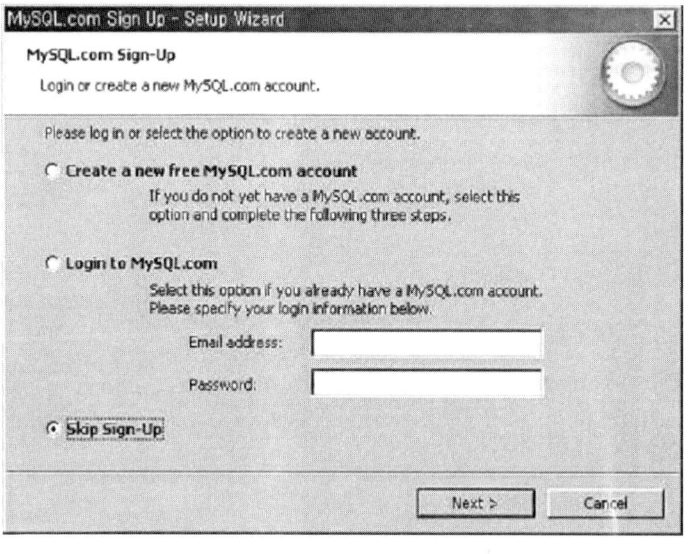

| 그림 5.13 | MySQL 설치 화면

모든 설치가 종료되면 다음과 같은 창이 뜰 것이다. 여기서 MySQL Server의 환경 설정을 계속하고 싶다면 "Configure the MySQL Server now"라는 항목을 체크하여 "Finish"를 클릭하고 그렇지 않은 경우에는 체크하지 않고 "Finish"를 클릭한다. 만약 체크가 되어 있지 않은 상태에서 "Finish" 버튼을 클릭하였다고 당황하지 말자. 이는 [시작] → [프로그램] → [My SQL] → [MySQL Server 6.0] → [MySQL Server Config Instance Wizard]에서 설정할 수도 있다.

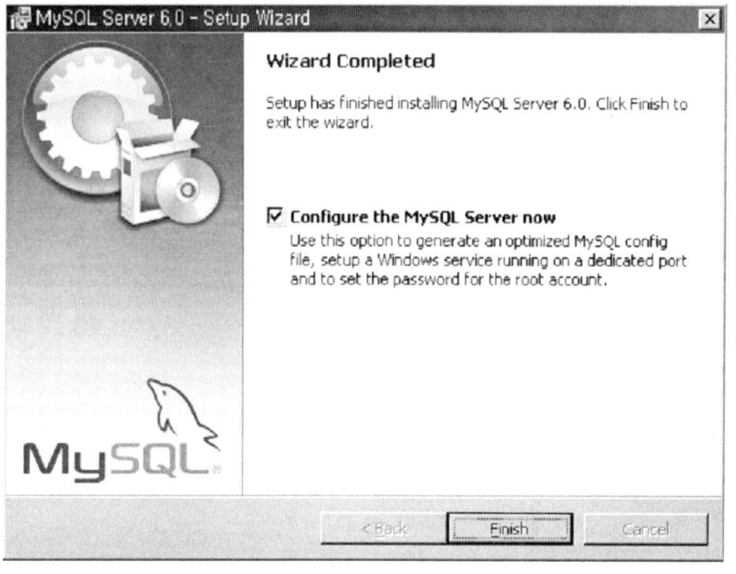

| 그림 5.14 | MySQL 설치 화면

다음 화면은 사용자가 MySQL Server 설정을 체크했을 때 기본적인 설정을 하는 곳이다. 그림 5.15 ~ 그림 5.21까지 기본으로 설정되어 있는 옵션을 선택하여 "Next" 버튼을 클릭한다. 각 세부 내용은 데이터베이스 관련 서적을 참고하기 바란다.

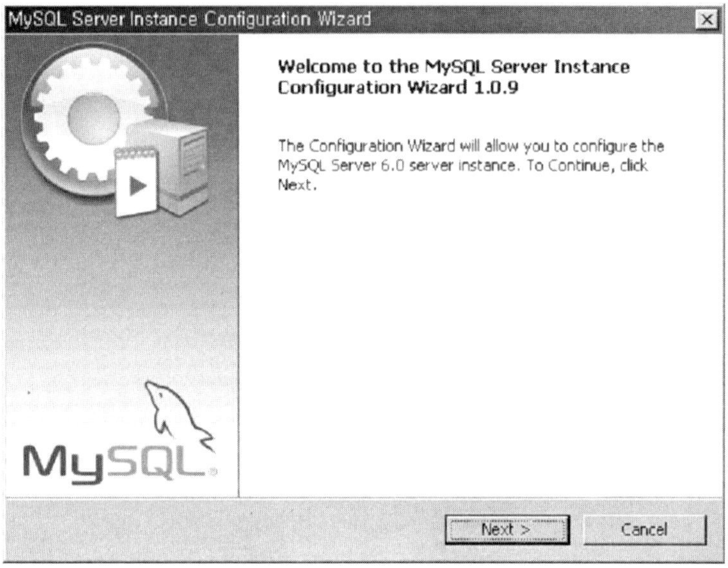

| 그림 5.15 | MySQL Server Instance Wizard 1단계

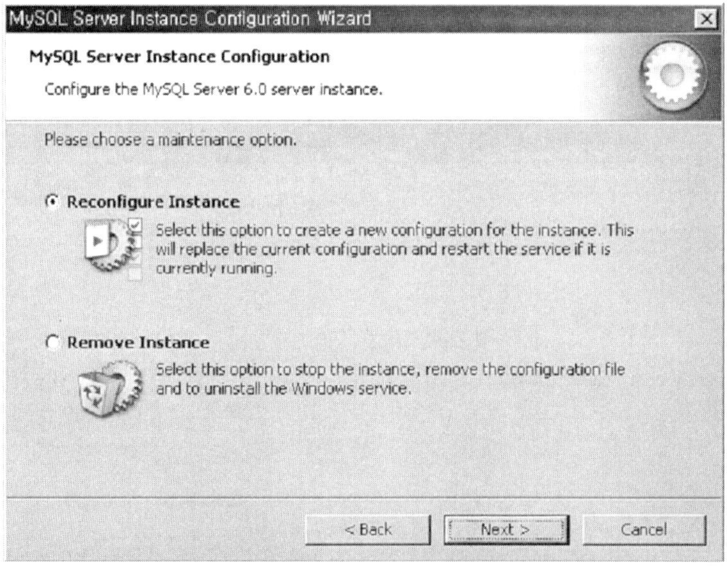

| 그림 5.16 | MySQL Server Instance Wizard 2단계

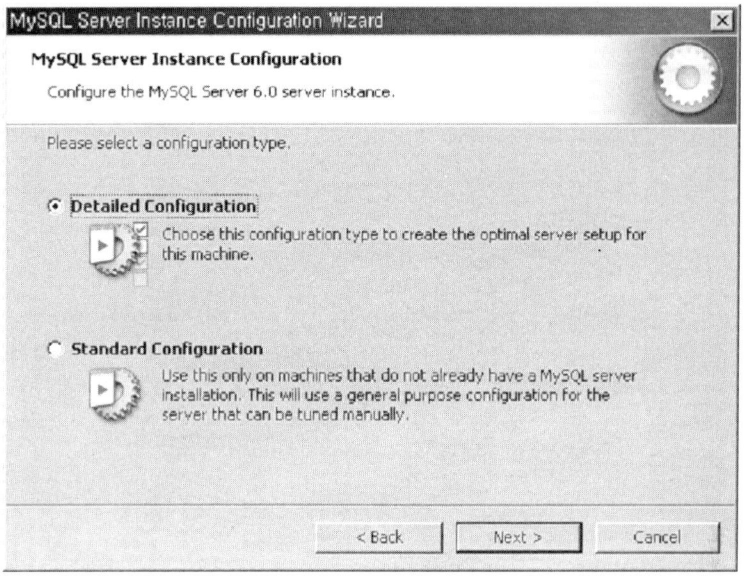

| 그림 5.17 | MySQL Server Instance Wizard 3단계

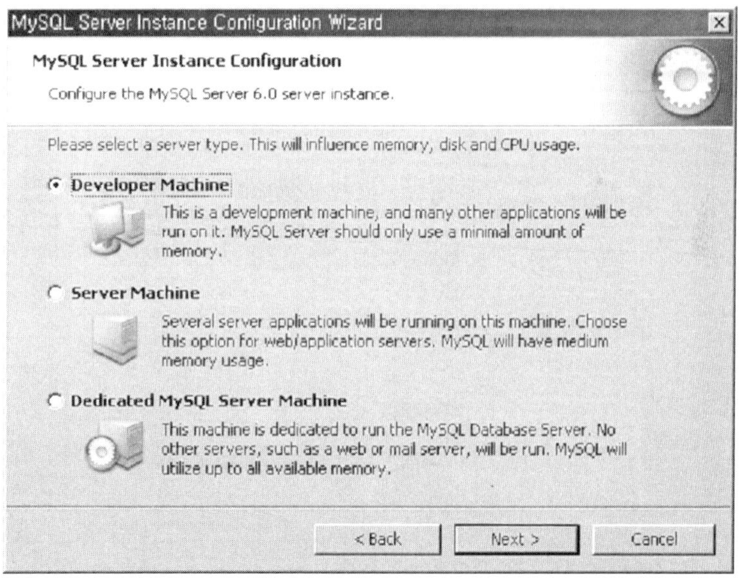

| 그림 5.18 | MySQL Server Instance Wizard 4단계

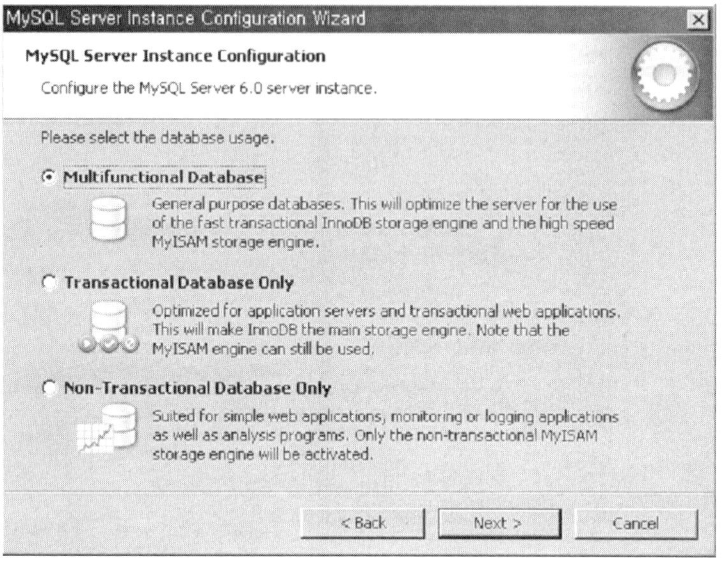

| 그림 5.19 | MySQL Server Instance Wizard 5단계

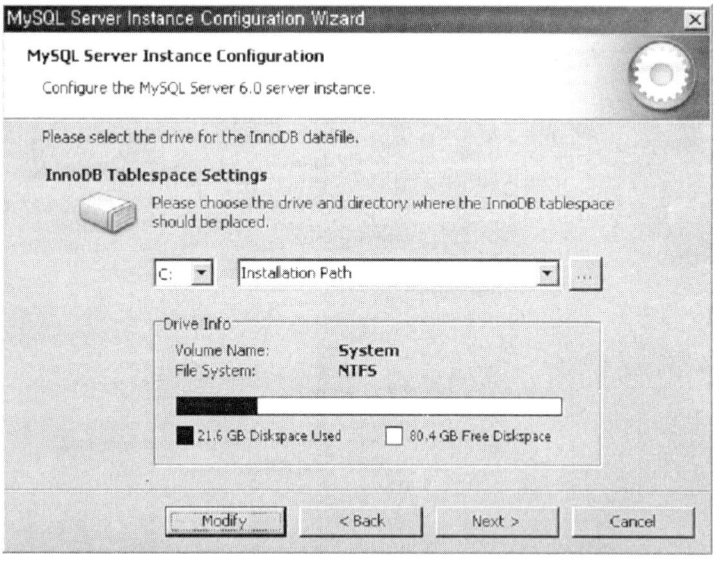

| 그림 5.20 | MySQL Server Instance Wizard 6단계

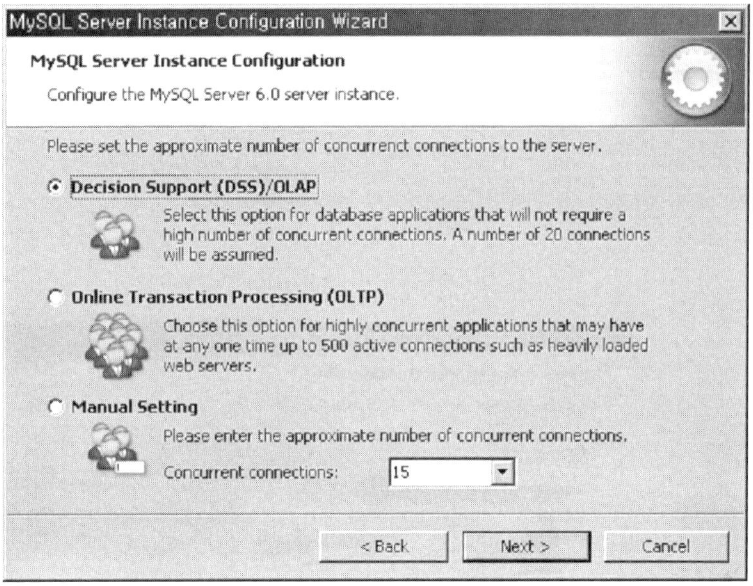

| 그림 5.21 | MySQL Server Instance Wizard 7단계

다음 그림은 포트 번호를 정하는 것이다. MySQL의 경우 기본 포트로써 3306번을 설정한다. 하지만 사용자가 3306이라는 포트를 이미 사용한 경우에는 포트 번호를 변경해 주어야 한다.

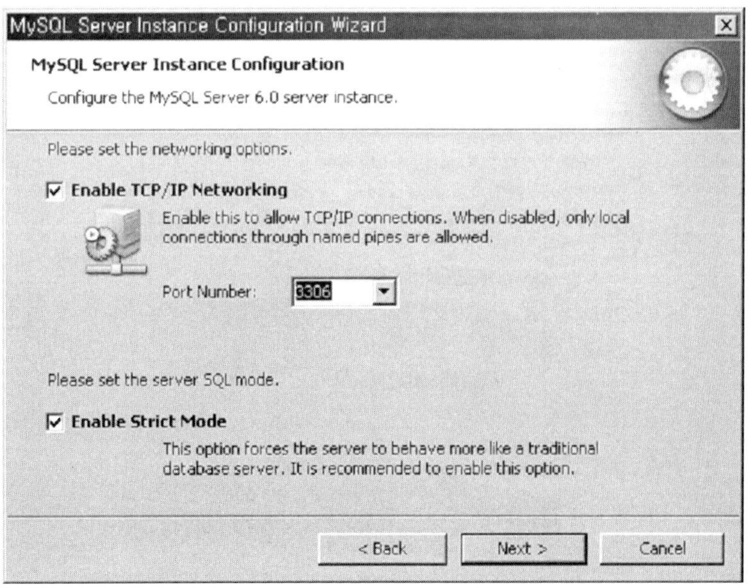

| 그림 5.22 | MySQL Server Instance Wizard 8단계

그림 5.23은 사용할 언어를 설정하는 곳이다. 기본으로 설정되어 있는 부분은 "Standard Character Set"일 것이다. 이 부분을 선택하면 기본 언어로써 "영어"가 선택된다. 따라서 데이터베이스에 한글을 추가하거나 삽입하면 오류를 발생시킬 뿐만 아니라 삽입되어 있다 하더라도 "???"와 같은 잘못된 문자만을 테이블 상에서 확인할 수 있다. 따라서 한글과 영문 모두 사용하기 위해서는 반드시 세 번째를 선택하고 "Character Set"을 "euckr"로 해야 한다.

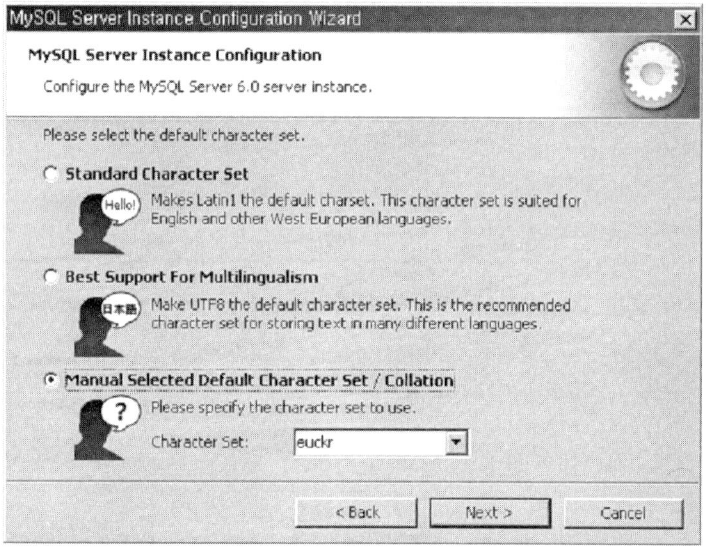

| 그림 5.23 | MySQL Server Instance Wizard 9단계

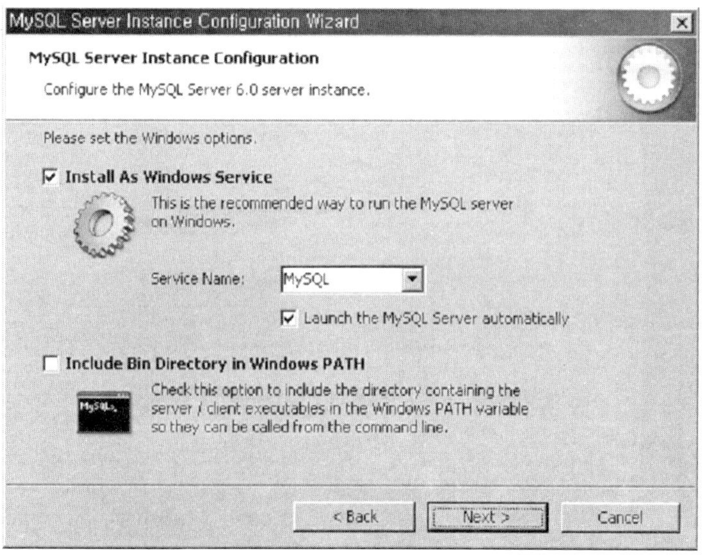

| 그림 5.24 | MySQL Server Instance Wizard 10단계

다음 그림은 MySQL Server에 접근하기 위한 "root"의 비밀번호를 설정하는 부분으로써 설정 후에는 기억해 두어야 한다.

| 그림 5.25 | MySQL Server Instance Wizard 11단계

암호 설정을 종료하고 "execute"를 클릭하여 모든 설정이 완료되면 다음과 같이 모든 설정이 성공적으로 종료되었음을 알리는 창이 보인다.

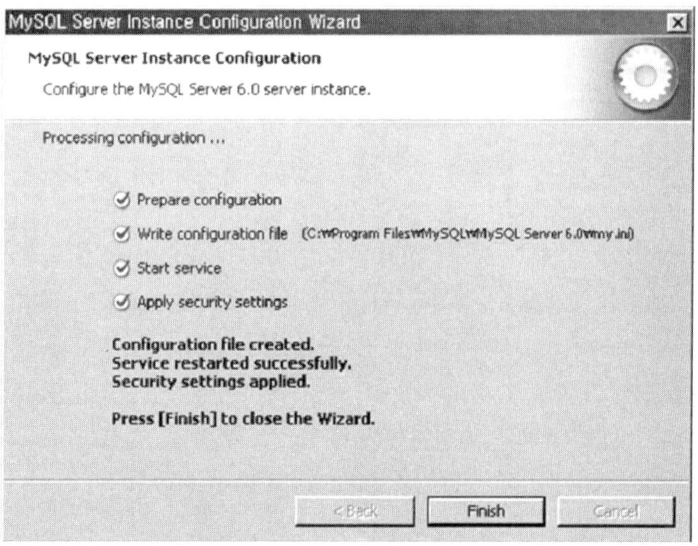

| 그림 5.26 | MySQL Server Instance Wizard 12단계

5.3.4 데이터베이스 테이블 만들기

데이터베이스에 데이터를 저장할 때는 관련된 것끼리 묶어서 저장하는데 이러한 데이터의 묶음을 레코드라고 한다. 학사 관리용 데이터베이스의 예를 들면, 학생의 학번, 이름, 주민번호, 전화번호, 주소 등으로 이루어진 레코드를 저장할 수 있다. 이런 레코드들의 집합을 데이터베이스에서는 테이블로 만들 수 있다. 우리가 흔히 웹 상에서 자주 접하게 되는 게시판 역시 데이터베이스 테이블이라 볼 수 있다.

모바일 웹 상에서도 게시판을 사용하기 위해서는 MySQL에 게시판에 대한 테이블을 만들고 이를 통하여 데이터를 갱신해야 한다. 다음 그림 5.27은 테이블을 구성하는 과정 중 MySQL의 Administrator를 찾는 방법이다. NySQL Administrator는 MySQL GUI Tool을 설치했을 때 보인다.

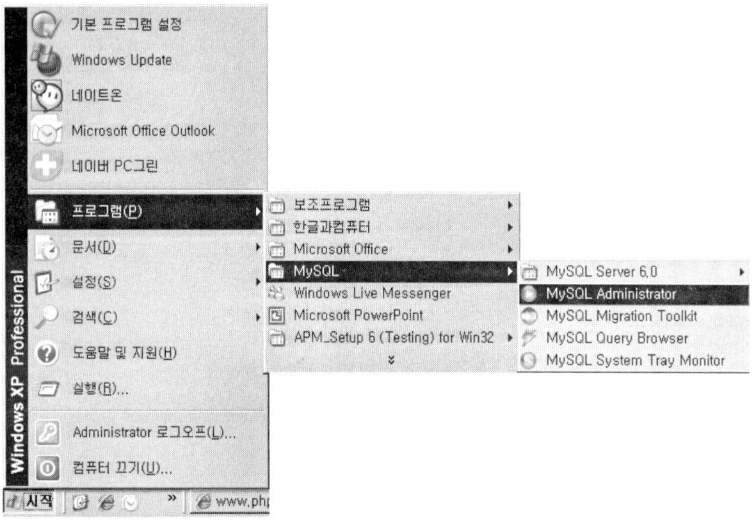

| 그림 5.27 | MySQL Administrator 실행하기

MySQL Administrator에 접속하기 위해서는 Admin 계정(root)으로 로그인이 되어야 한다. Stored Connection은 무시하고, Server Host에 localhost를 입력한다. 만약 MySQL Server가 설치된 곳이 로컬 컴퓨터가 아니라면 설치된 컴퓨터의 IP Address 혹은 URL을 입력한다. Username에는 root를, 그리고 Password에는 MySQL 설치시 입력했던 root 비밀번호를 입력한다.

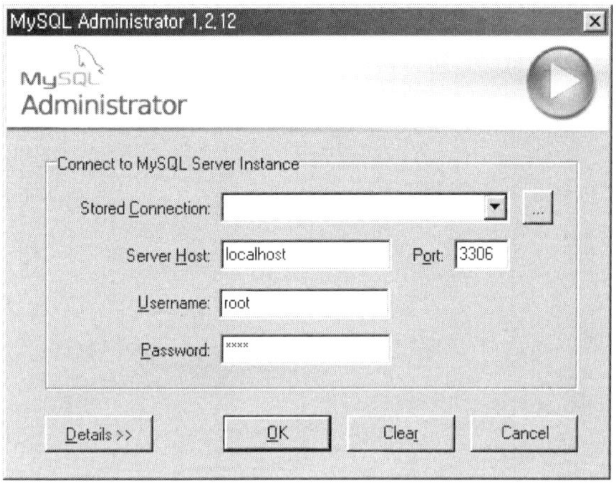

| 그림 5.28 | MySQL Administrator 로그인하기

"OK" 버튼을 클릭하여 MySQL 서버에 접속하면 아래와 같은 그림이 나타난다. 접속된 상태에서 User Administration 버튼을 클릭한 후, 아래 Users Accounts 영역에 오른쪽 마우스를 클릭해서 팝업 메뉴를 띄운다. 팝업 메뉴 중 Add new user 메뉴를 선택한다. 그리고 그림 5.29처럼 User Information 탭을 선택하여 MySQL User에는 board를, 그리고 Password 및 Confirm Password에 적당한 비밀번호를 입력한다.

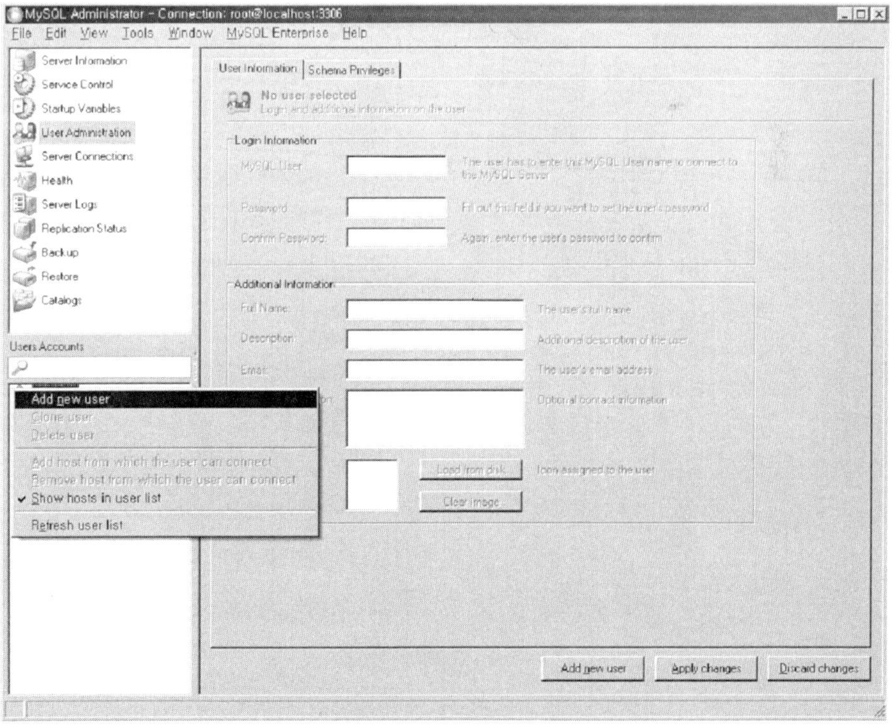

| 그림 5.29 | 사용자 추가하기

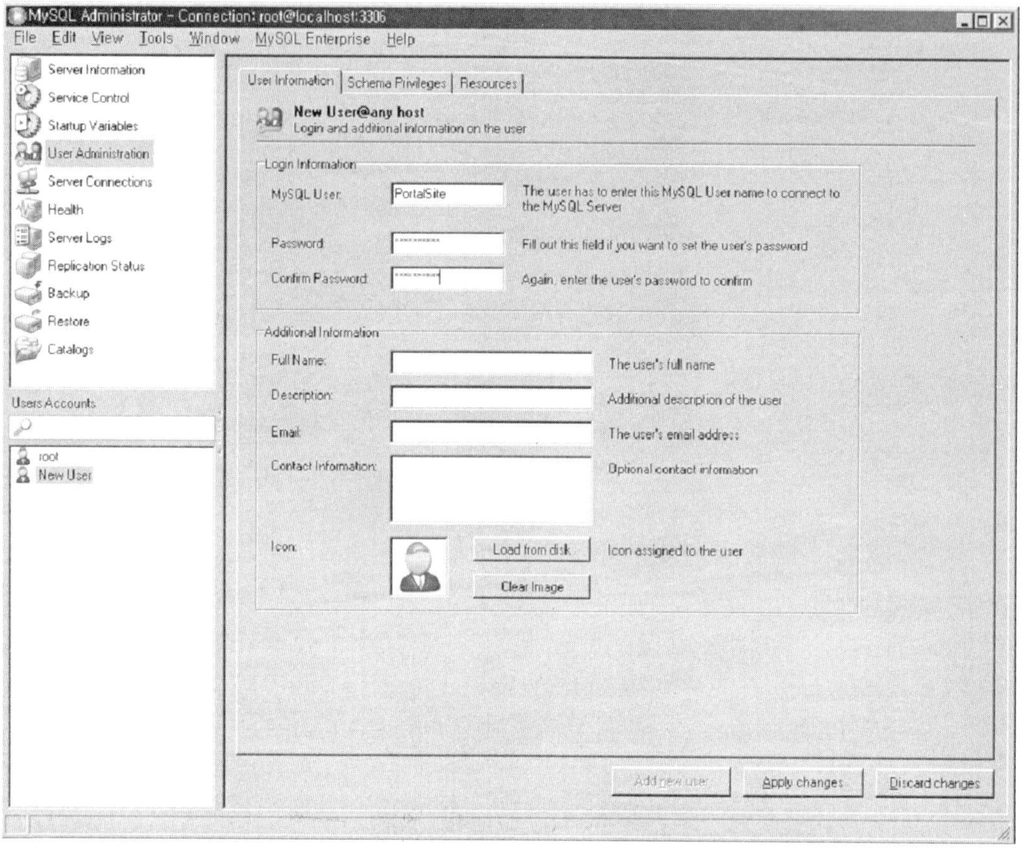

| 그림 5.30 | 사용자 정보 추가하기

Login Information을 입력 후 Schema Privileges 탭을 선택한다. Schemata 영역에서 마우스 오른쪽 클릭 후 Add Schema with Wildcards를 선택한다. 선택 후 다음과 같이 Schema Name을 "PortalSite"라고 입력하고 Store 버튼을 클릭한다.

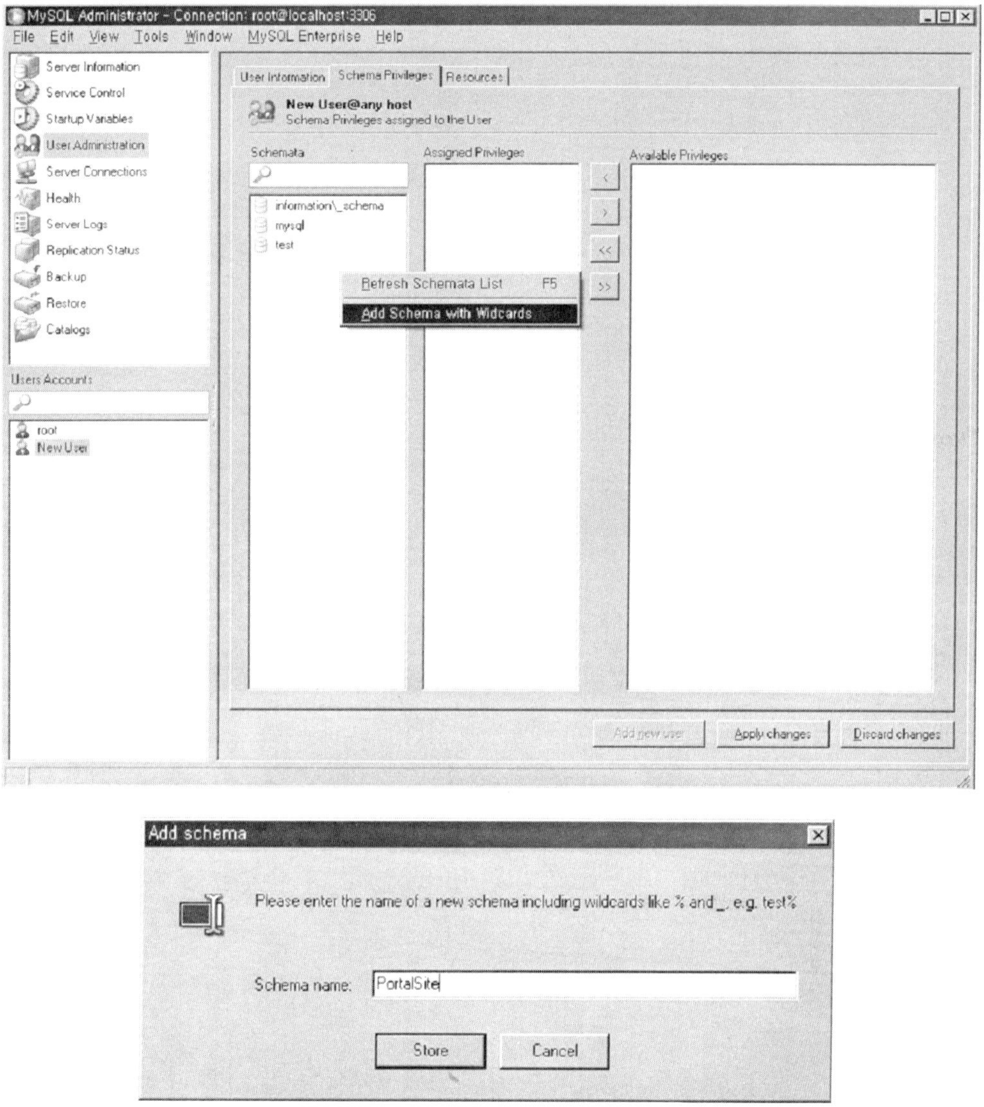

| 그림 5.31 | Schema 추가하기

Schemata 영역에 "PortalSite"라는 새로운 Schema가 추가되었는지 확인한 후 클릭한다. 클릭한 후에는 Available Privileges 영역에서 [<<] 버튼을 눌러 모든 내용을 Assigned Privileges로 이동시킨다. 이동 후 아래의 Apply changes 버튼을 눌러 적용시킨다. 적용 후 다시 왼쪽의 Users Accounts 영역을 확인해 보면 "PortalSite"라는 새 이름의 사용자가 추가되었음을 확인할 수 있다.

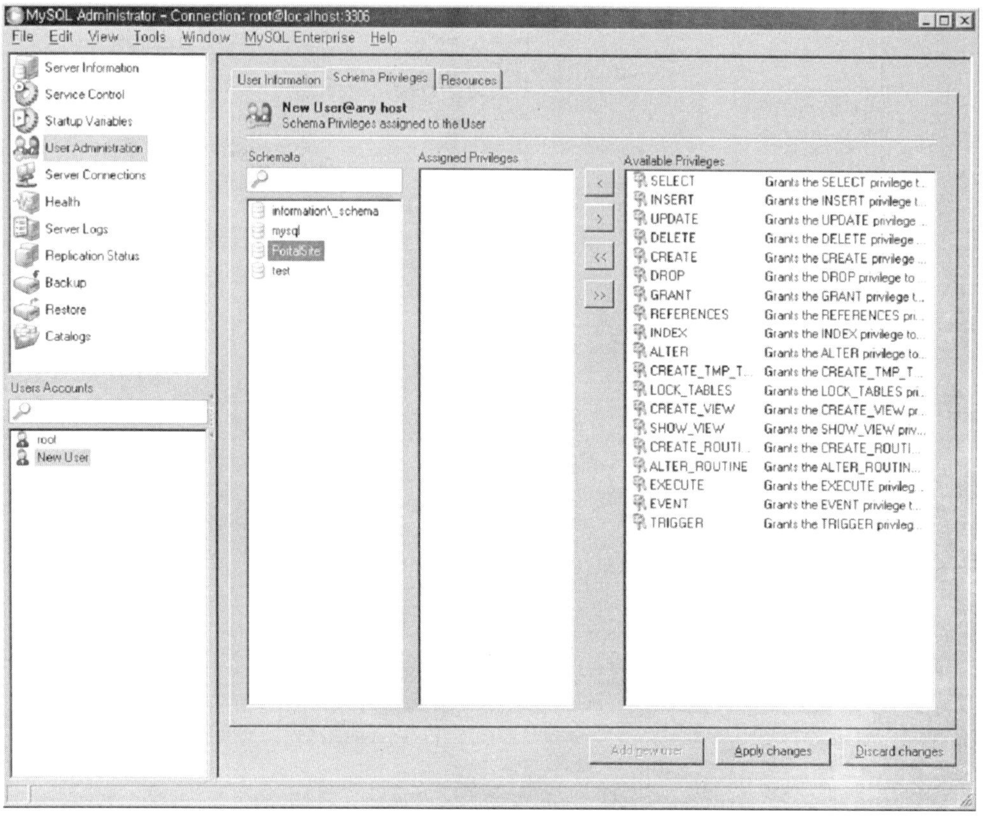

| 그림 5.32 | Available Privileges 적용 전

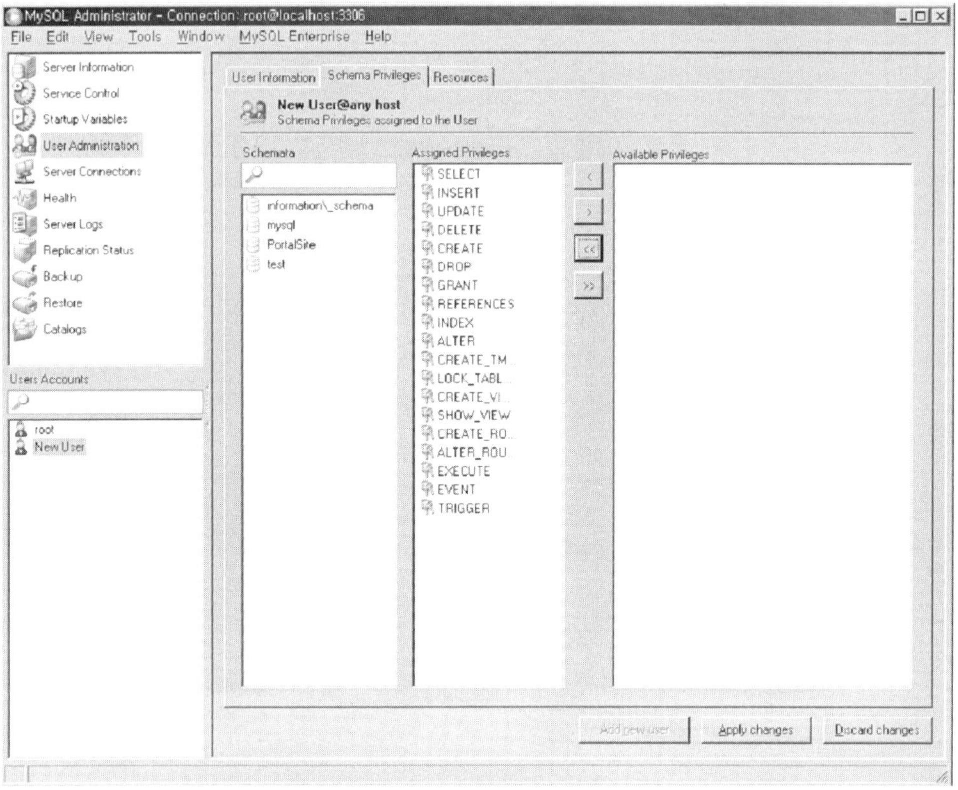

| 그림 5.33 | Available Privileges 적용 후

이제 MySQL Administrator를 종료하고 다시 MySQL Query Browser 툴을 실행한다.

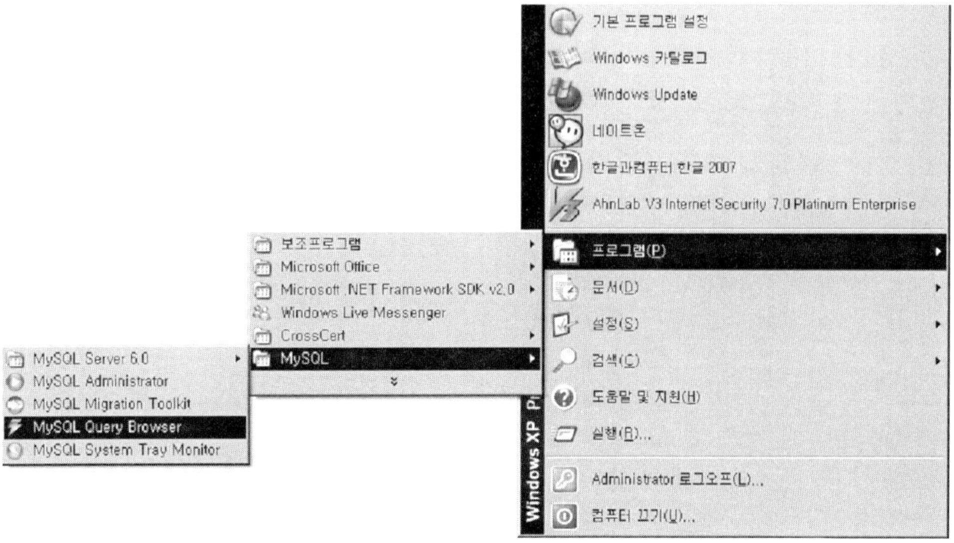

| 그림 5.34 | MySQL Query Browser 툴 실행하기

역시 MySQL Administrator처럼 Server Host, Username, Password를 입력하고 OK 버튼을 눌러 접속한다.

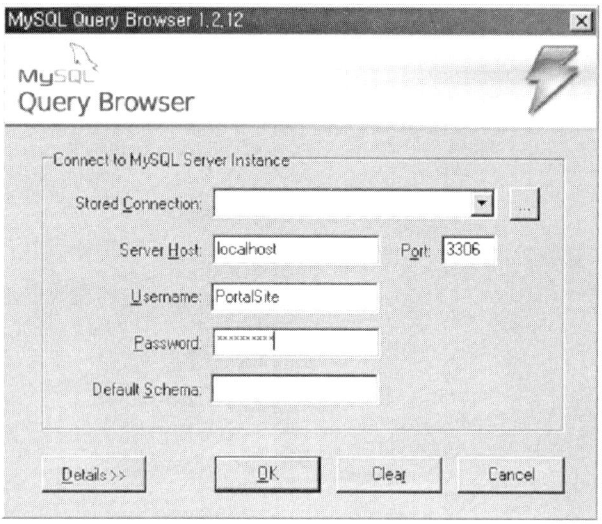

| 그림 5.35 | MySQL Server 접속하기

접속한 후에는 그림 5.36과 같이 Administrator에서 작성했던 Schema를 Schemata 탭에서 확인할 수 있다. 예제로 작성했던 PortalSite라는 데이터베이스에는 현재 아무런 테이블이 작성되어 있지 않다. 따라서 현 데이터베이스에 앞으로 사용한 테이블을 추가하는 작업이 필요하다. Schemata 영역에 조금 전에 추가한 board Schema가 존재하는지 확인한 후 board Schema를 선택, 오른쪽 마우스를 클릭하여 "Create New Table" 팝업 메뉴를 선택한다.

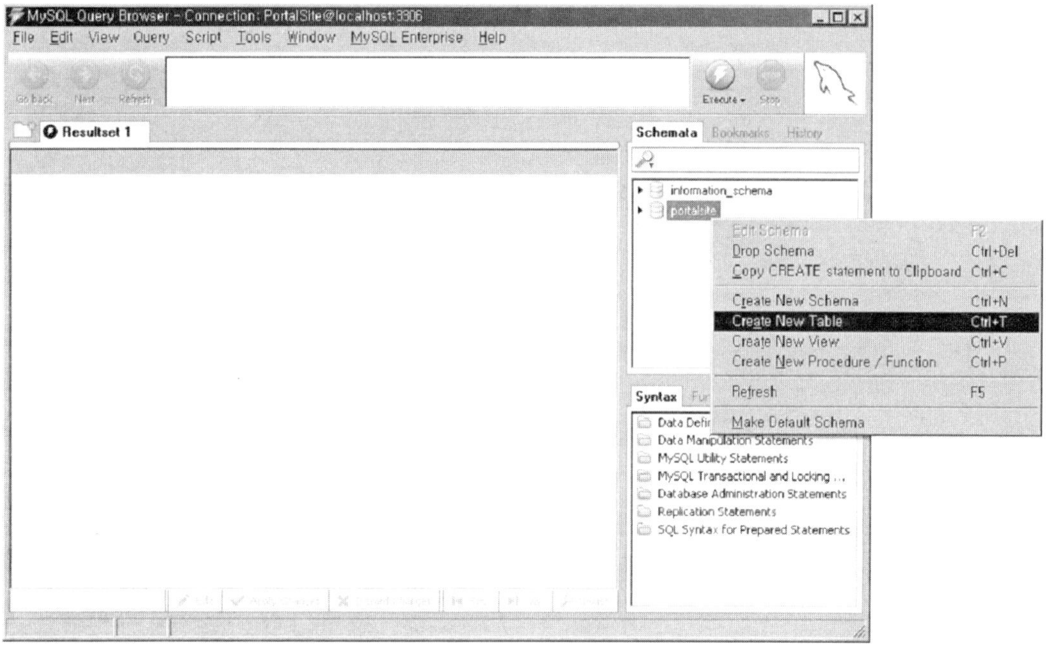

| 그림 5.36 | 테이블 추가하기

선택 후에 다음과 같이 테이블 칼럼들을 입력한다. Table Name을 "board"라 하고 Colums and Indices에 다음 그림 5.37과 같은 내용을 추가한다.

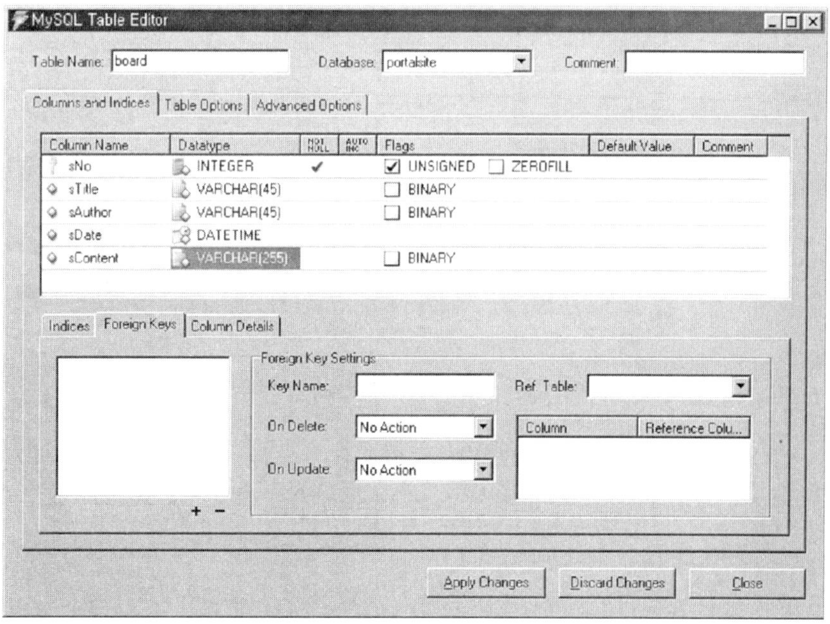

| 그림 5.37 | 테이블 항목 추가하기

모든 항목이 추가되었으면 Table Options 탭에서 Character Set의 Charset이 "euckr"로 되어 있는지 확인한다. 이는 테이블에 한글로 작성된 레코드를 정상적으로 삽입하기 위한 확인 작업이다.

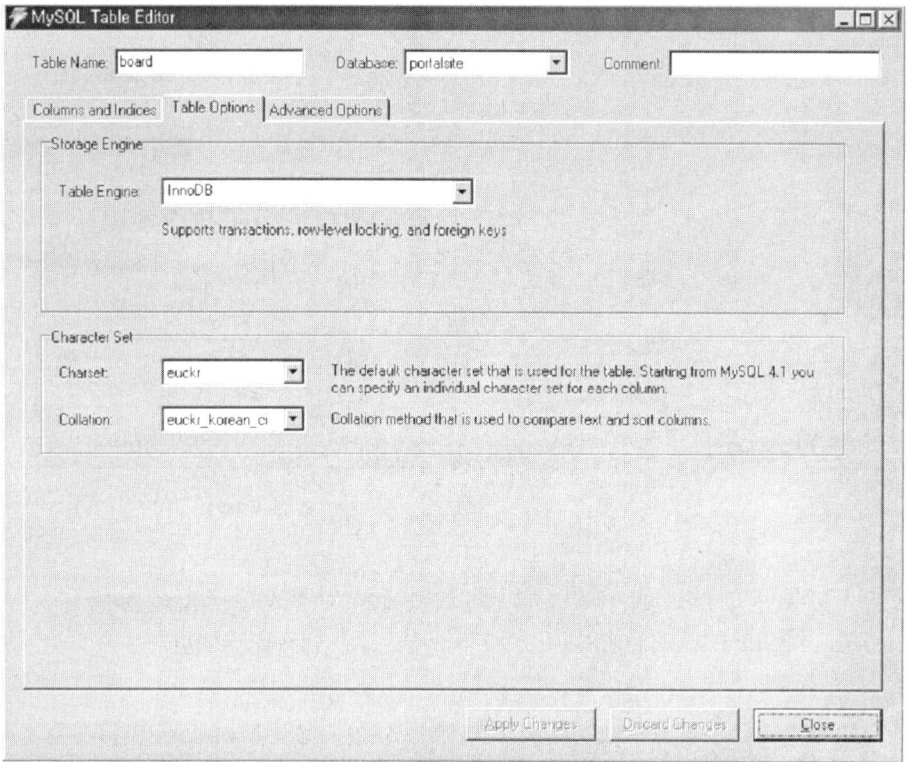

| 그림 5.38 | Character Set 확인하기

확인 후 Apply Changes 버튼을 클릭함으로써 테이블을 생성한다. 다음과 같은 팝업창이 나타나면 Execute 버튼을 눌러 실행한다.

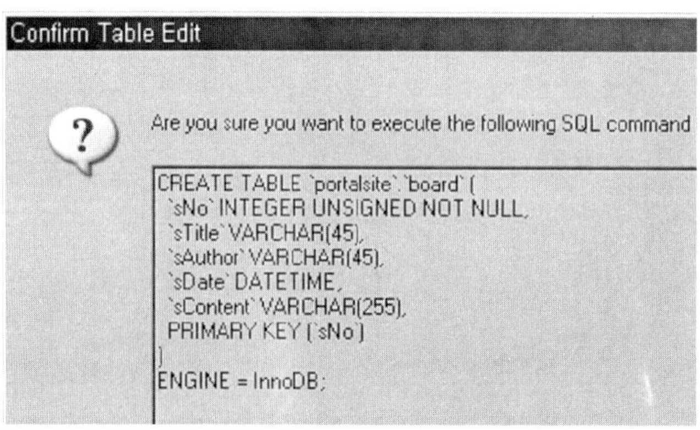

| 그림 5.39 | Table 생성하기

모두 종료된 후 메인 화면의 board 데이터베이스에 board 테이블이 생성되었는지 확인한다. 그리고 MySQL Query Browser를 종료한 후 다시 실행하여 로그인 화면에서 정상적으로 접속이 되는지 확인한다.

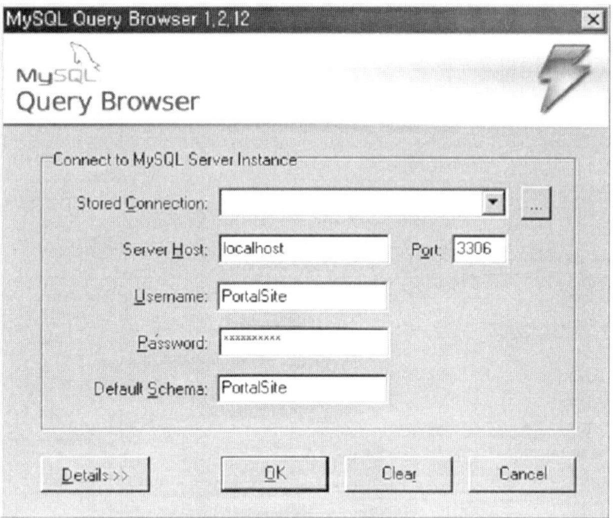

| 그림 5.40 | 재접속하기

다음과 같은 화면이 나타나면 정상적으로 접속된 것이다.

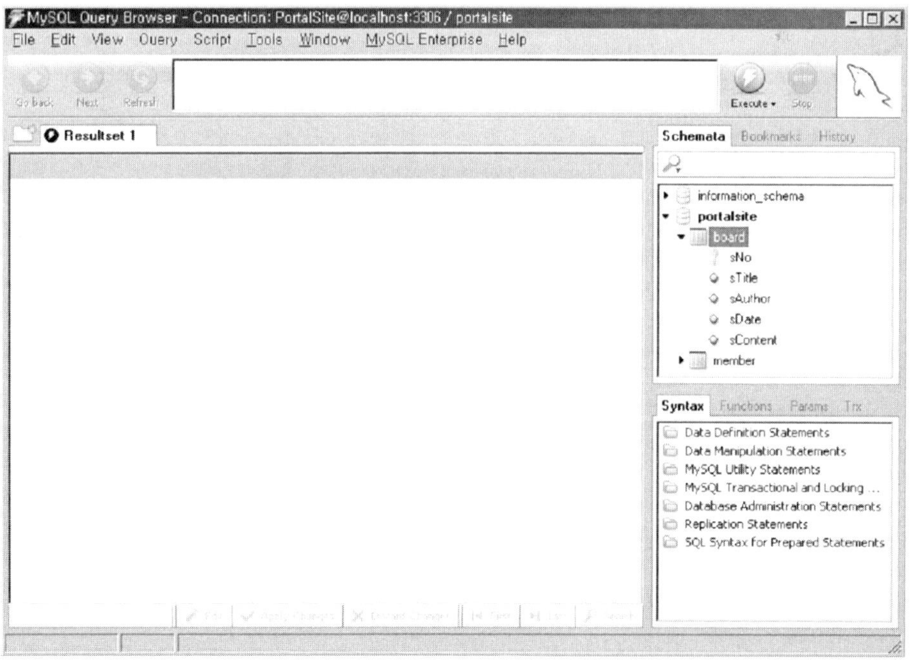

| 그림 5.41 | board 테이블 생성시 정상적인 화면

이제 데이터베이스에 모바일 웹에 서비스가 가능한 게시판을 만들기 위해 임시로 데이터를 추가해 보고자 한다. 접속된 MySQL Query Browser에 다음과 같은 Query를 실행한다.

```
INSERT INTO board VALUES (2, "인재모집", "홍길동", "2006-06-06", "저희
연구실에서 많은 지식을 공유할 연구원을 모집합니다. 많은 지원 바랍니다.")
```

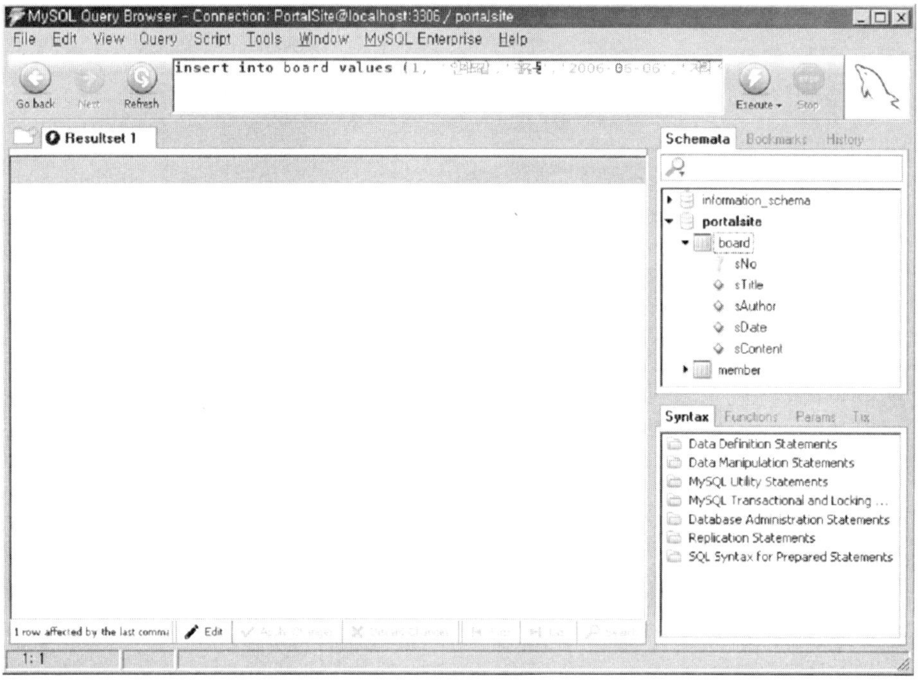

| 그림 5.42 | Insert Query 작성하기

Execute 버튼을 클릭하여 실행한다. 실행 후에 다음과 같은 Query를 입력하여 실행한다. 정상적으로 데이터들이 입력되었다면 아래와 같은 결과가 출력될 것이다.

```
SELECT * FROM board b
```

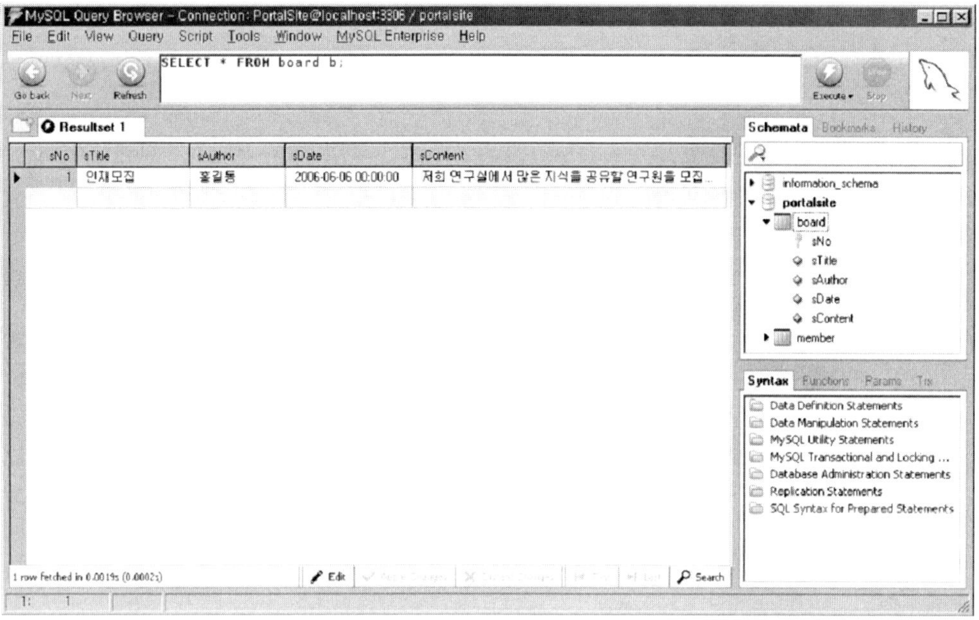

| 그림 5.43 | Query 작성시 결과 화면

5.3.5 시뮬레이터 설치하기

일반적인 웹 사이트를 만들 때는 HTML을 사용하여 소스코드를 작성한 후에 인터넷 익스플로러를 가지고 제대로 작성이 되었는지 테스트한다. 모바일 인터넷 역시 각 마크업 언어를 작성하여 실제 핸드폰을 가지고 테스트를 한 이후에 소스의 잘못된 부분과 이미지나 텍스트 같은 콘텐츠들의 배치 오류를 찾을 수 있다. 그러나 실제 폰은 잦은 끊김, 느린 접속 속도, 접속료 등으로 인해 개발자에게 많은 스트레스를 줄 것이다. 이런 불편을 해소하기 위해 시뮬레이터를 사용한다. 이는 PC 상에서 실행할 수 있는 소프트웨어로써 실제 폰과 같은 인터페이스를 제공한다.

본서에서는 각 마크업 언어에 대한 모바일 시뮬레이터로써 WML의 경우 Openwave를 이용하며, mHTML과 xMHTML은 KTF에서 제공하는 KUN 시뮬레이터를 이용하고자 한다.

(1) Openwave 설치하기

Openwave는 WML을 지원하는 시뮬레이터로써 7.0 version까지 제공되고 있다. Openwave를 설치하기 위해서 먼저 "http://developer.openwave.com/dvl/tools_and_sdk/"에 접속하여 프로그램을 다운받는다.

| 그림 5.44 | Openwave 다운로드 사이트

다운로드된 실행 파일은 Window 2000 혹은 Window XP에서 실행 가능하다. 실행 파일은 더블 클릭하면 설치가 시작된다. 첫 화면에서 "Next>" 버튼을 클릭하면 사용자 라이선스와 사용 가능한 국가와 관련된 내용이 나온다. 여기서 "I Agree"를 클릭한다.

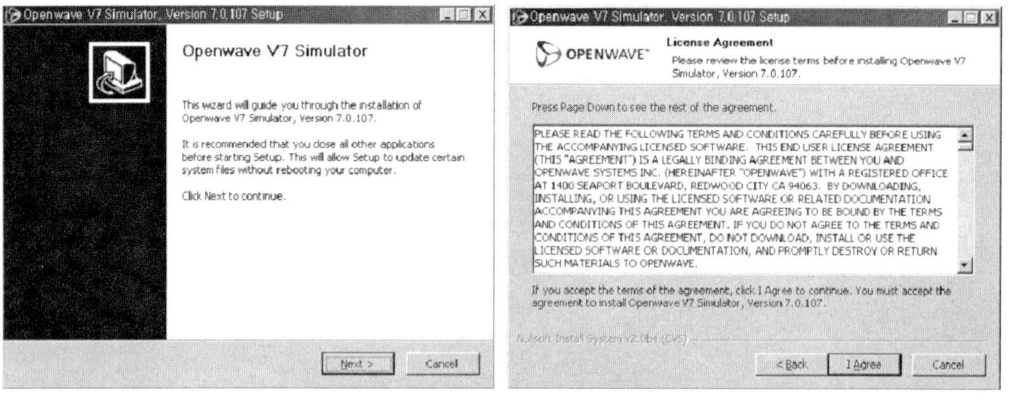

| 그림 5.45 | Openwave 설치하기_1

이후 설치 디렉토리를 물어보는 대화상자가 보인다. 일반적으로 사용자가 폴더를 변경하지 않는다면 운영체제가 설치된 드라이버의 Program File 폴더 아래에 고유 이름을 가진 폴더를 만들고 설치한다. 설치 폴더를 변경하고 싶은 경우에는 "Browse..." 버튼을 클릭하면 된다. 그리고 오른쪽 그림처럼 프로그램 메뉴에 등록할 이름을 설정하고 "Install" 버튼을 클릭한다.

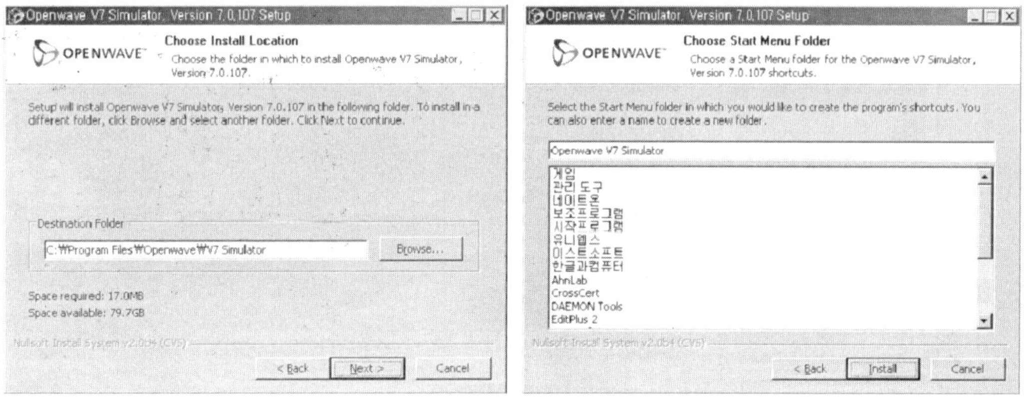

| 그림 5.46 | Openwave 설치하기_2

설치 완료시까지 약간의 시간이 필요하며 아래 그림처럼 설치되고 있는 파일들을 확인할 수 있다. 모든 설치가 완료되면 "Finish"를 클릭하여 설치를 종료한다.

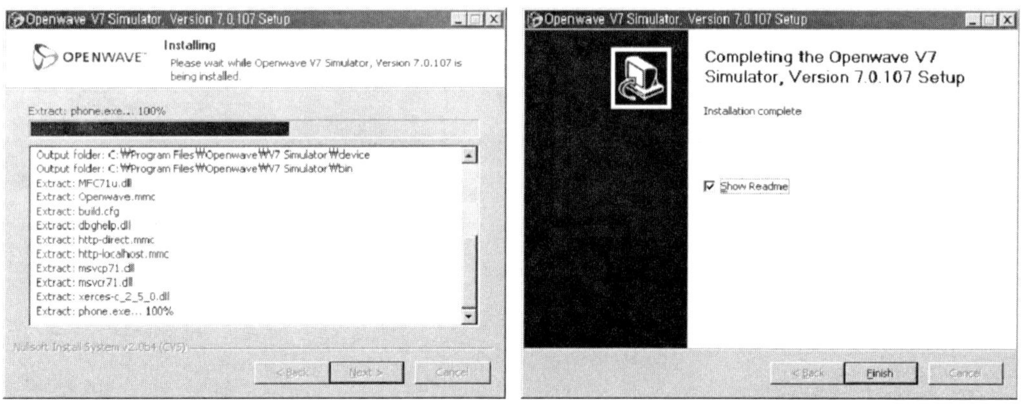

| 그림 5.47 | Openwave 설치하기_3

다음 그림은 설치를 종료 후 [시작] → [프로그램] → [Openwave V7 Simulator] → [Openwave V7 Simulator]를 클릭했을 때 보이는 시뮬레이터 화면이다.

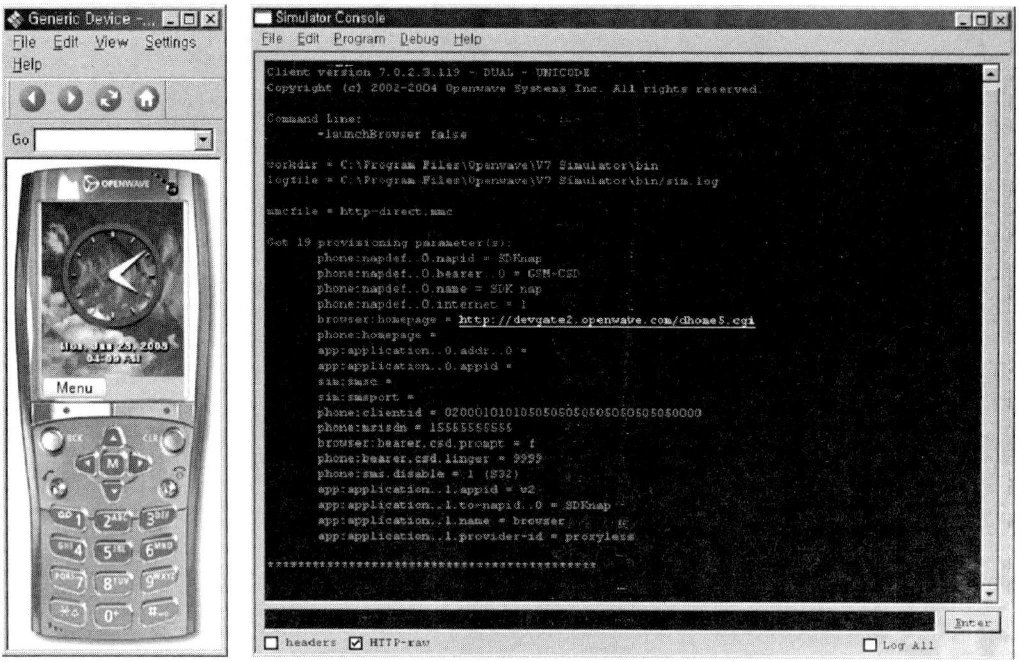

| 그림 5.48 | 설치 후 화면

Openwave는 국내 제품이 아니기 때문에 마크업 언어의 내용을 한글로 작성했을 때 한글이 깨져서 나오는 경우가 있다. 따라서 한글을 브라우저상에 정확히 표현하기 위해서는 언어 설정을 변경해야 한다. 우선 단말기 그림이 보이는 대화상자의 메뉴 중 [Settings] → [Device Settings]를 선택한다. 그럼 다음과 같은 [Device Properties]를 확인할 수 있는데 여기서 "Font" 탭을 선택한다.

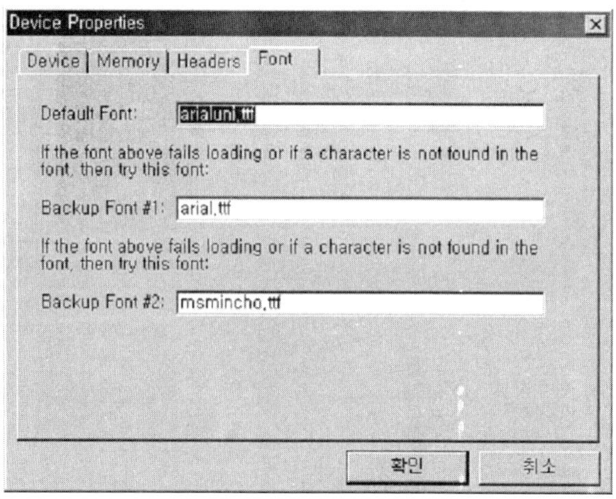

| 그림 5.49 | 폰드 변경 전

Default Font, Backup Font#1, Backup Font#1를 수정한다. 한글과 관련된 폰트는 "시스템 드라이브₩windows₩Fonts" (예 : C:₩WINDOWS₩Fonts)에 있다. 여기서 지원되는 한글폰트 중에서 파일 이름을 하나 선택하여 Default Font, Backup Font#1, Backup Font#1을 수정한다.

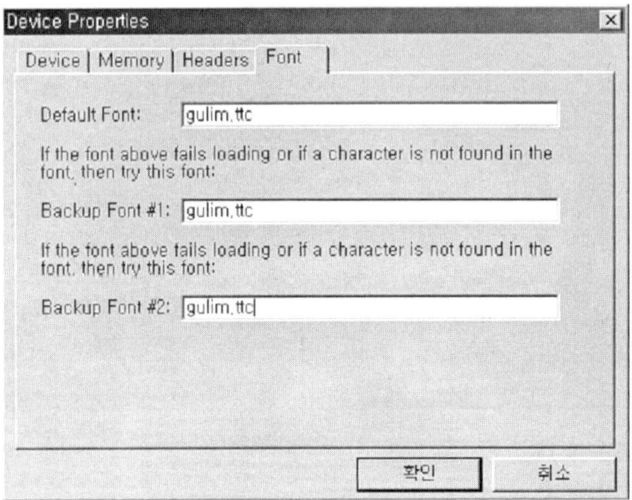

| 그림 5.50 | 굴림 폰트로의 변경 예

(2) KUN 시뮬레이터 설치하기

KUN은 KTF에서 제공하는 시뮬레이터로써 현재 KTF에서 제품화되고 있는 핸드폰에 탑재된 브라우저의 일종이다. mHTML, xHTML을 제공하며 실제 핸드폰의 사용자 인터페이스와 일치한다. 이는 국내 제품이기 때문에 한글 설정을 위한 별도의 작업을 수행하지 않아도 된다. KUN 시뮬레이터의 실행파일은 유니웹스 사이트(www.uniwebs.co.kr)의 교육센터를 통하여 다운로드할 수 있다.

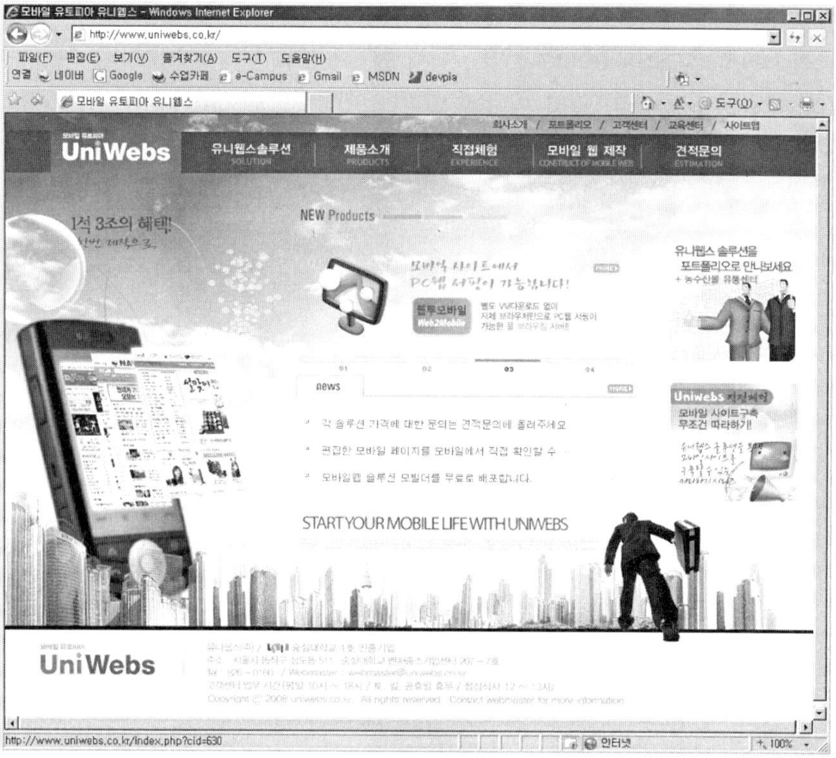

| 그림 5.51 | 유니웹스(UniWebs)

다운로드한 파일의 압축을 풀면 "KunExe.exe"라는 파일이 있다. 이 파일을 더블 클릭하면 아래 그림과 같이 바로 시뮬레이터를 확인할 수 있다.

| 그림 5.52 | KUN 시뮬레이터 실행 결과

6 WML을 이용한 모바일 페이지 작성하기

6.1 WML 문법 간단히 익히기

WML은 WAP(wireless application protocol)에서 작동하는 무선 프로토콜 마크업 언어이다. 작은 화면과 제한된 메모리 및 CPU, 좁은 대역폭(bandwidth)을 가진 PDA(personal digital assistant) 등의 무선 이동단말기에 적합한 언어이다. 또한, 무선 인터넷의 핵심기술로 WAP를 지원하는 휴대폰에도 적용되고 있다. HTML과 마찬가지로 태그를 기반으로 하며 텍스트, 이미지 등을 입력할 수 있다.

국내에서는 이동통신사의 특성에 맞게 서비스하기 위하여 SK-WML과 UP-WML로 구분된다. SK-WML은 WAP Form에서 제정한 WML 1.1과 매우 유사하지만, 이 언어를 채택하여 사용하고 있는 SK Telecom에서는 태그의 동작 및 속성들에 대해서 약간의 수정을 하였다. 또한, UP-WML은 Openwave의 WAP Form에서 제정한 WML 1.1의 문법을 거의 대부분 수용한 언어이다. 따라서 두 WML의 문법은 비슷하다. 여기서는 SK-WML, UP-WML에 대하여 WML로 명칭을 통일한다.

(1) WML의 전체구조

유효한 WML 문서는 XML의 서브셋으로써 XML의 문법적인 규칙을 따른다. 따라서 WML 역시 유효한 XML 문서여야 하며 XML 선언부가 반드시 포함되어야 한다.

| 표 6.1 | WML의 시작

SK-WML Prologue	<?xml version="1.0"?> <!DOCTYPE wml PUBLIC "-//WAPFORUM//DTD WML 1.3//EN" http://www. wapforum.org/DTD/wml13.dtd>
UP-WML Prologue	<?xml version="1.0" encoding="KS_C_5601-1987"?> <!DOCTYPE wml PUBLIC "-//PHONE.COM//DTD WML 1.1//EN" http://www. Phone.com/DTD/wml11.dtd>

HTML로 되어 있는 웹 페이지는 하나의 HTML 파일이 한 페이지의 화면을 구성한다. 하지만 WML은 "Deck"와 "Card"의 집합으로 이루어져 있다. Deck는 하나의 WML 문서이며, Card는 사용자와 단말기 사이에서 이루어지는 하나 또는 여러 개의 대화상자이다. 다시 설명하면, 한 Deck는 서버가 사용자에게 전달할 수 있는 최소단위로 볼 수 있으며, Card는 한 화면에 사용자에게 보여지는 단위이다. 하나의 Deck에는 반드시 하나 이상의 Card가 와야 한다.

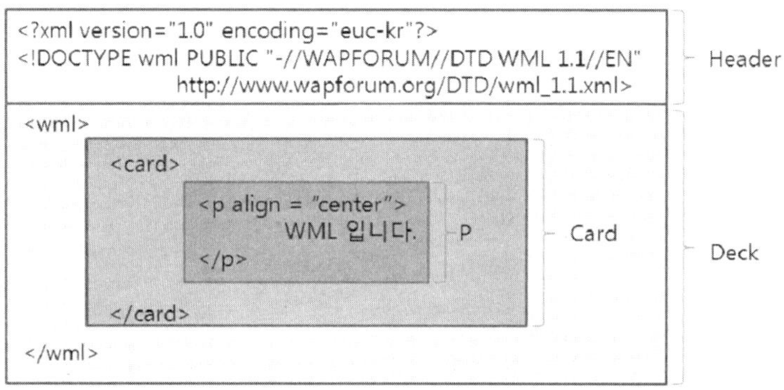

| 그림 6.1 | WML의 전체 구조

WML은 HTML과는 달리 XML 문법을 따르기 때문에 <wml>시작 태그로 시작하여 종료는 </wml> 태그로 끝나야 한다. 여기서 <wml>이 Deck를 나타내며 그 내부에 <card>가 존재한다. 그림 6.1에서는 비록 단일 <card>를 사용하였지만 서비스 내용에 따라 여러 개의 <card> 태그가 존재할 수 있다.

(2) Card 속성

하나의 <wml> 태그에서는 여러 개의 모바일 웹 페이지를 나타내는 복수개의 <card> 태그가 존재한다. 따라서 각각의 <card>의 특성을 구별할 수 있어야 하며 이를 위해 속성을 제공한다. 다음 표는 <card> 태그의 속성과 그 예를 표현한 것이다.

| 표 6.2 | <card> 태그 속성

속성명	형식	설 명
id	name	카드 이름
title	label	카드에 대한 간략한 설명
newcontext	boolean	특정 카드로 이동시 현재 내용 초기화 여부 명시
ordered	true	브라우저가 내용을 보여줄 때 고정된 순서에 따라 카드 내용 표시
onenterforward	url	특정 카드 이동시 이동할 카드의 url 표시
onenterbackward	url	뒤로 이동할 카드의 url 설정
ontimer	url	특정 시간 종료시 이동할 url

```
<?xml version="1.0" encoding="euc-kr"?>
<!DOCTYPE wml PUBLIC "-//WAPFORUM//DTD WML 1.1//EN"
                    "http://www.wapforum.org/DTD/wml_1.1.xml">
<wml>
    <card id="movie" title="디워" onenterbackward = "#move2.wml">
      <p>
        영 화 : 디워 <br/>
        장 르 : 액션<br/>
      </p>
    </card>
    <card id="movie2" title="타이타닉">
      <p>
        영 화 : 타이타닉<br/>
        장 르 : 로맨스<br/>
      </p>
    </card>
</wml>
```

6.2 정적 콘텐츠를 포함하는 페이지 만들기

6.2.1 텍스트 만들기

WML은 문자를 표현하기 위해 <p> 태그를 사용한다. <p>는 새로운 문단을 정의하고 정의한 문단을 어떻게 나타낼 것인지를 명시한다.

| 표 6.3 | <p> 태그 속성

속성명	형식	설 명
align	left, center, right	left : p태그 내의 모든 내용을 왼쪽 배열한다(기본값). center : p태그 내의 모든 내용을 가운데 배열한다. right : p태그 내의 모든 내용을 오른쪽 배열한다.
mode	wrap, nowrap	wrap : p태그 내의 긴 내용을 자동으로 개행하여 화면상에 표시한다. nowrap : p태그 내의 문장이 휴대폰 가로 사이즈보다 긴 경우 scroll을 설정한다.
사용예	<p align="…" mode="…"> .... </p>	

```
<?xml version="1.0" encoding="euc-kr"?>
<!DOCTYPE wml PUBLIC "-//WAPFORUM//DTD WML 1.1//EN"
                    "http://www.wapforum.org/DTD/wml_1.1.xml">
<wml>
    <card id="movie" title="디워">
      <p align="center">
        영 화 : 디워 <br/>
        장 르 : 액션<br/>
      </p>
    </card>
</wml>
```

<p> 태그를 사용하여 텍스트를 나타낼 때 추가적으로 문자의 모양을 설정할 수 있다.

| 표 6.4 | 글자체를 갖고 있는 태그들

종 류	태그 종류	설 명	비 고
이탤릭체	<em></em>	굵은 이탤릭체로 보여준다.	글자 관련 태그는 반영되지 않는 휴대폰 기종이 상당수 있다. 사용하더라도 에러는 없으므로 정상적으로 적용되는 폰을 위해 사용하는 것은 무방하다.
	<i></i>	이탤릭체로 보여준다.	
굵은체	<strong></strong> <b></b>	굵은체로 보여준다.	
밑줄	<u></u>	밑줄그은 글자체로 보여준다.	
조금 크게	<big></big>	글자를 조금 크게 보여준다.	
조금 작게	<small></small>	글자를 조금 작게 보여준다.	

6.2.2 이미지 만들기

<img> 태그는 단말기 화면상에 그림을 출력하는데 사용된다. 단말기의 종류에 따라서 <img>를 지원하는 제품도 있고 그렇지 않은 것도 있다. <img> 태그는 src 속성을 이용하여 표현할 이미지 경로를 지정하며, alt 속성을 사용하여 단말기에 이미지가 표현되지 않을 때 텍스트를 입력한다.

| 표 6.5 | <img> 태그 속성

구 분	형식	설 명
alt	CDATA"	그림 대신 사용될 글자를 지정한다. 만약 이미지가 표현될 수 없다면 alt에서 지정한 글자가 사용된다.
src	URI	이미지를 위한 URI를 규정한다. 브라우저가 이미지를 지원한다면 src 속성에서 규정한 URI에서 이미지를 다운로드 받아 브라우저에 보여준다.
localsrc	CDATA	이미지를 위한 내부 대안으로 사용된다. 즉, localsrc에서 지정된 그림이 존재하면 사용되고, 존재하지 않으면 src에서 규정된 URI에서 이미지를 다운로드 받는다.
vspace	CDATA	이미지가 삽입될 때의 상, 하 여백을 설정한다. 기본값은 0이다.
hspace	CDATA	이미지가 삽입될 때의 좌, 우 여백을 설정한다. 기본값은 0이다.
align	top, middle, bottom	text flow 안에서 이미지의 정렬을 지정한다. 기본값은 bottom
height	CDATA	이미지의 세로 크기를 지정한다.
width	CDATA	이미지의 가로 크기를 지정한다.
사용예	<img alt="…" src="…" height="…"width="…"/>	

```
<?xml version="1.0" encoding="euc-kr"?>
<!DOCTYPE wml PUBLIC "-//WAPFORUM//DTD WML 1.1//EN"
                            "http://www.wapforum.org/DTD/wml_1.1.xml">
<wml>
    <card id="card1">
      <p>
      <img   src="../images/wedding.jpg"/alt="웨딩사진"/>
        웨딩앨범
      <p>
    </card>
</wml>
```

6.2.3 하이퍼링크 만들기

일반 링크는 html과 동일하게 <a> 태그를 사용하여 링크를 설정한다. <a> 태그는 <anchor> 태그와 <go> 태그로도 표현 가능하다.

| 표 6.6 | <a> 태그 속성

구 분	형식	설 명
href	URL	URL을 지정한다. 상대경로 또는 절대경로로 표시한다. 전화 걸기 기능을 사용할 때는 "wtai://wp/mc;01XXXXXX"를 사용
title	CDATA	링크를 나타내주는 소프트 키에 표시될 문자(선택, 확인, 이동 등)이다. 6자 이내로 작성해야 한다.
accesskey	CDATA	숫자 버튼으로 링크를 선택할 수 있도록 한다.
사용예	<a href="…" title="…"> …… </a>	

```
<?xml version="1.0" encoding="euc-kr"?>
<!DOCTYPE wml PUBLIC "-//WAPFORUM//DTD WML 1.1//EN"
                                    "http://www.wapforum.org/DTD/wml_1.1.xml">
<wml>
    <card id="card1">
      <a href="Contact.wml">
        <img   src="../images/483904319.jpg">
      <p>
    </card>
</wml>
```

<go> 태그는 하나의 지정된 card로 이동하거나 새로운 wml 파일 및 새로운 wml 파일의 특정 카드로 이동할 때 사용하는 태그이다.

| 표 6.7 | <go> 태그 속성

구 분	형식	설 명
href	URL	URL을 지정한다. 상대경로 또는 절대경로로 표시한다. 전화 걸기 기능을 사용할 때는 "wtai://wp/mc;01XXXXXX"를 사용
method	post, get	HTTP 전송방법을 설정한다. · post: 전송할 변수와 변수 값을 url과 분리하여 전송 · get: 변수를 넘겨주는 데 있어서 변수와 변수 값을 url과 함께 전송한다. (기본값)
cache-control	no-cache	이동하는 URL을 다시 받는다(WML 1.3 이상에서 사용 가능).
accept-charset	CDATA	서버로 변수를 전달할 때, 인코딩할 문자열을 규정한다. go가 post 방식으로 전달될 때, 이것으로 지정된 값으로 인코딩된다.

<anchor> 태그는 텍스트나 이미지에 링크 기능을 제공하는 것으로써 텍스트나 이미지를 선택한 후 "accept" 버튼을 클릭하거나 할당된 키 값을 누르면 수행된다.

| 표 6.8 | <anchor> 태그 속성

구 분	형식	설 명
title	CDATA	링크를 나타내주는 소프트 키에 표시될 문자(선택, 확인, 이동 등)이다. 6자 이내로 작성해야 한다.
accesskey	CDATA	숫자 버튼으로 링크를 선택할 수 있도록 한다.
사용예	<anchor title="…"> …… <go href="…"/> </anchor>	

```
<?xml version="1.0" encoding="euc-kr"?>
<!DOCTYPE wml PUBLIC "-//WAPFORUM//DTD WML 1.1//EN"
                                    "http://www.wapforum.org/DTD/wml_1.1.xml">
<wml>
    <card id="card1">
      <anchor title" = HI">
        <go href ="Contact.wml"/>
        Hello
      </anchor>
    </card>
</ wml >
```

6.2.4 모바일 페이지 만들기

지금까지 배운 WML의 간략한 문법을 가지고 2부에서 제작되었던 모바일 웹 사이트의 일부 페이지를 만듦으로써 모바일 페이지의 서비스 결과를 확인한다.

(1) 모바일 페이지 예제 1

그림 6.2에서 보여지는 모바일 페이지는 텍스트(1개), 이미지(7개), 그리고 하이퍼링크(9개)로 구성된 것이다. 디자인된 그림 6.2를 메모장과 같은 문서 작성 도구에서 WML을 이용하여 작성한 결과이다. 여기에서 사용된 태그로는 <card>, <p>, <img>, <a>를 사용하였다.

| 그림 6.2 | 모바일 페이지 예제 1

```
<wml>
<card id="card1">
    <p>
      <img src="../images/공통이미지/logo.gif"/>
      <img src="../images/버튼/bt_login.gif"/>
    </p>
    <p align="left">
      <img src="../images/메인/main_01.jpg"/>
    </p>
    <p align="left">
      <img src="../images/메인/main_02.jpg"/>
    </p>
    <p>
      <a href="notice.wml">
        <img src="../images/버튼/bt_notice_o.gif"/>
      </a>
      <a href="survey1.wml">
        <img src="../images/버튼/bt_research.gif"/>
      </a>
      <a href="question.wml">
        <img src="../images/버튼/bt_faq.gif"/>
      </a>
    </p>
    <p>
      <a href="Contact.wml">
        <img src="../images/버튼/bt_cantact.gif"/>
      </a>
      <a href="SiteMap.didl">
        <img src="../images/버튼/bt_sitemap.gif"/>
        </a>
```

```
      <a href="search.wml">
        <img src="../images/버튼/bt_search.gif"/>
      </a>
    </p>
    ....
</card>
</wml>
```

(2) 모바일 페이지 예제 2

그림 6.3에서 보여지는 모바일 페이지는 텍스트(2개), 이미지(4개)로 구성된 것이다.

| 그림 6.3 | 연구실 소개 페이지

```
<wml>
<card id="card1">
    <p>
      <img src="../Images/공통이미지/logo.gif"/>
      <img src="../Images/공통이미지/top_text.gif"/>
    </p>
    <p align="left">
      1. 연구실 소개</p>
    <p align="left">
      <img src="../Images/medialab/sub_01.gif"/>
    </p>
    <p align="left">
      멀티미디어 연구실은... 미디어 연구실
      은 숭실대학교 정보과학대학 소속으로
      최상의 컴퓨터와 네트웍 시대에 주역으
      로 쓰일 사람들이 모인 연구실 입니다.
    </p>
```

```
    <p align="left">
      <img src="../Images/medialab/intro_photo-1.jpg"/>
    </p>
</card>
</wml>
```

6.3 동적 콘텐츠를 포함하는 페이지 만들기

동적 콘텐츠는 모바일 사용자가 시간 간격을 두고 모바일 웹 사이트에 접속했을 때 빈번히 변경되어 보이는 콘텐츠로써 공지사항, 게시판 등이 이에 속한다. WML을 이용하여 동적 콘텐츠를 생성하는 방법으로는 크게 WML Script와 서버 프로그램인 PHP, ASP 등을 연동하는 방법이 있다. WML Script는 WML이 가지고 있는 많은 제한점을 줄여주고 사용자에게 보다 더 향상된 인터페이스를 제공한다. 뿐만 아니라, 단말기와 주변 장치들의 제어가 가능하도록 설계되어 있으므로 적절한 WML Script 사용은 서버와 사용자간의 통신량을 줄여준다. 하지만 현재 우리나라에 보급된 폰은 WML Script가 많이 지원되지 않으므로 모든 휴대폰에 동일 콘텐츠를 성공적으로 서비스하기에는 미흡하다. 따라서 책에서는 서버 사이드 스트립트 언어(예를 들어 JSP, PHP, ASP 등) 중 ASP를 사용하여 자주 변하는 콘텐츠를 브라우저 상에 표현하고자 한다.

ASP는 Active Server Pages의 약자이다. Active Server에서 제공하는 Web Page라는 뜻인데 여기서 Active Server란, 마이크로소프트 웹 서버인 IIS(Internet Information Server) 안에 존재하는 Active Server Framework를 나타내는 것으로 주로 ActiveX Script를 처리하거나 데이터베이스와 연동하는 역할을 한다. 혹시 독자가 ASP에 대한 지식이 없더라도 염려하지 않아도 된다. 하지만 동적 콘텐츠 사이트의 전체 흐름은 ASP로 되어 있으므로 ASP를 최대한 간략히 만들었고, 각 마크업 언어 중간에 ASP의 간략한 설명은 추가될 것이다. 조금 더 깊이 ASP를 공부하기 원하시는 분은 ASP 관련 서적을 참고하기 바란다.

6.3.1 게시판 페이지 만들기

WML을 이용하여 가장 먼저 게시판을 만들고자 한다. 일반적으로 게시판은 작성된 글의 리스트를 확인할 수 있는 목록, 글보기, 글쓰기, 글삭제 등이 있다. 각 파트별로 파일이 한 개 이상으로 구성되어 있다. 다음 표는 작성하고자 하는 페이지들과 그에 대한 파일명을 나타낸다.

| 표 6.9 | 게시판 페이지들

목록보기	글보기	글삭제	글쓰기
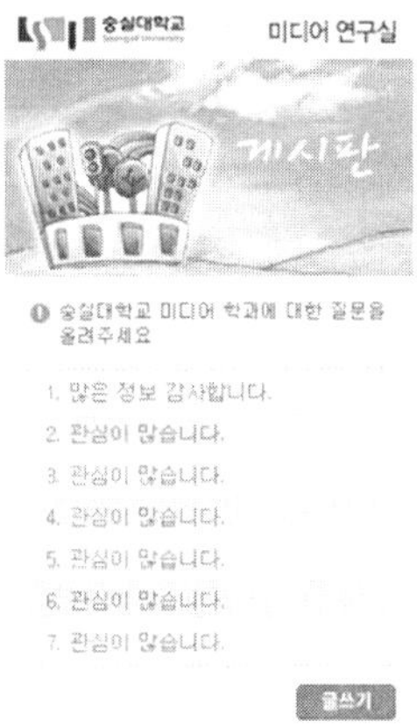	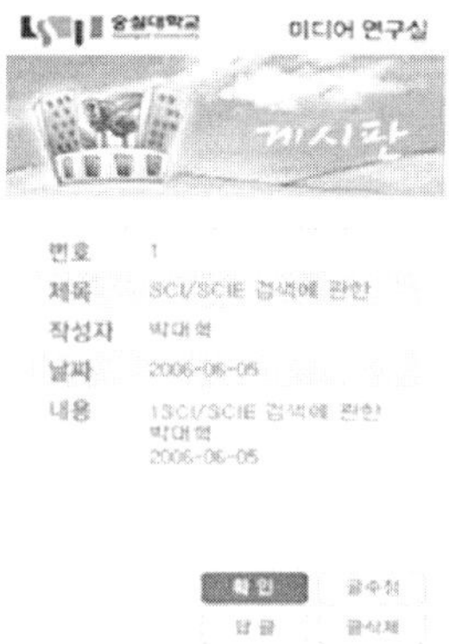		
list.asp	content.asp	delete.asp	freeboard1.wml

표 6.9과 같은 게시판 페이지를 만들기 위해서는 가장 먼저 데이터베이스가 필요하다. 우리는 이미 5.3.4절을 통하여 "PortalSite"라는 Schema를 생성했고 그 안에 "board"라는 테이블을 만들었다. 이 절에서는 이미 생성된 "board"를 사용하고자 한다.

WML을 사용하여 게시판 페이지를 만들기 위해서는 WML 문서 내에 다음과 같은 타입을 선언해 주자.

```
<?xml version="1.0" encoding="euc-kr"?>
<!DOCTYPE wml PUBLIC "-//WAPFORUM//DTD WML 1.1//EN"
                "http://www.wapforum.org/DTD/wml_1.1.xml">
```

이 두 줄은 항상 제일 윗줄에 위치하여야 한다. 그리고 앞으로 작성할 ASP 파일은 확장자를 *.asp로 하고 ASP 시작 줄에 반드시 다음과 같은 컨텐트 타입을 설정해 주어야 한다.

```
Response.ContentType = "text/vnd.wap.wml;charset=KS_C_5601-1987"
```

이는 ASP 소스이므로 ASP의 시작과 끝을 알리는 "<%"과 "%>"사이에 위치하여야 한다.

모든 타입을 적용한 예는 다음과 같다.

```
<?xml version="1.0" encoding="ks_c_5601_1987" ?>
<!DOCTYPE WML PUBLIC "-//WAPFORUM//DTD WML 1.1//EN"
                    "http://www.wapforum.org/DTD/wml_1.1.xml">
<%
      Response.ContentType = "text/vnd.wap.wml;charset=KS_C_5601-1987"
      .....
%>
```

(1) 데이터베이스 열기

게시판에 사용될 데이터베이스를 열기 위해서는 ASP 소스 내에 데이터베이스 연결 명령문을 작성해 주어야 한다. 우리는 데이터베이스 설치과정에서 MySQL와 함께 MySQL Connector/ODBC를 설치하였다. ODBC는 데이터베이스 응용 프로그램과 MySQL을 연동시키는 표준 인터페이스를 제공한다. ODBC를 이용하는 데이터베이스 응용 프로그램은 ODBC 드라이버를 제공하는 어떤 DBMS와도 연동할 수 있다. 따라서 ASP에서 데이터베이스에 접근하기 위해서는 ODBC 세팅을 해줘야 한다.

ODBC 세팅과 함께 MySQL 서버를 사용하려면 아래와 같이 작성한다.

```
<%
  Set DB = Server.CreateObject("ADODB.Connection")
  DB.Open = "DRIVER=MySQL ODBC 3.51 Driver;SERVER=localhost;
            DATABASE=portalsite;UID=PortalSite;PWD=portalsite"
  DB.execute("set names euckr")
%>
```

"Server.CreateObject()" 메소드를 이용하여 "ADODB.Connection"이라는 객체를 불러 "DB"라는 인스턴스를 만들고 있다. "ADODB..Connection"은 ASP와 ODB를 연결해 주는 객체이다. 아랫줄에 있는 "DRIVER=MySQL ODBC 3.51 Driver;SERVER=localhost;DATABASE=portalsite;UID=PortalSite;PWD=portalsite"는 데이터베이스 드라이버, MySQL이 설치된 URL 또는 IP 주소, 데이터베이스 이름, 데이터베이스 연결 ID, 암호를 나타낸다.

마지막으로 "DB.excute()"는 MySQL 데이터를 ODBC로 가져올 때 한글 깨짐 현상을 해결하기 위한 방법이다.

본서에서는 게시판에 사용되는 ASP 뿐만 아니라 앞으로 사용될 mHTML, xHTML의 동적 콘텐츠에 동일 항목이 포함됨으로 위 사항을 "dbopen.asp"라는 파일이름으로 저장하였다. 이는 소스코드의 빈번한 작성을 최소화할 수 있을 뿐만 아니라 "#include" 명령을 사용하여 ASP 소스에 쉽게 추가할 수 있다.

(2) 글 목록 페이지 만들기

ASP 소스는 *.asp 또는 *.wml 파일에 "<%"과 "%>" 사이에 작성하면 된다. 앞으로 기술하게 될 ASP는 모두 "<%", "%>"으로 감싸여 있는 것을 확인할 수 있을 것이다. 글 목록 보기를 위한 페이지를 시작하기 전에 우선 게시판의 글 목록 페이지를 떠올려 보자. 가장 윗부분에 로그, 이미지, 텍스트가 나타나고 중간부분에 게시판 글이 나타나며 게시판 하단에는 복수개의 페이지들 중 몇 번째 페이지인지 알려준다. 그리고 하단에 게시판 글의 내용을 검색할 수 있는 부분과 필요시 회사정보를 기술하고 있다.

작성하고자 하는 페이지는 하단 검색 및 회사정보를 제외한 내용들을 기술하고자 한다. 특히 상단의 로그 혹은 이미지, 텍스트는 WML로 작성된 정적 콘텐츠이므로 건너뛰고 "<%", "%>"로 둘러싸인 ASP 부분을 간략히 소개하고자 한다. WML로 작성된 부분은 "<%..%>" 내에 포함되지 않을 것이다.

게시판 부분은 데이터베이스 테이블에 존재하는 항목 중 일부(예를 들어, 제목, 작성자 등 짧은 문구)만을 보여주고 사용자가 특정 텍스트를 선택했을 때 그에 해당하는 레코드의 모든 정보를 별도의 페이지에서 상세하게 표현하는 방법이다. 그리고 리스트의 개수가 많은 경우를 위해 복수개의 페이지를 한 묶음으로 하여 현재 몇 번째 페이지가 보이고 있는지를 나타내 준다.

```
if request("page")="" then              page=1
else                                    page=request("page")
end If
```

위 부분은 현재 사용자가 읽고 있는 페이지가 몇 번째 페이지인지를 확인하는 부분으로써 페이지의 가장 첫 번째인 경우에는 "page"에 아무런 숫자가 없으므로 첫 번째 페이지인 "1"을 넘겨주고 그렇지 않을 경우에는 현재 선택된 페이지 번호를 넘겨주는 부분이다.

```
rs.PageSize = 3
totalpage = rs.pagecount
page = cint(page)
totalpage = cint(totalpage)
rs.absolutepage = page
```

게시판은 복수개의 레코드를 하나의 테이블에 표현한다. 예를 들어, 한 페이지에 5,

10, 20,...을 한꺼번에 표현할 수 있다. 먼저 "board" 테이블에 있는 레코드들을 작성된 날짜("sData")순으로 내림차순하여 SQL 쿼리문을 준비한다. 페이지 크기를 3으로 했다.

이것은 한 페이지에서 보여지는 목록이 3개라는 뜻으로 실제 사이트에서는 너무 작다. 여러분은 이 부분을 좀 더 큰 숫자로 변경하면 된다. 다음 총 페이지를 "totalpage" 변수에 대입해 주었고 "page"와 "totalpage"를 정수형으로 바꾸어 "rs.absolutepage"에 현재 페이지 값을 대입한다.

```
    i = 1
    Do until rs.EOF Or i>rs.PageSize
%>
      <option onpick="content.asp?sNo=<%=rs("sNo")%>">
             <%=rs("sTitle")%>
         </option>
<%
    rs.MoveNext
    i=i+1
    loop
```

<option> 태그는 사용자가 폰을 이용하여 주어진 리스트에서 어떤 항목을 선택할 때 사용한다. 속성으로써 "onpick"는 옵션이 선택되면 이동할 URL을 나타낸다. 즉, 브라우저상에 "board" 테이블의 레코드들을 날짜순으로 내림차순 정렬된 목록들 중 일련번호와 제목을 보여주고 사용자가 하나의 목록을 선택했을 때 "content.asp"를 연결해야 제목에 대한 상세정보를 보여준다. 이 부분은 루프로 돌려 목록을 볼 수 있게 한다.

```
if page < totalpage then
    response.write "<option onpick='list.asp?page=" & page+1 & " '>
                다음 페이지로</option>"
end if

if page > 1 then

    response.write "<option onpick='list.asp?page=" & page-1 & " '>
                이전 페이지로</option>"
end if
```

글의 마지막 페이지가 아니라면 다음 페이지로 링크를 만들어 주어야 한다. 첫 번째 혹은 마지막 페이지가 아니라면 “다음 페이지로”라는 링크 텍스트가 보여주도록 하고 마지막 페이지일 경우에는 다음 페이지가 존재하지 않으므로 이전 페이지로 이동할 수 있도록 링크를 설정한다.

```
<b>Page </b>[<%=page%>/<%=totalpage%>]
```

글의 목록이 있을 경우 일단 제목을 보여주고 제목 하단에는 “현재 페이지/총 페이지”를 보여주면 사용자는 글 목록의 전체 크기를 짐작할 수 있을 것이다.

다음 표는 위에 설명된 내용에 대한 전체 asp 소스 파일이다.

| 표 6.10 | 글 목록 보기 (list.asp)

```
<?xml version="1.0" encoding="ks_c_5601-1987" ?>
<!DOCTYPE wml PUBLIC "-//WAPFORUM//DTD WML 1.1//EN"
                     "http://www.wapforum.org/DTD/wml_1.1.xml">

<!--#include file="../../dbopen.asp" -->

<%
     Response.ContentType = "text/vnd.wap.wml;charset=KS_C_5601-1987"

     if request("page")="" then          page=1
      else                                page=request("page")
  end If

  SQL = "SELECT * FROM board ORDER BY sDate DESC "

  Set rs = Server.CreateObject("ADODB.Recordset")

     rs.Source=SQL
     rs.CursorLocation=3
     rs.CursorType=0
     rs.LockType=1

     rs.Open SQL, DB, 1

     response.write "<wml><card>"

     if rs.BOF or rs.EOF then              '데이터가 없을 경우 수행할 부분
%>
      <p align="center">
        <img src="../../Images/공통이미지/logo.gif"/>
        <img src="../../Images/공통이미지/top_text.gif"/>
     </p>
     <p align="center">
        <img src="../../Images/게시판/top_visual.gif"/>
       게시판에 글이 없습니다.
     </p>
```

```
<%
 else                                  '데이터가 있을 경우 수행할 부분
      rs.PageSize = 3
      totalpage = rs.pagecount
      page = cint(page)
      totalpage = cint(totalpage)
      rs.absolutepage = page
%>
      <p align="center">
      <img src="../../Images/공통이미지/logo.gif"/>
      <img src="../../Images/공통이미지/top_text.gif"/>
      </p>
      <p align="center">
      <img src="../../Images/게시판/top_visual.gif"/>
      </p>
      <p align="left">
      <select>
<%
      i = 1
      Do until rs.EOF Or i>rs.PageSize        '제목의 loop
%>        <option onpick="content.asp?sNo=<%=rs("sNo")%>">
                            <%=rs("sTitle")%></option>
<%
      rs.MoveNext
      i=i+1
      loop                             '제목의 loop
    if page < totalpage then           '마지막 페이지가 아니면
       response.write "<option onpick='list.asp?page=" & page+1 & " '>
                  다음 페이지로</option>"
    end if
    if page > 1 then
                    ' 첫 번째 페이지가 아니면
       response.write "<option onpick='list.asp?page=" & page-1 & " '>
                     이전 페이지로</option>"
    end if
%>
    <p align="center">
      <b>Page </b>[ <%=page%>/<%=totalpage%>]
    </p>
    <p>
      <a href="freeboard1.wml">
        <img src="../../Images/버튼/bt_write.gif"/>
      </a>
    </p>
      </select>
<%
   end if                              'if 문의 종료
   response.write "</card></wml>"
   rs.Close
   db.Close
```

```
    Set rs = Nothing
    Set db = Nothing
%>
```

(3) 글보기 페이지 만들기

글보기 페이지는 선택된 목록에 대한 많은 내용을 한 페이지 내에 보여주는 것이다. 사용자가 글 목록 보기 페이지에서 특정 목록을 선택하였을 때 그에 해당하는 많은 상세 정보를 확인하기 위해서는 어떤 목록이 선택되었는지 알아야 하며, 이 정보를 이용하여 해당 레코드를 모두 읽어야 한다.

```
sNo = request("sNo")
sqlContent = "SELECT * FROM board where sNo =" & sNo
```

가장 먼저 글 목록 보기에서 사용자가 어떤 목록을 선택하였는지에 검색한다. 이를 위해서 get 방식으로 넘겨준 변수 중 "sNo"의 값을 가져온다. 그리고 "sNo"를 포함한 SQL 쿼리문을 사용하여 해당 "sNo"에 대한 모든 레코드 정보를 읽어온다.

그리고 다음과 같이 해당 위치에 출력하면 된다. SQL 쿼리문에 의해 검색된 각 항목들을 가져오기 위해서 "<%=rsContent("sNo")%>"처럼 선언한다. 다음은 SQL 실행 결과 중 "sNo"와 "sTitle"을 가져오는 코드이다.

```
<p>
    <img src="../../Images/게시판/read_txt01.gif"/>
    <%=rsContent("sNo")%>
</p>
<p>
    <img src="../../Images/게시판/read_txt02.gif"/>
    <%=rsContent("sTitle")%>
</p>
```

다음 표는 글보기 페이지에 대한 전체 ASP 소스이다.

| 표 6.11 | 글보기 (content.asp)

```
<?xml version="1.0" encoding="ks_c_5601-1987" ?>
<!DOCTYPE wml PUBLIC "-//WAPFORUM//DTD WML 1.1//EN"
                     "http://www.wapforum.org/DTD/wml_1.1.xml">

<!--#include file="../../dbopen.asp" -->

<%

     Response.ContentType= "text/vnd.wap.wml;charset
                           =KS_C_5601-1987"
     sNo = request("sNo")
     sqlContent = "SELECT * FROM board where sNo =" & sNo
Set rsContent = Server.CreateObject("ADODB.Recordset")
     rsContent.Open sqlContent,db

response.write "<wml><card>"

    btext = rsContent("sContent")
    btext = replace(btext,chr(13) & chr(10),"<br/>")
    btext = replace(btext,"chr(124)_pipe","|")

%>
    <p>
      <img src="../../Images/공통이미지/logo.gif"/>
      <img src="../../Images/공통이미지/top_text.gif"/>
      <img src="../../Images/게시판/top_visual.gif"/>
    </p>
    <p>
      <img src="../../Images/게시판/read_txt01.gif"/>
      <%=rsContent("sNo")%>
    </p>
    <p>
      <img src="../../Images/게시판/read_txt02.gif"/>
      <%=rsContent("sTitle")%>
    </p>
    <p>
      <img src="../../Images/게시판/read_txt03.gif"/>
      <%=rsContent("sAuthor")%>
    </p>
    <p>
      <img src="../../Images/게시판/read_txt04.gif"/>
      <%=rsContent("sDate")%>
    </p>
    <p>
      <img src="../../Images/게시판/read_txt05.gif"/>
      <%=btext%>
    </p>
```

```
    <p>
      <a href="list.asp">
        <img src="../../Images/버튼/bt_ok.gif"/>
      </a>
      <img src="../../Images/버튼/bt_modify.gif"/>
    </p>
    <p>
      <img src="../../Images/버튼/bt_reply.gif"/>
      <a href="delete.asp?sNo=<%=rsContent("sNo")%>">
        <img src="../../Images/버튼/bt_delete.gif"/>
      </a>
    </p>

<%
    response.write "</card></wml>"
    rsContent.Close
    db.Close
    Set rsContent = Nothing
    Set db = Nothing
%>
```

(4) 글 삭제 페이지 만들기

현재 모바일 상에 보여지고 있는 글을 삭제하는 것은 그다지 어렵지 않다. 보여지는 페이지가 데이터베이스 상에 몇 번째 레코드인지를 찾아낸 후에 SQL 쿼리문을 사용하여 레코드를 삭제하면 된다. 다음 문장은 "sNo"의 값에 해당하는 레코드를 삭제하는 SQL 쿼리문이다.

```
    sNo = request("sNo")
    SQL = "Delete  from board where sNo = " & sNo
  db.execute SQL
```

글 삭제에 대한 ASP 소스는 다음과 같다.

| 표 6.12 | 글 삭제 (delete.asp)

```
<?xml version="1.0" encoding="ks_c_5601-1987" ?>
<!DOCTYPE wml PUBLIC "-//WAPFORUM//DTD WML 1.1//EN"

"http://www.wapforum.org/DTD/wml_1.1.xml">

<!--#include file="../../dbopen.asp" -->
<%

    Response.ContentType = "text/vnd.wap.wml;charset
                              =KS_C_5601-1987"
    sNo = request("sNo")
    SQL = "Delete  from board where sNo = " & sNo
     db.execute SQL

 %>
<wml>
    <p>
      <img src="../../Images/공통이미지/logo.gif"/>
      <img src="../../Images/공통이미지/top_text.gif"/>
      <img src="../../Images/게시판/top_visual.gif"/>
    </p>
    <p>
      <img src="../../Images/공통이미지/icon_point.gif"/>
    </p>
    <p>
      <%=sNo%>번째 글이 삭제되었습니다.
    </p>
    <p align="right">
      <a href="list.asp">
        <img src="../../Images/버튼/bt_ok.gif"/>
      </a>
    </p>
    </card>
</wml>

<%
  db.Close
  Set pass = Nothing
  Set db = Nothing
%>
```

(5) 글쓰기 페이지 만들기

모바일 웹 상에 글을 작성하는 단계는 사용자로부터 데이터를 입력받고 이를 데이터베이스의 해당 테이블에 추가한다. 따라서 사용자로부터 입력을 받기 위한 모바일 페이지를 먼저 작성해 보고자 한다. 다음 표는 글쓰기 페이지를 작성한 wml 파일이다.

| 표 6.13 | 글쓰기 페이지(freeboard1.wml)

```
<?xml version="1.0" encoding="euc-kr"?>
<!DOCTYPE wml PUBLIC "-//WAPFORUM//DTD WML 1.1//EN"
                "http://www.wapforum.org/DTD/wml_1.1.xml">
<wml>
    <card id="card1">
      <p>
        <img src="../../Images/공통이미지/logo.gif"/>
        <img src="../../Images/공통이미지/top_text.gif"/>
      </p>
      <p align="left">
        <img src="../../Images/게시판/top_visual.gif"/>
      </p>
      <p>
        <img src="../../Images/게시판/read_txt02.gif"/>
        <input name="title" type="text"/>
      </p>
      <p>
        <img src="../../Images/게시판/read_txt03.gif"/>
        <input name="author"/>
      </p>
      <p>
        <img src="../../Images/게시판/read_txt04.gif"/>
        <input name="date"/>
      </p>
      <p>
        <img src="../../Images/게시판/read_txt05.gif"/>
        <input name="content" size="50"/>
      </p>
      <p>
        <a href="write.asp?title=$(title)&amp;

author=$(author)&amp;content=$(content)">
        <img src="../../Images/버튼/bt_write.gif"/>
        </a>
        <a href="freeboard1.wml">
          <img src="../../Images/버튼/bt_cancel.gif"/>
        </a>
      </p>
      </card>
</wml>
```

위 표는 이미지 콘텐츠를 위한 <img>이며, 사용자로부터 입력을 받기 위한 <input>과 하이퍼링크를 위한 <a> 태그를 사용하였다. <input> 태그는 핸드폰 사용자로부터 입력을 받을 때 자주 사용한다.

| 표 6.14 | <input> 태그 속성

속성명	설명
name	사용자가 데이터를 입력했을 때 잠시 저장할 변수의 이름
title	<input> 태그의 이름
type	text, password 값을 가짐 · text : 입력값이 일반 텍스트 · password : 비밀번호처럼 입력값을 "*"로 나타내고자 할 때 사용
value	입력받을 변수의 기본값
format	입력값의 포맷 지정 · A : 모든 심볼릭, 알파벳 대문자 · a : 모든 심볼릭, 알파벳 소문자 · N : 모든 숫자 · X : 모든 심볼릭, 숫자, 알파벳 대문자(소문자 변경 불가능) · x : 모든 심볼릭, 숫자, 알파벳 소문자(대문자 변경 불가능) · M : 모든 심볼릭, 숫자, 알파벳 대문자(소문자 변경 가능, 첫 문자가 기본 대문자) · m : 모든 심볼릭, 숫자, 알파벳 소문자(대문자 변경 가능, 첫 문자가 기본 소문자)
emptyok	true, false 값을 가지며, 아무런 입력이 없어도 되는지를 지정
maxlength	입력값의 최대길이 설정

<a> 태그는 텍스트에 연결할 하이퍼링크를 설정하는 부분이며 이미지 태그에 사용하였을 경우 이미지에 하이퍼링크를 연결하는 효과를 낼 수 있다. 그 예가 WML 소스 상에서 "bt_write.gif"와 "bt_cancel.gif"이다. "bt_write.gif"는 확인 버튼을 나타내며 사용자가 모든 입력을 마치고 버튼을 클릭시 입력한 데이터를 데이터베이스에 추가하는 "write.asp"에 연결하였다. 그리고 "bt_cancel.gif"는 취소 버튼을 나타낸다. 이 버튼을 클릭하였을 경우에는 처음부터 모든 데이터를 재작성하기 위하여 "freeboard1.wml"을 다시 불러들인다.

```
<p>
    <img src="../../Images/게시판/read_txt05.gif"/>
    <input name="content" size="50"/>
</p>
<p>
    <a href="write.asp?title=$(title)&amp;
                            author=$(author)&amp;content=$(content)">
      <img src="../../Images/버튼/bt_write.gif"/>
    </a>
```

```
    <a href="freeboard1.wml">
      <img src="../../Images/버튼/bt_cancel.gif"/>
    </a>
</p>
```

확인버튼에 연결된 <a> 태그를 보면 취소버튼처럼 특정 wml을 연결하는 것이 아니라 asp 파일을 불러들이고 있는 것을 확인할 수 있다. 게다가 "write.asp" 뒤에 "?"로 시작되는 "?title=$(title)&author=$(author)&content=$(content)"가 추가되었다. 여기서 $(title), $(author), $(content)는 <input> 태그에 선언된 변수 이름으로써 사용자가 데이터를 입력하면 각각 대입되게 되는 변수들을 의미한다. URL에 연결되어 다른 페이지에 값을 넘겨주면 받는 페이지는 title이라는 이름의 변수 이름을 통하여 넘겨진 데이터 값을 받을 수 있게 된다. 위 내용을 풀어쓰면 title이라는 변수에는 $(title)/값을, author 변수에는 $(author)값을, content 변수에는 $(content)값을 대입하여 "write.asp"를 호출하라는 뜻이다.

사용자가 링크된 특정 페이지로 이동시 현 페이지에 데이터 값들을 링크된 페이지에 전송할 수 있다. 이렇게 하나의 웹 페이지에서 다른 웹 페이지로 옮기는 과정에는 get 방식과 post 방식이 있다. get 방식은 URL과 데이터를 동시에 전송하는 방법으로써 페이지 파일명 뒤에 "?"를 사용하여 전송할 데이터들을 나열하는 방법이다. 현재 작성된 확인 버튼이 get 방식을 표현한 것이다. 그리고 post 방식은 URL과 데이터를 분리해서 전송하는 방식으로 비공개 전송방식이라고도 한다. get 방식은 URL encoding 방식에 의해 전송되므로 "?"표 뒤의 값을 시스템 환경변수에 저장한 후 전송하게 되므로 보안성이 없고 전송량에 제약을 받지만 비교적 손쉽게 데이터를 전송할 수 있다. 하지만 post 방식은 데이터를 구분하여 전송하기 때문에 전송량에 제약받지 않고 보안성이 좋은 장점을 갖는다. 따라서 로그인과 같은 보안이 필요한 데이터인 경우에는 URL이 모두 보이는 get 방식보다는 post 방식으로 넘긴다.

먼저 데이터베이스를 열기 위해서 앞에서 설명한 "dbopen.asp" 파일을 include시킨다. "freeborad1.wml" 파일에서 입력한 정보를 가져온다.

```
btitle = request("title")
btitle = request("title")
   bauthor = request("author")
   bcontent = request("content")
```

"btitle"이라는 변수를 선언하고 "freeboard1.wml" 파일에서 입력한 "title" 값을 가져와서 선언한 변수에 대입한다. 이는 다른 값들도 마찬가지로 처리한다.

```
sqlMaxNo = "select max(sNo) from board"
Set rsMaxNo = DB.Execute(sqlMaxNo)
```

다음은 데이터베이스의 board 테이블에서 "sNo"의 최대값을 확인하는 부분이다. "sqlMaxNo"라는 변수를 만든 후에 실행할 SQL 쿼리문의 문자열을 대입한다. 그리고 문자열을 이용하여 SQL 쿼리문을 수행한다. 실행결과인 board 테이블 상에 존재하는 sNo의 가장 큰 값을 "rsMaxNo"에 대입한다.

```
If IsNull(rsMaxNo(0)) Then      No = 1
Else                            No = rsMaxNo(0) +1
End If
```

사용자가 작성한 글을 데이터베이스 테이블에 추가하기 이전에 먼저 수행해야 할 작업은 "sNo"의 값이다. 그 이유는 sNo의 경우는 일종의 리스트 일련번호이기 때문에 중복되어서 안 되는 Primary Key로 선언되어 있기 때문이다. 사용자가 직접 "sNo"의 값을 입력할 수도 있지만 이미 존재하는 번호인 경우에는 SQL에서 오류를 발생시킨다. 이는 뒷부분에 레코드를 테이블 상에 포함할 때 사용된다. 따라서 위 소스를 통하여 자동으로 "sNo"의 값을 부여하고자 한다. SQL 쿼리를 수행한 "rsMaxNo"에 값이 없으면 "No"에 "1"을 대입하고, 그 값이 있다면 기존의 최대값에 "1"을 더한 값으로 "No"를 정의해 준다. 좀 더 자세히 설명하자면 파일이 처음 실행되고 board 테이블에 데이터가 없다면 "No" 값은 없을 것이다. 이런 경우에는 "No" 값을 "1"로 하고 테이블 상에 데이터가 존재한다면 제일 큰 값보다 하나 더 큰 값으로 일련번호를 부여한다.

board 테이블 상에 삽입한 레코드의 모든 데이터가 존재하면 SQL 쿼리문을 통하여 레코드를 테이블에 추가한다. 이 부분은 다음 소스와 같다.

```
SQL = "INSERT INTO board (sNo, sTitle,sAuthor,sDate," & _

                    " sContent) VALUES " & _

                    "('" & No & "'" & _

                    ",'" & btitle & "'" & _

                    ",'" & bauthor & "'" & _
```

```
                        "','" & bdate & "'"  & _
                        "','" & bcontent & "')"
    DB.Execute SQL
```

Insert는 테이블에 새로운 레코드를 삽입하기 위한 SQL 쿼리 명령문으로, INTO 뒤에 삽입할 테이블 명을 기술하고 () 안에 삽입할 필드명을 지정한 후, 해당 필드에 삽입할 데이터를 values에 기재한다. 한 가지 주의할 점은 쿼리문에 변수에 저장된 값을 작성할 경우에는 반드시 변수명 앞뒤에 "&"를 삽입한다. 이는 ASP에서 사용하는 문자열 연결 연산자로써 앞과 뒤의 문자열을 연결해서 하나의 문자열로 만들어 주는 역할을 한다.

다음은 사용자가 모든 데이터를 입력하고 확인 버튼을 클릭하였을 경우 링크되는 "write.asp" 파일의 전체 소스이다.

| 표 6.15 | 확인 버튼에 링크된 write.asp

```
<!--#include file="../../dbopen.asp" -->

<%
    btitle = request("title")
    bauthor = request("author")
    bdate = Date()
    bcontent = request("content")

    btitle = replace(btitle,"'","''")
    btext = replace(bcontent,"'","''")
    btext = replace(bcontent,"|","chr(124)_pipe")

    sqlMaxNo = "select max(sNo) from board"
    Set rsMaxNo = DB.Execute(sqlMaxNo)

    If IsNull(rsMaxNo(0)) Then                  No = 1
    Else                                  No = rsMaxNo(0) +1
    End If
    SQL = "INSERT INTO board (sNo, sTitle,sAuthor,sDate," & _

       " sContent) VALUES " & _

       "('" & No & "'" & _

       "','" & btitle & "'" & _

       "','" & bauthor & "'" & _
```

```
        ",'" & bdate & "'"  & _

        ",'" & bcontent & "')"

    DB.Execute SQL
    DB.close

    Set DB = Nothing
    Response.redirect "list.asp"
%>
```

6.3.2 로그인 페이지 만들기

로그인 및 회원가입 페이지는 특정 페이지로 이동하는 부분만 다를 뿐 나머지는 일반 게시판 예제와 거의 동일하다. 단, 개인 정보 보호를 위하여 잘못된 아이디나 패스워드 입력에 대한 처리가 로그인시 필요하다. 그리고 회원가입을 원하는 경우 이미 가입된 아이디나 주민등록번호일 경우에는 사용자에게 알려줌으로써 아이디의 중복성과 중복 가입을 방지하는 방안이 부수적으로 필요하다.

| 표 6.16 | 로그인과 회원가입 페이지

로그인	회원가입
	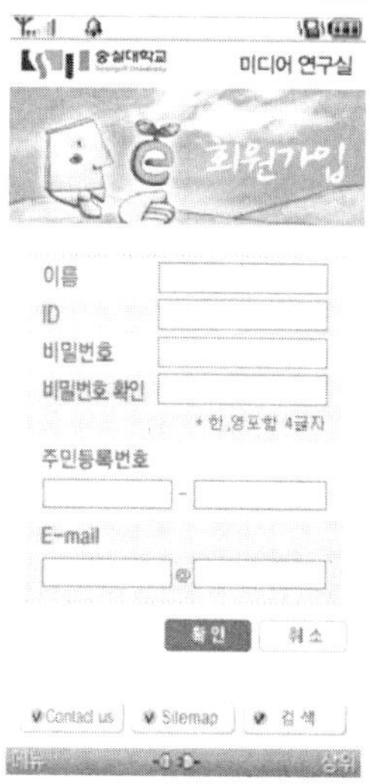
login.wml	registration.wml

(1) 데이터베이스 만들기

로그인은 가입자의 가입 유무와 정보를 저장하기 위한 것이다. 모바일 웹 사이트의 규모가 커질수록 접속자 수는 증가할 것이고 가입자 수 또한 함께 증가할 것이다. 따라서 가입자에 대한 정보를 관리할 수 있는 데이터베이스가 요구된다.

가입자에 대한 데이터베이스를 만들기 위하여 "PortalSite" 내에 포함하고자 한다. 만드는 방법은 board 테이블을 만들 때와 같다. Table Name을 "member"라 하고 Colums and Indices에 다음 그림 6.4와 같은 내용을 추가한다.

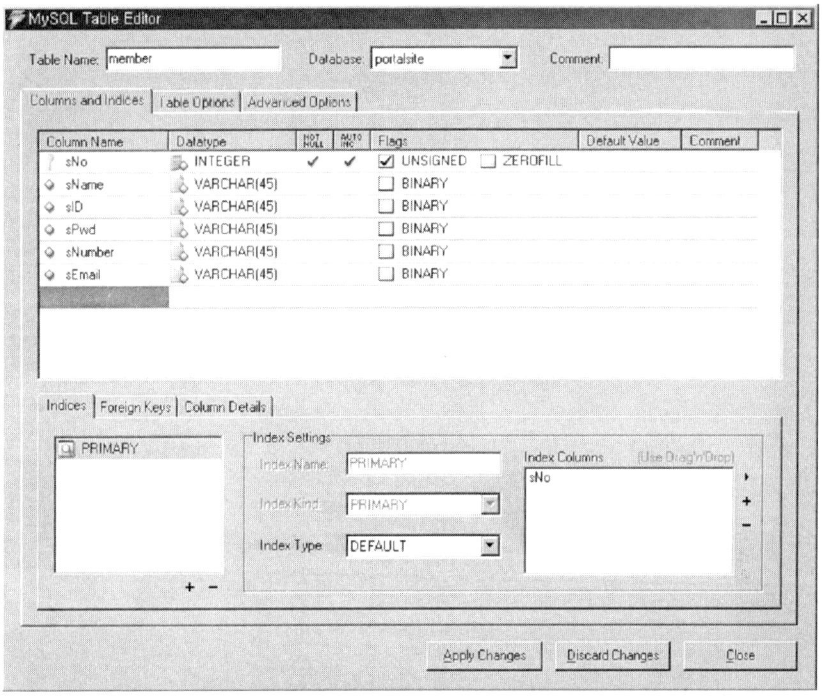

| 그림 6.4 | 회원 정보 테이블 만들기

모든 항목이 추가되었으면 Table Options 탭에서 Character Set의 Charset이 "euckr"로 되어 있는지 확인한다. 확인 후 Apply Changes 버튼을 클릭함으로써 테이블을 생성한다. 다음과 같은 팝업 창이 나타나면 Execute 버튼을 눌러 실행한다.

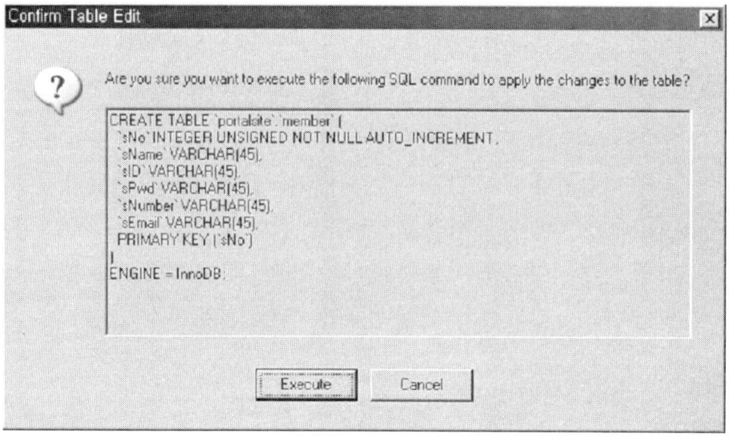

| 그림 6.5 | 테이블 생성 SQL 대화상자

정상적으로 접속된 다음 화면이 나타나면 임시로 몇 개의 레코드를 추가해 본다.

```
INSERT INTO member VALUES

(1,"DHPark","DHPark","Park","770813-1756422","DHPark@ssu.ac.kr")
```

다음은 복수개의 SQL INSERT 쿼리문을 실행한 예이다.

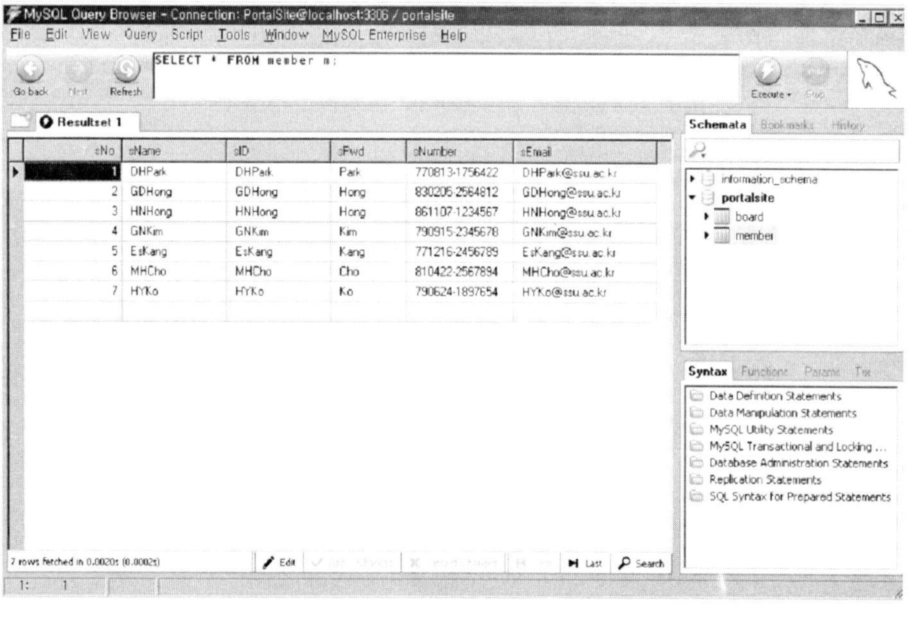

| 그림 6.6 | INSERT 문을 이용한 결과 예

(2) 로그인 페이지

로그인은 방문자의 신분을 확인하는 방법으로 사용자가 입력 폼에 로그인 정보를 입력한 후 전송하면 서버는 이에 대한 인증과정을 거쳐 그에 대한 권한을 부여하는 기능을 한다. 이런 로그인 페이지를 위하여 먼저 사용자가 입력을 받을 수 있는 페이지가 있어야 한다. 그리고 사용자가 입력한 데이터를 이용하여 가입되어 있는 사용자인지 검색하는 과정이 필요하다.

| 표 6.17 | 로그인 페이지(login.wml)

```
<?xml version="1.0" encoding="euc-kr"?>
<!DOCTYPE wml PUBLIC "-//WAPFORUM//DTD WML 1.1//EN"
                  "http://www.wapforum.org/DTD/wml_1.1.xml">
<wml>
    <card id="card1">
      <p>
        <img src="../../Images/공통이미지/logo.gif"/>
        <img src="../../Images/공통이미지/top_text.gif"/>
        <img src="../../Images/LogIn/login_main.jpg"/>
      </p>
      <p>
        <img src="../../Images/공통이미지/icon_point.gif"/>
        숭실대학교 미디어학과 게시판에 글을 올리기 위해서는 회원 로그인이 필요합니다
      </p>
      <p>
        <img src="../../Images/회원가입/text_id.gif"/>
        <input name = "m_id" type="text"/>
      </p>
      <p>
        <img src="../../Images/회원가입/text_pw.gif"/>
        <input name = "m_pwd" type="password"/>
      </p>
      <p align=right>
        <a href="registration.wml">
          <img src="../../Images/login/login_02.jpg"/>
        </a>
      </p>
      <p align=right>
        <a href = "loginok.asp?m_id=$(m_id)&amp;m_pwd=$(m_pwd)">
          <img src="../../Images/버튼/bt_ok.gif"/>
        </a>
        <a href = "login.wml">
          <img src="../../Images/버튼/bt_cancel.gif"/>
        </a>
      </p>
    </card>
</wml>
```

위 표에서 사용자가 아이디와 패스워드를 입력한 후 확인 버튼을 클릭하면 "loginok.asp"에 링크되며 취소 버튼을 클릭했을 경우에는 "login.wml"을 열어 다시 입력 받을 수 있도록 하였다.

사용자가 모든 데이터를 입력하고 확인 버튼을 클릭했을 때, 서버는 가장 먼저 입력된 아이디와 패스워드가 데이터베이스 상에 존재하는지 검색해야 한다.

```
m_id = request("m_id")
m_pass = request("m_pwd")
sqlCheck = "select sNo, sID, sPwd from member where sID
           = '"& m_id &"'"
set rsCheck = DB.Execute(sqlCheck)
```

만약 사용자의 실수에 의해 아무런 입력 없이 확인 버튼을 클릭했을 때에는 어떠한 정보도 데이터베이스 상에서 검색할 수 없을 것이다. 이를 위해 사용자로부터 재입력을 요청하기 위한 "login.wml"을 호출한다. 사용자가 잘못된 아이디와 패스워드를 입력했을 경우에는 잘못된 정보의 입력에 대한 메시지를 띄워줌으로써 보안을 유지할 수 있도록 한다. 위 사항에 모두 포함되지 않을 경우에는 사용자가 올바른 아이디와 패스워드를 입력한 경우이므로 웹사이트의 이용권한을 부여할 수 있도록 한다. 본서에서는 간단하게 메인 페이지로 이동하도록 하였다. 하지만 좀 더 완벽한 이용권한 부여를 위해서는 메일 페이지 이동시에도 특정 정보 및 웹 페이지에 대한 접근권한을 부여할 수 있도록 하여야 한다.

```
<%  if rsCheck.EOF or rsCheck.BOF then %>
    <p>ID를 다시 입력해 주세요      </p>
    <p align=right>
    <a href = "login.wml">
        <img src="../../Images/버튼/bt_ok.gif"/>
    </a>
    </p>

<% Elseif rsCheck("sPwd") <> m_pass Then %>
    <p>비밀번호가 틀렸습니다. 다시 입력해 주세요.      </p>
    <p align=right>
    <a href = "login.wml">
        <img src="../../Images/버튼/bt_ok.gif"/>
    </a>
    </p>

<% Else %>
        <p>로그인되었습니다.</p>
        <p align=right>
```

```
        <a href = "../main.wml">
            <img src="../../Images/버튼/bt_ok.gif"/>
        </a>
        </p>

<% End if %>
```

| 표 6.18 | 로그인 확인(login.asp)

```
<?xml version="1.0" encoding="ks_c_5601-1987" ?>
<!DOCTYPE wml PUBLIC "-//WAPFORUM//DTD WML 1.1//EN"
                "http://www.wapforum.org/DTD/wml_1.1.xml">
<!--#include file="../../dbopen.asp" -->
<%
    Response.ContentType="text/vnd.wap.wml;charset=KS_C_5601-1987"
    m_id = request("m_id")
    m_pass = request("m_pwd")
    sqlCheck = "select sNo, sID, sPwd from member where sID
                = '"& m_id &"'"
    set rsCheck = DB.Execute(sqlCheck)
%>
<wml><card>
      <p>
        <img src="../../Images/공통이미지/logo.gif"/>
        <img src="../../Images/공통이미지/top_text.gif"/>
        <img src="../../Images/LogIn/login_main.jpg"/>
      </p>

<%  if rsCheck.EOF or rsCheck.BOF then %>
    <p>ID를 다시 입력해 주세요        </p>
    <p align=right>
    <a href = "login.wml">
      <img src="../../Images/버튼/bt_ok.gif"/>
    </a>
    </p>

<% Elseif rsCheck("sPwd") <> m_pass Then %>
    <p>비밀번호가 틀렸습니다. 다시 입력해 주세요.        </p>
    <p align=right>
    <a href = "login.wml">
      <img src="../../Images/버튼/bt_ok.gif"/>
    </a>
    </p>
<% Else %>
      <p>로그인되었습니다.</p>
      <p align=right>
      <a href = "../main.wml">
        <img src="../../Images/버튼/bt_ok.gif"/>
```

```
      </a>
      </p>
<% End if% >
</card></wml>
<%
    rsCheck.close
    Set rsCheck=nothing
    DB.Close

    Set DB = Nothing
%>
```

(3) 회원가입 페이지

회원가입은 게시판에서 글쓰기를 나타내는 방법과 같다. 여기서도 다음 페이지로의 데이터 전송을 위하여 get 방식을 사용하였다.

| 표 6.19 | 회원가입 작성 페이지(registration.wml)

```
<?xml version="1.0" encoding="euc-kr"?>
<!DOCTYPE wml PUBLIC "-//WAPFORUM//DTD WML 1.1//EN"
                   "http://www.wapforum.org/DTD/wml_1.1.xml">
<wml>
    <card id="card1">
      <p>
        <img src="../../Images/공통이미지/logo.gif"/>
        <img src="../../Images/공통이미지/top_text.gif"/>
      </p>
      <p align="left">
        <img src="../../Images/회원가입/top_visual_join.gif"/>
      </p>
      <p>
        <img src="../../Images/회원가입/join_txt01.gif"/>
        <input name = "name" type="text"/>
        <img src="../../Images/회원가입/join_txt02.gif"/>
        <input name = "ID" type="text"/>
        <img src="../../Images/회원가입/join_txt03.gif"/>
        <input name = "pwd" type="text"/>
        <img src="../../Images/회원가입/join_txt04.gif"/>
        <input name = "conpwd" type="text"/>
        <img src="../../Images/회원가입/join_txt05.gif"/>
        <input name = "serial" type="text"/>
        <img src="../../Images/회원가입/join_txt06.gif"/>
        <input name = "email" type="text"/>
      </p>
      <p align=right>
```

```
        <a href = "registok.asp?name=$(name)&amp;ID=$(ID)&amp;
                pwd=$(pwd)&amp;serial=$(serial)&amp;email=$(email)">
          <img src="../../Images/버튼/bt_ok.gif"/>
        </a>
        <a href="registration.wml">
          <img src="../../Images/버튼/bt_cancel.gif"/>
        </a>
      </p>
    </card>
</wml>
```

회원가입시 입력된 데이터는 보안성이 요구된다. 따라서 get 방식을 사용한 경우에는 모든 URL이 나타나기 때문에 위험성을 가지고 있다. 만약 여러분이 post 방식으로 전송하기를 원한다면 <postfield> 태그를 이용하기 바란다. <postfield>는 post 방식으로 넘길 때 변수와 변수 값을 정의해주는 태그이다. <postfield>를 사용한 예는 다음과 같다.

```
<do type="accept" label="확인">
  <go href="registok.asp" method="post">
     <postfiled name="name" value="$(name)"/>
     <postfiled name="ID" value="$(ID)"/>
     <postfiled name="pwd" value="$(pwd)"/>
     <postfiled name="conpwd" value="$(conpwd)"/>
     <postfiled name="serial" value="$(serial)"/>
     <postfiled name="email" value="$(email)"/>
  </go>
</do>
```

| 표 6.20 | 회원가입 등록 (registOK.asp)

```
<?xml version="1.0" encoding="ks_c_5601-1987" ?>
<!DOCTYPE wml PUBLIC "-//WAPFORUM//DTD WML 1.1//EN"
                  "http://www.wapforum.org/DTD/wml_1.1.xml">
<!--#include file="../../dbopen.asp" -->
<%
    Response.ContentType="text/vnd.wap.wml;charset=KS_C_5601-1987"
    name = request("name")
    ID = request("ID")
    pwd = request("pwd")
    conpwd = request("conpwd")
    serial = request("serial")
    email = request("email")
    sqlMaxMno = "select max(sNo) from member"
    Set rsMaxMno = DB.Execute(sqlMaxMno)
```

```
    If IsNULL(rsMaxMno(0))Then           m_no = 1
    Else                                 m_no = rsMaxMno(0) + 1
    End IF
    sqlCheck = "select sNo from member" &_
             " where sID= '"& ID &"'" &_
             " or sNumber = '"& serial &"'"
    set rsCheck = DB.Execute(sqlCheck)
%>
<wml><card>

<% if rsCheck.EOF or rsCheck.BOF then %>
      <p>
        <img src="../../Images/공통이미지/logo.gif"/>
        <img src="../../Images/공통이미지/top_text.gif"/>
        <img src="../../Images/회원가입/top_visual_join.gif"/>
      </p>
      <p>
        <% =name %>님 어서오세요 <br/>
        회원가입을 축하드립니다
      </p>
      <p align=right>
      <a href = "../main.html">
        <img src="../../Images/버튼/bt_ok.gif"/>
      </a>
      </p>
<% else %>
      <p>
        <img src="../../Images/공통이미지/logo.gif"/>
        <img src="../../Images/공통이미지/top_text.gif"/>
        <img src="../../Images/회원가입/top_visual_join.gif"/>
      </p>
      <p>
      <p>
        이미 가입된 ID입니다. 재입력해 주세요.
      </p>
      <a href = "registration.html">
        <img src="../../Images/버튼/bt_ok.gif"/>
      </a>
<% end if %>
</card></wml>

<%
    rsMaxMno.close
    Set rsMaxMno=nothing

    rsCheck.close
    Set rsCheck=nothing

    DB.Close
    Set DB = Nothing
%>
```

7 mHTML을 이용한 모바일 페이지 작성하기

7.1 mHTML이란?

mHTML(Mobile HTML)은 마이크로소프트사에서 제정한 무선 인터넷 언어로써 ME (Mobile Browser-016/018 내장) 브라우저를 사용한다(인터넷 브라우저에서도 표시된다). 태그와 변수 사용법은 HTML과 동일하며, 지원되는 태그에 제한이 있다. 한 페이지의 크기는 4KB이며, 초과 부분은 출력되지 않는다. 이미지와 멜로디는 최대 5개까지 지원하며, ME111 미디어는 4.5KB 미만만 지원한다. 쿠키는 775바이트 이내여야 하며, 브라우저에서 쿠키를 사용하도록 설정해야 한다. 한번 접속한 화면은 자동으로 refresh되지 않는다.

7.2 정적 콘텐츠를 포함하는 페이지 만들기

7.2.1 mHTML에서 텍스트 표현하기

mHTML은 문자를 표현하기 위해 <p> 태그를 사용한다. <p>는 문단을 구성하는 것으로써, <p>가 존재하지 않고 문자열을 사용하게 되면 에러를 발생시킨다. 단락을 구분하는 것은 줄을 바꾼다는 의미 이외에 서식을 구분한다는 의미도 있기 때문이다.

| 표 7.1 | <p> 태그 속성

속성명	형식	설명
align	left, center, right	left : p태그 내의 모든 내용을 왼쪽 배열한다(기본값). center : p태그 내의 모든 내용을 가운데 배열한다. right : p태그 내의 모든 내용을 오른쪽 배열한다.
mode	wrap, nowrap	wrap : p태그 내의 긴 내용을 자동으로 개행하여 화면상에 표시한다. nowrap : p태그 내의 문장이 휴대폰 가로 사이즈보다 긴 경우 scroll을 설정한다.
사용예	<p align="…" mode="…"> .... </p>	

```
<html>
   <body>
     <p align = "center">
       영 화 : 디워 <br/>
       장 르 : 액션<br/>
     </p>
   </body>
</html>
```

<p> 태그를 사용하여 텍스트를 나타낼 때 추가적으로 문자의 모양을 설정할 수 있다.

| 표 7.2 | 글자체를 갖고 있는 태그들

종 류	태그 종류	설 명	비 고
이탤릭체	<em></em>	굵은 이탤릭체로 보여준다.	글자 관련 태그는 반영되지 않는 휴대폰 기종이 상당수 있다. 사용하더라도 에러는 없으므로 정상적으로 적용되는 폰을 위해 사용하는 것은 무방하다.
	<i></i>	이탤릭체로 보여준다.	
굵은체	<strong></strong> <b></b>	굵은체로 보여준다.	
밑줄	<u></u>	밑줄 글자체로 보여준다.	
조금 크게	<big></big>	글자를 조금 크게 보여준다.	
조금 작게	<small></small>	글자를 조금 작게 보여준다.	

7.2.2 mHTML에서 이미지 표현하기

<img> 태그는 단말기 화면상에 그림을 출력하는데 사용된다. 이미지는 모바일 단말기의 브라우저 환경에 따라 표현할 수 있는 이미지의 질적 수준이 달라진다. 예를 들면,

352*288의 JPG 이미지가 있을 때 단말기의 브라우저 크기가 240*320이라면 이미지가 잘려서 보일 수 있다. 뿐만 아니라 단말기에서 지원되는 이미지 포맷에 따라 제한적으로 표현될 수도 있다. <img> 태그는 src 속성을 이용하여 표현할 이미지 경로를 지정하며, alt 속성을 사용하여 단말기에 이미지가 표현되지 않을 때 텍스트를 입력한다.

| 표 7.3 | <img> 태그 속성

구 분	형식	설 명
alt	CDATA	그림 대신 사용될 글자를 지정한다. 만약 이미지가 표현될 수 없다면 alt에서 지정한 글자가 사용된다.
src	URI	이미지를 위한 URI를 규정한다. 브라우저가 이미지를 지원한다면 src 속성에서 규정한 URI에서 이미지를 다운로드 받아 브라우저에 보여준다.
localsrc	CDATA	이미지를 위한 내부 대안으로 사용된다. 즉, localsrc에서 지정된 그림이 존재하면 사용되고, 존재하지 않으면 src에 규정된 URI에서 이미지를 다운로드 받는다.
vspace	CDATA	이미지가 삽입될 때 상, 하 여백을 설정한다. 기본값은 0이다.
hspace	CDATA	이미지가 삽입될 때의 좌, 우 여백을 설정한다. 기본값은 0이다.
align	top, middle, bottom	text flow 안에서 이미지의 정렬을 지정한다. 기본값은 bottom
height	CDATA	이미지의 세로 크기를 지정한다.
width	CDATA	이미지의 가로 크기를 지정한다.
사용예	<img alt="…" src="…" height="…"width="…"/>	

```
<html>
    <body>
      <p>
        <img src="../images/wedding.jpg"/alt="웨딩사진"/>
      <p>
    </body>
</html>
```

7.2.3 하이퍼링크 만들기

하이퍼링크는 <a> 태그를 사용하여 링크를 설정한다. <a> 태그는 텍스트뿐만 아니라 이미지에도 적용할 수 있다.

| 표 7.4 | <a> 태그 속성

구 분	형식	설 명
href	URL	URL을 지정한다. 상대경로 또는 절대경로로 표시한다. 전화 걸기 기능을 사용할 때는 "wtai://wp/mc;01XXXXXX"를 사용
title	CDATA	링크를 나타내주는 소프트 키에 표시될 문자(선택, 확인, 이동 등)이다. 6자 이내로 작성해야 한다.
accesskey	CDATA	숫자 버튼으로 링크를 선택할 수 있도록 한다.
사용예	<a href="…" title="…"> …… </a>	

```
<html>
    <body>
    <p>
            <a href="Contact.html">
            <img src="../images/wedding.jpg"/alt="웨딩사진"/>
             </a>
    <p>
    </body>
</html>
```

7.2.4 모바일 페이지 만들기

지금까지 배운 mHTML의 간략한 문법을 가지고 2부에서 제작되었던 모바일 웹 사이트의 일부 페이지를 만듦으로써 모바일 페이지의 서비스 결과를 확인한다.

(1) 모바일 페이지 예제 1

mHTML을 이용하여 다음과 같은 모바일 페이지를 만들려고 한다. 이 모바일 페이지는 이미지와 텍스트로 구성되어 있으며 하이퍼링크를 가지고 있다.

| 그림 7.1 | 메인 모바일 페이지

| 표 7.5 | 연구실 메인 모바일 페이지에 대한 소스 파일

```
<html>
  <body>
    <p>
      <img src="../images/공통이미지/logo.gif" width="112" height="31"/>
      <img src="../images/버튼/bt_login.gif" width="70" height="21"/>
    </p>
      <p align="left">
      <img  src="../images/메인/main_01.jpg"  width="240"  height="93"/>
</p>
      <p align="left">
      <img  src="../images/메인/main_02.jpg"  width="240"  height="30"/>
</p>
    <p>
      <a href="notice.html">
      <img src="../images/버튼/bt_notice_o.gif" width="70" height="21"/>
</a>
      <a href="survey1.html">
      <img src="../images/버튼/bt_research.gif" width="70" height="21"/>
</a>
      <a href="question.html">
      <img src="../images/버튼/bt_faq.gif" width="70" height="21"/> </a>
     </p>
     <p>
      <a href="Contact.html">
      <img src="../images/버튼/bt_cantact.gif" width="70" height="21"/>
</a>
      <a href="SiteMap.html">
      <img src="../images/버튼/bt_sitemap.gif" width="70" height="21"/>
</a>
```

```
        <a href="search.html">
        <img src="../images/버튼/bt_search.gif" width="70" height="21"/>
</a>
      </p>
      <p align="left"> 연구실소개 </p>
      <p>
        <a href="medialab.html">
        <img src="../images/메인/main_icon_01.jpg" width="116" height="65"/>
</a>
        <a href="grad_introduction.html">
        <img src="../images/메인/main_icon_02.jpg" width="123" height="65"/>
</a>
      </p>
        <img src="../images/메인/main_icon_03.jpg" width="126" height="76"/>
        <img src="../images/메인/main_icon_04.jpg" width="112" height="76"/>
      <p>
        <a href="freeboard3.html">
        <img src="../images/메인/icon_05.gif" width="121" height="65"/>
</a>
        <a href="visitors.html">
        <img src="../images/메인/icon_06.gif" width="119" height="65"/>
</a>
      </p>
    </body>
</html>
```

표 7.5는 그림 7.1의 메인 모바일 페이지를 구성한 mHTML 페이지이다. 이 모바일 페이지는 여러 개의 이미지 객체와 텍스트 객체로 구성되어 있다. 모바일 페이지에서 이미지 객체는 <img> 태그 및 src 속성을 이용하여 표현하고 있으며, 텍스트 객체는 <p> 태그로 표현되고 있다. <p> 태그의 속성 align을 이용하여 객체의 수평위치를 지정할 수 있다. <p> 태그는 텍스트 객체를 표현하는 데만 쓰이는 것이 아니라 mHTML이 표현할 수 있는 모든 객체에 쓰일 수 있다. <p> 태그는 수평위치를 지정할 뿐만 아니라 line break의 기능도 할 수 있다.

(2) 모바일 페이지 예제 2

이미지와 텍스트로 구성된 또 다른 모바일 페이지를 만들어 보자. 다음 그림과 같은 미디어 연구실 폰 페이지를 만들어 보기로 한다.

| 그림 7.1 | 연구실 소개 모바일 페이지

| 표 7.6 | 연구실 소개 모바일 페이지에 대한 소스 파일

```
<html>
  <body bgcolor="" background>
    <img src="../Images/공통이미지/logo.gif" width="112" height="31"/>
    <img        src="../Images/공통이미지/top_text.gif"        width="85"
height="31"/>
    <br/>
    <p align="left"> 1. 연구실 소개 </p>
    <p align="left">
    <img        src="../Images/medialab/sub_01.gif"        width="229"
height="47"/>
    </p>
    <p align="left">
   멀티미디어 연구실은...

   미디어 연구실은 숭실대학교 정보과학
   대학 소속으로 최상의 컴퓨터와
   네트웍 시대에 주역으로 쓰일 사람들이
   모인 연구실 입니다.</p>
    <p align="left">
    <img src="../Images/medialab/intro_photo-1.jpg" width="200"
              height="147"/>
    </p>
  </body>
</html>
```

표 7.6은 그림 7.2의 연구실 소개 모바일 페이지에 대한 mHTML 페이지이다. 연구실 소개 모바일 페이지는 정적인 객체인 이미지와 텍스트로만 구성되어 있다. 첫 번째 예제와 같이 이미지는 img 태그를 사용하여 표현하고 있으며, 텍스트는 <p> 태그를 사용하

고 객체들의 수평위치 정렬에는 <p> 태그의 align 속성을 사용하고 있다.

7.3 동적 콘텐츠를 포함하는 페이지 만들기

mHTML은 기존 유선상에서 사용되던 HTML 콘텐트들을 열악한 모바일 환경에서 사용 가능하도록 HTML 3.2의 부분 집합으로 규정지어진 조건에 만족하는 HTML이다. 따라서 TCP/IP 위의 표준 HTTP 프로토콜을 사용하고 HTML 3.2와 호환이 되지만 디바이스의 한계로 인해 태그들을 모두 표현할 수 없다. 동적 콘텐츠를 표현하기 위해서는 WML에서 설명한 ASP 코드와 큰 차이가 없기 때문에 자세한 내용은 WML을 참조하면 될 것이다.

7.3.1 게시판 페이지 만들기

다음 표는 작성하고자 하는 페이지들과 그에 대한 파일명을 나타낸다.

| 표 7.7 | 게시판 페이지들

목록보기	글보기	글삭제	글쓰기
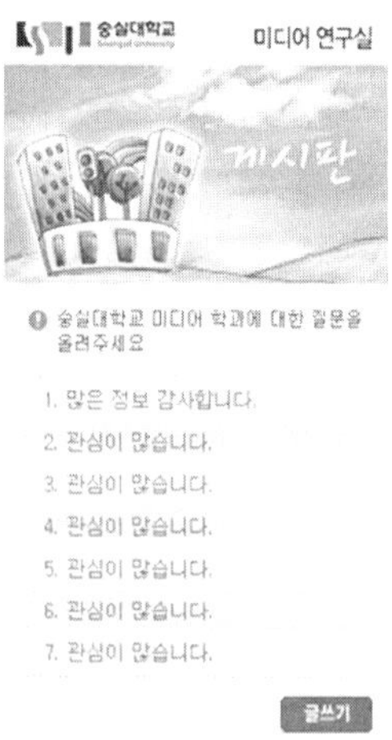	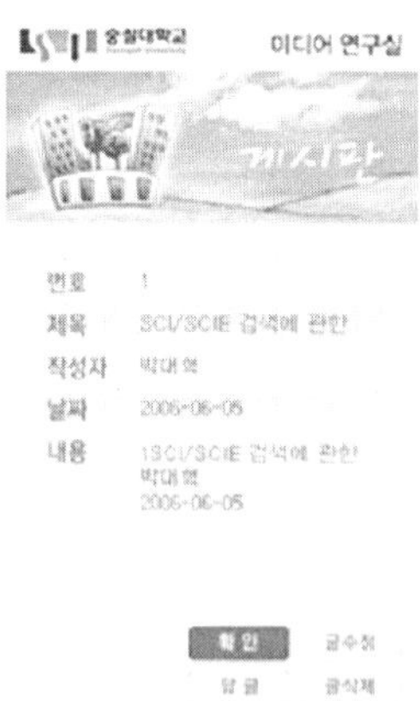		
list.asp	content.asp	delete.asp	freeboard1.wml

WML과 마찬가지로 앞으로 작성할 ASP 파일은 확장자를 *.asp로 하고 ASP 시작 줄에 반드시 다음과 같은 콘텐트 타입을 설정해 주어야 한다.

```
<meta http-equiv="Content-Type" contnet\"text/html;
        charset=KS_C_5601-1987">
```

이는 ASP 소스이므로 ASP의 시작과 끝을 알리는"〈%"과 "%〉"사이에 위치하여야 한다.

동적 콘텐츠를 위해 사용할 데이터베이스는 WML에서 소개한 board와 member를 동일 사용하고자 한다.

(1) 글 목록 페이지 만들기

글 목록 페이지는 WML에서 소개한 ASP 소스가 큰 차이점이 없다. WML과의 차이점은 마크업 언어를 위하여 사용되었던 <wml>과 <card>라는 태그 대신 <HTML>, <BODY>가 사용되었다.

```
response.write "<html><body>"
```

response.write는 ASP에서 화면에 글을 출력하고 싶을 때 사용하는 것으로써 출력하고자 하는 문자열을 쌍따옴표 사이에 작성하면 된다. response.write 뒤에는 문자열이 올 수도 있고 변수나 함수가 올 수도 있다.

| 표 7.8 | 글 목록 보기(list.asp)

```
<!--#include file="../../dbopen.asp" -->

<%
 <meta http-equiv="Content-Type" contnet\"text/html;
                    charset=KS_C_5601-1987">

      if request("page")="" then          page=1
      else                        page=request("page")
      end If

   SQL = "SELECT * FROM board ORDER BY sDate DESC "
   Set rs = Server.CreateObject("ADODB.Recordset")

   rs.Source    = SQL
   rs.CursorLocation=3
   rs.CursorType        = 0

   rs.LockType = 1
   rs.Open SQL, DB, 1
```

```
    response.write "<html><body>"

    if rs.BOF or rs.EOF then          '데이터가 없을 경우 수행할 부분
%>
      <p align="center">
        <img src="../../Images/공통이미지/logo.gif"/>
        <img src="../../Images/공통이미지/top_text.gif"/>
      </p>
      <p align="center">
        <img src="../../Images/게시판/top_visual.gif"/>
        게시판에 글이 없습니다.
      </p>

<%
    else                              '데이터가 있을 경우 수행할 부분

      rs.PageSize = 3
      totalpage = rs.pagecount

      page = cint(page)
      totalpage = cint(totalpage)

      rs.absolutepage = page

%>
      <p align="center">
        <img src="../../Images/공통이미지/logo.gif"/>
        <img src="../../Images/공통이미지/top_text.gif"/>
      </p>
      <p align="center">
        <img src="../../Images/게시판/top_visual.gif"/>
      </p>
<%
      i = 1
      Do until rs.EOF Or i>=rs.PageSize  '제목의 loop
%>
      <a href="content.asp?sNo=<%=rs("sNo")%>" >  <%=rs("sTitle")%>
                  </a> </br>
<%
      rs.MoveNext
      i=i+1
      loop                               '제목의 loop

      if page < totalpage then           '마지막 페이지가 아니면
         response.write "<a href='list.asp?page=" & page+1 & " '>
                     다음 페이지로</a>"
      end if
      if page > 1 then
```

```
        ' 첫 번째 페이지가 아니면
        response.write "<a href='list.asp?page=" & page-1 & " '>
                                        이전 페이지로</a>"
      end if
%>
      <p align="center">
        <b>Page </b>[ <%=page%>/<%=totalpage%>]
      </p>
      <p>
        <a href="freeboard1.html">
          <img src="../../Images/버튼/bt_write.gif"/>
        </a>
      </p>
      <p>
        <a href="Contact.html">
          <img src="../../Images/버튼/bt_cantact.gif"/>
        </a>
        <a href="SiteMap.html">
          <img src="../../Images/버튼/bt_sitemap.gif"/>
        </a>
        <a href="search.html">
          <img src="../../Images/LogIn/bt_search.gif"/>
        </a>
      </p>
<%
    end if                                  'if 문의 종료

      response.write "</body></html>"
      rs.Close
      db.Close
      Set rs = Nothing
      Set db = Nothing

%>
```

(2) 글보기 페이지 만들기

글보기 페이지 역시 WML에서 사용되어 <WML> 태그 대신 <HTML> 태그를 사용하였다. 다음 표는 HTML에서 글보기 페이지를 나타낸 전체 ASP 소스이다.

| 표 7.9 | 글보기(content.asp)

```
<!--#include file="../../dbopen.asp" -->

<%
<meta http-equiv="Content-Type" contnet\"text/html;
                   charset=KS_C_5601-1987">
    sNo = request("sNo")

    sqlContent = "SELECT * FROM board where sNo =" & sNo

    Set rsContent = Server.CreateObject("ADODB.Recordset")
    rsContent.Open sqlContent,db

    response.write "<html><body>"

    btext = rsContent("sContent")
    btext = replace(btext,chr(13) & chr(10),"<br/>")
    btext = replace(btext,"chr(124)_pipe","|")
    %>

    <p>
      <img src="../../Images/공통이미지/logo.gif"/>
      <img src="../../Images/공통이미지/top_text.gif"/>
      <img src="../../Images/게시판/top_visual.gif"/>
    </p>
    <p>
      <img src="../../Images/게시판/read_txt01.gif"/>
      <%=rsContent("sNo")%>
    </p>
    <p>
      <img src="../../Images/게시판/read_txt02.gif"/>
      <%=rsContent("sTitle")%>
    </p>
    <p>
      <img src="../../Images/게시판/read_txt03.gif"/>
      <%=rsContent("sAuthor")%>
    </p>
<p>
      <img src="../../Images/게시판/read_txt04.gif"/>
      <%=rsContent("sDate")%>
    </p>
    <p>
      <img src="../../Images/게시판/read_txt05.gif"/>
      <%=btext%>
    </p>
    <p>
      <a href="list.asp">
        <img src="../../Images/버튼/bt_ok.gif"/>
      </a>
```

```
      <img src="../../Images/버튼/bt_modify.gif"/>
    </p>
    <p>
      <img src="../../Images/버튼/bt_reply.gif"/>
      <a href="delete.asp?sNo=<%=rsContent("sNo")%>">
        <img src="../../Images/버튼/bt_delete.gif"/>
      </a>
    </p>
<%
    response.write "</body></html>"
   rsContent.Close
   db.Close
   Set rsContent = Nothing
   Set db = Nothing
%>
```

(3) 글삭제 페이지 만들기

글삭제에 대한 ASP 소스는 다음과 같다.

| 표 7.10 | 글삭제 (delete.asp)

```
<!--#include file="../../dbopen.asp" -->
<%
<meta http-equiv="Content-Type" contnet\"text/html;
                   charset=KS_C_5601-1987">
    sNo = request("sNo")
    SQL = "Delete  from board where sNo = " & sNo
     db.execute SQL

 %>
<html>
 <body>
    <p>
      <img src="../../Images/공통이미지/logo.gif"/>
      <img src="../../Images/공통이미지/top_text.gif"/>
      <img src="../../Images/게시판/top_visual.gif"/>
    </p>
    <p>
      <img src="../../Images/공통이미지/icon_point.gif"/>
    </p>
    <p>
      <%=sNo%>번째 글이 삭제되었습니다.
    </p>
    <p align="right">
      <a href="list.asp">
        <img src="../../Images/버튼/bt_ok.gif"/>
```

```
      </a>
    </p>
    </body>
</html>
<%
   db.Close

   Set pass = Nothing
   Set db = Nothing
%>
```

(4) 글쓰기 페이지 만들기

모바일 웹 상에 글을 작성하는 단계는 사용자로부터 데이터를 입력받고 이를 데이터베이스의 해당 테이블에 추가한다. 따라서 사용자로부터 입력을 받기 위한 모바일 페이지를 먼저 작성해 보고자 한다. 다음 표는 표 7.11의 글쓰기 페이지를 작성한 html 파일이다.

| 표 7.11 | 글쓰기 페이지(freeboard1.html)

```
<html>
    <body>
      <p>
        <img src="../../Images/공통이미지/logo.gif"/>
        <img src="../../Images/공통이미지/top_text.gif"/>
      </p>
      <p align="left">
        <img src="../../Images/게시판/top_visual.gif"/>
      </p>
      <form method="post" action="write.asp">
        <p>
          <img src="../../Images/게시판/read_txt02.gif"/>
          <input name="title" type="text"/>
        </p>
        <p>
          <img src="../../Images/게시판/read_txt03.gif"/>
          <input name="author"/>
      </p>
      <p>
        <img src="../../Images/게시판/read_txt04.gif"/>
        <input name="date"/>
      </p>
      <p>
        <img src="../../Images/게시판/read_txt05.gif"/>
        <input name="content" size="50"/>
      </p>
      <p>
        <input type="image" src="../../Images/버튼/bt_ok.gif"/>
```

```
        </a>
        <a href="freeboard1.html">
          <img src="../../Images/버튼/bt_cancel.gif"/>
        </a>
      </form>
      </p>
      </body>
</html>
```

board 테이블 상에 사용자로부터 입력받은 데이터를 SQL 쿼리문을 통하여 레코드를 테이블에 추가한다. 이 부분은 다음 소스와 같다.

```
<!--#include file="../../dbopen.asp" -->

<%
 <meta http-equiv="Content-Type" contnet\"text/html;
                   charset=KS_C_5601-1987">
    btitle = request("title")
    bauthor = request("author")
    bdate = Date()
    bcontent = request("content")
    btitle = replace(btitle,"'","''")
    btext = replace(bcontent,"'","''")
    btext = replace(bcontent,"|","chr(124)_pipe")

    sqlMaxNo = "select max(sNo) from board"
    Set rsMaxNo = DB.Execute(sqlMaxNo)

    If IsNull(rsMaxNo(0)) Then                    No = 1
    Else                                    No = rsMaxNo(0) +1
    End If


     SQL = "INSERT INTO board (sNo, sTitle,sAuthor,sDate," & _
                             " sContent) VALUES " & _
                             "('" & No & "'" & _
                             ",'" & btitle & "'" & _
                             ",'" & bauthor & "'" & _
                                         ",'" & bdate & "'"  & _
                                           ",'" & bcontent & "')"


    DB.Execute SQL

     DB.close
     Set DB = Nothing
```

```
    Response.redirect "list.asp"

%>
```

7.3.2 로그인 페이지 만들기

로그인 및 회원가입 페이지는 특정 페이지로 이동하는 부분만 다를 뿐 나머지는 일반 게시판 예제와 거의 동일하다. 단, 개인 정보 보호를 위하여 잘못된 아이디나 패스워드 입력에 대한 처리가 로그인시 필요하다. 그리고 회원가입을 원하는 경우 이미 가입된 아이디나 주민등록번호일 경우에는 사용자에게 알려줌으로써 아이디의 중복성과 중복 가입을 방지하는 방안이 부수적으로 필요하다.

| 표 7.12 | 로그인과 회원가입 페이지

로그인	회원가입
	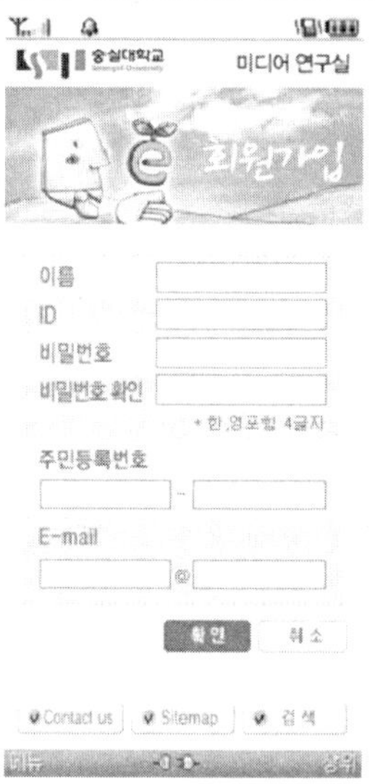
login.wml	registration.wml

(1) 로그인 페이지

로그인은 게시판에서 글쓰기를 나타내는 방법과 같다. 차이점이 있다면 다음 페이지로의 데이터 전송을 위하여 post 방식을 사용하였다. 게시판은 접속한 불특정 다수의 사람들이 글을 올리거나 읽기 위하여 사용된다. 따라서 로그인에 비해 보안성이 덜 중요시된다. 하지만 로그인은 개인 정보를 입력하는 과정이기 때문에 보안성이 중요시된다.

<form> 태그는 회원가입을 하거나 쇼핑몰에서 주문을 하는 경우에 사용자로부터 정보를 받을 때 사용된다. <form> 태그에는 method와 action 속성이 있다. "method" 속성은 웹 서버와의 통신 방법을 지정한다. post와 get 두 가지 값 중 하나를 사용할 수 있다. "action" 속성은 입력양식에 입력된 값을 받아서 데이터베이스에 저장하는 페이지를 지정한다. 이는 PHP나 ASP와 같은 웹 스크립트 언어를 이용하여 제작한다.

| 표 7.13 | 로그인 페이지(login.html)

```
<html>
    <body bgcolor="" background>
    <p>
      <img src="../../Images/공통이미지/logo.gif" width="112"
                    height="31"/>
      <img src="../../Images/공통이미지/top_text.gif" width="85"
                    height="31"/>
      <img src="../../Images/LogIn/login_main.jpg" width="240"
                    height="124"/>
    </p>
    <p>
      <img src="../../Images/공통이미지/icon_point.gif" width="12"
                    height="12"/>
      숭실대학교 미디어학과 게시판에 글을 올리기 위해서는 회원 로그인이 필요합니다
    </p>
    <FORM METHOD="POST" ACTION="loginok.asp" >
      <p>
        <img src="../../Images/회원가입/text_id.gif" width="72"
                      height="25"/>
        <input name = "m_id" type="text"/>
      </p>
      <p>
        <img src="../../Images/회원가입/text_pw.gif" width="72"
                      height="25"/>
        <input name = "m_pwd" type="password"/>
      </p>
      <p align=right>
        <a href="registration.html">
          <img src="../../Images/login/login_02.jpg"
                          width="126" height="26"/>
        </a>
      </p>
      <input type="image" src="../../Images/버튼/bt_ok.gif">
      <a href = "login.html">
        <img src="../../Images/버튼/bt_cancel.gif" />
      </a>
    </form>
    </body>
</html>
```

| 표 7.14 | 사용자 정보 확인 페이지(login.asp)

```
<!--#include file="../../dbopen.asp" -->
<%
   m_id = request("m_id")
   m_pass = request("m_pwd")

   sqlCheck = "select sNo, sID, sPwd from member where sID= '"& m_id
&"'"
   set rsCheck = DB.Execute(sqlCheck)
%>

<html><body>
      <p>
        <img src="../../Images/공통이미지/logo.gif"/>
        <img src="../../Images/공통이미지/top_text.gif"/>
        <img src="../../Images/LogIn/login_main.jpg"/>
      </p>

<% if rsCheck.EOF or rsCheck.BOF then %>
    <p>ID를 다시 입력해 주세요         </p>
    <p align=right>
    <a href = "login.html">
      <img src="../../Images/버튼/bt_ok.gif"/>
    </a>
    </p>

<% Elseif rsCheck("sPwd") <> m_pass Then %>
    <p>비밀번호가 틀렸습니다. 다시 입력해 주세요.         </p>
    <p align=right>
    <a href = "login.html">
      <img src="../../Images/버튼/bt_ok.gif"/>
    </a>
    </p>

<% Else %>
      <p>로그인되었습니다.</p>
      <p align=right>
      <a href = "../main.html">
        <img src="../../Images/버튼/bt_ok.gif"/>
      </a>
      </p>
<%End if%>
</body></html>
<%
    rsCheck.close
    Set rsCheck=nothing
    DB.Close
    Set DB = Nothing
%>
```

(2) 회원가입 페이지

회원가입은 로그인에서 아이디와 패스워드를 입력하는 방법과 게시판에서 글을 작성하는 방법을 혼용한 형태이다. 여기서도 개인 정보 보호를 위하여 다음 페이지로의 데이터 전송을 위하여 post 방식을 사용하였다.

| 표 7.15 | 회원가입 등록(registOK.asp)

```
<html>
    <body bgcolor="" background>
      <img src="../../Images/공통이미지/logo.gif" width="112"
                     height="31"/>
      <img src="../../Images/공통이미지/top_text.gif" width="85"
                     height="31"/>
      <br/>
      <p align="left">
        <img src="../../Images/회원가입/top_visual_join.gif" />
      </p>
      <form method="post" action="registok.asp">
      <img src="../../Images/회원가입/join_txt01.gif" />
      <input name = "name" type="text"/>
      <img src="../../Images/회원가입/join_txt02.gif" />
      <input name = "ID" type="text"/>
      <img src="../../Images/회원가입/join_txt03.gif" />
      <input name = "pwd" type="text"/>
      <img src="../../Images/회원가입/join_txt04.gif" />
      <input name = "conpwd" type="text"/>
      <img src="../../Images/회원가입/join_txt05.gif" />
      <input name = "serial" type="text"/>
      <img src="../../Images/회원가입/join_txt06.gif" />
      <input name = "email" type="text"/>
      <br/>
      <p align=right>
        <input type="image" src="../../Images/버튼/bt_ok.gif"/>
        <a href="registration.html">
          <img src="../../Images/버튼/bt_cancel.gif" />
        </a>
      </p>
      </form>
    </body>
</html>
```

| 표 7.16 | 회원 추가 페이지(registOK.asp)

```
<!--#include file="../../dbopen.asp" -->
<%

    name = request("name")
    ID = request("ID")
    pwd = request("pwd")
    conpwd = request("conpwd")
    serial = request("serial")
    email = request("email")

    sqlMaxMno = "select max(sNo) from member"
    Set rsMaxMno = DB.Execute(sqlMaxMno)

    If IsNULL(rsMaxMno(0))Then
      m_no = 1
    Else
      m_no = rsMaxMno(0) + 1
    End IF

    sqlCheck = "select sNo, sID, sNumber from member" &_
        " where sID= '"& ID &"'" &_
        " or sNumber = '"& serial &"'"
    set rsCheck = DB.Execute(sqlCheck)

%>

<html><body>
<% if rsCheck.EOF or rsCheck.BOF then %>
      <p>
        <img src="../../Images/공통이미지/logo.gif"/>
        <img src="../../Images/공통이미지/top_text.gif"/>
        <img src="../../Images/회원가입/top_visual_join.gif"/>
      </p>
      <p>
        <% =name %>님 어서오세요 <br/>
        회원가입을 축하드립니다
      </p>
      <p align=right>
      <a href = "../main.html">
        <img src="../../Images/버튼/bt_ok.gif"/>
      </a>
      </p>
<% else %>
      <p>
        <img src="../../Images/공통이미지/logo.gif"/>
        <img src="../../Images/공통이미지/top_text.gif"/>
        <img src="../../Images/회원가입/top_visual_join.gif"/>
      </p>
```

```
        <p>
          이미 가입된 ID입니다. 재입력해 주세요.
        </p>
        <a href = "registration.html">
          <img src="../../Images/버튼/bt_ok.gif"/>
        </a>

<%  end if %>

</body></html>

<%

    rsMaxMno.close
    Set rsMaxMno=nothing
    rsCheck.close
    Set rsCheck=nothing

    DB.Close
    Set DB = Nothing
%>
```

CHAPTER 08

8 xHTML을 이용한 모바일 페이지 작성하기

8.1 xHTML이란?

xHTML은 eXtensible Hyper Text Markup Language의 약자로서 HTML에 기반한 것이며, XML의 원칙들을 만족한다. xHTML은 HTML의 어휘와 XML의 문법을 사용하는 하나의 언어이다. xHTML의 태그와 요소들은 HTML의 것들과 동일하며 XML의 문법을 사용하기 때문에 모든 XML 사용자 에이전트들에 의해 표시 또는 해석될 수 있다.

8.2 정적 콘텐츠를 포함하는 페이지 만들기

8.2.1 xHTML에서 텍스트 표현하기

xHTML은 문자를 표현하기 위해 <p> 태그를 사용한다. <p>를 사용하여 문단을 구성하며, <p>가 존재하지 않고 문자열을 사용하게 되면 에러를 발생시킨다. 단락을 구분하는 것은 줄을 바꾼다는 의미 이외에 서식을 구분한다는 의미도 있다.

| 표 8.1 | <p> 태그 속성

속성명	형식	설명
align	left, center, right	left : p태그 내의 모든 내용을 왼쪽 배열한다(기본값). center : p태그 내의 모든 내용을 가운데 배열한다. right : p태그 내의 모든 내용을 오른쪽 배열한다.
mode	wrap, nowrap	wrap : p태그 내의 긴 내용을 자동으로 개행하여 화면상에 표시한다. nowrap : p태그 내의 문장이 휴대폰 가로 사이즈보다 긴 경우 scroll을 설정한다.
사용예	<p align="…" mode="…"> …….. </p>	

```
<?xml version="1.0" encoding="euc-kr"?>
<!DOCTYPE wml PUBLIC "-//W3C//DTD XHTML 1.0 Transitional//EN"
  "http://www.w3.org/TR/xhtml1/DTD/xhtml1-transitional.dtd">
<html xmlns="http://www.w3.org/1999/xhtml" xml:Lang="en" Lang="en">>
    <body>
    <p align="center">
      영 화 : 디워 <br/>
      장 르 : 액션<br/>
    </p>
    </body>
</html>
```

<p> 태그를 사용하여 텍스트를 나타낼 때 추가적으로 문자의 모양을 설정할 수 있다.

| 표 8.1 | 글자체를 갖고 있는 태그들

종 류	태그 종류	설 명	비 고
이탤릭체	<em></em>	굵은 이탤릭체로 보여준다.	글자 관련 태그는 반영되지 않는 휴대폰 기종이 상당수 있다. 사용하더라도 에러는 없으므로 정상적으로 적용되는 폰을 위해 사용하는 것은 무방하다.
	<i></i>	이탤릭체로 보여준다.	
굵은체	<strong></strong> <b></b>	굵은체로 보여준다.	
밑줄	<u></u>	밑줄 글자체로 보여준다.	
조금 크게	<big></big>	글자를 조금 크게 보여준다.	
조금 작게	<small></small>	글자를 조금 작게 보여준다.	

8.2.2 xHTML에서 이미지 표현하기

<img> 태그는 단말기 화면상에 그림을 출력하는데 사용된다. 이미지는 모바일 단말기의 브라우저 환경에 따라 표현할 수 있는 이미지의 질적 수준이 달라진다. 예를 들어, 352*288의 JPG 이미지가 있을 때 단말기의 브라우저 크기가 240*320이라면 이미지가 잘려 보일 수 있다. 뿐만 아니라, 단말기에서 지원되는 이미지 포맷에 따라 제한적으로 표현될 수도 있다. <img> 태그는 src 속성을 이용하여 표현할 이미지 경로를 지정하며, alt 속성을 사용하여 단말기에 이미지가 표현되지 않을 때 텍스트를 입력한다.

| 표 8.3 | <img> 태그 속성

구 분	형식	설 명
alt	CDATA"	그림 대신 사용될 글자를 지정한다. 만약 이미지가 표현될 수 없다면 alt에서 지정한 글자가 사용된다.
src	URI	이미지를 위한 URI를 규정한다. 브라우저가 이미지를 지원한다면 src 속성에서 규정한 URI에서 이미지를 다운로드 받아 브라우저에 보여준다.
localsrc	CDATA	이미지를 위한 내부 대안으로 사용된다. 즉, localsrc에서 지정된 그림이 존재하면 사용되고, 존재하지 않으면 src에서 규정된 URI에서 이미지를 다운로드 받는다.
vspace	CDATA	이미지가 삽입될 때의 상, 하 여백을 설정한다. 기본값은 0이다.
hspace	CDATA	이미지가 삽입될 때의 좌, 우 여백을 설정한다. 기본값은 0이다.
align	top, middle, bottom	text flow 안에서 이미지의 정렬을 지정한다. 기본값은 bottom
height	CDATA	이미지의 세로 크기를 지정한다.
width	CDATA	이미지의 가로 크기를 지정한다.
사용예	<img alt="…" src="…" height="…"width="…"/>	

```
<?xml version="1.0" encoding="euc-kr"?>
<!DOCTYPE wml PUBLIC "-//W3C//DTD XHTML 1.0 Transitional//EN"
  "http://www.w3.org/TR/xhtml1/DTD/xhtml1-transitional.dtd">
<html xmlns="http://www.w3.org/1999/xhtml" xml:Lang="en" Lang="en">>
    <body>
    <p align="center">
          <img  src="../images/wedding.jpg"/alt="웨딩사진"/>
    </p>
    </body>
</html>
```

8.2.3 하이퍼링크 만들기

하이퍼링크는 <a> 태그를 사용하여 링크를 설정한다.

| 표 8.4 | <a> 태그 속성

구 분	형식	설 명
href	URL	URL을 지정한다. 상대 경로 또는 절대 경로로 표시한다. 전화 걸기 기능을 사용할 때는 "wtai://wp/mc;01XXXXXX"를 사용
title	CDATA	링크를 나타내주는 소프트 키에 표시될 문자(선택, 확인, 이동 등)이다. 6자 이내로 작성해야 한다.
accesskey	CDATA	숫자 버튼으로 링크를 선택할 수 있도록 한다.
사용예	<a href="…" title="…"> …… </a>	

```
<?xml version="1.0" encoding="euc-kr"?>
<!DOCTYPE wml PUBLIC "-//W3C//DTD XHTML 1.0 Transitional//EN"
  "http://www.w3.org/TR/xhtml1/DTD/xhtml1-transitional.dtd">
<html xmlns="http://www.w3.org/1999/xhtml" xml:Lang="en" Lang="en">>
    <body>
    <p align="center">
            <a href="Contact.xhtml">
              <img src="../images/wedding.jpg"/alt="웨딩사진"/>
            </a>
    </p>
    </body>
</html>
```

8.2.4 모바일 페이지 만들기

(1) 모바일 페이지 예제 1

xHTML을 이용하여 다음과 같은 모바일 페이지를 만들려고 한다. 이 모바일 페이지는 이미지와 텍스트로 구성되어 있으며 하이퍼링크를 가지고 있다. 또한 모바일의 특성상 핸드폰의 숫자 버튼을 이용하여 링크로 이동하는 기능도 가지고 있다.

| 그림 8.1 | 연구실 메인 모바일 페이지

| 표 8.5 | 연구실 메인 모바일 페이지에 대한 소스 파일

```
<?xml version="1.0" encoding="euc-kr"?>
<!DOCTYPE html PUBLIC "-//W3C//DTD XHTML 1.0 Transitional//EN"
 "http://www.w3.org/TR/xhtml1/DTD/xhtml1-transitional.dtd">

<html xmlns="http://www.w3.org/1999/xhtml" xml:Lang="en" Lang="en">
   <body>
   <p>
      <img src="../images/공통이미지/logo.gif" width="112" height="31"/>
      <img src="../images/버튼/bt_login.gif" width="70" height="21"/>
   </p>
   <p align="left">
      <img src="../images/메인/main_01.jpg" width="240" height="93"/>
   </p>
   <p align="left">
      <img src="../images/메인/main_02.jpg" width="240" height="30"/>
   </p>
   <p>
      <a href="notice.xhtml">
      <img src="../images/버튼/bt_notice_o.gif" width="70" height="21"/>
</a>
      <a href="survey1.xhtml">
      <img src="../images/버튼/bt_research.gif" width="70" height="21"/>
</a>
      <a href="question.xhtml">
      <img src="../images/버튼/bt_faq.gif" width="70" height="21"/> </a>
   </p>
```

```
  <p>
    <a href="Contact.xhtml">
    <img src="../images/버튼/bt_cantact.gif" width="70" height="21"/>
</a>
    <a href="SiteMap.xhtml">
    <img src="../images/버튼/bt_sitemap.gif" width="70" height="21"/>
</a>
    <a href="search.xhtml">
    <img src="../images/버튼/bt_search.gif" width="70" height="21"/>
</a>
  </p>
  <p align="left"> 연구실소개 </p>
  <p>
    <a href="medialab.xhtml">
    <img src="../images/메인/main_icon_01.jpg" width="116"
                height="65"/> </a>
    <a href="grad_introduction.xhtml">
    <img src="../images/메인/main_icon_02.jpg" width="123"
                height="65"/> </a>
  </p>
  <p>
    <img src="../images/메인/main_icon_03.jpg" width="126"
                height="76"/>
    <img src="../images/메인/main_icon_04.jpg" width="112"
                height="76"/>
  </p>
  <p>
    <a href="freeboard3.xhtml">
    <img src="../images/메인/icon_05.gif" width="121" height="65"/>
</a>
    <a href="visitors.xhtml">
    <img src="../images/메인/icon_06.gif" width="119" height="65"/>
</a>
  </p>
 </body>
</html>
```

표 8.5는 그림 8.1의 연구실 메인 모바일 페이지를 구성한 xHTML 페이지이다. 이 모바일 페이지는 단순한 이미지와 텍스트로만 구성되어 있는 정적인 페이지이다. 텍스트는 위에서 설명한 바와 같이 <P> 태그로 표시되며 객체의 정렬은 <p> 태그의 align 속성을 이용하여 표현하고 있다. 이미지는 img 태그를 이용하여 표현하고 있으며 하이퍼링크는 <a> 태그를 사용한다.

(2) 모바일 페이지 예제 2

이미지와 텍스트로 구성된 또 다른 모바일 페이지를 만들어 보자. 다음 그림과 같은 미디어 연구실 폰 페이지를 만들어 보기로 한다.

| 그림 8.2 | 연구실 소개 모바일 페이지

| 표 8.6 | 연구실 소개 모바일 페이지에 대한 소스 파일

```
<?xml version="1.0" encoding="euc-kr"?>
<!DOCTYPE html PUBLIC "-//W3C//DTD XHTML 1.0 Transitional//EN"
  "http://www.w3.org/TR/xhtml1/DTD/xhtml1-transitional.dtd">

<html xmlns="http://www.w3.org/1999/xhtml" xml:Lang="en" Lang="en">
  <body bgcolor="" background>
    <p>
      <img src="../Images/공통이미지/logo.gif" width="112" height="31"/>
      <img src="../Images/공통이미지/top_text.gif" width="85"
                height="31"/>
    </p>
    <p align="left">   1. 연구실 소개     </p>
    <p align="left">
      <img src="../Images/medialab/sub_01.gif" width="229"
                height="47"/>
    </p>
    <p align="left">
      멀티미디어 연구실은...

      미디어 연구실은 숭실대학교 정보과학
      대학 소속으로 최상의 컴퓨터와
      네트웍 시대에 주역으로 쓰일 사람들이
      모인 연구실 입니다.
```

```
    </p>
<p align="left">
      <img src="../Images/medialab/intro_photo-1.jpg" width="200"
                height="147"/>
    </p>
  </body>
</html>
```

표 8.6은 그림 8.2의 연구실 소개 모바일 페이지에 대한 xHTML 페이지이다. mHTML과 거의 유사한 구조를 가지고 있으므로 자세한 내용은 mHTML을 참고한다.

위에서 보여준 두 개의 예제는 xHTML 마크업 언어를 이용하여 정적인 페이지를 구성하는 예제를 보여주고 있다. 정적인 객체로 이루어진 페이지는 모바일 웹 페이지의 한 부분일 뿐이다. 모바일 웹 페이지에서의 데이터베이스 연결과 같은 동적인 부분에 관한 내용은 아래에서 다루기로 한다.

8.3 동적 콘텐츠를 포함하는 페이지 만들기

xHTML은 HTML이 차세대 언어인 XML로 가기 위하여 HTML을 XML 포맷에 맞도록 재구성한 언어라고 할 수 있다. 즉, HTML과 XML의 장점을 결합하여 만들어졌지만 xHTML의 태그나 요소들은 몇 가지를 제외하고는 HTML과 동일하다. 따라서 xHTML을 사용하기 위한 콘텐트 타입을 제외하고는 mHTML에 기술된 내용과 같다. 자세한 설명은 mHTML을 참고하기 바란다.

8.3.1 게시판 페이지 만들기

표 8.7은 작성하고자 하는 페이지들과 그에 대한 파일명을 나타낸다.

xHTML을 이용하여 모바일 페이지를 작성하기 위해서는 xHTML 문서 내에 다음과 같은 콘텐트 타입을 설정해 주어야 한다. 타입에 "xml"이 작성되어 있는데 이는 xHTML은 HTML에 기반한 웹 표현 언어이지만 XML를 개정한 것이기 때문이다.

```
<?xml version="1.0" encoding="UTF-8"?>
<html xmlns="http://www.w3.org/1999/xhtml" xml:lang="en">
```

ASP에서 xHTML을 기술하기 위해서는 다음과 같은 타입을 명시해 주어야 한다.

```
< meta http-equiv="Content-Type" content="text/html; charset=euc-kr"/>
```

이는 ASP 소스이므로 ASP의 시작과 끝을 알리는 "<%"과 "%>"사이에 위치하여야 한다.

| 표 8.7 | 게시판 페이지들

목록보기	글보기	글삭제	글쓰기
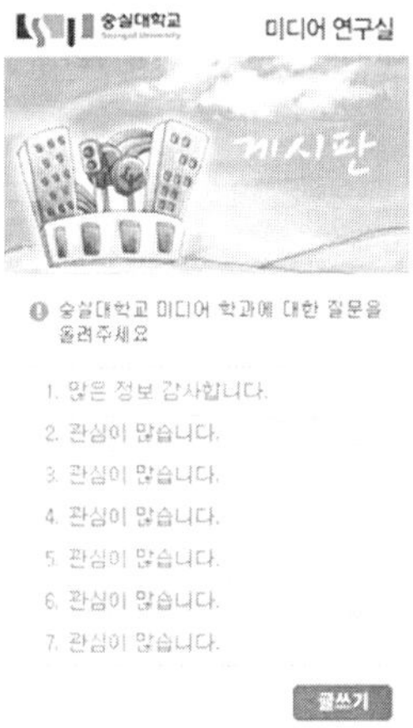	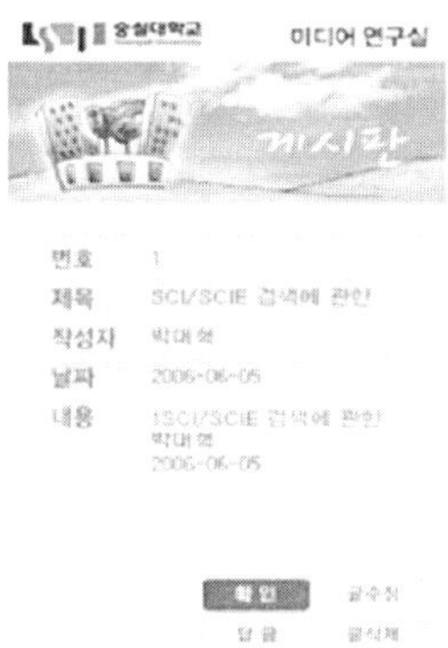		
list.asp	content.asp	delete.asp	freeboard1.wml

(1) 글 목록 페이지 만들기

다음 표는 글 목록 보기를 위한 asp 소스 파일이다.

| 표 8.8 | 글 목록 보기(list.asp)

```
<!--#include file="../../dbopen.asp" -->

<%
  <meta          http-equiv="Content-Type"          contnet\"text/html;
charset=KS_C_5601-1987">
      if request("page")="" then                   page=1
      else                              page=request("page")
      end If

    SQL = "SELECT * FROM board ORDER BY sDate DESC "
```

```
    Set rs = Server.CreateObject("ADODB.Recordset")

    rs.Source = SQL
    rs.CursorLocation =3
    rs.CursorType = 0
    rs.LockType = 1
    rs.Open SQL, DB, 1

    response.write "<html><body>"
    if rs.BOF or rs.EOF then        '데이터가 없을 경우 수행할 부분

%>
      <p align="center">
        <img src="../../Images/공통이미지/logo.gif"/>
        <img src="../../Images/공통이미지/top_text.gif"/>
      </p>
      <p align="center">
        <img src="../../Images/게시판/top_visual.gif"/>
        게시판에 글이 없습니다.
      </p>

<%
    else
    '데이터가 있을 경우 수행할 부분

      rs.PageSize = 3
      totalpage = rs.pagecount

      page = cint(page)
      totalpage = cint(totalpage)

      rs.absolutepage = page

%>
      <p align="center">
        <img src="../../Images/공통이미지/logo.gif"/>
        <img src="../../Images/공통이미지/top_text.gif"/>
      </p>
      <p align="center">
        <img src="../../Images/게시판/top_visual.gif"/>
      </p>
<%
      i = 1
      Do until rs.EOF Or i>=rs.PageSize  '제목의 loop
%>
      <a href="content.asp?sNo=<%=rs("sNo")%>" >  <%=rs("sTitle")%>
            </a> </br>
<%
      rs.MoveNext
      i=i+1
```

```
    loop
      '제목의 loop

    if page < totalpage then
   '마지막 페이지가 아니면
      response.write "<a href='list.asp?page=" & page+1 & " '>
                          다음 페이지로</a>"
    end if

    if page > 1 then
      ' 첫 번째 페이지가 아니면
      response.write "<a href='list.asp?page=" & page-1 & " '>
                          이전 페이지로</a>"
    end if
%>
    <p align="center">
      <b>Page </b>[ <%=page%>/<%=totalpage%>]
    </p>

    <p>
      <a href="freeboard1.html">
        <img src="../../Images/버튼/bt_write.gif"/>
      </a>
    </p>
    <p>
      <a href="Contact.html">
        <img src="../../Images/버튼/bt_cantact.gif"/>
      </a>
      <a href="SiteMap.html">
        <img src="../../Images/버튼/bt_sitemap.gif"/>
      </a>
      <a href="search.html">
        <img src="../../Images/LogIn/bt_search.gif"/>
      </a>
    </p>
<%
   end if                              'if 문의 종료

    response.write "</body></html>"
   rs.Close
   db.Close
   Set rs = Nothing
   Set db = Nothing

%>
```

(2) 글보기 페이지 만들기

다음 표는 글보기 페이지에 대한 전체 ASP 소스이다.

| 표 8.9 | 글보기 (content.asp)

```
<!--#include file="../../dbopen.asp" -->

<%
<meta http-equiv="Content-Type" contnet\"text/html;
                    charset=KS_C_5601-1987">
    sNo = request("sNo")

    sqlContent = "SELECT * FROM board where sNo =" & sNo

    Set rsContent = Server.CreateObject("ADODB.Recordset")
    rsContent.Open sqlContent,db


    response.write "<html><body>"

    btext = rsContent("sContent")
    btext = replace(btext,chr(13) & chr(10),"<br/>")
    btext = replace(btext,"chr(124)_pipe","|")

%>
    <p>
      <img src="../../Images/공통이미지/logo.gif"/>
      <img src="../../Images/공통이미지/top_text.gif"/>
      <img src="../../Images/게시판/top_visual.gif"/>
    </p>
    <p>
      <img src="../../Images/게시판/read_txt01.gif"/>
      <%=rsContent("sNo")%>
    </p>
    <p>
      <img src="../../Images/게시판/read_txt02.gif"/>
      <%=rsContent("sTitle")%>
    </p>
    <p>
      <img src="../../Images/게시판/read_txt03.gif"/>
      <%=rsContent("sAuthor")%>
    </p>
<p>
      <img src="../../Images/게시판/read_txt04.gif"/>
      <%=rsContent("sDate")%>
    </p>
    <p>
      <img src="../../Images/게시판/read_txt05.gif"/>
```

```
      <%=btext%>
    </p>
    <p>
      <a href="list.asp">
        <img src="../../Images/버튼/bt_ok.gif"/>
      </a>
      <img src="../../Images/버튼/bt_modify.gif"/>
    </p>
    <p>
      <img src="../../Images/버튼/bt_reply.gif"/>
      <a href="delete.asp?sNo=<%=rsContent("sNo")%>">
        <img src="../../Images/버튼/bt_delete.gif"/>
      </a>
    </p>

<%
    response.write "</body></html>"
   rsContent.Close
   db.Close
   Set rsContent = Nothing
   Set db = Nothing

%>
```

(3) 글삭제 페이지 만들기

글삭제에 대한 ASP 소스는 다음과 같다.

| 표 8.10 | 글삭제(delete.asp)

```
<!--#include file="../../dbopen.asp" -->
<%
<meta http-equiv="Content-Type" contnet\"text/html;
                    charset=KS_C_5601-1987">
    sNo = request("sNo")
    SQL = "Delete  from board where sNo = " & sNo
     db.execute SQL

 %>
<wml>
    <p>
      <img src="../../Images/공통이미지/logo.gif"/>
      <img src="../../Images/공통이미지/top_text.gif"/>
      <img src="../../Images/게시판/top_visual.gif"/>
    </p>
```

```
    <p>
      <img src="../../Images/공통이미지/icon_point.gif"/>
    </p>
    <p>
      <%=sNo%>번째 글이 삭제되었습니다.
    </p>
    <p align="right">
      <a href="list.asp">
        <img src="../../Images/버튼/bt_ok.gif"/>
      </a>
    </p>
    </card>
</wml>

<%
   db.Close

   Set pass = Nothing
   Set db = Nothing

%>
```

(4) 글쓰기 페이지 만들기

다음 표는 표 8.11의 글쓰기 페이지를 작성한 xHTML 파일이다.

| 표 8.11 | 글쓰기 페이지(freeboard1.html)

```
<html>
    <body>
      <p>
        <img src="../../Images/공통이미지/logo.gif"/>
        <img src="../../Images/공통이미지/top_text.gif"/>
      </p>
      <p align="left">
        <img src="../../Images/게시판/top_visual.gif"/>
      </p>
      <form method="post" action="write.asp">
      <p>
        <img src="../../Images/게시판/read_txt02.gif"/>
        <input name="title" type="text"/>
      </p>
      <p>
        <img src="../../Images/게시판/read_txt03.gif"/>
        <input name="author"/>
      </p>
```

```
    <p>
      <img src="../../Images/게시판/read_txt04.gif"/>
      <input name="date"/>
    </p>
    <p>
      <img src="../../Images/게시판/read_txt05.gif"/>
      <input name="content" size="50"/>
    </p>
    <p>
      <input type="image" src="../../Images/버튼/bt_ok.gif"/>
      </a>
      <a href="freeboard1.html">
        <img src="../../Images/버튼/bt_cancel.gif"/>
      </a>
    </form>
    </p>
    </body>
</html>
```

| 표 8.12 | 글쓰기 등록 페이지(writeOK.asp)

```
<!--#include file="../../dbopen.asp" -->

<%
 <meta http-equiv="Content-Type" contnet\"text/html;
                    charset=KS_C_5601-1987">
   btitle = request("title")
   bauthor = request("author")
   bdate = Date()
   bcontent = request("content")

   btitle = replace(btitle,"'","''")
   btext = replace(bcontent,"'","''")
   btext = replace(bcontent,"|","chr(124)_pipe")

   sqlMaxNo = "select max(sNo) from board"
   Set rsMaxNo = DB.Execute(sqlMaxNo)

   If IsNull(rsMaxNo(0)) Then          No = 1
   Else                                No = rsMaxNo(0) +1
   End If

    SQL = "INSERT INTO board (sNo, sTitle,sAuthor,sDate," & _
                            " sContent) VALUES " & _
                            "('" & No & "'" & _
                            ",'" & btitle & "'" & _
                            ",'" & bauthor & "'" & _
                                        ",'" & bdate & "'"  & _
```

```
                                              "','" & bcontent & "')"
    DB.Execute SQL

     DB.close

     Set DB = Nothing
    Response.redirect "list.asp"
%>
```

8.3.2 로그인 페이지 만들기

| 표 8.13 | 로그인과 회원가입 페이지

로그인

login.wml

회원가입

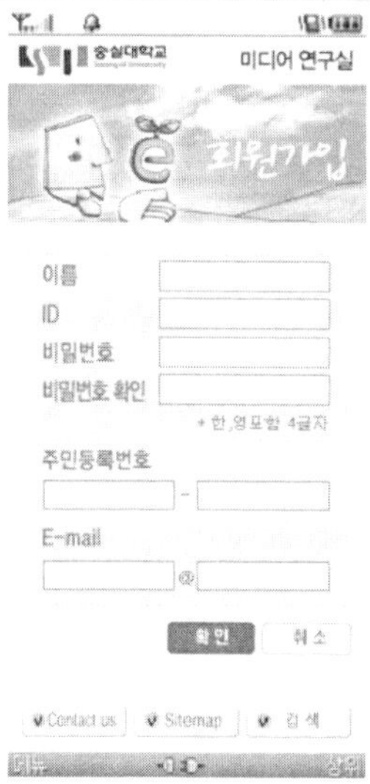

registration.wml

(1) 로그인 페이지

표 8.14는 모바일 사용자로부터 아이디와 패스워드를 입력받기 위한 xHTML 소스이며 표 8.15는 입력된 데이터를 "member" 테이블에서 검색하여 인증과정을 거치는 asp 파일이다.

| 표 8.14 | 로그인 페이지(login.html)

```
<html>
    <body bgcolor="" background>
    <p>
      <img src="../../Images/공통이미지/logo.gif" width="112"
                height="31"/>
      <img src="../../Images/공통이미지/top_text.gif" width="85"
                height="31"/>
      <img src="../../Images/LogIn/login_main.jpg" width="240"
                height="124"/>
    </p>
    <p>
      <img src="../../Images/공통이미지/icon_point.gif" width="12"
                height="12"/>
      숭실대학교 미디어학과 게시판에 글을 올리기 위해서는 회원 로그인이 필요합니다
    </p>
    <FORM METHOD="POST" ACTION="loginok.asp" >
      <p>
        <img src="../../Images/회원가입/text_id.gif" width="72"
                  height="25"/>
        <input name = "m_id" type="text"/>
      </p>
      <p>
        <img src="../../Images/회원가입/text_pw.gif" width="72"
                  height="25"/>
        <input name = "m_pwd" type="password"/>
      </p>
      <p align=right>
        <a href="registration.html">
          <img src="../../Images/login/login_02.jpg" width="126"
                    height="26"/>
        </a>
      </p>
      <input type="image" src="../../Images/버튼/bt_ok.gif">

      <a href = "login.html">
        <img src="../../Images/버튼/bt_cancel.gif" />
      </a>
    </form>
    </body>
</html>
```

| 표 8.15 | 인증 페이지(loginOK.asp)

```
<!--#include file="../../dbopen.asp" -->
<%
   m_id = request("m_id")
   m_pass = request("m_pwd")

   sqlCheck = "select sNo, sID, sPwd from member where sID
                 = '"& m_id &"'"
   set rsCheck = DB.Execute(sqlCheck)
%>

<html><body>
      <p>
        <img src="../../Images/공통이미지/logo.gif"/>
        <img src="../../Images/공통이미지/top_text.gif"/>
        <img src="../../Images/LogIn/login_main.jpg"/>
      </p>

<% if rsCheck.EOF or rsCheck.BOF then %>
    <p>ID를 다시 입력해 주세요          </p>
    <p align=right>
    <a href = "login.html">
      <img src="../../Images/버튼/bt_ok.gif"/>
    </a>
    </p>

<% Elseif rsCheck("sPwd") <> m_pass Then %>
    <p>비밀번호가 틀렸습니다. 다시 입력해 주세요.          </p>
    <p align=right>
    <a href = "login.html">
      <img src="../../Images/버튼/bt_ok.gif"/>
    </a>
    </p>

<% Else %>
      <p>로그인되었습니다.</p>
      <p align=right>
      <a href = "../main.html">
        <img src="../../Images/버튼/bt_ok.gif"/>
      </a>
      </p>
<%End if%>
</body></html>
<%
    rsCheck.close
    Set rsCheck=nothing
    DB.Close
    Set DB = Nothing
%>
```

(2) 회원가입 페이지

표 8.16은 사용자로부터 테이블에 삽입한 개인정보를 입력하는 xHTML 파일이며 표 8.20은 입력된 정보를 테이블에 등록하는 asp 파일이다.

| 표 8.16 | 회원가입 페이지 (registration.html)

```
<html>
    <body bgcolor="" background>
      <img src="../../Images/공통이미지/logo.gif" width="112"
              height="31"/>
      <img src="../../Images/공통이미지/top_text.gif" width="85"
              height="31"/>
      <br/>
      <p align="left">
        <img src="../../Images/회원가입/top_visual_join.gif" />
      </p>
      <form method="post" action="registok.asp">
      <img src="../../Images/회원가입/join_txt01.gif" />
      <input name = "name" type="text"/>
      <img src="../../Images/회원가입/join_txt02.gif" />
      <input name = "ID" type="text"/>
      <img src="../../Images/회원가입/join_txt03.gif" />
      <input name = "pwd" type="text"/>
      <img src="../../Images/회원가입/join_txt04.gif" />
      <input name = "conpwd" type="text"/>
      <img src="../../Images/회원가입/join_txt05.gif" />
      <input name = "serial" type="text"/>
      <img src="../../Images/회원가입/join_txt06.gif" />
      <input name = "email" type="text"/>
      <br/>
      <p align=right>
        <input type="image" src="../../Images/버튼/bt_ok.gif"/>
        <a href="registration.html">
          <img src="../../Images/버튼/bt_cancel.gif" />
        </a>
      </p>
      </form>
    </body>
</html>
```

| 표 8.17 | 회원 등록 페이지(registok.asp)

```
<!--#include file="../../dbopen.asp" -->
<%

    name = request("name")
    ID = request("ID")
    pwd = request("pwd")
    conpwd = request("conpwd")
    serial = request("serial")
    email = request("email")

    sqlMaxMno = "select max(sNo) from member"
    Set rsMaxMno = DB.Execute(sqlMaxMno)

    If IsNULL(rsMaxMno(0))Then
      m_no = 1
    Else
      m_no = rsMaxMno(0) + 1
    End IF

    sqlCheck = "select sNo, sID, sNumber from member" &_
        " where sID= '"& ID &"'" &_
        " or sNumber = '"& serial &"'"
    set rsCheck = DB.Execute(sqlCheck)

%>
<html><body>
<% if rsCheck.EOF or rsCheck.BOF then %>
      <p>
        <img src="../../Images/공통이미지/logo.gif"/>
        <img src="../../Images/공통이미지/top_text.gif"/>
        <img src="../../Images/회원가입/top_visual_join.gif"/>
      </p>
      <p>
        <% =name %>님 어서 오세요 <br/>
        회원 가입을 축하드립니다
      </p>
      <p align=right>
      <a href = "../main.html">
        <img src="../../Images/버튼/bt_ok.gif"/>
      </a>
      </p>
<% else %>
      <p>
        <img src="../../Images/공통이미지/logo.gif"/>
        <img src="../../Images/공통이미지/top_text.gif"/>
        <img src="../../Images/회원가입/top_visual_join.gif"/>
      </p>
```

```
        <p>
          이미 가입된 ID입니다. 재입력해 주세요.
        </p>
        <a href = "registration.html">
          <img src="../../Images/버튼/bt_ok.gif"/>
        </a>

<% end if %>

</body></html>

<%
    rsMaxMno.close
    Set rsMaxMno=nothing
    rsCheck.close
    Set rsCheck=nothing

    DB.Close
    Set DB = Nothing
%>
```

8.4 이미지 맵이 적용된 페이지 만들기

8.4.1 xHTML에서 이미지 맵의 정의

웹 페이지 개발에서 이미지 맵(ImageMap)은 사용자가 이미지의 어떤 부분을 클릭하면 미리 정의된 다른 위치로 이동할 수 있도록 연결된 그래픽 이미지를 말한다. 이미지 맵은 클릭할 영역을 X와 Y 좌표의 형태로 정의하며, 각 좌표 셋에는 사용자가 그 영역을 클릭 했을 때 옮겨가게 될 URL 주소를 정의한다.

| 표 8.18 | 이미지 맵 속성

속성	설 명
영역	이미지 맵 안의 개별 링크 영역을 표시한다.
도형	개별 영역이 가지는 모양을 의미한다. 원이나 다각형이 될 수 있으며 픽셀로 표시한다.
좌표	하나의 좌표 쌍 X, Y로 표현한다.

이미지 맵에서의 도형 중 원은 중심의 좌표 쌍과 반지름으로 정의된다. 이는 [원 중심의 X좌표], [원 중심의 Y좌표], [원의 반지름]으로 표현된다. 직사각형은 왼쪽 위 꼭짓점의 좌표 쌍과 오른쪽 아래 꼭짓점의 좌표 쌍으로 정의 되며 [왼쪽 위 X좌표], [왼쪽 위 Y좌표], [오른쪽 아래 X좌표], [오른쪽 아래 Y좌표]로 나타난다. 또한 다각형 영역은 쉼표로 분리된 각 꼭짓점의 좌표 쌍들로 정의된다. (예를 들면, X1, Y1, X2, Y2, X3, Y3, ...)

이미지 맵이 실제 어떤 형식으로 쓰이는지 살펴보자.

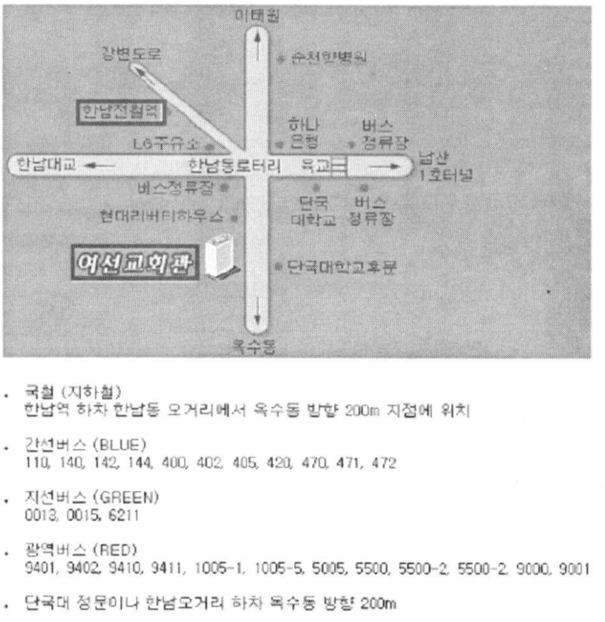

| 그림 8.3 | 지도 이미지

그림 8.3의 지도 이미지에 대하여 맵을 적용하여 '한남전철역', '여선교회관'을 표시하면 소스는 다음과 같다.

| 표 8.19 | 지도 이미지에 대한 맵 적용 소스 파일

```
<?xml version="1.0" encoding="euc-kr"?>
<!DOCTYPE html PUBLIC "-//W3C//DTD xHTML 1.0 Transitional//EN"
          "http://www.w3.org/TR.xhtml1/DTD/xhtml1-transitional.dtd">
 <html xmlns="http://www.w3.org/1999/xhtml" xml:lang="en" lang="en">
  <head>
   <title> image map test </title>
  </head>
```

```
  <body>
   <img src="map.jpg" alt="map" usemap="#map1"/>
    <map name="map1">
     <area shape="rect" coords="200,52,140,89" href="1.didl" alt=
                 "한남전철역"/>
     <area shape="rect" coords="180,105,280,132" href="2.didl" alt=
                 "여선교회관"/>
    </map>
  </body>
</html>
```

8.4.2 이미지 맵이 적용된 페이지

위에서 설명한 이미지 맵을 이용하여 모바일 페이지를 구성하여 보자. 실행시 결과는 그림 8.4와 같다. 편집하고자 하는 모바일 페이지는 이미지와 텍스트를 포함하고 사용자 입력을 받는 입력 창도 포함하고 있다. 이미지 맵은 이미지의 특정 영역에 링크를 설정할 수 있는 기능을 가지고 있지만 사용자 입력을 받을 수는 없다. 따라서 이와 같은 모바일 페이지를 이미지 맵으로 표현하기 위해서는 입력 창을 기준으로 두 개 부분으로 나뉘어서 이미지 맵을 적용하여야 한다. 자세한 이미지 맵을 포함하고 있는 xHTML 소스에 대해 알아보기로 하자.

| 그림 8.4 | 이미지 맵을 이용하여 특정 영역에 링크 설정

| 표 8.20 | 이미지 맵을 적용한 xHTML의 소스

```
<?xml version="1.0" encoding="euc-kr"?>
<!DOCTYPE html PUBLIC "-//W3C//DTD xHTML 1.0 Transitional//EN"
           "http://www.w3.org/TR/xhtml1/DTD/xhtml1-transitional.dtd">
<html xmlns="http://www.w3.org/1999/xhtml" xml:Lang="en" Lang="en">
  <body bgcolor=""background="255, 255, 255, 255">
    <div>
      <img src="./images/index_01.jpg" usemap="#0"/>
    </div>
    <p>
      <input type="text"/>
      <img src="./images/index_02.jpg"/>
    </p>
    <map name="1">
      <area shape="rect" coords="0,0,64,39" href="1.html" alt=""/>
      <area shape="rect" coords="20,0,82,39" href="1.html" alt=""/>
      <area shape="rect" coords="0,50,70,88" href="1.html" alt=""/>
      <area shape="rect" coords="19,50,89,90" href="1.html" alt=""/>
    </map>
    <div>
      <img src="./images/index_03.jpg" usemap="#1"/>
    </div>
   </body>
</html>
```

위의 모바일 페이지에 해당되는 xHTML 페이지는 표 8.9와 같이 표현될 수 있다. 이 소스는 이미지 맵을 표현하는 맵 소스와 입력을 받을 수 있는 입력 소스 및 단순 이미지 소스로 구성되어 있다. 이미지 맵을 사용하려면 이미지를 표현하는 이미지 태그의 속성으로 사용하려는 맵의 이름을 넣어줘야 한다. 이럴 경우 이미지 태그는 <div> </div> 태그의 하위 태그로 되어야 한다. 아닐 경우 모바일에서 이미지 맵이 적용되지 않는다. 맵은 맵의 이름과 이미지 내의 특정 영역의 정보를 표시하는 태그와 속성들로 구성되어야 한다.

최근에 출시한 핸드폰은 이미지 맵이 거의 다 적용되고 있지만 출시된 지 오래된 핸드폰은 이미지 맵이 적용되지 않을 수도 있다. 또한 핸드폰의 화면 사이즈가 작은 핸드폰도 이미지 맵이 적용되지 않는 경우가 있다.

PART 4

모든 휴대폰에 재생 가능한 모바일 웹 페이지 만들기

9 모든 휴대폰에 모바일 사이트를 재생하기 위한 서비스 환경 구축하기

9.1 모든 휴대폰에 모바일 사이트 재생시 유의점

무선 인터넷의 사용률 증가와 필요성을 인식하고 있는 과정에서 무선 인터넷을 효율적으로 서비스하기 위해서는 다음과 같은 몇 가지 문제점을 가지고 있다.

첫째, 모바일 웹 콘텐츠(페이지)를 구성하는 데 많은 유지보수 비용이 필요하다. 모바일 웹 서비스를 하기 위해서는 우선적으로 서비스될 웹 콘텐츠가 필요하다. 현재 유선망에서의 웹 콘텐츠 구성은 많은 제작 도구와 사례들에 의해서 시간이 흐를수록 쉽고 빠르게 제작되고 있다. 하지만 모바일 웹 서비스는 유선과 무선의 인터넷 서비스 방법이 다르기 때문에 기존에 제작되었던 웹 콘텐츠를 그대로 모바일 웹 서비스에 제공하기는 어렵다. 따라서 새롭게 모바일 웹 콘텐츠를 제작하거나 혹은 기존 유선 웹 콘텐츠를 이용하여 모바일 웹 콘텐츠를 제작하여야 한다. 하지만 모바일 웹 콘텐츠를 제작하는데 있어 기존에 존재하던 유선 웹 페이지의 활용 없이 새로운 모바일용 웹 콘텐츠를 제작하는 것은 많은 시간과 비용이 요구된다.

둘째, 모바일과 일반 PC의 하드웨어적인 환경 차이이다. 현재 PC의 사양은 풍부하지만 모바일 단말기는 협소한 메모리, CPU, 해상도 등을 갖고 있다. 따라서 유선 웹 콘텐츠를 모바일 단말기에 그대로 표현할 수 없다. 예를 들어, 유선망에서 보여질 수 있는 콘텐츠의 크기가 1024*768이라면 이동 단말기에서는 최대 128*160정도 밖에 되지 않기 때문에 유선 웹 콘텐츠를 모바일 단말기에 그대로 보내졌을 경우에는 이미지의 일부분만 보이거나 보이지 않을 것이다. 이와 더불어 모바일 단말기는 멀티미디어 데이터의 실시간 변환이 불가능하다. 모바일 단말기가 가지고 있는 협소한 하드웨어의 문제는 유선 콘텐츠에서 제공되는 여러 포맷의 멀티미디어 데이터를 이동 단말기에서는 전부 지원할 수 없다는 문제점을 야기한다. 다시 말하자면, 멀티미디어(이미지, 오디오, 애니메이션, 동영상 등)가 포함되어 있는 웹 사이트의 콘텐츠를 PDA나 휴대폰이 처리 가능한 멀티미디어로 변환하는 데는 처리 시간이 많이 소요되기 때문에 실시간 서비스가 불가능하다.

셋째, 모바일 웹 서비스를 위한 무선 마크업 언어는 다양하다. 일반 유선 웹 콘텐츠는 복수개의 멀티미디어 콘텐츠를 HTML(Hyper Text Makeup Language) 또는 XML (Extensible Markup Language)이라는 마크업 언어를 이용하여 풍부한 자원을 브라우저 상에 표현한다. 하지만 모바일 웹 콘텐츠는 무선 인터넷 플랫폼, 단말기 및 무선망들이 가지고 있는 고유한 기능들에 대한 다양성과 이질성에 따라 서로 다른 마크업 언어를 사용한다. 예를 들어, WAP 프로토콜을 사용하는 통신사에서는 WML, ME 프로토콜을 사용하는 통신사에서는 mHTML이라는 서로 다른 마크업 언어를 사용하고 있다. 현재 국내에서 사용되고 있는 마크업 언어로는 XML 계열의 WML, WML Script, xHTML이 있으며 HTML 계열로는 mHTML cHTML, s-HTML 등이 있다. 다음 그림 9.1은 현재 국내 이동통신사에서 제공되고 있는 마크업 언어를 표현한 것이다.

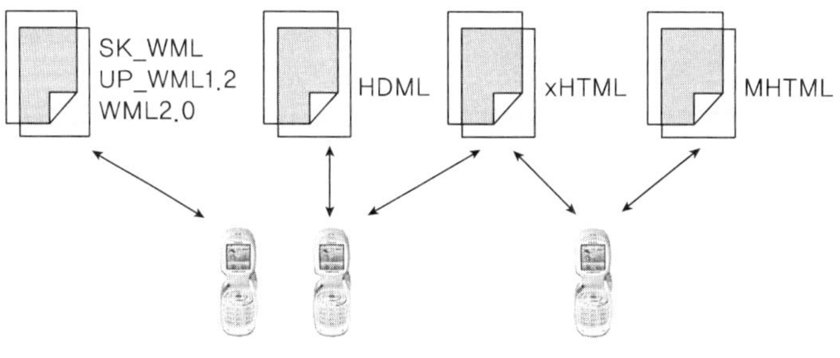

| 그림 9.1 | 국내 이동 통신사별 지원 마크업 언어

그림 9.1에서 보이는 바와 같이 비록 동일 회사에서 생산된 단말기라 할지라도 이동 통신사에 따라 서로 다른 마크업 언어를 지원하고 있다. 따라서 모바일 인터넷 서비스를 지원하기 위해서는 사용자가 가입되어 있는 통신사에서 지원하는 마크업 언어를 개별적 또는 별도로 생성하여 서비스해 주어야 한다.

넷째, 이동 단말기의 다양성과 관련하여 변환요구를 파악하는 것이 어렵다. 모바일 웹 서비스를 위해서는 모바일에 탑재된 웹 브라우저 환경에 의존해야 한다. 하지만 모바일 웹 브라우징의 환경은 매우 다양하다. 오늘날 웹 정보를 획득하기 위한 데스크톱 컴퓨터에서의 브라우징은 풍부한 사용자 인터페이스(디스플레이, 키보드 등)와 컴퓨팅 자원(CPU, 메모리, OS 등) 및 높은 대역폭의 네트워크를 사용함으로써 빠른 성장을 거듭해 왔다. 특히 넓은 디스플레이는 웹 상의 풍부한 콘텐츠를 브라우징함으로써 사용자에게 시각적으로 한 눈에 많은 정보를 담을 수 있도록 하였다. 반면, 급속하게 늘어나고 있는 모바일 인터넷 단말기는 이동성이라는 큰 특성을 포함하고 있기 때문에 일반 웹의 브라우징처럼 풍부한 웹 콘텐츠를 표현하는데 많은 제약이 따른다. 특히, 모바일 단말기의 협소한 자원(네트워크, 하드웨어적인 사양들)은 다양한 멀티미디어 콘텐츠를 표현하는데 어려움을 제공하고 있다. 예를 들어, 각 단말기의 디자인 혹은 특성에 따라 동일 콘텐츠를 표현하는 방법(예 : 멀티미디어 형식)이 다르며 브라우저의 크기(해상도) 또한 다양하다. 다음 그림 9.2는 현재 모바일 상에 서비스되고 있는 "싸이월드" 중 단말기의 특성을 고려하지 않고 서비스되었을 경우 발생되는 에러 메시지를 나타내는 예이다.

| 그림 9.2 | 싸이 월드 리소스 변환 버그

이러한 현상은 사용자로 하여금 신뢰도를 떨어뜨리며, 모바일 웹과 같은 하나의 페이지당 정보 이용료를 받을 수 있는 시스템에서는 에러 메시지를 돈을 주고 구매하는 모습을 만들게 된다.

다섯째, 단말기는 많은 회사에서 다양한 모양과 하드웨어 성능을 기반으로 제작되고 있다. 생산의 효율성만을 주력으로 개발하다보니 표준화 실정이 아직 미비하다. 특히 단말기에 내장되어 있는 브라우저를 보면 서비스를 제공하는 회사에 따라 UP, ME 등의 다른 브라우저를 내장하고 있으며, 동일 브라우저임에도 불구하고 재생하는 이미지 형식이 상이한 경우도 있다. 또한, 단말기 내 하드웨어적인 사양이 매우 다양하다. 이는 동일 콘텐츠를 재생하였을 때 화면에 나타날 수 있는 모습이 같지 않음을 의미한다. 특히 디자인적인 측면을 갖는 이미지인 경우에는 위치에 따라서 다른 의미를 전달할 수 있다. 단말기별로 내장된 폰트를 사용하면서 동일한 콘텐츠가 제공되지 않음에 문자 데이터를 이미지화하여 서비스를 제공하는 경우가 증가하고 있다. 그래서 현재는 제한된 단말기를 위한 콘텐츠가 제작되어 서비스되고 있다. 모바일 웹의 서비스 품질을 높이기 위해서 많은 이미지를 이용하여 서비스를 제공하려 하고 있다. 이를 위해서 브라우저에서 인식 가능한 이미지 형식으로 구성되어 있어야 하며, 이용자가 인식 가능한 해상도와 비율에 맞도록 이미지 변환, 재구성되어야 한다. 또한 패킷에 의해서 부과되는 금액을 최소화하고, 단말기내의 이미지 재생을 위한 리소스를 최소화하기 위해서 적당한 데이터를 가공하여 전송하여야 한다. 이를 위해서 많은 단말기에 대해서 분석된 데이터를 기반으로 이용되는 단말기에 대한 정보를 정확하게 파악할 수 있어야 한다. 이용자의 단말기 정보를 기반으로 적응적인 리소스로 변환되어 서비스가 이루어져야 한다. 적응적이지 못하면 저급의 품질을 갖거나, 서비스 비용이 올라가는 문제점을 갖는다. 모바일 웹 서비스가 어떠한 콘텐츠의 내용으로 구성되든 WINC를 이용하여 접속한 내용이 접속하는 단말기에 따라서 모든 단말기에 동일한 혹은 유사한 콘텐츠가 제공되어야 한다. 하지만, 현재의 브라우저의 상이함에 의해서 제공되는 서비스는 구성뿐만 아니라 내용도 전혀 다르다. 또한 콘텐츠의 마크업의 상이함과 XSL의 제작의 어려움에 의해서 단말기 별로 전혀 다른 모바일 사이트를 구성해야 하는 문제가 발생한다.

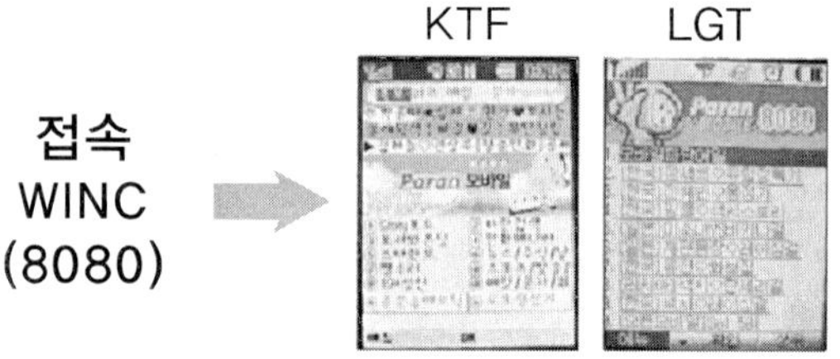

| 그림 9.3 | paran.com

모바일 웹 서비스 화면은 유명 포털 사이트임에도 불구하고 전혀 다른 내용이 서비스되고 있는 모바일 웹 페이지의 모습이다. 이는 모바일 웹을 표현하는 브라우저 성능의 차이와 이동통신사에 따른 프로토콜의 차이에 의해서 발생하는 문제이다.

위와 같은 문제점에서 볼 수 있듯이, 모바일 웹을 이용해서 웹의 콘텐츠를 양적, 질적으로 성장하기 위해서는 기존의 웹 콘텐츠를 모바일 단말기를 이용해서 재생하기 위한 연구가 필요하다. 더 발전하여 컴퓨터를 이용하여 제공받는 콘텐츠보다 더욱 우수한 콘텐츠를 제공함으로써 사용자들로부터 관심의 범위에서 벗어나 있는 모바일 웹 서비스를 필수품으로 만들 수 있는 방법이 요구된다. 이를 위해서 기존의 웹에서 검색, 조사할 수 있는 콘텐츠를 단말기에서 재생할 수 있도록 많은 콘텐츠가 등록되어야 하며, 플랫폼에 독립적으로 서비스를 제공받을 수 있도록 사용자의 CC/PP를 고려한 콘텐츠 형태로 등록되어야 한다.

모바일 웹 서비스를 제공받는 단말기도 데스크톱에 비해서 매우 제한적이지만, 모바일 웹 서비스를 위한 네트워크 전송 및 서버의 특성에 의해서 모바일 웹 서비스 내에도 제한적인 요소를 갖고 있다. 콘텐츠에 하나의 화면을 구성하는 웹 콘텐츠의 해상도면에서만 보아도 하나의 페이지는 기존 웹 페이지에 비해서 1/4에서 1/16의 크기 제한이 가해지며, 사용할 수 있는 인터페이스가 소프트 버튼으로 제한되기 때문에 많은 조작을 요하는 콘텐츠를 제공하기 힘들다. 무선 네트워크를 이용하여 콘텐츠를 제공하므로 편리함이 큰 반면 통신 에러와 에러를 보정하기 위한 프로토콜 때문에 많은 데이터를 전송하기 힘들기 때문에 기존의 웹 콘텐츠를 모바일 웹 서비스하기 위해서 재생하는 단말기를 고려하여 모바일 콘텐츠를 변환해야 한다.

9.2 모바일 웹 서비스를 위한 시스템

모바일 웹 서비스를 위해서는 서비스 대상인 모바일 콘텐츠, 서버, 그리고 모바일 단말기가 필요하다. 먼저 모바일 콘텐츠를 위해서는 기존의 웹 사이트와 멀티미디어 자료를 가지고 각 마크업 언어와 모바일 기기의 디스플레이 크기에 구애받지 않게 모바일 웹 사이트를 제작, 편집할 수 있는 저작도구가 필요하다. 모바일 웹 저작 툴은 일반 사용자 및 웹 마스터가 쉽고 빠르게 제작할 수 있어야 한다. 이렇게 준비된 모바일 웹 사이트는 어떤 종류의 모바일 단말기가 접속되더라도 단말기의 특성에 맞는 최적의 페이지와 리소스를 실시간으로 생성하여 서비스할 수 있도록 해야 한다. 또한, 모바일 접속시 대기시간을 줄일 수 있는 방안이 마련되어 있어야 한다.

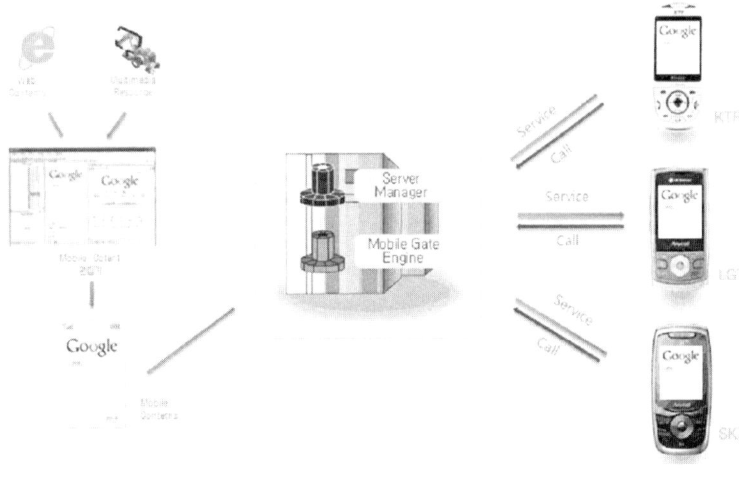

| 그림 9.4 | 모바일 웹 서비스를 위한 시스템

9.3 모바일 페이지 제작 툴 설치하기

9.3.1 모빌더란?

모빌더(MoBuilder)는 무선 인터넷 웹 사이트의 제작용 툴로서 국내 이동통신 사업자들이 채택한 모바일 용 Markup 언어인 SK-WML, UP-WML, MHTML, XHTML, HDML를 기반으로 한 번의 작업으로 모든 휴대폰에 지원한다.

사용자가 WYSIWYG 방식으로 화면상에 내용을 디자인하면, DIDL, WML, XHTML, MHTML, HDML 형식의 파일로 생성된다. 또한, Drag & Drop 방식을 채택하여 콘텐츠 구성이 매우 용이하고, 다양한 마크업 종류, 이미지 타입 및 화면 사이즈에 대한 미리 보기도 지원한다.

모바일 웹 페이지는 모바일의 특성상 유선 인터넷과 다른 많은 제약성이 존재한다. 때문에 기존의 유선 인터넷 콘텐츠를 그대로 변환하여 모바일에서 서비스 한다는 것은 많은 불편함을 줄 수 있다. MoBuilder는 모바일 웹 페이지를 구성함에 있어서 쉽고 빠르게 제작할 수 있으며 쉬운 유지보수를 제공하고 Server Side Script 언어를 지원하는 도구이다.

9.3.2 모빌더 설치하기

모빌더를 설치하기 위해서는 다음의 시스템 사양이 요구된다.

- 한글 Windows 95/98/2000/2003 또는 그 이상의 운영체제
- 해상도 800 * 600 이상, 256색 이상 지원되는 모니터와 비디오 카드
- 64MB 이상 메모리
- 50MB 정도의 하드디스크 여유공간

모빌더는 유니웹스(주)(www.uniwebs.co.kr) 사이트의 "직접체험" 부분에서 다운받을 수 있다.

모빌더 설치 마법사 화면이 나타나는데, 모빌더 설치 첫 화면이며, 다음 버튼을 클릭한다.

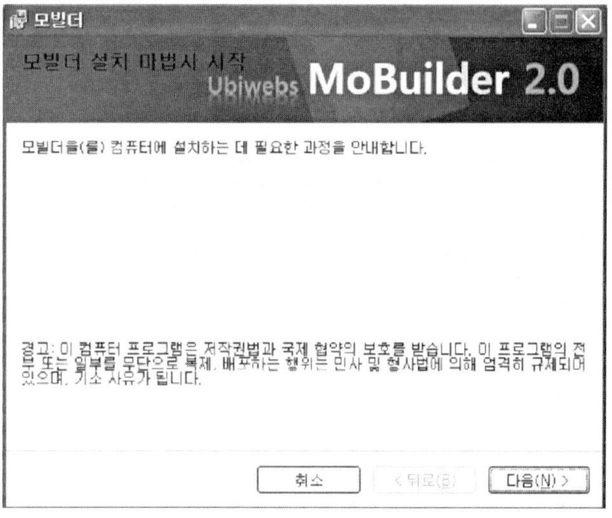

| 그림 9.5 | 설치 시작 화면

모빌더의 사용자 계약서 동의 화면이다.
모빌더 사용권 계약서를 처음부터 끝까지 읽고 동의하면 다음 버튼을 누른다.

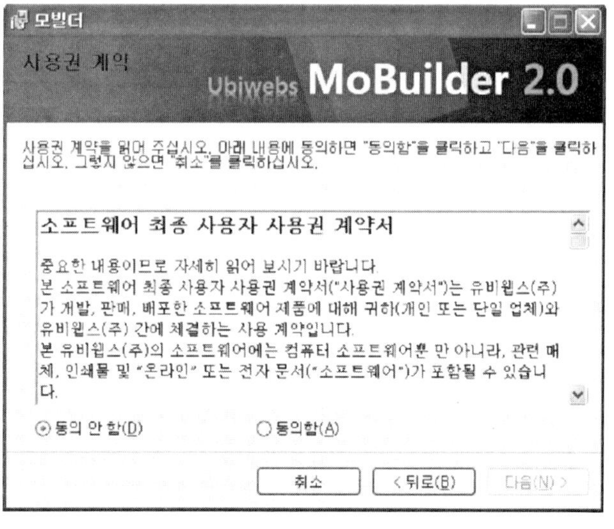

| 그림 9.6 | 사용자 동의서

모빌더를 설치할 폴더를 선택해주는 화면이다. 찾아보기 버튼을 클릭하여 설치하려는 폴더를 지정해주고 디스크 공간을 확인한다. 다음 버튼을 클릭한다.

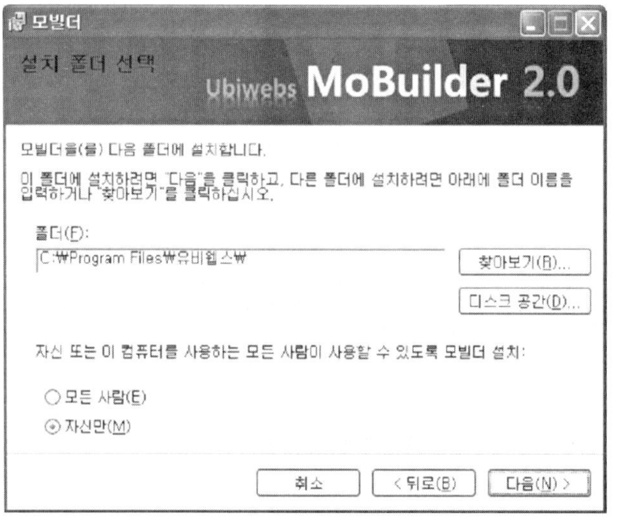

| 그림 9.7 | 프로그램 설치경로 선택

모빌더가 컴퓨터에 설치할 준비가 되었다는 메시지 화면이다. 다음 버튼을 클릭한다.

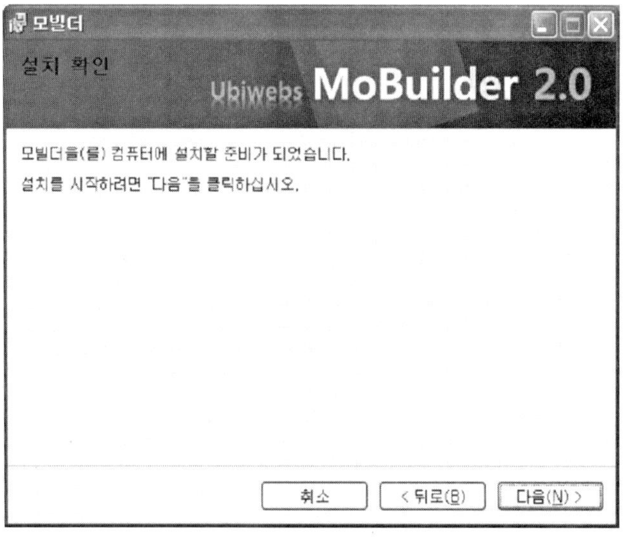

| 그림 9.8 | 설치 확인

설치되고 있는 모빌더 프로그램의 진행상황을 보여주고 있다. 잠시 기다린다.

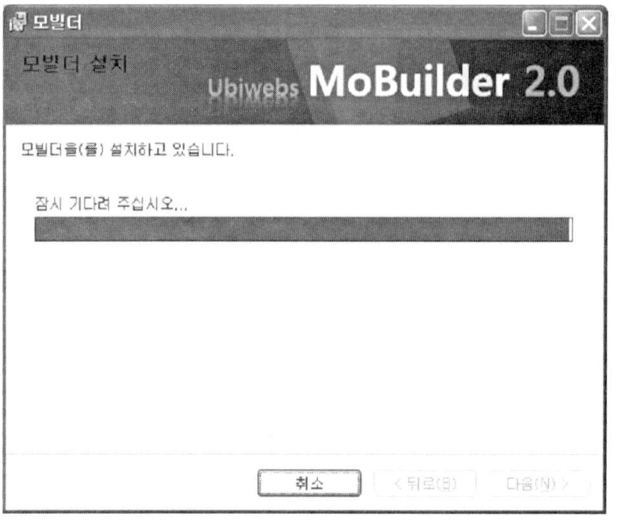

| 그림 9.9 | 설치 진행상태 표시

모빌더 설치 완료 화면이다. 모빌더 설치를 완료하였으며 모빌더 프로그램을 사용할 수 있다.

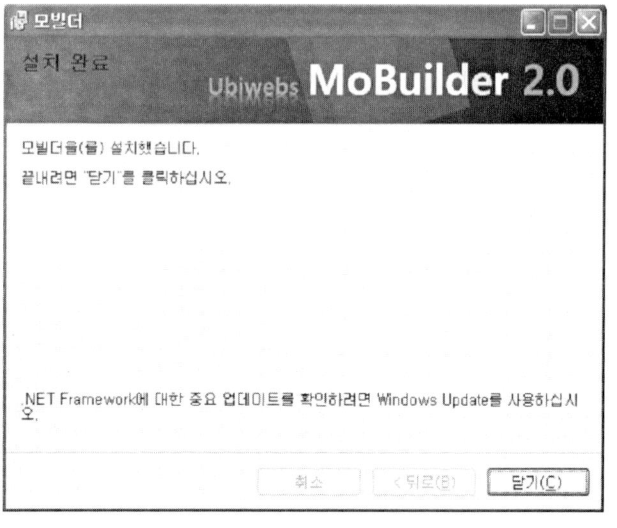

| 그림 9.10 | 설치 완료 화면

9.4 서비스를 위한 플랫폼 모바일 게이트 설치하기

9.4.1 모바일 웹 서비스를 위한 서버 설치하기

다양한 모바일 상에 웹 서비스를 제공하기 위한 모바일 게이트(Mobile Gate)를 설치하기 위해서는 다음의 시스템 사양이 필요하다.

- 시스템 사양
  - 소프트웨어
    운영체제 : Windows XP 이상 (Windows Server 2003 권장)
    IIS 및 .NET Framework 2.0 필요
  - 하드웨어
    CPU 2.0G Hz 이상
    RAM 1G 이상
    10MB의 하드드라이브 설치 공간

모바일 게이트 서버 설치를 위해서는 다음과 같은 준비가 필요하다. 컴퓨터 바탕화면에서 시작 버튼을 클릭하고 제어판을 선택한다.

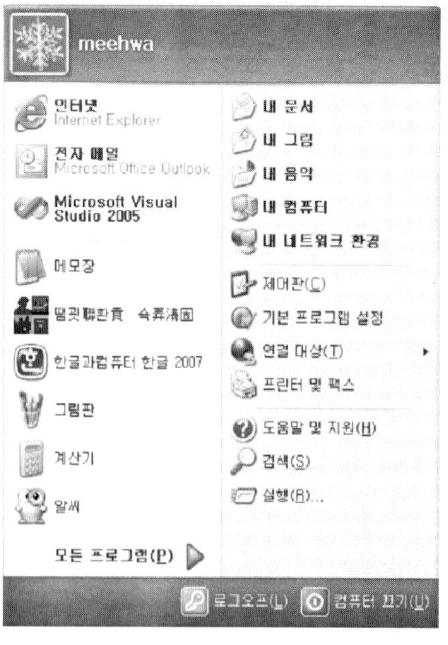

| 그림 9.11 | 시작 화면

제어판에서 [프로그램 추가/제거]를 선택하고 두 번 클릭한다.

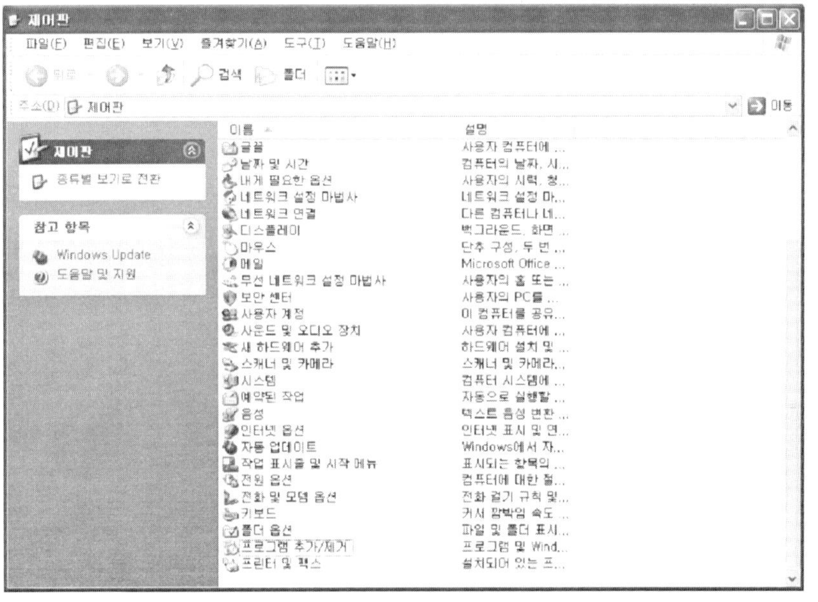

| 그림 9.12 | 제어판

프로그램 추가/제거 창의 왼쪽 리스트에서 [Windows 구성요소 추가/제거]를 선택한다.

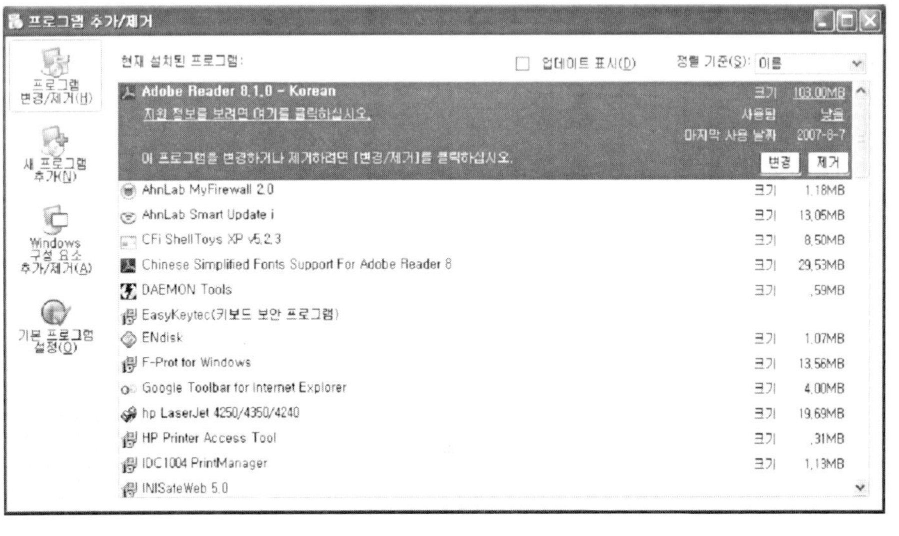

| 그림 9.13 | Windows 구성요소 마법사

[Windows 구성요소]에서 스크롤바를 아래로 내려서 인터넷 정보 서비스(IIS)를 클릭한다.

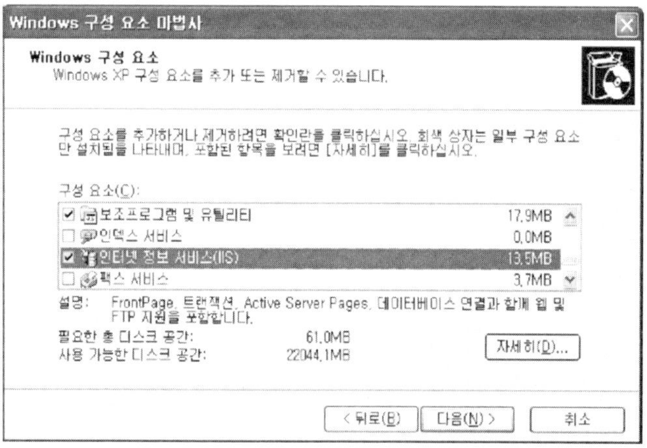

| 그림 9.14 | Windows 구성요소 마법사

"자세히" 버튼을 클릭하여 World Wide Web 서비스를 체크하고 "확인" 버튼을 클릭하면 IIS 설치가 시작된다.

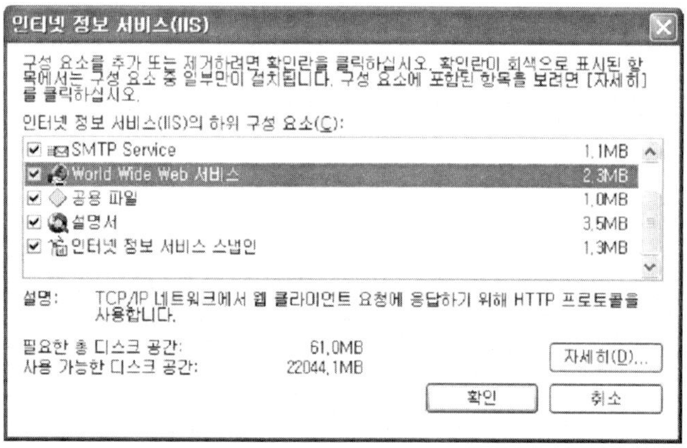

| 그림 9.15 | 인터넷 정보 서비스 (IIS)

9.4.2 모바일 게이트 프로그램 설치

모바일 게이트 설치 프로그램은 유니웹스㈜ 홈페이지 www.uniwebs.co.kr에서 다운받을 수 있다.

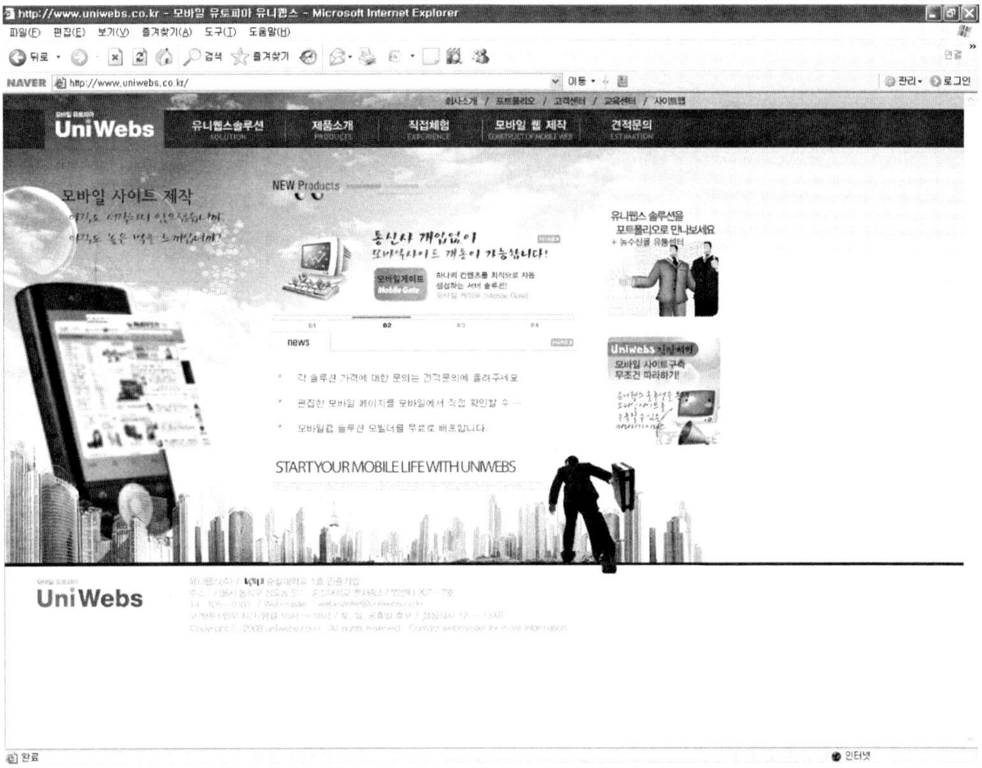

| 그림 9.16 | 유니웹스 홈페이지 화면

모바일 게이트 설치 마법사 화면이 나타난다. 모바일 게이트 설치 첫 화면이다.

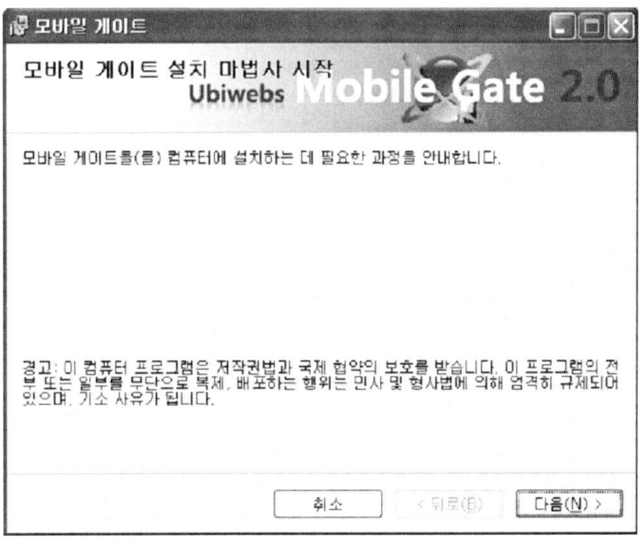

| 그림 9.17 | 설치 시작 화면

모빌더 사용권 계약서를 처음부터 끝까지 읽고 동의하면 다음 버튼을 클릭한다.

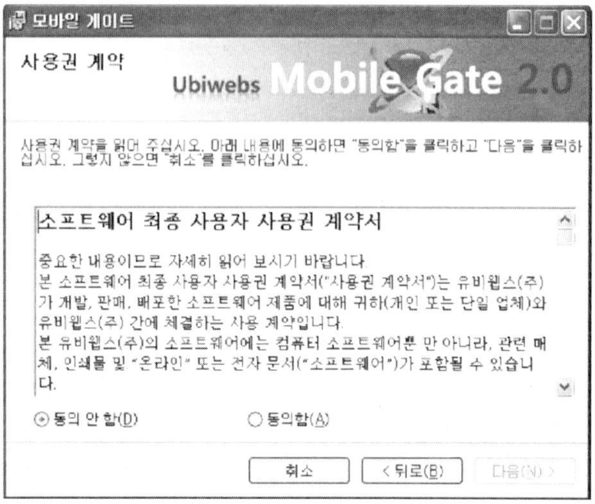

| 그림 9.18 | 사용자 계약서 동의 화면

설치 위치 선택에서 원하는 사이트를 선택한다(가상 디렉터리 있는 경우 가상 디렉터리도 입력한다).

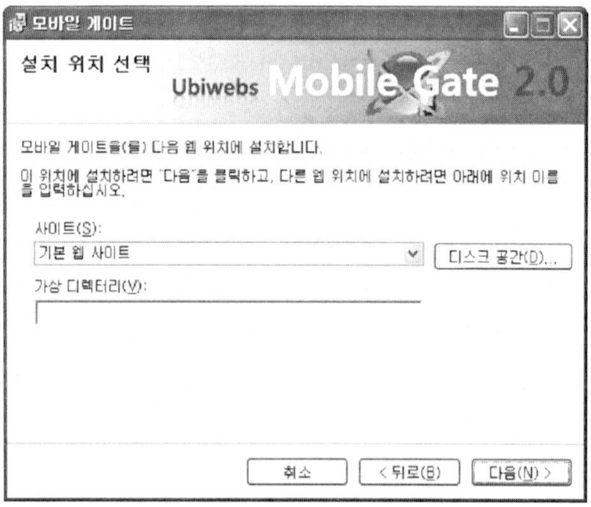

| 그림 9.19 | 프로그램 설치 경로 선택

설치 확인 화면이다. 모바일 게이트 프로그램을 사용자의 컴퓨터에 설치할 준비가 되었음을 알려주는 메시지 창이다. 다음을 클릭한다.

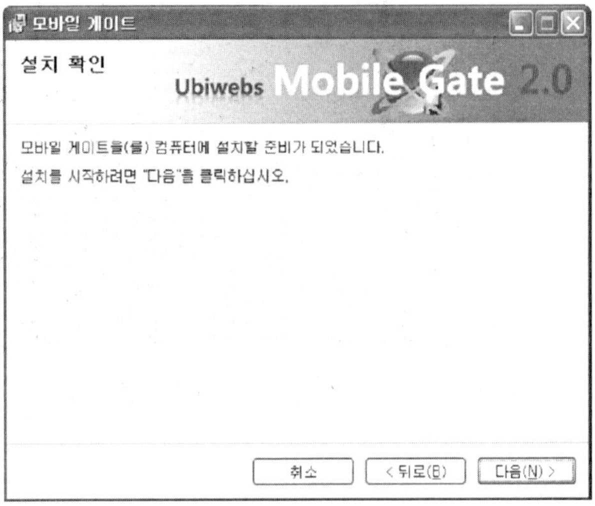

| 그림 9.20 | 설치 확인

모바일 게이트 설치 진행 상황을 보여주고 있다.

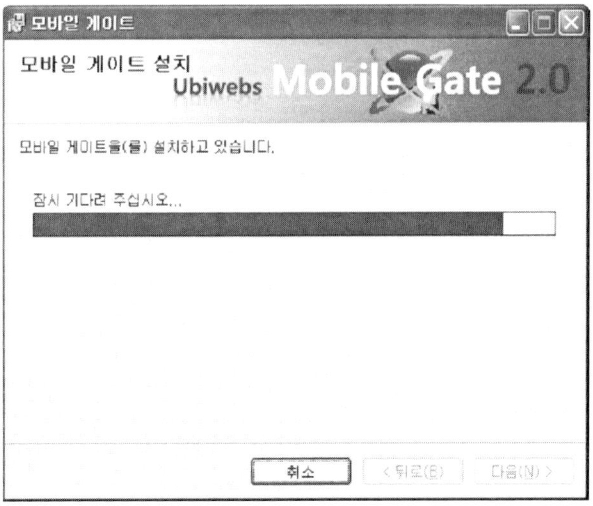

| 그림 9.21 | 설치 진행 상태 표시

모바일 게이트 서버 설치를 진행하고 있다. 설치가 완료될 때까지 기다린다.

| 그림 9.22 | .NET 설치 화면

모바일 게이트가 설치 완료되었다. 닫기 버튼을 클릭하고 설치가 제대로 되었는지 테스트를 한다.

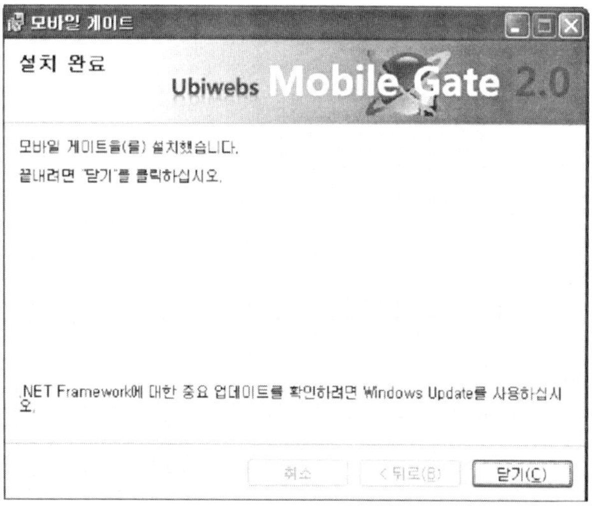

| 그림 9.23 | 설치 완료 화면

다음으로 지금까지 설치한 IIS와 모바일 게이트가 정상적으로 설치되었는지 확인해 보자. 시작에서 제어판을 선택하고 관리도구를 선택한다.

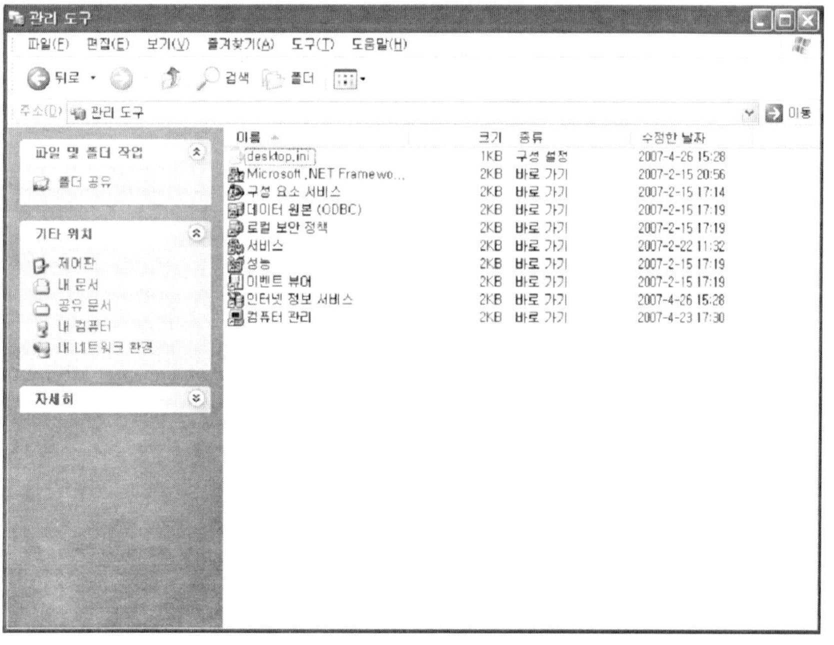

| 그림 9.24 | 관리도구

관리도구에서 인터넷 정보서비스를 선택한다. 웹 사이트를 확장한다. 기본 웹 사이트의 오른쪽 버튼을 클릭하여 속성을 클릭한다.

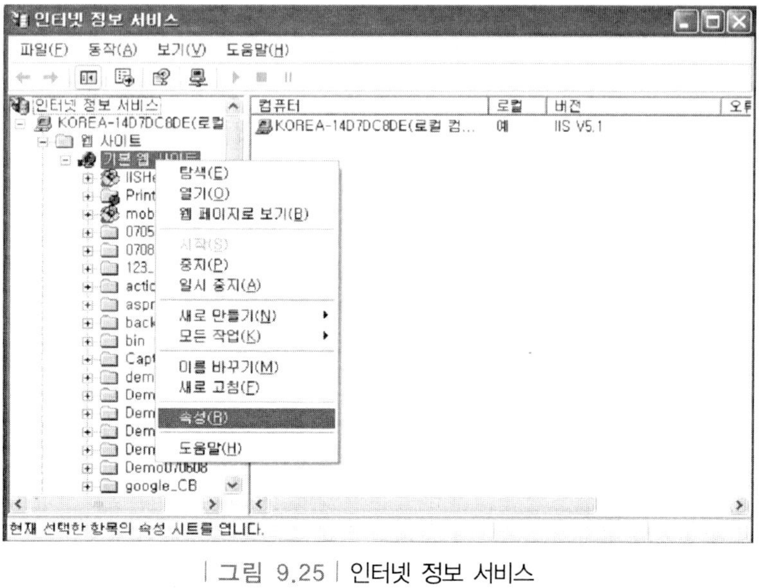

| 그림 9.25 | 인터넷 정보 서비스

기본 웹 사이트를 확장하고 오른쪽 버튼을 클릭하여 속성을 선택한다.

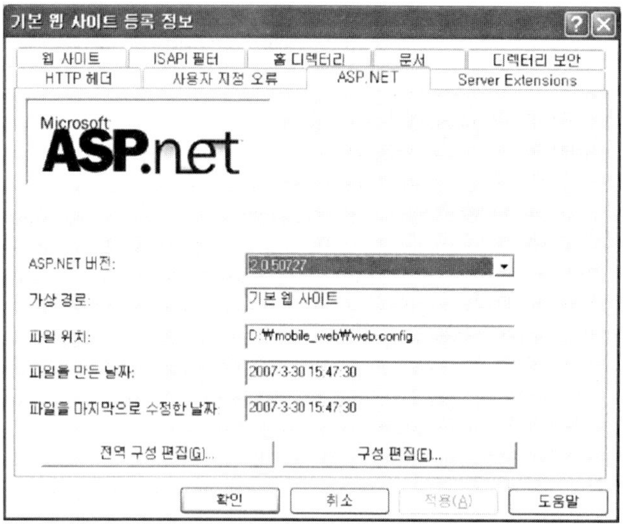

| 그림 9.26 | 기본 웹 사이트 등록정보

속성에서 ASP.NET 탭을 선택한다. ASP.NET 버전이 2.0 이상인지 확인한다. 다음 구성 편집 버튼을 클릭한다.

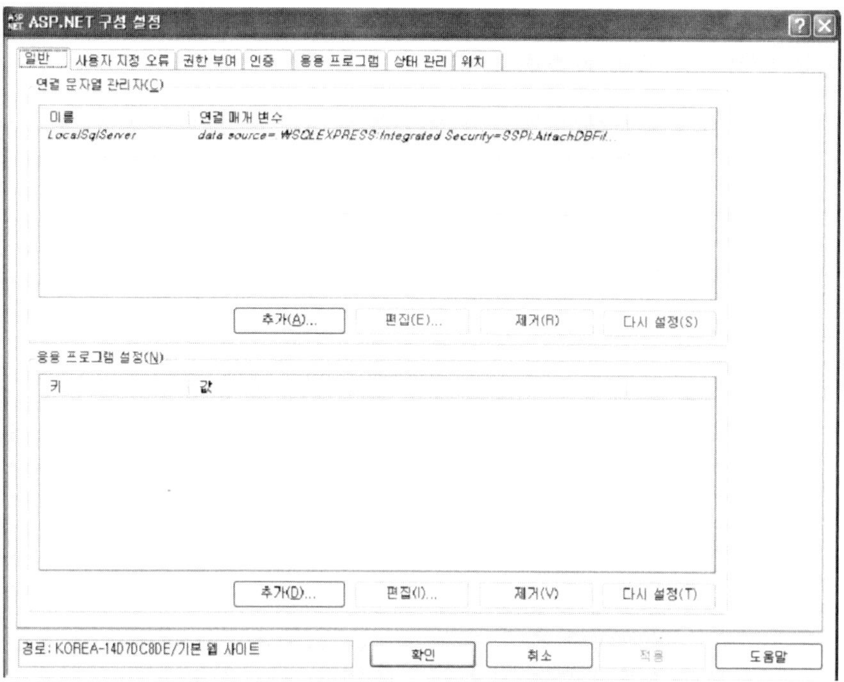

| 그림 9.27 | ASP.NET 구성 설정

구성 설정에서 응용프로그램 탭을 선택한다. 응용프로그램 탭에서 페이지 언어 기본값을 C#으로 선택한다(보통은 vb로 되어 있음).

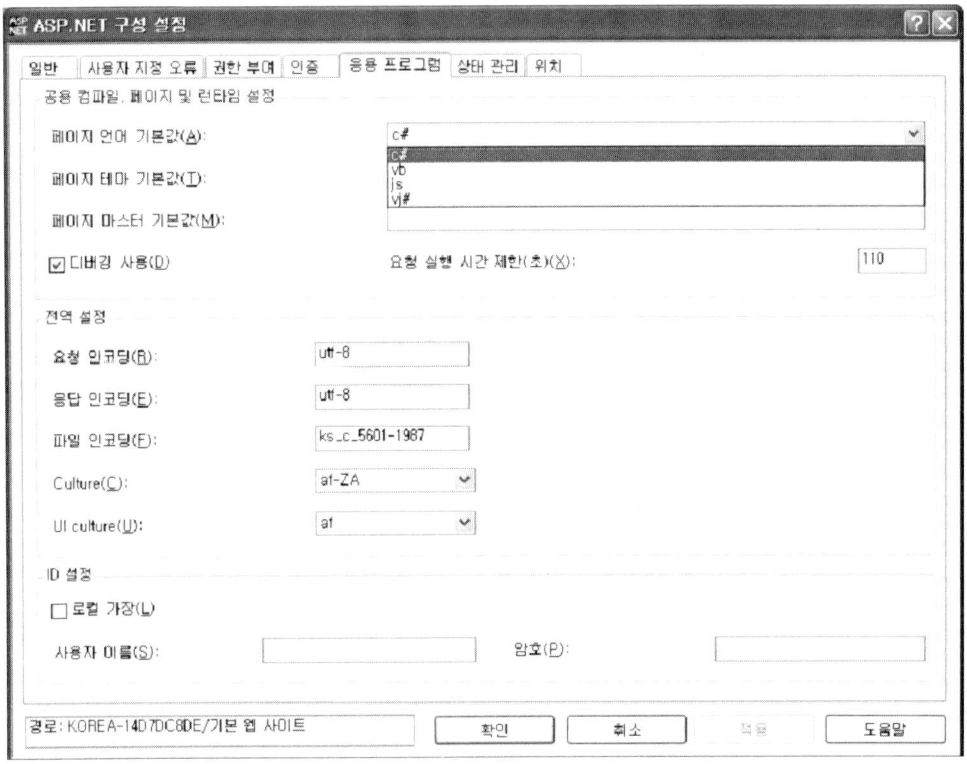

| 그림 9.28 | ASP.NET 구성 설정

10 DIDL을 이용한 모바일 페이지 작성하기

10.1 DIDL 작성하기

10.1.1 DIDL이란?

DIDL은 MPEG-21에 정의된 용어로써 멀티미디어 콘텐츠와 식별자, 그리고 서술자를 포함하는 유통, 처리의 최소단위이다. DI(Digital Item)는 MPEG-21의 Part2에 기술방법이 명시되어 있으며 DID(Digital Item Declaration)를 표현하기 위하여 XML 형식의 DIDL(Digital Item Declaration Language)를 사용한다. MPEG-21의 DID는 DI(Digital Item)를 생산, 소비, 유통시키기 위하여 DI를 선언하고 정의하는 언어로써 모빌더에 의해 생성되는 모바일 페이지의 객체(텍스트, 이미지 등…)들에 대한 모든 속성들을 표현하기에는 역부족하다. 이런 점을 극복하기 위하여 본 문서에서는 MPEG-21이 DID을 최대한 이용하면서 필요한 객체의 속성을 정의하며 DIDL에서 네임스페이스(namespace)로써 사용된다.

- DI와 모바일 게이트의 관계 :
  - Mobile Gate에서 각 모듈 간에 통용되는 표준 문서 형식이다.
  - XML 형식을 따름으로써 표준을 유지한다.
  - 모바일 게이트에서 필요한 미디어간의 변환을 수행한다.
  - MPEG-21 멀티미디어 프레임워크에 사용될 수 있도록 MPEG-21의 DI 형식을 따른다.

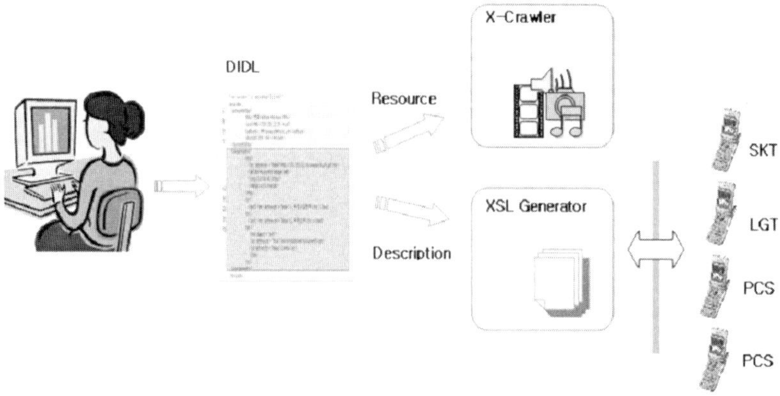

| 그림 10.1 | DIDL과 모빌더 및 모바일 게이트의 관계

10.1.2 DIDL 문법 간단히 익히기

DIDL의 요소 중에서 <CONTAINER>는 한 개의 모바일 페이지를 의미하며 <ITEM>은 Mobile Page 내의 각 객체들에 대하여 정의한다. DIDL에는 모바일 페이지의 이름, 배경색상, 배경이미지, 배경음악 등 페이지 전체의 속성을 표현해주는 부분과 모바일 페이지가 포함하고 있는 객체들을 표현해주는 부분으로 나뉘어져 있다. 모바일 객체들을 표현하는 ITEM은 모든 객체들이 공동으로 가지고 있는 공통속성과 객체들의 타입별로 가지고 있는 속성으로 나뉘어져 있다.

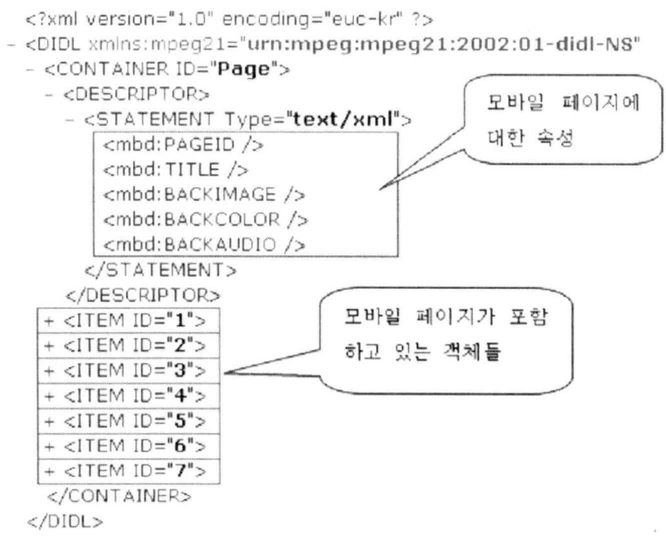

| 그림 10.2 | DIDL 페이지의 구성

그림 10.2는 7개의 객체를 포함하고 있는 DIDL 페이지의 구성을 보여주고 있다. 기본적으로 모바일 페이지는 모바일 페이지에 대한 속성과 모바일 페이지가 포함하고 있는 객체들로 구성된다.

(1) Page 속성

MobilePage의 전반적인 속성들을 기술하며 <DIDL>의 〈CONTAINER〉 요소를 이용한다.

| 표 10.1 | <CONTAINER> 요소

속성 종류	요소명	형 식	설 명
Page	<mbd:PAGEID>	String	· MobilePage를 정의
Title	<mbd:TITLE>	String	· MobilePage의 전체 제목 설정
MaxObject	<mbd:MAXOBJECT>	Number	· page 내의 object 수를 counts
Backcolor	<mbd:BACKCOLOR>	String	· MobilePage의 배경 색상을 기술 · RGB 형식
BackImage	<mbd:BACKIMAGE>	String	· MobilePage의 이미지를 기술 · GIF, JPG, BMP 형식
BackAudio	<mbd:BACKAUDIO>	String	· MobilePage의 배경음악을 기술 · mp3 형식

```
<DIDL xmlns:mpeg21="urn:mpeg:mpeg21:2002:01-DIDL-NS"
     xmlns:mbd="http://medialab.ssu.ac.kr/objectAttibute">
<CONTAINER ID="Page">
 <DESCRIPTOR>
   <STATEMENT Type="text/xml">
     <mbd:PAGEID>First Mobile Page </mbd:PAGEID>
     <mbd:TITLE>First Mobile Page </mbd:TITLE>
     <mbd:BACKCOLOR> 200, 290, 150 </mbd:BACKCOLOR>
     <mbd:BACKIMAGE> C:\IMAGE\a.jpg </mbd:BACKIMAGE>
     <mbd:BACKAUDIO> C:\AUDIO\b.mp3 </mbd:BACKAUDIO>
  </STATEMENT>
  </DESCRIPTOR>
 <ITEM>
     ............
 </ITEM>
</DIDL>
```

(2) Common 속성

사용자에 의해 임의로 작성되었거나 유선 웹 콘텐츠에 의해 추가, 삽입된 텍스트에 대한 속성을 지정한다.

| 표 10.2 | <PAGE> 요소의 공통 요소

종 류	요소명	형 식	설 명
Resource	<mbd:RESOURCE>	String	· 현 객체의 리소스를 설정한다.
ObjectName	<mbd:OBJECTNAME>	String	· 페이지가 링크하고 있는 object DIDL명이다.
ObjectType	<mbd:OBJECTTYPE>	Enum	· 객체의 Type을 정의
ObjectSubtype	<mbd:OBJECTSUBTYPE>	Enum	· 객체에 대한 SubType 정의
Position	<mbd:POSITION>	Rectangle	· 위치 혹은 크기를 정의
Z_index	<mbd:Z_INDEX>	Positive Integer	· 여러 개의 객체가 겹쳐져 있을 경우 우선순위를 부여
Align	<mbd:ALIGN>	Enum	· 현 객체의 한 라인상의 위치
Hyperlink	<mbd:HYPERLINK>	String	· 현 객체에 링크 걸려있는 주소
Numkeytype	<mbd:NUMKEYTYPE>	String	· 단말기 키 버튼을 표시한다.

10.2 정적 콘텐츠를 포함하는 페이지 만들기

10.2.1 텍스트 DIDL

모바일 페이지에서 텍스트를 표현하고 있으며 사용자에 의해 임의로 작성되었거나 유선 웹 콘텐츠에 의해 추가, 삽입된 텍스트에 대한 속성을 지정한다.

| 표 10.3 | 텍스트 DIDL 요소

종 류	요소명	형 식	설 명
Family	<mbd:FAMILY>	String	· 글자체를 설정
Fsize	<mbd:FSIZE>	Positive Integer	· Text의 글자크기 · Default = 10
Color	<mbd:COLOR>	String	· 글자색
Italic	<mbd:ITALIC>	Bool	· 이탤릭체(기울임) 설정 · Default = false
Bold	<mbd:BOLD>	Bool	· 진하게 설정 · Default = false
Line	<mbd:LINE>	Bool	· 밑줄 설정

```
<DIDL xmlns:mpeg21="urn:mpeg:mpeg21:2002:01-DIDL-NS"
     xmlns:mbd="http://medialab.ssu.ac.kr/objectAttibute">
<ITEM ID="1">
 <DESCRIPTOR>
   <STATEMENT Type="text/xml">
                <mbd:OBJECTTYPE>text</mbd:OBJECTTYPE>
                <mbd:SUBTYPE>NULL</mbd:SUBTYPE>
                <mbd:POSITION>10, 10, 10, 10 </mbd:POSITION>
                <mbd:ALIGN> Left </mbd:ALIGN>
                <mbd:HYPERLINK/>
                <mbd:FAMILY> Times  New Roman  </mbd:FAMILY>
                <mbd:FSIZE>   12      </mbd:FSIZE>
                <mbd:COLOR> 150, 150,  150 </mbd:COLOR>
                <mbd:ITALIC > True </mbd:ITALIC>
                <mbd:BOLD > True </mbd:BOLD>
                <mbd:LINE> True </mbd:LINE>
                <mbd:RAWSTRING>보라카이</mbd:RAWSTRING>
  </STATEMENT>
  </DESCRIPTOR>
 </ITEM>
</DIDL>
```

| 그림 10.3 | 실행 화면

10.2.2 이미지 DIDL

모바일 페이지에서 이미지를 표현하고 있으며 사용자에 의해 임의로 작성되었거나 유선 웹 콘텐츠에 의해 추가, 삽입된 이미지에 대한 속성을 지정한다.

| 표 10.4 | 이미지 DIDL 요소

종 류	요소명	형 식	설 명
Rotation	<mbd:ROTATION>	Integer	· 이미지를 회전할 때 정의 · 오른쪽 방향을 기준으로 회전 · 90, 180, 270 – Default = 0
Bright	<mbd:BRIGHT>	Integer	· 이미지의 밝기를 설정 · 값의 범위 : 0 ~ 100 · 숫자가 클수록 밝아짐
Sharpen	<mbd:SHARPEN>	Integer	
Saturation	<mbd:SATURATION>	Interger	
Contrast	<mbd:CONTRAST>	Integer	· 이미지 색의 대조를 설정 · 값의 범위 : 0 ~ 100

```
<DIDL xmlns:mpeg21="urn:mpeg:mpeg21:2002:01-DIDL-NS"
     xmlns:mbd  = "http://medialab.ssu.ac.kr/objectAttibute">
<ITEM ID="IMAGE_1">
 <DESCRIPTOR>
   <STATEMENT Type="text/xml">
          <mbd:RESOURCE>Seraph.jpg</mbd:RESOURCE>
          <mbd:OBJECTTYPE>Image</mbd:OBJECTTYPE>
          <mbd:SUBTYPE>jpg</mbd:SUBTYPE>
          <mbd:POSITION>10, 10, 10, 10 </mbd:   POSITION>
          <mbd:ALIGN> Left </mbd:ALIGN>
          <mbd:HYPERLINK/>
          <mbd:ROTATION > 90 </mbd:ROTATION>
          <mbd:BRIGHT> 50 </mbd:BRIGHT>
          <mbd:CONSTRAST>30</mbd:CONSTRAST>
          <mbd:SHARPEN>30</mbd:SHARPEN>
     <mbd:SATURATION>30</mbd:SATURATION>
  </STATEMENT>
  </ITEM>
</DIDL>
```

| 그림 10.4 | 실행화면

10.2.3 모바일 페이지 만들기

(1) 모바일 페이지 예제 1

DIDL을 이용하여 다음과 같은 모바일 페이지를 만들려고 한다. 이 모바일 페이지는 이미지와 텍스트로 구성되어 있으며 하이퍼링크를 가지고 있다.

| 그림 10.5 | 연구실 메인 모바일 페이지

표 10.5는 그림 10.5의 연구실 메인 모바일 페이지를 구성한 DIDL 페이지이다. 이 모바일 페이지는 모두 17개의 객체로 구성되어 있으며 DIDL에서는 하나의 <ITEM>이 한 개의 객체를 표시한다. ITEM에 포함되어 있는 속성들은 객체의 타입에 따라 조금씩 다르게 표현된다. <ITEM>마다 포함되고 있는 공통속성에 해당되는 objecttype, subtype, position, align 등 속성 외에 텍스트 객체는 rawstring, bold, family 등과 같은 텍스트 객체를 가지고 있는 속성을 포함하고 있다. 이미지 객체도 rotation, brightness, saturation 등 이미지 객체만 가지고 있는 속성을 가지고 있다. 위의 예제 DIDL에서 표현하고 있는 이미지는 회전, 밝기, 대비 등 정보를 포함하고 있지 않다. 이것은 사용자가 이미지를 편집할 때 기본 이미지 외에는 다른 추가 작업을 하지 않았기 때문이다. 하이퍼링크와 단말기 키 버튼에 해당되는 속성을 객체마다 모두 포함하고 있는 공통속성에 해당하며 hyperlink, numkeytype의 형식으로 <ITEM>의 한 개 속성으로 표현되고 있다. 예제 DIDL에서 표시된 것과 같이 12번째 <ITEM>은 medialab.didl이라는 페이지를 링크하고 있다. numkeytype의 숫자 1은 핸드폰 단말기의 숫자 버튼 1을 눌

렀을 때 해당 링크로 이동한다는 것을 의미한다.

| 표 10.5 | 이미지와 텍스트로만 구성된 모바일 페이지 DIDL

```
<?xml version="1.0" encoding="euc-kr"?>
<DIDL xmlns:mpeg21="urn:mpeg:mpeg21:2002:01-didl-NS"
 xmlns:mbd="http://medialab.ssu.ac.kr/ObjectAttribute">
  <CONTAINER ID="Page">
    <DESCRIPTOR>
      <STATEMENT Type="text/xml">
        <mbd:PAGEID></mbd:PAGEID>
        <mbd:TITLE>메인페이지</mbd:TITLE>
        <mbd:BACKIMAGE></mbd:BACKIMAGE>
        <mbd:BACKCOLOR></mbd:BACKCOLOR>
        <mbd:BACKAUDIO></mbd:BACKAUDIO>
      </STATEMENT>
    </DESCRIPTOR>
    <ITEM ID="1">
     .......
    </ITEM>
    <ITEM ID="11">
      <DESCRIPTOR>
        <STATEMENT Type="text/xml">
          <mbd:OBJECTTYPE>TEXT</mbd:OBJECTTYPE>
          <mbd:SUBTYPE>NULL</mbd:SUBTYPE>
          <mbd:COLOR>255, 255, 128, 66</mbd:COLOR>
          <mbd:POSITION>8,231,87,15</mbd:POSITION>
          <mbd:RAWSTRING>연구실소개</mbd:RAWSTRING>
          <mbd:ALIGN>NULL</mbd:ALIGN>
          <mbd:BOLD>True</mbd:BOLD>
          <mbd:FAMILY>돋움</mbd:FAMILY>
          <mbd:SIZE>11</mbd:SIZE>
        </STATEMENT>
      </DESCRIPTOR>
    </ITEM>
    <ITEM ID="12">
      <DESCRIPTOR>
        <STATEMENT Type="text/xml">
          <mbd:OBJECTTYPE>IMAGE</mbd:OBJECTTYPE>
          <mbd:SUBTYPE>NULL</mbd:SUBTYPE>
          <mbd:RESOURCE>\Images\메인\main_icon_01.jpg</mbd:RESOURCE>
          <mbd:POSITION>0,246,116,65</mbd:POSITION>
          <mbd:ALIGN>NULL</mbd:ALIGN>
          <mbd:HYPERLINK>medialab.didl</mbd:HYPERLINK>
          <mbd:NUMKEYTYPE> 1 </mbd:NUMKEYTYPE>
        </STATEMENT>
      </DESCRIPTOR>
    </ITEM>
```

```
    <ITEM ID="13">
    .........
  </CONTAINER>
</DIDL>
```

(2) 모바일 페이지 예제 2

이미지와 텍스트로 구성된 또 다른 모바일 페이지를 만들어 보자. 다음 그림과 같은 미디어 연구실 폰 페이지를 만들어 보기로 한다.

| 그림 10.7 | 연구실 소개 모바일 페이지

| 표 10.6 | 연구실 소개 모바일 페이지 DIDL

```
<?xml version="1.0" encoding="euc-kr"?>
<DIDL xmlns:mpeg21="urn:mpeg:mpeg21:2002:01-didl-NS"
 xmlns:mbd="http://medialab.ssu.ac.kr/ObjectAttribute">
  <CONTAINER ID="Page">
    <DESCRIPTOR>
      <STATEMENT Type="text/xml">
        <mbd:PAGEID></mbd:PAGEID>
        <mbd:TITLE></mbd:TITLE>
        <mbd:BACKIMAGE></mbd:BACKIMAGE>
        <mbd:BACKCOLOR></mbd:BACKCOLOR>
        <mbd:BACKAUDIO></mbd:BACKAUDIO>
      </STATEMENT>
    </DESCRIPTOR>
    <ITEM ID="1">
      <DESCRIPTOR>
        <STATEMENT Type="text/xml">
          <mbd:OBJECTTYPE>IMAGE</mbd:OBJECTTYPE>
```

```
        <mbd:SUBTYPE>NULL</mbd:SUBTYPE>
        <mbd:RESOURCE>\Images\공통이미지\logo.gif</mbd:RESOURCE>
        <mbd:POSITION>1,0,112,31</mbd:POSITION>
        <mbd:ALIGN>NULL</mbd:ALIGN>
        <mbd:ROTATION>IMAGE_ROTATION_DEGREE_0</mbd:ROTATION>
        <mbd:Z-INDEX>4</mbd:Z-INDEX>
      </STATEMENT>
    </DESCRIPTOR>
  </ITEM>
  <ITEM ID="2">
   ........
  <ITEM ID="3">
    <DESCRIPTOR>
      <STATEMENT Type="text/xml">
        <mbd:OBJECTTYPE>TEXT</mbd:OBJECTTYPE>
        <mbd:SUBTYPE>NULL</mbd:SUBTYPE>
        <mbd:COLOR>255, 0, 0, 255</mbd:COLOR>
        <mbd:POSITION>2,37,114,15</mbd:POSITION>
        <mbd:RAWSTRING>1. 연구실 소개</mbd:RAWSTRING>
        <mbd:ALIGN>NULL</mbd:ALIGN>
        <mbd:SIZE>11</mbd:SIZE>
        <mbd:BOLD>True</mbd:BOLD>
      </STATEMENT>
    </DESCRIPTOR>
  </ITEM>
  <ITEM ID="4">
  ......
  </ITEM>
 </CONTAINER>
</DIDL>
```

표 10.6은 그림 10.7의 연구실 소개 모바일 페이지에 대한 DIDL 페이지이다. 위에서 설명한 것과 같이 하나의 모바일 페이지는 여러 개의 객체로 구성되고 있다. 또한, 하나의 객체는 한 개의 <ITEM>으로 표현되고 있다. 이 모바일 페이지는 이미지와 텍스트로만 구성되어 있기 때문에 DIDL 페이지도 이미지와 텍스트 항목들로만 구성되어 있다.

10.3 데이터베이스를 포함하는 페이지 만들기

10.3.1 게시판 페이지 만들기

DIDL을 이용하여 게시판 페이지를 만들어 보도록 하자. 게시판 페이지를 만들려면 ASP와 연동하여 데이터베이스를 사용하여야 한다. 화면에 보이는 이미지, 버튼 등은 DIDL 코드로 완성하며, 데이터베이스에서 데이터를 읽어오는 부분은 ASP 코드를 사용한다. 아래에 구체적으로 하나하나씩 만들어 보도록 하자.

우선 게시물을 보여주는 페이지(예 : list.didl)을 만든다. EditPlus 혹은 메모장으로 텍스트 파일을 새로 하나 열고 저장을 DIDL로 해준다. 저장시 **[파일형식]**에서 모든 파일을 선택하고, 파일이름을 DIDL 확장자로 저장하면 된다. 예를 들면, list.didl로 저장한다.

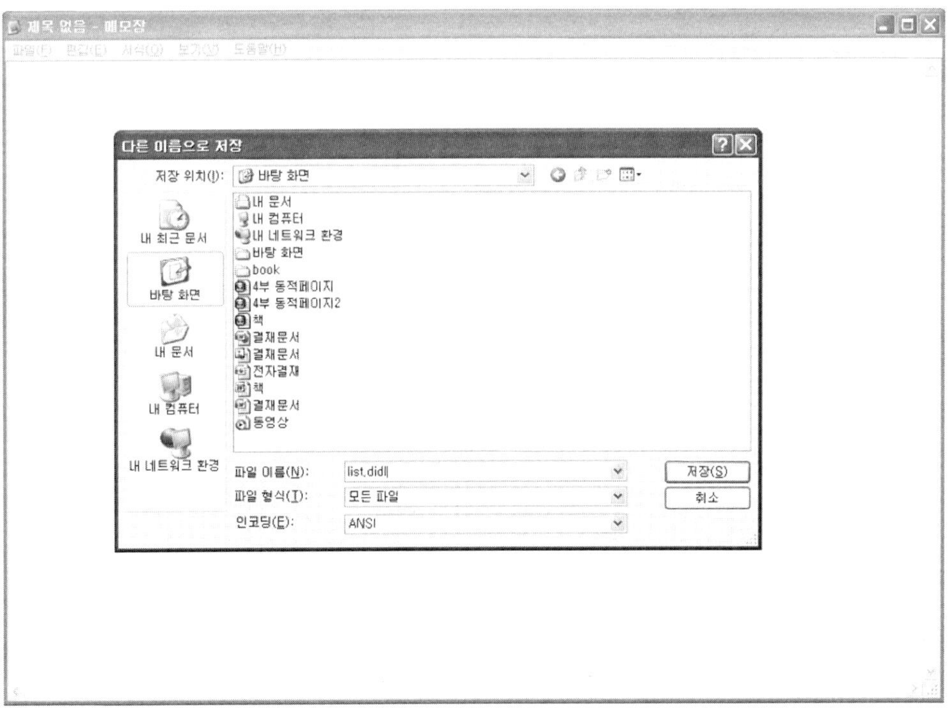

| 그림 10.9 | DIDL 페이지(list.didl) 저장하기

이러면 새로운 DIDL 페이지가 생성되고, 이제는 list.didl 페이지를 열고 코딩을 해 주어야 한다.

그럼 코드를 보면서 설명하도록 하겠다.

| 표 10.7 | 소스코드 : list.didl

```
<?xml version="1.0" encoding="euc-kr"?>
<DIDL xmlns:mpeg21="urn:mpeg:mpeg21:2002:01-didl-NS"
            xmlns:mbd="http://medialab.ssu.ac.kr/ObjectAttribute">
  <![ CDATA[ <%
       //데이터베이스 연결.
    strcon = "DRIVER=MySQL ODBC 3.51 Driver;SERVER=220.70.1.183;
         DATABASE=test;UID=root;PWD=123456;OPTION=35"
    set DBConn = Server.CreateObject("ADODB.Connection")
    DBConn.open strcon

    //게시물 제목 읽기.
    SQL = "select  title,date  from freeboard"
    Set Rs = DBConn.Execute(SQL)

    Dim title(5)

    for i=0 to 4
    title(i) = Rs("title")

    Rs.MoveNext
    next

    //게시물 내용보기 페이지이름
    Dim nextPage
    nextPage = "content.didl?id="
   %>]]>
```
ASP 코드 부분

```
 <CONTAINER ID="Page">
```

```
<DESCRIPTOR>
     <STATEMENT Type="text/xml">
       <mbd:PAGEID></mbd:PAGEID>
       <mbd:TITLE></mbd:TITLE>
       <mbd:BACKIMAGE></mbd:BACKIMAGE>
       <mbd:BACKCOLOR></mbd:BACKCOLOR>
       <mbd:BACKAUDIO></mbd:BACKAUDIO>
     </STATEMENT>
   </DESCRIPTOR>
```
DIDL 페이지 타이틀 쓰기 부분

```
  <ITEM ID="1">
     <DESCRIPTOR>
       <STATEMENT Type="text/xml">
         <mbd:OBJECTTYPE>IMAGE</mbd:OBJECTTYPE>
         <mbd:SUBTYPE>NULL</mbd:SUBTYPE>
         <mbd:CBNAME></mbd:CBNAME>
         <mbd:RESOURCE>./Img/top_text.gif</mbd:RESOURCE>
         <mbd:OBJECTNAME></mbd:OBJECTNAME>
```

```
      <mbd:POSITION>155,4,85,31</mbd:POSITION>
      <mbd:Z-INDEX>0</mbd:Z-INDEX>
      <mbd:ALIGN>NULL</mbd:ALIGN>
    </STATEMENT>
  </DESCRIPTOR>
</ITEM>
```

DIDL 페이지 이미지 넣기 부분

```
<ITEM ID="2">
  <DESCRIPTOR>
    <STATEMENT Type="text/xml">
      <mbd:OBJECTTYPE>IMAGE</mbd:OBJECTTYPE>
      <mbd:SUBTYPE>NULL</mbd:SUBTYPE>
      <mbd:CBNAME></mbd:CBNAME>
      <mbd:RESOURCE>./Img/logo.gif</mbd:RESOURCE>
      <mbd:OBJECTNAME></mbd:OBJECTNAME>
      <mbd:POSITION>0,4,112,31</mbd:POSITION>
      <mbd:Z-INDEX>0</mbd:Z-INDEX>
      <mbd:ALIGN>NULL</mbd:ALIGN>
    </STATEMENT>
  </DESCRIPTOR>
</ITEM>
```

DIDL 페이지 텍스트 넣기 부분

```
<ITEM ID="3">
  <DESCRIPTOR>
    <STATEMENT Type="text/xml">
      <mbd:OBJECTTYPE>IMAGE</mbd:OBJECTTYPE>
      <mbd:SUBTYPE>NULL</mbd:SUBTYPE>
      <mbd:CBNAME></mbd:CBNAME>
      <mbd:RESOURCE>./Img/top_visual.gif</mbd:RESOURCE>
      <mbd:OBJECTNAME></mbd:OBJECTNAME>
      <mbd:POSITION>0,35,240,90</mbd:POSITION>
      <mbd:Z-INDEX>1</mbd:Z-INDEX>
      <mbd:ALIGN>NULL</mbd:ALIGN>
    </STATEMENT>
  </DESCRIPTOR>
</ITEM>
<ITEM ID="4">
  <DESCRIPTOR>
    <STATEMENT Type="text/xml">
      <mbd:OBJECTTYPE>IMAGE</mbd:OBJECTTYPE>
      <mbd:SUBTYPE>NULL</mbd:SUBTYPE>
      <mbd:CBNAME></mbd:CBNAME>
      <mbd:RESOURCE>./Img/icon_point.gif</mbd:RESOURCE>
      <mbd:OBJECTNAME></mbd:OBJECTNAME>
      <mbd:POSITION>27,144,12,12</mbd:POSITION>
      <mbd:Z-INDEX>2</mbd:Z-INDEX>
      <mbd:ALIGN>NULL</mbd:ALIGN>
    </STATEMENT>
  </DESCRIPTOR>
</ITEM>
```

```
<ITEM ID="5">
    <DESCRIPTOR>
      <STATEMENT Type="text/xml">
        <mbd:OBJECTTYPE>TEXT</mbd:OBJECTTYPE>
        <mbd:SUBTYPE>NULL</mbd:SUBTYPE>
        <mbd:COLOR>255, 0, 0, 0</mbd:COLOR>
        <mbd:POSITION>47,139,141,24</mbd:POSITION>
        <mbd:ALIGN>NULL</mbd:ALIGN>
        <mbd:RAWSTRING>숭실대학교 미디어학과에 대한
                       질문을 올려주세요.</mbd:RAWSTRING>
        <mbd:SIZE>9</mbd:SIZE>
      </STATEMENT>
    </DESCRIPTOR>
  </ITEM>
```

DIDL 페이지 텍스트 넣기 부분

```
  <ITEM ID="6">
    <DESCRIPTOR>
      <STATEMENT Type="text/xml">
        <mbd:OBJECTTYPE>TEXT</mbd:OBJECTTYPE>
        <mbd:SUBTYPE>NULL</mbd:SUBTYPE>
        <mbd:COLOR>255, 0, 0, 0</mbd:COLOR>
        <mbd:POSITION>7,170,229,14</mbd:POSITION>
        <mbd:ALIGN>NULL</mbd:ALIGN>
        <mbd:RAWSTRING>
          <![CDATA[<% response.write "1. "&title(0) %>]]>
        </mbd:RAWSTRING>
        <mbd:HYPERLINK><![CDATA[<% response.write nextPage&"1" %>]]>
                                             </mbd:HYPERLINK>
      </STATEMENT>
    </DESCRIPTOR>
  </ITEM>
```

텍스트에 ASP 변수 삽입하기

```
  <ITEM ID="7">
    <DESCRIPTOR>
      <STATEMENT Type="text/xml">
        <mbd:OBJECTTYPE>TEXT</mbd:OBJECTTYPE>
        <mbd:SUBTYPE>NULL</mbd:SUBTYPE>
        <mbd:COLOR>255, 0, 0, 0</mbd:COLOR>
        <mbd:POSITION>7,188,229,14</mbd:POSITION>
        <mbd:ALIGN>NULL</mbd:ALIGN>
        <mbd:RAWSTRING>
          <![CDATA[<% response.write "2. "&title(1) %>]]>
        </mbd:RAWSTRING>
        <mbd:HYPERLINK><![CDATA[<% response.write nextPage&"2" %>]]>
                                              </mbd:HYPERLINK>
      </STATEMENT>
    </DESCRIPTOR>
  </ITEM>
```

```
<ITEM ID="8">
  <DESCRIPTOR>
    <STATEMENT Type="text/xml">
      <mbd:OBJECTTYPE>TEXT</mbd:OBJECTTYPE>
      <mbd:SUBTYPE>NULL</mbd:SUBTYPE>
      <mbd:COLOR>255, 0, 0, 0</mbd:COLOR>
      <mbd:POSITION>7,206,229,14</mbd:POSITION>
      <mbd:ALIGN>NULL</mbd:ALIGN>
      <mbd:RAWSTRING>
        <![ CDATA[ <% response.write "3. "&title(2) %>]]>
      </mbd:RAWSTRING>
      <mbd:HYPERLINK><![ CDATA[ <% response.write nextPage&"3" %>]]>
                                                </mbd:HYPERLINK>
    </STATEMENT>
  </DESCRIPTOR>
</ITEM>
<ITEM ID="9">
  <DESCRIPTOR>
    <STATEMENT Type="text/xml">
      <mbd:OBJECTTYPE>TEXT</mbd:OBJECTTYPE>
      <mbd:SUBTYPE>NULL</mbd:SUBTYPE>
      <mbd:COLOR>255, 0, 0, 0</mbd:COLOR>
      <mbd:POSITION>7,224,229,14</mbd:POSITION>
      <mbd:ALIGN>NULL</mbd:ALIGN>
      <mbd:RAWSTRING>
        <![ CDATA[ <% response.write "4. "&title(3) %>]]>
      </mbd:RAWSTRING>
      <mbd:HYPERLINK><![ CDATA[ <% response.write nextPage&"4" %>]]>
                                                </mbd:HYPERLINK>
    </STATEMENT>
  </DESCRIPTOR>
</ITEM>
<ITEM ID="10">
  <DESCRIPTOR>
    <STATEMENT Type="text/xml">
      <mbd:OBJECTTYPE>TEXT</mbd:OBJECTTYPE>
      <mbd:SUBTYPE>NULL</mbd:SUBTYPE>
      <mbd:COLOR>255, 0, 0, 0</mbd:COLOR>
      <mbd:POSITION>7,242,229,14</mbd:POSITION>
      <mbd:ALIGN>NULL</mbd:ALIGN>
      <mbd:RAWSTRING>
        <![ CDATA[ <% response.write "5. "&title(4) %>]]>
      </mbd:RAWSTRING>
      <mbd:HYPERLINK><![ CDATA[ <% response.write nextPage&"5" %>]]>
                                   </mbd:HYPERLINK>
    </STATEMENT>
  </DESCRIPTOR>
</ITEM>
```

```
    <ITEM ID="11">
      <DESCRIPTOR>
        <STATEMENT Type="text/xml">
          <mbd:OBJECTTYPE>IMAGE</mbd:OBJECTTYPE>
          <mbd:SUBTYPE>NULL</mbd:SUBTYPE>
          <mbd:CBNAME></mbd:CBNAME>
          <mbd:RESOURCE>./Img/bt_write.gif</mbd:RESOURCE>
          <mbd:OBJECTNAME></mbd:OBJECTNAME>
          <mbd:POSITION>166,290,59,21</mbd:POSITION>
          <mbd:Z-INDEX>3</mbd:Z-INDEX>
          <mbd:ALIGN>NULL</mbd:ALIGN>
          <mbd:HYPERLINK>write.didl</mbd:HYPERLINK>
        </STATEMENT>
      </DESCRIPTOR>
    </ITEM>
```

이미지에 링크 걸기

```
  </CONTAINER>
</DIDL>
```

이처럼 코딩을 마쳤으면 저장하고, 이젠 실행시키면 된다. 로컬 컴퓨터에 모바일 게이트와 ASP, MySQL이 설치되었고 데이터베이스 설정도 모두 마쳤다고 가정한 상태에서 완성된 list.didl을 웹 서버에 넣고 실행시키면 아래와 비슷한 결과를 볼 수 있다.
(예 : http://localhost/list.didl)

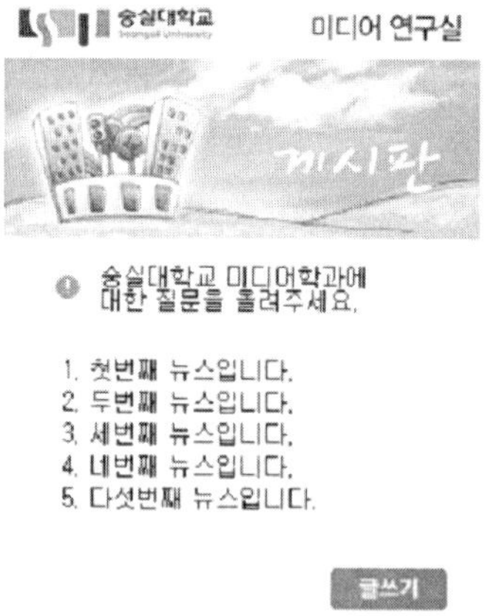

| 그림 10.10 | 예상 결과 페이지(list.didl)

다음은 게시물 내용을 보는 페이지(예:content.didl)을 만들어보자. content.didl은 list.didl 페이지의 게시물을 클릭시 실행되는 페이지이다. 메모장을 열고 아래와 같이 코드를 추가하고 content.didl로 저장한다. 코드에 대한 구체적인 설명은 list.didl과 비슷하므로 위의 list.didl 페이지를 참고하고 아래에서는 간략하게 설명하고자 한다.

| 표 10.8 | 소스코드 : content.didl

```
<?xml version="1.0" encoding="euc-kr"?>
<DIDL                    xmlns:mpeg21="urn:mpeg:mpeg21:2002:01-didl-NS"
xmlns:mbd="http://medialab.ssu.ac.kr/ObjectAttribute">
  <CONTAINER ID="Page">
    <DESCRIPTOR>
      <STATEMENT Type="text/xml">
        <mbd:PAGEID></mbd:PAGEID>
        <mbd:TITLE></mbd:TITLE>
        <mbd:BACKIMAGE></mbd:BACKIMAGE>
        <mbd:BACKCOLOR></mbd:BACKCOLOR>
        <mbd:BACKAUDIO></mbd:BACKAUDIO>
      </STATEMENT>
    </DESCRIPTOR>                                              타이틀 쓰기
```

```
    <![CDATA[<%
       //데이터베이스와 연결.
    strcon = "DRIVER=MySQL ODBC 3.51 Driver;SERVER=220.70.1.183;
       DATABASE=test;UID=root;PWD=123456;OPTION=35"
    set DBConn = Server.CreateObject("ADODB.Connection")
    DBConn.open strcon

    //게시물 아이디 받기.
    id = request("id")

    //게시물 내용 읽어오기.
    SQL = "select  title,writer,date,content  from freeboard
                                                  where id=""&id&"""
    Set Rs = DBConn.Execute(SQL)

    Dim title
    Dim writer
    Dim date_
    Dim content

    //제목, 글쓴이, 날자, 글내용 읽어서 변수에 저장.
    title = Rs("title")
    writer = Rs("writer")
    date_ = Rs("date")
    content = Rs("content")

   %>]]>                                          ASP 코드, DB 연결 부분
```

```
    <ITEM ID="1">
      <DESCRIPTOR>
        <STATEMENT Type="text/xml">
          <mbd:OBJECTTYPE>IMAGE</mbd:OBJECTTYPE>
          <mbd:SUBTYPE>NULL</mbd:SUBTYPE>
          <mbd:CBNAME></mbd:CBNAME>
          <mbd:RESOURCE>./Img/top_visual.gif</mbd:RESOURCE>
```

```
      <mbd:OBJECTNAME></mbd:OBJECTNAME>
      <mbd:POSITION>0,35,240,90</mbd:POSITION>
      <mbd:Z-INDEX>0</mbd:Z-INDEX>
      <mbd:ALIGN>NULL</mbd:ALIGN>
    </STATEMENT>
  </DESCRIPTOR>
</ITEM>
<ITEM ID="2">
  <DESCRIPTOR>
    <STATEMENT Type="text/xml">
      <mbd:OBJECTTYPE>IMAGE</mbd:OBJECTTYPE>
      <mbd:SUBTYPE>NULL</mbd:SUBTYPE>
      <mbd:CBNAME></mbd:CBNAME>
      <mbd:RESOURCE>./Img/logo.gif</mbd:RESOURCE>
      <mbd:OBJECTNAME></mbd:OBJECTNAME>
      <mbd:POSITION>0,4,112,31</mbd:POSITION>
      <mbd:Z-INDEX>0</mbd:Z-INDEX>
      <mbd:ALIGN>NULL</mbd:ALIGN>
    </STATEMENT>
  </DESCRIPTOR>
</ITEM>
<ITEM ID="3">
  <DESCRIPTOR>
    <STATEMENT Type="text/xml">
      <mbd:OBJECTTYPE>IMAGE</mbd:OBJECTTYPE>
      <mbd:SUBTYPE>NULL</mbd:SUBTYPE>
      <mbd:CBNAME></mbd:CBNAME>
      <mbd:RESOURCE>./Img/top_text.gif</mbd:RESOURCE>
      <mbd:OBJECTNAME></mbd:OBJECTNAME>
      <mbd:POSITION>155,4,85,31</mbd:POSITION>
      <mbd:Z-INDEX>0</mbd:Z-INDEX>
      <mbd:ALIGN>NULL</mbd:ALIGN>
    </STATEMENT>
  </DESCRIPTOR>
</ITEM>
<ITEM ID="4">
  <DESCRIPTOR>
    <STATEMENT Type="text/xml">
      <mbd:OBJECTTYPE>IMAGE</mbd:OBJECTTYPE>
      <mbd:SUBTYPE>NULL</mbd:SUBTYPE>
      <mbd:CBNAME></mbd:CBNAME>
      <mbd:RESOURCE>./Img/read_txt01.gif</mbd:RESOURCE>
      <mbd:OBJECTNAME></mbd:OBJECTNAME>
      <mbd:POSITION>3,128,66,25</mbd:POSITION>
      <mbd:Z-INDEX>1</mbd:Z-INDEX>
      <mbd:ALIGN>NULL</mbd:ALIGN>
    </STATEMENT>
  </DESCRIPTOR>
</ITEM>
```

```
<ITEM ID="5">
  <DESCRIPTOR>
    <STATEMENT Type="text/xml">
      <mbd:OBJECTTYPE>IMAGE</mbd:OBJECTTYPE>
      <mbd:SUBTYPE>NULL</mbd:SUBTYPE>
      <mbd:CBNAME></mbd:CBNAME>
      <mbd:RESOURCE>./Img/read_txt02.gif</mbd:RESOURCE>
      <mbd:OBJECTNAME></mbd:OBJECTNAME>
      <mbd:POSITION>3,153,66,25</mbd:POSITION>
      <mbd:Z-INDEX>2</mbd:Z-INDEX>
      <mbd:ALIGN>NULL</mbd:ALIGN>
    </STATEMENT>
  </DESCRIPTOR>
</ITEM>
<ITEM ID="6">
  <DESCRIPTOR>
    <STATEMENT Type="text/xml">
      <mbd:OBJECTTYPE>IMAGE</mbd:OBJECTTYPE>
      <mbd:SUBTYPE>NULL</mbd:SUBTYPE>
      <mbd:CBNAME></mbd:CBNAME>
      <mbd:RESOURCE>./Img/read_txt03.gif</mbd:RESOURCE>
      <mbd:OBJECTNAME></mbd:OBJECTNAME>
      <mbd:POSITION>3,178,66,25</mbd:POSITION>
      <mbd:Z-INDEX>3</mbd:Z-INDEX>
      <mbd:ALIGN>NULL</mbd:ALIGN>
    </STATEMENT>
  </DESCRIPTOR>
</ITEM>
<ITEM ID="7">
  <DESCRIPTOR>
    <STATEMENT Type="text/xml">
      <mbd:OBJECTTYPE>IMAGE</mbd:OBJECTTYPE>
      <mbd:SUBTYPE>NULL</mbd:SUBTYPE>
      <mbd:CBNAME></mbd:CBNAME>
      <mbd:RESOURCE>./Img/read_txt04.gif</mbd:RESOURCE>
      <mbd:OBJECTNAME></mbd:OBJECTNAME>
      <mbd:POSITION>3,203,66,25</mbd:POSITION>
      <mbd:Z-INDEX>4</mbd:Z-INDEX>
      <mbd:ALIGN>NULL</mbd:ALIGN>
    </STATEMENT>
  </DESCRIPTOR>
</ITEM>
<ITEM ID="8">
  <DESCRIPTOR>
    <STATEMENT Type="text/xml">
      <mbd:OBJECTTYPE>IMAGE</mbd:OBJECTTYPE>
      <mbd:SUBTYPE>NULL</mbd:SUBTYPE>
      <mbd:CBNAME></mbd:CBNAME>
      <mbd:RESOURCE>./Img/read_txt05.gif</mbd:RESOURCE>
```

```
        <mbd:OBJECTNAME></mbd:OBJECTNAME>
        <mbd:POSITION>3,228,66,25</mbd:POSITION>
        <mbd:Z-INDEX>5</mbd:Z-INDEX>
        <mbd:ALIGN>NULL</mbd:ALIGN>
      </STATEMENT>
    </DESCRIPTOR>
  </ITEM>
```

이미지 추가

```
  <ITEM ID="9">
    <DESCRIPTOR>
      <STATEMENT Type="text/xml">
        <mbd:OBJECTTYPE>TEXT</mbd:OBJECTTYPE>
        <mbd:SUBTYPE>NULL</mbd:SUBTYPE>
        <mbd:COLOR>255, 0, 0, 0</mbd:COLOR>
        <mbd:POSITION>74,135,170,14</mbd:POSITION>
        <mbd:ALIGN>NULL</mbd:ALIGN>
        <mbd:RAWSTRING>
          <![ CDATA[ <% response.write id %>]]>
        </mbd:RAWSTRING>
      </STATEMENT>
    </DESCRIPTOR>
  </ITEM>
  <ITEM ID="10">
    <DESCRIPTOR>
      <STATEMENT Type="text/xml">
        <mbd:OBJECTTYPE>TEXT</mbd:OBJECTTYPE>
        <mbd:SUBTYPE>NULL</mbd:SUBTYPE>
        <mbd:COLOR>255, 0, 0, 0</mbd:COLOR>
        <mbd:POSITION>74,160,181,14</mbd:POSITION>
        <mbd:ALIGN>NULL</mbd:ALIGN>
        <mbd:RAWSTRING>
          <![ CDATA[ <% response.write title %>]]>
        </mbd:RAWSTRING>
      </STATEMENT>
    </DESCRIPTOR>
  </ITEM>
  <ITEM ID="11">
    <DESCRIPTOR>
      <STATEMENT Type="text/xml">
        <mbd:OBJECTTYPE>TEXT</mbd:OBJECTTYPE>
        <mbd:SUBTYPE>NULL</mbd:SUBTYPE>
        <mbd:COLOR>255, 0, 0, 0</mbd:COLOR>
        <mbd:POSITION>74,184,192,14</mbd:POSITION>
        <mbd:ALIGN>NULL</mbd:ALIGN>
        <mbd:RAWSTRING>
          <![ CDATA[ <% response.write writer %>]]>
        </mbd:RAWSTRING>
      </STATEMENT>
    </DESCRIPTOR>
  </ITEM>
```

텍스트에 ASP 변수 삽입

```
<ITEM ID="12">
  <DESCRIPTOR>
    <STATEMENT Type="text/xml">
      <mbd:OBJECTTYPE>TEXT</mbd:OBJECTTYPE>
      <mbd:SUBTYPE>NULL</mbd:SUBTYPE>
      <mbd:COLOR>255, 0, 0, 0</mbd:COLOR>
      <mbd:POSITION>74,207,194,14</mbd:POSITION>
      <mbd:ALIGN>NULL</mbd:ALIGN>
      <mbd:RAWSTRING>
        <![ CDATA[ <% response.write date_ %>]]>
      </mbd:RAWSTRING>
    </STATEMENT>
  </DESCRIPTOR>
</ITEM>
<ITEM ID="13">
  <DESCRIPTOR>
    <STATEMENT Type="text/xml">
      <mbd:OBJECTTYPE>TEXT</mbd:OBJECTTYPE>
      <mbd:SUBTYPE>NULL</mbd:SUBTYPE>
      <mbd:COLOR>255, 0, 0, 0</mbd:COLOR>
      <mbd:POSITION>74,234,208,14</mbd:POSITION>
      <mbd:ALIGN>NULL</mbd:ALIGN>
      <mbd:RAWSTRING>
        <![ CDATA[ <% response.write content %>]]>
      </mbd:RAWSTRING>
    </STATEMENT>
  </DESCRIPTOR>
</ITEM>
<ITEM ID="15">
  <DESCRIPTOR>
    <STATEMENT Type="text/xml">
      <mbd:OBJECTTYPE>IMAGE</mbd:OBJECTTYPE>
      <mbd:SUBTYPE>NULL</mbd:SUBTYPE>
      <mbd:CBNAME></mbd:CBNAME>
      <mbd:RESOURCE>./Img/bt_modify.gif</mbd:RESOURCE>
      <mbd:OBJECTNAME></mbd:OBJECTNAME>
      <mbd:POSITION>176,269,59,21</mbd:POSITION>
      <mbd:Z-INDEX>7</mbd:Z-INDEX>
      <mbd:ALIGN>NULL</mbd:ALIGN>
    </STATEMENT>
  </DESCRIPTOR>
</ITEM>
<ITEM ID="16">
  <DESCRIPTOR>
    <STATEMENT Type="text/xml">
      <mbd:OBJECTTYPE>IMAGE</mbd:OBJECTTYPE>
      <mbd:SUBTYPE>NULL</mbd:SUBTYPE>
      <mbd:CBNAME></mbd:CBNAME>
      <mbd:RESOURCE>./Img/bt_ok.gif</mbd:RESOURCE>
```

```
        <mbd:OBJECTNAME></mbd:OBJECTNAME>
        <mbd:POSITION>109,269,59,21</mbd:POSITION>
        <mbd:Z-INDEX>8</mbd:Z-INDEX>
        <mbd:ALIGN>NULL</mbd:ALIGN>
      </STATEMENT>
    </DESCRIPTOR>
  </ITEM>
  <ITEM ID="17">
    <DESCRIPTOR>
      <STATEMENT Type="text/xml">
        <mbd:OBJECTTYPE>IMAGE</mbd:OBJECTTYPE>
        <mbd:SUBTYPE>NULL</mbd:SUBTYPE>
        <mbd:CBNAME></mbd:CBNAME>
        <mbd:RESOURCE>./Img/bt_reply.gif</mbd:RESOURCE>
        <mbd:OBJECTNAME></mbd:OBJECTNAME>
        <mbd:POSITION>109,297,59,21</mbd:POSITION>
        <mbd:Z-INDEX>9</mbd:Z-INDEX>
        <mbd:ALIGN>NULL</mbd:ALIGN>
      </STATEMENT>
    </DESCRIPTOR>
  </ITEM>
  <ITEM ID="18">
    <DESCRIPTOR>
      <STATEMENT Type="text/xml">
        <mbd:OBJECTTYPE>IMAGE</mbd:OBJECTTYPE>
        <mbd:SUBTYPE>NULL</mbd:SUBTYPE>
        <mbd:CBNAME></mbd:CBNAME>
        <mbd:RESOURCE>./Img/bt_delete.gif</mbd:RESOURCE>
        <mbd:OBJECTNAME></mbd:OBJECTNAME>
        <mbd:POSITION>175,297,59,21</mbd:POSITION>
        <mbd:Z-INDEX>10</mbd:Z-INDEX>
        <mbd:ALIGN>NULL</mbd:ALIGN>
        <mbd:HYPERLINK><![CDATA[delete.asp?id=<% response.write id %>]]>
                                                        </mbd:HYPERLINK>
      </STATEMENT>
    </DESCRIPTOR>
  </ITEM>
 </CONTAINER>
</DIDL>
```

이러면 그림 10.10과 비슷한 결과를 볼 수 있을 것이다.

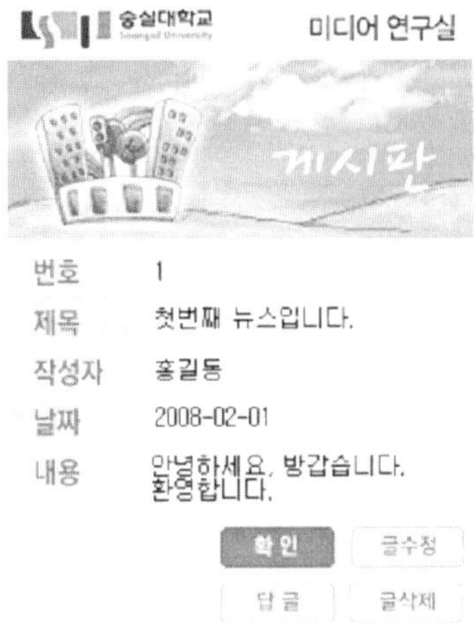

| 그림 10.11 | content.didl 페이지 예상 실행 결과

다음은 게시판에서 글 쓰기 페이지(예 : write.didl)을 만들어 보자. 글 쓰기 구현 순서는 다음과 같다. list.didl에서 글쓰기 버튼을 클릭하면 write.didl 페이지가 실행되고 글을 다 쓰고 확인 버튼을 클릭하면 wirte.asp 페이지에 링크되어 내용을 데이터베이스에 저장한 다음 write_ok.didl 페이지로 이동하며 끝난다.

위와 다른 점이라면 여기서는 ASP 페이지를 단독으로 만들어 링크하여야 한다. DIDL 페이지에서 이미지와 텍스트를 추가시 위의 DIDL 소스코드와 대부분 비슷함으로 다른 부분만 간략하여 설명하려 한다.

| 표 10.9 | 소스코드 : write.didl – 이미지 추가시

```
<ITEM ID="3">
  <DESCRIPTOR>
    <STATEMENT Type="text/xml">
      <mbd:OBJECTTYPE>IMAGE</mbd:OBJECTTYPE>
      <mbd:SUBTYPE>NULL</mbd:SUBTYPE>
      <mbd:CBNAME><![ CDATA[ ]]></mbd:CBNAME>
      <mbd:RESOURCE><![ CDATA[ ./Img/top_visual.gif]]></mbd:RESOURCE>
      <mbd:OBJECTNAME></mbd:OBJECTNAME>
      <mbd:POSITION>0,35,240,90</mbd:POSITION>
      <mbd:Z-INDEX>0</mbd:Z-INDEX>
      <mbd:ALIGN>NULL</mbd:ALIGN>
    </STATEMENT>
  </DESCRIPTOR>
</ITEM>
```

위와 다른 부분이라면 wirte.didl 페이지에는 폼과 입력박스 및 액션버튼이 있다.

폼과 액션버튼은 아래와 같이 코드를 추가하면 된다. 폼은 액션버튼 클릭시 입력박스의 값들을 GET 방식으로 Action URL에 링크된 페이지에 넘겨주는 역할을 한다. Action URL에 `write.asp` 페이지를 링크한다. 이러면 `write.didl` 페이지의 입력박스의 값들을 GET 방식으로 `write.asp`에 넘겨주게 된다.

| 표 10.10 | 소스코드 - 폼 추가시

```
<ITEM ID="15">
  <DESCRIPTOR>
    <STATEMENT Type="text/xml">
      <mbd:OBJECTTYPE>FORM</mbd:OBJECTTYPE>
      <mbd:SUBTYPE>NULL</mbd:SUBTYPE>
      <mbd:POSITION>-201,210,1017,100</mbd:POSITION>
      <mbd:METHOD>GET</mbd:METHOD>
      <mbd:ALIGN>NULL</mbd:ALIGN>
      <mbd:ACTIONURL>write.asp</mbd:ACTIONURL>
    </STATEMENT>
  </DESCRIPTOR>
</ITEM>
```

| 표 10.11 | 소스코드 - 입력박스 추가시

```
<ITEM ID="9">
  <DESCRIPTOR>
    <STATEMENT Type="text/xml">
      <mbd:OBJECTTYPE>INPUT</mbd:OBJECTTYPE>
      <mbd:SUBTYPE>NULL</mbd:SUBTYPE>
      <mbd:POSITION>75,149,158,21</mbd:POSITION>
      <mbd:ALIGN>NULL</mbd:ALIGN>
      <mbd:NAME>title</mbd:NAME>
    </STATEMENT>
  </DESCRIPTOR>
</ITEM>
<ITEM ID="10">
  <DESCRIPTOR>
    <STATEMENT Type="text/xml">
      <mbd:OBJECTTYPE>INPUT</mbd:OBJECTTYPE>
      <mbd:SUBTYPE>NULL</mbd:SUBTYPE>
      <mbd:POSITION>75,174,157,21</mbd:POSITION>
      <mbd:ALIGN>NULL</mbd:ALIGN>
      <mbd:NAME>writer</mbd:NAME>
    </STATEMENT>
  </DESCRIPTOR>
</ITEM>
```

```
<ITEM ID="11">
  <DESCRIPTOR>
    <STATEMENT Type="text/xml">
      <mbd:OBJECTTYPE>INPUT</mbd:OBJECTTYPE>
      <mbd:SUBTYPE>NULL</mbd:SUBTYPE>
      <mbd:POSITION>75,200,157,21</mbd:POSITION>
      <mbd:ALIGN>NULL</mbd:ALIGN>
      <mbd:NAME>date</mbd:NAME>
    </STATEMENT>
  </DESCRIPTOR>
</ITEM>
<ITEM ID="12">
  <DESCRIPTOR>
    <STATEMENT Type="text/xml">
      <mbd:OBJECTTYPE>INPUT</mbd:OBJECTTYPE>
      <mbd:SUBTYPE>TEXTAREA</mbd:SUBTYPE>
      <mbd:POSITION>75,226,160,94</mbd:POSITION>
      <mbd:ALIGN>NULL</mbd:ALIGN>
      <mbd:NAME>content</mbd:NAME>
    </STATEMENT>
  </DESCRIPTOR>
</ITEM>
```

| 표 10.12 | 소스코드 – 액션버튼 추가시

```
<ITEM ID="13">
  <DESCRIPTOR>
    <STATEMENT Type="text/xml">
      <mbd:OBJECTTYPE>INPUT</mbd:OBJECTTYPE>
      <mbd:SUBTYPE>SUBMIT</mbd:SUBTYPE>
      <mbd:POSITION>85,358,73,21</mbd:POSITION>
      <mbd:ALIGN>NULL</mbd:ALIGN>
      <mbd:VALUE>글쓰기</mbd:VALUE>
    </STATEMENT>
  </DESCRIPTOR>
</ITEM>
```

write.didl이 끝나면 이제는 사용자가 입력한 값들을 저장하는 write.asp라는 페이지를 만들어야 한다. 코드는 아래와 같다.

| 표 10.13 | write.asp 소스

```
<%
    //데이터베이스 연결.
    strcon = "DRIVER=MySQL ODBC 3.51 Driver;SERVER=220.70.1.183;

DATABASE=test;UID=root;PWD=123456;OPTION=35"
    set DBConn = Server.CreateObject("ADODB.Connection")
    DBConn.open strcon

    //GET방식으로 받은 게시물 제목, 글쓴이, 날자, 내용을  변수에 저장.
    title = request("title")
    writer = request("writer")
    date_ = request("date")
    content = request("content")

    //게시물 제목, 글쓴이, 날자, 내용 데이터베이스에 저장.

    SQL = "INSERT INTO freeboard (title,writer,date,content) VALUES
           (' " & title &" ',' " & writer & " ','" & date_ & "',
            ' " & content & "')"

    DBConn.Execute SQL

    DBConn.close
%>

<script>
     location.replace("write_ok.didl"); //입력 완성 페이지
</script>
```

위와 같이 메모장에 코딩하고 파일을 write.asp로 저장하면 된다. 데이터베이스에 입력이 완성되면 이제는 입력 완성 페이지(예 : write_ok.didl)로 마치면 글쓰기 구현은 완성된다.

다음으로 입력 완성 페이지 write_ok.didl를 구현해 보도록 하자. write_ok.didl은 입력이 완성됨을 알리는 페이지이므로 이미지와 텍스트로만 구성된 간단한 DIDL 페이지이다. 구현 소스는 다음과 같다. 소스구성에 대한 설명은 위의 write.didl을 참고하기 바란다.

| 표 10.14 | 소스 코드 : write_ok.didl

```
<?xml version="1.0" encoding="euc-kr"?>
<DIDL xmlns:mpeg21="urn:mpeg:mpeg21:2002:01-didl-NS"
 xmlns:mbd="http://medialab.ssu.ac.kr/ObjectAttribute">
  <CONTAINER ID="Page">
```

```
    <DESCRIPTOR>
      <STATEMENT Type="text/xml">
        <mbd:PAGEID></mbd:PAGEID>
        <mbd:TITLE></mbd:TITLE>
        <mbd:BACKIMAGE></mbd:BACKIMAGE>
        <mbd:BACKCOLOR></mbd:BACKCOLOR>
        <mbd:BACKAUDIO></mbd:BACKAUDIO>
      </STATEMENT>
    </DESCRIPTOR>
```

타이틀 부분

```
    <ITEM ID="1">
      <DESCRIPTOR>
        <STATEMENT Type="text/xml">
          <mbd:OBJECTTYPE>TEXT</mbd:OBJECTTYPE>
          <mbd:SUBTYPE>NULL</mbd:SUBTYPE>
          <mbd:COLOR>255, 0, 0, 0</mbd:COLOR>
          <mbd:POSITION>56,154,125,12</mbd:POSITION>
          <mbd:ALIGN>NULL</mbd:ALIGN>
          <mbd:RAWSTRING>글이 등록 되였습니다.</mbd:RAWSTRING>
          <mbd:SIZE>9</mbd:SIZE>
        </STATEMENT>
      </DESCRIPTOR>
    </ITEM>
```

텍스트 추가 부분

```
 <ITEM ID="2">
      <DESCRIPTOR>
        <STATEMENT Type="text/xml">
          <mbd:OBJECTTYPE>IMAGE</mbd:OBJECTTYPE>
          <mbd:SUBTYPE>NULL</mbd:SUBTYPE>
          <mbd:CBNAME></mbd:CBNAME>
          <mbd:RESOURCE>./Img/icon_point.gif</mbd:RESOURCE>
          <mbd:OBJECTNAME></mbd:OBJECTNAME>
          <mbd:POSITION>37,154,12,12</mbd:POSITION>
          <mbd:Z-INDEX>0</mbd:Z-INDEX>
          <mbd:ALIGN>NULL</mbd:ALIGN>
        </STATEMENT>
      </DESCRIPTOR>
    </ITEM>
    <ITEM ID="3">
      <DESCRIPTOR>
        <STATEMENT Type="text/xml">
          <mbd:OBJECTTYPE>IMAGE</mbd:OBJECTTYPE>
          <mbd:SUBTYPE>NULL</mbd:SUBTYPE>
          <mbd:CBNAME></mbd:CBNAME>
          <mbd:RESOURCE>./Img/logo.gif</mbd:RESOURCE>
```

```
      <mbd:OBJECTNAME></mbd:OBJECTNAME>
      <mbd:POSITION>0,4,112,31</mbd:POSITION>
      <mbd:Z-INDEX>0</mbd:Z-INDEX>
      <mbd:ALIGN>NULL</mbd:ALIGN>
    </STATEMENT>
  </DESCRIPTOR>
</ITEM>
```

이미지 추가 부분

```
<ITEM ID="4">
  <DESCRIPTOR>
    <STATEMENT Type="text/xml">
      <mbd:OBJECTTYPE>IMAGE</mbd:OBJECTTYPE>
      <mbd:SUBTYPE>NULL</mbd:SUBTYPE>
      <mbd:CBNAME></mbd:CBNAME>
      <mbd:RESOURCE>./Img/top_text.gif</mbd:RESOURCE>
      <mbd:OBJECTNAME></mbd:OBJECTNAME>
      <mbd:POSITION>155,4,85,31</mbd:POSITION>
      <mbd:Z-INDEX>0</mbd:Z-INDEX>
      <mbd:ALIGN>NULL</mbd:ALIGN>
    </STATEMENT>
  </DESCRIPTOR>
</ITEM>
<ITEM ID="5">
  <DESCRIPTOR>
    <STATEMENT Type="text/xml">
      <mbd:OBJECTTYPE>IMAGE</mbd:OBJECTTYPE>
      <mbd:SUBTYPE>NULL</mbd:SUBTYPE>
      <mbd:CBNAME></mbd:CBNAME>
      <mbd:RESOURCE>./Img/top_visual.gif</mbd:RESOURCE>
      <mbd:OBJECTNAME></mbd:OBJECTNAME>
      <mbd:POSITION>0,35,240,90</mbd:POSITION>
      <mbd:Z-INDEX>0</mbd:Z-INDEX>
      <mbd:ALIGN>NULL</mbd:ALIGN>
    </STATEMENT>
  </DESCRIPTOR>
</ITEM>
<ITEM ID="6">
  <DESCRIPTOR>
    <STATEMENT Type="text/xml">
      <mbd:OBJECTTYPE>IMAGE</mbd:OBJECTTYPE>
      <mbd:SUBTYPE>NULL</mbd:SUBTYPE>
      <mbd:CBNAME></mbd:CBNAME>
      <mbd:RESOURCE>./Img/bt_ok.gif</mbd:RESOURCE>
      <mbd:OBJECTNAME></mbd:OBJECTNAME>
      <mbd:POSITION>166,290,59,21</mbd:POSITION>
      <mbd:Z-INDEX>1</mbd:Z-INDEX>
      <mbd:ALIGN>NULL</mbd:ALIGN>
      <mbd:HYPERLINK>list.didl</mbd:HYPERLINK>
    </STATEMENT>
```

```
      </DESCRIPTOR>
    </ITEM>
  </CONTAINER>
</DIDL>
```

위의 소스를 메모장에 입력하고 write_ok.didl로 저장한다. 마지막으로 완성된 세 페이지: write.didl, write.asp, write_ok.didl을 웹 서버에 올리고 입력 페이지인 write.didl부터 실행하면 된다(예 : http://localhost/write.didl). 이로서 글쓰기를 구현하여 보았다.

마지막으로 글삭제 기능을 구현하여 보도록 하자. 글삭제는 두 개 페이지로 구성되어 있다. 글삭제 버튼을 클릭시 데이터베이스로부터 글을 삭제하는 기능을 하는 ASP 페이지(예 : delete.asp)와 삭제 완료를 알리는 DIDL 페이시(예 : delete_ok.didl)이다. 그림 10.10의 content.didl 페이지에서 글삭제 버튼을 클릭시 delete.asp가 실행되고 삭제가 완료되면 delete_ok.didl 페이지가 실행된다.

아래에서 구체적으로 구현해 보도록 하자. 우선 delete.asp를 구현한다. 소스와 설명은 아래와 같다.

| 표 10.15 | 소스 코드 : delete.asp

```
<%
    //DB 연결
    strcon = "DRIVER=MySQL ODBC 3.51 Driver;SERVER=220.70.1.183;
            DATABASE=test;UID=root;PWD=123456;OPTION=35"
    set DBConn = Server.CreateObject("ADODB.Connection")
    DBConn.open strcon

    //전 페이지로부터 삭제하려는 페이지 아이디 받기, content.didl 페이지 참고
    id = request("id")

    //DB로부터 해당 게시물 삭제
    SQL = "delete from freeboard where id = "&id&" "
    DBConn.Execute SQL
    DBConn.close
%>

<script>
     location.replace("delete_ok.didl"); //삭제 완료페이지로 이동
</script>
```

삭제가 완료되면 다음은 완료페이지 delete_ok.didl을 구현하도록 하자. delete_ok.didl 페이지도 이미지와 텍스트로 구성된 간단한 DIDL 페이지이다. 소스는

아래와 같다.

| 표 10.16 | 소스 코드: delete_ok.didl

```
<?xml version="1.0" encoding="euc-kr"?>
<DIDL xmlns:mpeg21="urn:mpeg:mpeg21:2002:01-didl-NS"
      xmlns:mbd="http://medialab.ssu.ac.kr/ObjectAttribute">
  <CONTAINER ID="Page">
    <DESCRIPTOR>
      <STATEMENT Type="text/xml">
        <mbd:PAGEID></mbd:PAGEID>
        <mbd:TITLE></mbd:TITLE>
        <mbd:BACKIMAGE></mbd:BACKIMAGE>
        <mbd:BACKCOLOR></mbd:BACKCOLOR>
        <mbd:BACKAUDIO></mbd:BACKAUDIO>
      </STATEMENT>
    </DESCRIPTOR>
    <ITEM ID="1>
      <DESCRIPTOR>
        <STATEMENT Type="text/xml">
          <mbd:OBJECTTYPE>IMAGE</mbd:OBJECTTYPE>
          <mbd:SUBTYPE>NULL</mbd:SUBTYPE>
          <mbd:CBNAME></mbd:CBNAME>
          <mbd:RESOURCE>./Img/top_visual.gif</mbd:RESOURCE>
          <mbd:OBJECTNAME></mbd:OBJECTNAME>
          <mbd:POSITION>0,35,240,90</mbd:POSITION>
          <mbd:Z-INDEX>0</mbd:Z-INDEX>
          <mbd:ALIGN>NULL</mbd:ALIGN>
        </STATEMENT>
      </DESCRIPTOR>
    </ITEM>
    <ITEM ID="2">
      <DESCRIPTOR>
        <STATEMENT Type="text/xml">
          <mbd:OBJECTTYPE>IMAGE</mbd:OBJECTTYPE>
          <mbd:SUBTYPE>NULL</mbd:SUBTYPE>
          <mbd:CBNAME></mbd:CBNAME>
          <mbd:RESOURCE>./Img/logo.gif</mbd:RESOURCE>
          <mbd:OBJECTNAME></mbd:OBJECTNAME>
          <mbd:POSITION>0,4,112,31</mbd:POSITION>
          <mbd:Z-INDEX>0</mbd:Z-INDEX>
          <mbd:ALIGN>NULL</mbd:ALIGN>
        </STATEMENT>
      </DESCRIPTOR>
    </ITEM>
    <ITEM ID="3>
      <DESCRIPTOR>
        <STATEMENT Type="text/xml">
          <mbd:OBJECTTYPE>IMAGE</mbd:OBJECTTYPE>
```

```
      <mbd:SUBTYPE>NULL</mbd:SUBTYPE>
      <mbd:CBNAME></mbd:CBNAME>
      <mbd:RESOURCE>./Img/top_text.gif</mbd:RESOURCE>
      <mbd:OBJECTNAME></mbd:OBJECTNAME>
      <mbd:POSITION>155,4,85,31</mbd:POSITION>
      <mbd:Z-INDEX>0</mbd:Z-INDEX>
      <mbd:ALIGN>NULL</mbd:ALIGN>
    </STATEMENT>
  </DESCRIPTOR>
</ITEM>
<ITEM ID="4">
  <DESCRIPTOR>
    <STATEMENT Type="text/xml">
      <mbd:OBJECTTYPE>IMAGE</mbd:OBJECTTYPE>
      <mbd:SUBTYPE>NULL</mbd:SUBTYPE>
      <mbd:CBNAME></mbd:CBNAME>
      <mbd:RESOURCE>./Img/icon_point.gif</mbd:RESOURCE>
      <mbd:OBJECTNAME></mbd:OBJECTNAME>
      <mbd:POSITION>37,154,12,12</mbd:POSITION>
      <mbd:Z-INDEX>1</mbd:Z-INDEX>
      <mbd:ALIGN>NULL</mbd:ALIGN>
    </STATEMENT>
  </DESCRIPTOR>
</ITEM>
<ITEM ID="5">
  <DESCRIPTOR>
    <STATEMENT Type="text/xml">
      <mbd:OBJECTTYPE>TEXT</mbd:OBJECTTYPE>
      <mbd:SUBTYPE>NULL</mbd:SUBTYPE>
      <mbd:COLOR>255, 0, 0, 0</mbd:COLOR>
      <mbd:POSITION>55,155,125,12</mbd:POSITION>
      <mbd:ALIGN>NULL</mbd:ALIGN>
      <mbd:RAWSTRING>글이 삭제되었습니다.</mbd:RAWSTRING>
      <mbd:SIZE>9</mbd:SIZE>
    </STATEMENT>
  </DESCRIPTOR>
</ITEM>
<ITEM ID="6">
  <DESCRIPTOR>
    <STATEMENT Type="text/xml">
      <mbd:OBJECTTYPE>IMAGE</mbd:OBJECTTYPE>
      <mbd:SUBTYPE>NULL</mbd:SUBTYPE>
      <mbd:CBNAME></mbd:CBNAME>
      <mbd:RESOURCE>./Img/bt_ok.gif</mbd:RESOURCE>
      <mbd:OBJECTNAME></mbd:OBJECTNAME>
      <mbd:POSITION>167,291,59,21</mbd:POSITION>
      <mbd:Z-INDEX>2</mbd:Z-INDEX>
      <mbd:ALIGN>NULL</mbd:ALIGN>
      <mbd:HYPERLINK>list.didl</mbd:HYPERLINK>
```

```
        </STATEMENT>
      </DESCRIPTOR>
    </ITEM>
  </CONTAINER>
</DIDL>
```

위의 소스를 메모장에 입력하고 delete_ok.didl로 저장하면 된다. 실행은 content.didl 페이지에서 글 삭제 버튼을 클릭시 실행이 시작된다.

지금까지 게시판에 관련된 게시판 첫 페이지(list.didl), 게시물 내용보기(content.didl), 게시판 글쓰기(write.didl), 글삭제(delete.didl) 등 기능들을 DIDL과 ASP를 연동하여 구현하여 보았다.

10.3.2 로그인 페이지 만들기

위에서 DIDL과 ASP를 이용하여 게시판 기능을 구현해 보았다. 이번에는 역시 DIDL과 ASP를 이용하여 로그인 과정을 구현해 보도록 하자. 로그인 과정은 다음과 같은 페이지들로 구성된다. 로그인 페이지(예 : login.didl), 로그인 체크 페이지(예 : login_check.asp), 로그인 성공 페이지(예 : login_ok.didl), 로그인 실패 페이지(예 : login_fail.didl), 회원 가입 페이지(예 : regist.didl), 회원가입 체크 페이지(예 : regist_check.asp), 회원가입 완료 페이지(예 : regist_ok.didl) 등으로 구성된다.

로그인 페이지부터 하나하나 구현하여 보도록 하자. 페이지 중 텍스트, 입력박스, 액션 버튼, 폼 등 오브젝트 구성과 ASP 코드 사용은 위에서 구현한 게시판 페이지들과 똑같은 방법을 사용하였으며, 아래에 소스에 대하여 간략하게 설명하고 구체적인 설명은 10.3.1 의 게시판 구현을 참고하기 바란다.

| 표 10.17 | 소스 코드 : login.didl

```
<?xml version="1.0" encoding="euc-kr"?>
<DIDL xmlns:mpeg21="urn:mpeg:mpeg21:2002:01-didl-NS"
      xmlns:mbd="http://medialab.ssu.ac.kr/ObjectAttribute">
  <CONTAINER ID="Page">
    <DESCRIPTOR>
      <STATEMENT Type="text/xml">
        <mbd:PAGEID></mbd:PAGEID>
        <mbd:TITLE></mbd:TITLE>
        <mbd:BACKIMAGE></mbd:BACKIMAGE>
        <mbd:BACKCOLOR></mbd:BACKCOLOR>
        <mbd:BACKAUDIO></mbd:BACKAUDIO>
      </STATEMENT>
```

```
</DESCRIPTOR>
<ITEM ID="1">
  <DESCRIPTOR>
    <STATEMENT Type="text/xml">
      <mbd:OBJECTTYPE>IMAGE</mbd:OBJECTTYPE>
      <mbd:SUBTYPE>NULL</mbd:SUBTYPE>
      <mbd:CBNAME></mbd:CBNAME>
      <mbd:RESOURCE>./Img/logo.gif</mbd:RESOURCE>
      <mbd:OBJECTNAME></mbd:OBJECTNAME>
      <mbd:POSITION>3,4,112,31</mbd:POSITION>
      <mbd:Z-INDEX>0</mbd:Z-INDEX>
      <mbd:ALIGN>NULL</mbd:ALIGN>
    </STATEMENT>
  </DESCRIPTOR>
</ITEM>
<ITEM ID="2">
  <DESCRIPTOR>
    <STATEMENT Type="text/xml">
      <mbd:OBJECTTYPE>IMAGE</mbd:OBJECTTYPE>
      <mbd:SUBTYPE>NULL</mbd:SUBTYPE>
      <mbd:CBNAME></mbd:CBNAME>
      <mbd:RESOURCE>./Img/top_text.gif</mbd:RESOURCE>
      <mbd:OBJECTNAME></mbd:OBJECTNAME>
      <mbd:POSITION>154,4,85,31</mbd:POSITION>
      <mbd:Z-INDEX>1</mbd:Z-INDEX>
      <mbd:ALIGN>NULL</mbd:ALIGN>
    </STATEMENT>
  </DESCRIPTOR>
</ITEM>
<ITEM ID="3">
  <DESCRIPTOR>
    <STATEMENT Type="text/xml">
      <mbd:OBJECTTYPE>IMAGE</mbd:OBJECTTYPE>
      <mbd:SUBTYPE>NULL</mbd:SUBTYPE>
      <mbd:CBNAME></mbd:CBNAME>
      <mbd:RESOURCE>./Img/top_visual_1.gif</mbd:RESOURCE>
      <mbd:OBJECTNAME></mbd:OBJECTNAME>
      <mbd:POSITION>0,35,240,90</mbd:POSITION>
      <mbd:Z-INDEX>2</mbd:Z-INDEX>
      <mbd:ALIGN>NULL</mbd:ALIGN>
    </STATEMENT>
  </DESCRIPTOR>
</ITEM>
<ITEM ID="4">
  <DESCRIPTOR>
    <STATEMENT Type="text/xml">
      <mbd:OBJECTTYPE>IMAGE</mbd:OBJECTTYPE>
      <mbd:SUBTYPE>NULL</mbd:SUBTYPE>
      <mbd:CBNAME></mbd:CBNAME>
```

```
        <mbd:RESOURCE>./Img/icon_point.gif</mbd:RESOURCE>
        <mbd:OBJECTNAME></mbd:OBJECTNAME>
        <mbd:POSITION>3,143,12,12</mbd:POSITION>
        <mbd:Z-INDEX>3</mbd:Z-INDEX>
        <mbd:ALIGN>NULL</mbd:ALIGN>
      </STATEMENT>
    </DESCRIPTOR>
  </ITEM>
  <ITEM ID="5">
    <DESCRIPTOR>
      <STATEMENT Type="text/xml">
        <mbd:OBJECTTYPE>TEXT</mbd:OBJECTTYPE>
        <mbd:SUBTYPE>NULL</mbd:SUBTYPE>
        <mbd:COLOR>255, 0, 0, 0</mbd:COLOR>
        <mbd:POSITION>20,139,222,22</mbd:POSITION>
        <mbd:ALIGN>NULL</mbd:ALIGN>
        <mbd:RAWSTRING>숭실대학교 미디어 학과 계시판에 글을 올
리기 위하여서는 회원 로그인이 필요합니다.</mbd:RAWSTRING>
        <mbd:SIZE>8</mbd:SIZE>
      </STATEMENT>
    </DESCRIPTOR>
  </ITEM>
  <ITEM ID="6">
    <DESCRIPTOR>
      <STATEMENT Type="text/xml">
        <mbd:OBJECTTYPE>IMAGE</mbd:OBJECTTYPE>
        <mbd:SUBTYPE>NULL</mbd:SUBTYPE>
        <mbd:CBNAME></mbd:CBNAME>
        <mbd:RESOURCE>./Img/txt_id.gif</mbd:RESOURCE>
        <mbd:OBJECTNAME></mbd:OBJECTNAME>
        <mbd:POSITION>11,174,78,20</mbd:POSITION>
        <mbd:Z-INDEX>4</mbd:Z-INDEX>
        <mbd:ALIGN>NULL</mbd:ALIGN>
      </STATEMENT>
    </DESCRIPTOR>
  </ITEM>
  <ITEM ID="7">
    <DESCRIPTOR>
      <STATEMENT Type="text/xml">
        <mbd:OBJECTTYPE>IMAGE</mbd:OBJECTTYPE>
        <mbd:SUBTYPE>NULL</mbd:SUBTYPE>
        <mbd:CBNAME></mbd:CBNAME>
        <mbd:RESOURCE>./Img/txt_pw.gif</mbd:RESOURCE>
        <mbd:OBJECTNAME></mbd:OBJECTNAME>
        <mbd:POSITION>11,194,78,20</mbd:POSITION>
        <mbd:Z-INDEX>5</mbd:Z-INDEX>
        <mbd:ALIGN>NULL</mbd:ALIGN>
      </STATEMENT>
```

```
    </DESCRIPTOR>
  </ITEM>
  <ITEM ID="8">
    <DESCRIPTOR>
      <STATEMENT Type="text/xml">
        <mbd:OBJECTTYPE>INPUT</mbd:OBJECTTYPE>
        <mbd:SUBTYPE>NULL</mbd:SUBTYPE>
        <mbd:POSITION>101,172,100,21</mbd:POSITION>
        <mbd:ALIGN>NULL</mbd:ALIGN>
        <mbd:NAME>user_id</mbd:NAME>
      </STATEMENT>
    </DESCRIPTOR>
  </ITEM>
  <ITEM ID="9">
    <DESCRIPTOR>
      <STATEMENT Type="text/xml">
        <mbd:OBJECTTYPE>INPUT</mbd:OBJECTTYPE>
        <mbd:SUBTYPE>NULL</mbd:SUBTYPE>
        <mbd:POSITION>101,196,100,21</mbd:POSITION>
        <mbd:ALIGN>NULL</mbd:ALIGN>
        <mbd:NAME>user_password</mbd:NAME>
      </STATEMENT>
    </DESCRIPTOR>
  </ITEM>
  <ITEM ID="10">
    <DESCRIPTOR>
      <STATEMENT Type="text/xml">
        <mbd:OBJECTTYPE>IMAGE</mbd:OBJECTTYPE>
        <mbd:SUBTYPE>NULL</mbd:SUBTYPE>
        <mbd:CBNAME></mbd:CBNAME>
        <mbd:RESOURCE>./Img/txt_join.gif</mbd:RESOURCE>
        <mbd:OBJECTNAME></mbd:OBJECTNAME>
        <mbd:POSITION>41,225,66,25</mbd:POSITION>
        <mbd:Z-INDEX>6</mbd:Z-INDEX>
        <mbd:ALIGN>NULL</mbd:ALIGN>
      </STATEMENT>
    </DESCRIPTOR>
  </ITEM>
  <ITEM ID="11">
    <DESCRIPTOR>
      <STATEMENT Type="text/xml">
        <mbd:OBJECTTYPE>IMAGE</mbd:OBJECTTYPE>
        <mbd:SUBTYPE>NULL</mbd:SUBTYPE>
        <mbd:CBNAME></mbd:CBNAME>
        <mbd:RESOURCE>./Img/txt_line.gif</mbd:RESOURCE>
        <mbd:OBJECTNAME></mbd:OBJECTNAME>
        <mbd:POSITION>107,225,2,25</mbd:POSITION>
        <mbd:Z-INDEX>7</mbd:Z-INDEX>
        <mbd:ALIGN>NULL</mbd:ALIGN>
```

```
      </STATEMENT>
    </DESCRIPTOR>
  </ITEM>
  <ITEM ID="12">
    <DESCRIPTOR>
      <STATEMENT Type="text/xml">
        <mbd:OBJECTTYPE>IMAGE</mbd:OBJECTTYPE>
        <mbd:SUBTYPE>NULL</mbd:SUBTYPE>
        <mbd:CBNAME></mbd:CBNAME>
        <mbd:RESOURCE>./Img/txt_join.gif</mbd:RESOURCE>
        <mbd:OBJECTNAME></mbd:OBJECTNAME>
        <mbd:POSITION>109,225,66,25</mbd:POSITION>
        <mbd:Z-INDEX>8</mbd:Z-INDEX>
        <mbd:ALIGN>NULL</mbd:ALIGN>
      </STATEMENT>
    </DESCRIPTOR>
  </ITEM>
  <ITEM ID="13">
    <DESCRIPTOR>
      <STATEMENT Type="text/xml">
        <mbd:OBJECTTYPE>INPUT</mbd:OBJECTTYPE>
        <mbd:SUBTYPE>SUBMIT</mbd:SUBTYPE>
        <mbd:POSITION>70,264,73,21</mbd:POSITION>
        <mbd:ALIGN>NULL</mbd:ALIGN>
        <mbd:NAME></mbd:NAME>
        <mbd:VALUE>확인</mbd:VALUE>
      </STATEMENT>
    </DESCRIPTOR>
  </ITEM>
  <ITEM ID="14">
    <DESCRIPTOR>
      <STATEMENT Type="text/xml">
        <mbd:OBJECTTYPE>INPUT</mbd:OBJECTTYPE>
        <mbd:SUBTYPE>SUBMIT</mbd:SUBTYPE>
        <mbd:POSITION>155,264,73,21</mbd:POSITION>
        <mbd:ALIGN>NULL</mbd:ALIGN>
        <mbd:VALUE>취소</mbd:VALUE>
      </STATEMENT>
    </DESCRIPTOR>
  </ITEM>
  <ITEM ID="15">
    <DESCRIPTOR>
      <STATEMENT Type="text/xml">
        <mbd:OBJECTTYPE>FORM</mbd:OBJECTTYPE>
        <mbd:SUBTYPE>NULL</mbd:SUBTYPE>
        <mbd:POSITION>-218,340,1017,100</mbd:POSITION>
        <mbd:METHOD>GET</mbd:METHOD>
        <mbd:ALIGN>NULL</mbd:ALIGN>
        <mbd:ACTIONURL>login_check.asp</mbd:ACTIONURL>
```

```
        </STATEMENT>
      </DESCRIPTOR>
    </ITEM>
  </CONTAINER>
</DIDL>
```

| 표 10.18 | 소스 코드 : login_check.asp

```
<%
    //DB연결
    strcon = "DRIVER=MySQL ODBC 3.51 Driver;SERVER=220.70.1.183;
           DATABASE=test;UID=root;PWD=123456;OPTION=35"
    set DBConn = Server.CreateObject("ADODB.Connection")
    DBConn.open strcon

    //사용자가 입력한 아이디, 패스워드 GET 방식으로 받아 변수에 저장
    U_id = Request("user_id")
    U_password = Request("user_password")

    //로그인 체크
    SQL = "select id, password from user_infor where id='"&U_id&"' and
            password='"&U_password&"'"
    Set Rs = DBConn.Execute(SQL)
    if(Rs.Eof or Rs.Bof) then
%>

<script>
   location.replace("login_false.didl"); //실패시 실패 페이지로 이동.
</script>

<%
    else
%>

<script>
    location.replace("login_true.didl?id=<%=U_id%> "); // 성공시 완료
                        페이지로 이동
</script>

<%
    end if
%>
```

| 표 10.19 | 소스 코드 : login_ok.didl

```
<DIDL xmlns:mpeg21="urn:mpeg:mpeg21:2002:01-didl-NS"

xmlns:mbd="http://medialab.ssu.ac.kr/ObjectAttribute">
  <CONTAINER ID="Page">
    <DESCRIPTOR>
      <STATEMENT Type="text/xml">
        <mbd:PAGEID></mbd:PAGEID>
        <mbd:TITLE></mbd:TITLE>
        <mbd:BACKIMAGE></mbd:BACKIMAGE>
        <mbd:BACKCOLOR></mbd:BACKCOLOR>
        <mbd:BACKAUDIO></mbd:BACKAUDIO>
      </STATEMENT>
    </DESCRIPTOR>
    <![ CDATA[ <%
    Dim Name
      Name = Request("name")
    %>]]>
    <ITEM ID="1">
      <DESCRIPTOR>
        <STATEMENT Type="text/xml">
          <mbd:OBJECTTYPE>IMAGE</mbd:OBJECTTYPE>
          <mbd:SUBTYPE>NULL</mbd:SUBTYPE>
          <mbd:CBNAME></mbd:CBNAME>
          <mbd:RESOURCE>./Img/logo.gif</mbd:RESOURCE>
          <mbd:OBJECTNAME></mbd:OBJECTNAME>
          <mbd:POSITION>-1,4,112,31</mbd:POSITION>
          <mbd:Z-INDEX>0</mbd:Z-INDEX>
          <mbd:ALIGN>NULL</mbd:ALIGN>
        </STATEMENT>
      </DESCRIPTOR>
    </ITEM>
    <ITEM ID="2">
      <DESCRIPTOR>
        <STATEMENT Type="text/xml">
          <mbd:OBJECTTYPE>IMAGE</mbd:OBJECTTYPE>
          <mbd:SUBTYPE>NULL</mbd:SUBTYPE>
          <mbd:CBNAME></mbd:CBNAME>
          <mbd:RESOURCE>./Img/top_text.gif</mbd:RESOURCE>
          <mbd:OBJECTNAME></mbd:OBJECTNAME>
          <mbd:POSITION>154,4,85,31</mbd:POSITION>
          <mbd:Z-INDEX>0</mbd:Z-INDEX>
          <mbd:ALIGN>NULL</mbd:ALIGN>
        </STATEMENT>
      </DESCRIPTOR>
    </ITEM>
    <ITEM ID="3">
      <DESCRIPTOR>
        <STATEMENT Type="text/xml">
```

```
      <mbd:OBJECTTYPE>IMAGE</mbd:OBJECTTYPE>
      <mbd:SUBTYPE>NULL</mbd:SUBTYPE>
      <mbd:CBNAME></mbd:CBNAME>
      <mbd:RESOURCE>./Img/top_visual_join.gif</mbd:RESOURCE>
      <mbd:OBJECTNAME></mbd:OBJECTNAME>
      <mbd:POSITION>-1,35,240,90</mbd:POSITION>
      <mbd:Z-INDEX>0</mbd:Z-INDEX>
      <mbd:ALIGN>NULL</mbd:ALIGN>
    </STATEMENT>
  </DESCRIPTOR>
</ITEM>
<ITEM ID="4">
  <DESCRIPTOR>
    <STATEMENT Type="text/xml">
      <mbd:OBJECTTYPE>TEXT</mbd:OBJECTTYPE>
      <mbd:SUBTYPE>NULL</mbd:SUBTYPE>
      <mbd:COLOR>255, 0, 0, 0</mbd:COLOR>
      <mbd:POSITION>34,163,195,14</mbd:POSITION>
      <mbd:ALIGN>NULL</mbd:ALIGN>
      <mbd:RAWSTRING>
        <![ CDATA[ <% response.write Name %>]]>
      </mbd:RAWSTRING>
    </STATEMENT>
  </DESCRIPTOR>
</ITEM>
<ITEM ID="5">
  <DESCRIPTOR>
    <STATEMENT Type="text/xml">
      <mbd:OBJECTTYPE>IMAGE</mbd:OBJECTTYPE>
      <mbd:SUBTYPE>NULL</mbd:SUBTYPE>
      <mbd:CBNAME></mbd:CBNAME>
      <mbd:RESOURCE>./Img/icon_point.gif</mbd:RESOURCE>
      <mbd:OBJECTNAME></mbd:OBJECTNAME>
      <mbd:POSITION>20,163,12,12</mbd:POSITION>
      <mbd:Z-INDEX>0</mbd:Z-INDEX>
      <mbd:ALIGN>NULL</mbd:ALIGN>
    </STATEMENT>
  </DESCRIPTOR>
</ITEM>
<ITEM ID="6">
  <DESCRIPTOR>
    <STATEMENT Type="text/xml">
      <mbd:OBJECTTYPE>TEXT</mbd:OBJECTTYPE>
      <mbd:SUBTYPE>NULL</mbd:SUBTYPE>
      <mbd:COLOR>255, 0, 0, 0</mbd:COLOR>
      <mbd:POSITION>46,184,176,14</mbd:POSITION>
      <mbd:ALIGN>NULL</mbd:ALIGN>
      <mbd:RAWSTRING>님 회원가입을 축하합니다!</mbd:RAWSTRING>
    </STATEMENT>
```

```
      </DESCRIPTOR>
    </ITEM>
  </CONTAINER>
</DIDL>
```

| 표 10.20 | 소스 코드 : login_false.didl

```
<?xml version="1.0" encoding="euc-kr"?>
<DIDL xmlns:mpeg21="urn:mpeg:mpeg21:2002:01-didl-NS"
       xmlns:mbd="http://medialab.ssu.ac.kr/ObjectAttribute">
  <CONTAINER ID="Page">                          //타이틀
    <DESCRIPTOR>
      <STATEMENT Type="text/xml">
        <mbd:PAGEID></mbd:PAGEID>
        <mbd:TITLE></mbd:TITLE>
        <mbd:BACKIMAGE></mbd:BACKIMAGE>
        <mbd:BACKCOLOR></mbd:BACKCOLOR>
        <mbd:BACKAUDIO></mbd:BACKAUDIO>
      </STATEMENT>
    </DESCRIPTOR>
    <ITEM ID="4">                                //이미지
      <DESCRIPTOR>
        <STATEMENT Type="text/xml">
          <mbd:OBJECTTYPE>IMAGE</mbd:OBJECTTYPE>
          <mbd:SUBTYPE>NULL</mbd:SUBTYPE>
          <mbd:CBNAME></mbd:CBNAME>
          <mbd:RESOURCE>./Img/icon_point.gif</mbd:RESOURCE>
          <mbd:OBJECTNAME></mbd:OBJECTNAME>
          <mbd:POSITION>24,159,12,12</mbd:POSITION>
          <mbd:Z-INDEX>0</mbd:Z-INDEX>
          <mbd:ALIGN>NULL</mbd:ALIGN>
        </STATEMENT>
      </DESCRIPTOR>
    </ITEM>
    <ITEM ID="3">                                //이미지
      <DESCRIPTOR>
        <STATEMENT Type="text/xml">
          <mbd:OBJECTTYPE>IMAGE</mbd:OBJECTTYPE>
          <mbd:SUBTYPE>NULL</mbd:SUBTYPE>
          <mbd:CBNAME></mbd:CBNAME>
          <mbd:RESOURCE>./Img/top_visual_1.gif</mbd:RESOURCE>
          <mbd:OBJECTNAME></mbd:OBJECTNAME>
          <mbd:POSITION>0,35,240,90</mbd:POSITION>
          <mbd:Z-INDEX>0</mbd:Z-INDEX>
          <mbd:ALIGN>NULL</mbd:ALIGN>
        </STATEMENT>
      </DESCRIPTOR>
    </ITEM>
```

```
<ITEM ID="5">                              //텍스트
 <DESCRIPTOR>
   <STATEMENT Type="text/xml">
     <mbd:OBJECTTYPE>TEXT</mbd:OBJECTTYPE>
     <mbd:SUBTYPE>NULL</mbd:SUBTYPE>
     <mbd:COLOR>255, 0, 0, 0</mbd:COLOR>
     <mbd:POSITION>45, 159, 171, 14</mbd:POSITION>
     <mbd:ALIGN>NULL</mbd:ALIGN>
     <mbd:RAWSTRING>로그인에 실패하였습니다!</mbd:RAWSTRING>
   </STATEMENT>
  </DESCRIPTOR>
</ITEM>
<ITEM ID="2">                              //이미지
  <DESCRIPTOR>
    <STATEMENT Type="text/xml">
      <mbd:OBJECTTYPE>IMAGE</mbd:OBJECTTYPE>
      <mbd:SUBTYPE>NULL</mbd:SUBTYPE>
      <mbd:CBNAME></mbd:CBNAME>
      <mbd:RESOURCE>./Img/top_text.gif</mbd:RESOURCE>
      <mbd:OBJECTNAME></mbd:OBJECTNAME>
      <mbd:POSITION>154,4,85,31</mbd:POSITION>
      <mbd:Z-INDEX>0</mbd:Z-INDEX>
      <mbd:ALIGN>NULL</mbd:ALIGN>
    </STATEMENT>
  </DESCRIPTOR>
</ITEM>
<ITEM ID="1">                              //이미지
  <DESCRIPTOR>
    <STATEMENT Type="text/xml">
      <mbd:OBJECTTYPE>IMAGE</mbd:OBJECTTYPE>
      <mbd:SUBTYPE>NULL</mbd:SUBTYPE>
      <mbd:CBNAME></mbd:CBNAME>
      <mbd:RESOURCE>./Img/logo.gif</mbd:RESOURCE>
      <mbd:OBJECTNAME></mbd:OBJECTNAME>
      <mbd:POSITION>3,4,112,31</mbd:POSITION>
      <mbd:Z-INDEX>0</mbd:Z-INDEX>
      <mbd:ALIGN>NULL</mbd:ALIGN>
    </STATEMENT>
  </DESCRIPTOR>
</ITEM>
<ITEM ID="5">
  <DESCRIPTOR>
    <STATEMENT Type="text/xml">
      <mbd:OBJECTTYPE>TEXT</mbd:OBJECTTYPE>
      <mbd:SUBTYPE>NULL</mbd:SUBTYPE>
      <mbd:COLOR>255, 0, 0, 0</mbd:COLOR>
      <mbd:POSITION>45,159,171,14</mbd:POSITION>
      <mbd:ALIGN>NULL</mbd:ALIGN>
      <mbd:RAWSTRING>로그인에 실패하였습니다!</mbd:RAWSTRING>
```

```
        </STATEMENT>
      </DESCRIPTOR>
    </ITEM>
  </CONTAINER>
</DIDL>
```

| 표 10.21 | 소스 코드 : registration.didl

```
<?xml version="1.0" encoding="euc-kr"?>
<DIDL xmlns:mpeg21="urn:mpeg:mpeg21:2002:01-didl-NS"
        xmlns:mbd="http://medialab.ssu.ac.kr/ObjectAttribute">
  <CONTAINER ID="Page">                              //타이틀
    <DESCRIPTOR>
      <STATEMENT Type="text/xml">
        <mbd:PAGEID></mbd:PAGEID>
        <mbd:TITLE></mbd:TITLE>
        <mbd:BACKIMAGE></mbd:BACKIMAGE>
        <mbd:BACKCOLOR></mbd:BACKCOLOR>
        <mbd:BACKAUDIO></mbd:BACKAUDIO>
      </STATEMENT>
    </DESCRIPTOR>
    <ITEM ID="2">                                   //이미지
      <DESCRIPTOR>
        <STATEMENT Type="text/xml">
          <mbd:OBJECTTYPE>IMAGE</mbd:OBJECTTYPE>
          <mbd:SUBTYPE>NULL</mbd:SUBTYPE>
          <mbd:CBNAME></mbd:CBNAME>
          <mbd:RESOURCE>./Img/top_text.gif</mbd:RESOURCE>
          <mbd:OBJECTNAME></mbd:OBJECTNAME>
          <mbd:POSITION>154,4,85,31</mbd:POSITION>
          <mbd:Z-INDEX>0</mbd:Z-INDEX>
          <mbd:ALIGN>NULL</mbd:ALIGN>
        </STATEMENT>
      </DESCRIPTOR>
    </ITEM>
    <ITEM ID="1">                                   //이미지
      <DESCRIPTOR>
        <STATEMENT Type="text/xml">
          <mbd:OBJECTTYPE>IMAGE</mbd:OBJECTTYPE>
          <mbd:SUBTYPE>NULL</mbd:SUBTYPE>
          <mbd:CBNAME></mbd:CBNAME>
          <mbd:RESOURCE>./Img/logo.gif</mbd:RESOURCE>
          <mbd:OBJECTNAME></mbd:OBJECTNAME>
          <mbd:POSITION>-1,4,112,31</mbd:POSITION>
          <mbd:Z-INDEX>0</mbd:Z-INDEX>
          <mbd:ALIGN>NULL</mbd:ALIGN>
        </STATEMENT>
      </DESCRIPTOR>
    </ITEM>
```

```
    <ITEM ID="3">
      <DESCRIPTOR>
        <STATEMENT Type="text/xml">
          <mbd:OBJECTTYPE>IMAGE</mbd:OBJECTTYPE>
          <mbd:SUBTYPE>NULL</mbd:SUBTYPE>
          <mbd:CBNAME><![CDATA[]]></mbd:CBNAME>
<mbd:RESOURCE><![CDATA[./Img/top_visual_join.gif]]></mbd:RESOURCE>
          <mbd:OBJECTNAME></mbd:OBJECTNAME>
          <mbd:POSITION>-1,35,240,90</mbd:POSITION>
          <mbd:Z-INDEX>1</mbd:Z-INDEX>
          <mbd:ALIGN>NULL</mbd:ALIGN>
        </STATEMENT>
      </DESCRIPTOR>
    </ITEM>
    <ITEM ID="4">                                //이미지
      <DESCRIPTOR>
        <STATEMENT Type="text/xml">
          <mbd:OBJECTTYPE>IMAGE</mbd:OBJECTTYPE>
          <mbd:SUBTYPE>NULL</mbd:SUBTYPE>
          <mbd:CBNAME><![CDATA[]]></mbd:CBNAME>
          <mbd:RESOURCE><![CDATA[./Img/join_txt01.gif]]></mbd:RESOURCE>
          <mbd:OBJECTNAME></mbd:OBJECTNAME>
          <mbd:POSITION>17,142,88,25</mbd:POSITION>
          <mbd:Z-INDEX>2</mbd:Z-INDEX>
          <mbd:ALIGN>NULL</mbd:ALIGN>
        </STATEMENT>
      </DESCRIPTOR>
    </ITEM>
    <ITEM ID="5">                                //이미지
      <DESCRIPTOR>
        <STATEMENT Type="text/xml">
          <mbd:OBJECTTYPE>IMAGE</mbd:OBJECTTYPE>
          <mbd:SUBTYPE>NULL</mbd:SUBTYPE>
          <mbd:CBNAME><![CDATA[]]></mbd:CBNAME>
          <mbd:RESOURCE><![CDATA[./Img/join_txt02.gif]]></mbd:RESOURCE>
          <mbd:OBJECTNAME></mbd:OBJECTNAME>
          <mbd:POSITION>17,167,88,25</mbd:POSITION>
          <mbd:Z-INDEX>3</mbd:Z-INDEX>
          <mbd:ALIGN>NULL</mbd:ALIGN>
        </STATEMENT>
      </DESCRIPTOR>
    </ITEM>
    <ITEM ID="6">                                //이미지
      <DESCRIPTOR>
        <STATEMENT Type="text/xml">
          <mbd:OBJECTTYPE>IMAGE</mbd:OBJECTTYPE>
          <mbd:SUBTYPE>NULL</mbd:SUBTYPE>
          <mbd:CBNAME><![CDATA[]]></mbd:CBNAME>
          <mbd:RESOURCE><![CDATA[./Img/join_txt03.gif]]></mbd:RESOURCE>
          <mbd:OBJECTNAME></mbd:OBJECTNAME>
```

```
      <mbd:POSITION>17,192,88,25</mbd:POSITION>
      <mbd:Z-INDEX>4</mbd:Z-INDEX>
      <mbd:ALIGN>NULL</mbd:ALIGN>
    </STATEMENT>
  </DESCRIPTOR>
</ITEM>
<ITEM ID="7">                                          //이미지
  <DESCRIPTOR>
    <STATEMENT Type="text/xml">
      <mbd:OBJECTTYPE>IMAGE</mbd:OBJECTTYPE>
      <mbd:SUBTYPE>NULL</mbd:SUBTYPE>
      <mbd:CBNAME><![ CDATA[ ]]></mbd:CBNAME>
      <mbd:RESOURCE><![ CDATA[ ./Img/join_txt04.gif]]></mbd:RESOURCE>
      <mbd:OBJECTNAME></mbd:OBJECTNAME>
      <mbd:POSITION>17,217,88,25</mbd:POSITION>
      <mbd:Z-INDEX>5</mbd:Z-INDEX>
      <mbd:ALIGN>NULL</mbd:ALIGN>
    </STATEMENT>
  </DESCRIPTOR>
</ITEM>
<ITEM ID="8">                                          //이미지
  <DESCRIPTOR>
    <STATEMENT Type="text/xml">
      <mbd:OBJECTTYPE>IMAGE</mbd:OBJECTTYPE>
      <mbd:SUBTYPE>NULL</mbd:SUBTYPE>
      <mbd:CBNAME><![ CDATA[ ]]></mbd:CBNAME>
      <mbd:RESOURCE><![ CDATA[ ./Img/join_txt05.gif]]></mbd:RESOURCE>
      <mbd:OBJECTNAME></mbd:OBJECTNAME>
      <mbd:POSITION>17,264,88,25</mbd:POSITION>
      <mbd:Z-INDEX>6</mbd:Z-INDEX>
      <mbd:ALIGN>NULL</mbd:ALIGN>
    </STATEMENT>
  </DESCRIPTOR>
</ITEM>
<ITEM ID="9">                                          //입력박스(이름)
  <DESCRIPTOR>
    <STATEMENT Type="text/xml">
      <mbd:OBJECTTYPE>INPUT</mbd:OBJECTTYPE>
      <mbd:SUBTYPE>NULL</mbd:SUBTYPE>
      <mbd:POSITION>120,144,100,21</mbd:POSITION>
      <mbd:ALIGN>NULL</mbd:ALIGN>
      <mbd:NAME>name</mbd:NAME>
    </STATEMENT>
  </DESCRIPTOR>
</ITEM>
<ITEM ID="10">                                         //입력박스(아이디)
  <DESCRIPTOR>
    <STATEMENT Type="text/xml">
      <mbd:OBJECTTYPE>INPUT</mbd:OBJECTTYPE>
      <mbd:SUBTYPE>NULL</mbd:SUBTYPE>
```

```
      <mbd:POSITION>120,169,100,21</mbd:POSITION>
      <mbd:ALIGN>NULL</mbd:ALIGN>
      <mbd:NAME>ID</mbd:NAME>
    </STATEMENT>
  </DESCRIPTOR>
</ITEM>
<ITEM ID="11">                                    //입력박스(패스워드)
  <DESCRIPTOR>
    <STATEMENT Type="text/xml">
      <mbd:OBJECTTYPE>INPUT</mbd:OBJECTTYPE>
      <mbd:SUBTYPE>NULL</mbd:SUBTYPE>
      <mbd:POSITION>120,195,100,21</mbd:POSITION>
      <mbd:ALIGN>NULL</mbd:ALIGN>
      <mbd:NAME>pwd</mbd:NAME>
    </STATEMENT>
  </DESCRIPTOR>
</ITEM>
<ITEM ID="12">                                //입력박스(패스워드 중복 확인
  <DESCRIPTOR>
    <STATEMENT Type="text/xml">
      <mbd:OBJECTTYPE>INPUT</mbd:OBJECTTYPE>
      <mbd:SUBTYPE>NULL</mbd:SUBTYPE>
      <mbd:POSITION>120,221,100,21</mbd:POSITION>
      <mbd:ALIGN>NULL</mbd:ALIGN>
      <mbd:NAME>conpwd</mbd:NAME>
    </STATEMENT>
  </DESCRIPTOR>
</ITEM>
<ITEM ID="13">                                    //입력박스(주민번호)
  <DESCRIPTOR>
    <STATEMENT Type="text/xml">
      <mbd:OBJECTTYPE>INPUT</mbd:OBJECTTYPE>
      <mbd:SUBTYPE>NULL</mbd:SUBTYPE>
      <mbd:POSITION>20,292,100,21</mbd:POSITION>
      <mbd:ALIGN>NULL</mbd:ALIGN>
      <mbd:NAME>serial1</mbd:NAME>
    </STATEMENT>
  </DESCRIPTOR>
</ITEM>
<ITEM ID="14">
  <DESCRIPTOR>
    <STATEMENT Type="text/xml">
      <mbd:OBJECTTYPE>INPUT</mbd:OBJECTTYPE>
      <mbd:SUBTYPE>NULL</mbd:SUBTYPE>
      <mbd:POSITION>135,292,100,21</mbd:POSITION>
      <mbd:ALIGN>NULL</mbd:ALIGN>
      <mbd:NAME>serial2</mbd:NAME>
    </STATEMENT>
  </DESCRIPTOR>
</ITEM>
```

```
<ITEM ID="15">
  <DESCRIPTOR>
    <STATEMENT Type="text/xml">
      <mbd:OBJECTTYPE>TEXT</mbd:OBJECTTYPE>
      <mbd:SUBTYPE>NULL</mbd:SUBTYPE>
      <mbd:COLOR>255, 0, 0, 0</mbd:COLOR>
      <mbd:POSITION>120,295,15,14</mbd:POSITION>
      <mbd:ALIGN>NULL</mbd:ALIGN>
      <mbd:RAWSTRING><![CDATA[ -]]></mbd:RAWSTRING>
    </STATEMENT>
  </DESCRIPTOR>
</ITEM>
<ITEM ID="16">                                          //이미지
  <DESCRIPTOR>
    <STATEMENT Type="text/xml">
      <mbd:OBJECTTYPE>IMAGE</mbd:OBJECTTYPE>
      <mbd:SUBTYPE>NULL</mbd:SUBTYPE>
      <mbd:CBNAME><![CDATA[]]></mbd:CBNAME>
      <mbd:RESOURCE><![CDATA[./Img/join_txt06.gif]]></mbd:RESOURCE>
      <mbd:OBJECTNAME></mbd:OBJECTNAME>
      <mbd:POSITION>20,313,88,25</mbd:POSITION>
      <mbd:Z-INDEX>7</mbd:Z-INDEX>
      <mbd:ALIGN>NULL</mbd:ALIGN>
    </STATEMENT>
  </DESCRIPTOR>
</ITEM>
<ITEM ID="17">                                          //입력박스(이메일)
  <DESCRIPTOR>
    <STATEMENT Type="text/xml">
      <mbd:OBJECTTYPE>INPUT</mbd:OBJECTTYPE>
      <mbd:SUBTYPE>NULL</mbd:SUBTYPE>
      <mbd:POSITION>20,338,100,21</mbd:POSITION>
      <mbd:ALIGN>NULL</mbd:ALIGN>
      <mbd:NAME>email1</mbd:NAME>
    </STATEMENT>
  </DESCRIPTOR>
</ITEM>
<ITEM ID="18">
  <DESCRIPTOR>
    <STATEMENT Type="text/xml">
      <mbd:OBJECTTYPE>INPUT</mbd:OBJECTTYPE>
      <mbd:SUBTYPE>NULL</mbd:SUBTYPE>
      <mbd:POSITION>135,338,100,21</mbd:POSITION>
      <mbd:ALIGN>NULL</mbd:ALIGN>
      <mbd:NAME>email2</mbd:NAME>
    </STATEMENT>
  </DESCRIPTOR>
</ITEM>
```

```
  <ITEM ID="19">                                    //입력박스(이메일)
    <DESCRIPTOR>
      <STATEMENT Type="text/xml">
        <mbd:OBJECTTYPE>TEXT</mbd:OBJECTTYPE>
        <mbd:SUBTYPE>NULL</mbd:SUBTYPE>
        <mbd:COLOR>255, 0, 0, 0</mbd:COLOR>
        <mbd:POSITION>120,342,17,12</mbd:POSITION>
        <mbd:ALIGN>NULL</mbd:ALIGN>
        <mbd:RAWSTRING><![ CDATA[ @] ]></mbd:RAWSTRING>
        <mbd:SIZE>9</mbd:SIZE>
      </STATEMENT>
    </DESCRIPTOR>
  </ITEM>
  <ITEM ID="20">                                    //액션버튼(확인)
    <DESCRIPTOR>
      <STATEMENT Type="text/xml">
        <mbd:OBJECTTYPE>INPUT</mbd:OBJECTTYPE>
        <mbd:SUBTYPE>SUBMIT</mbd:SUBTYPE>
        <mbd:POSITION>77,378,73,21</mbd:POSITION>
        <mbd:ALIGN>NULL</mbd:ALIGN>
        <mbd:VALUE>확인</mbd:VALUE>
      </STATEMENT>
    </DESCRIPTOR>
  </ITEM>
  <ITEM ID="21">                                    //액션버튼(취소)
    <DESCRIPTOR>
      <STATEMENT Type="text/xml">
        <mbd:OBJECTTYPE>INPUT</mbd:OBJECTTYPE>
        <mbd:SUBTYPE>SUBMIT</mbd:SUBTYPE>
        <mbd:POSITION>161,378,73,21</mbd:POSITION>
        <mbd:ALIGN>NULL</mbd:ALIGN>
        <mbd:VALUE>취소</mbd:VALUE>
      </STATEMENT>
    </DESCRIPTOR>
  </ITEM>
  <ITEM ID="22">                                 //폼(GET 방식으로 값 넘기기)
    <DESCRIPTOR>
      <STATEMENT Type="text/xml">
        <mbd:OBJECTTYPE>FORM</mbd:OBJECTTYPE>
        <mbd:SUBTYPE>NULL</mbd:SUBTYPE>
        <mbd:POSITION>-218,239,1017,100</mbd:POSITION>
        <mbd:METHOD>GET</mbd:METHOD>
        <mbd:ALIGN>NULL</mbd:ALIGN>
        <mbd:ACTIONURL>registration_check.asp</mbd:ACTIONURL>
      </STATEMENT>
    </DESCRIPTOR>
  </ITEM>
 </CONTAINER>
</DIDL>
```

| 표 10.22 | 소스 코드 : regist_ok.didl

```
<DIDL xmlns:mpeg21="urn:mpeg:mpeg21:2002:01-didl-NS"
      xmlns:mbd="http://medialab.ssu.ac.kr/ObjectAttribute">
  <CONTAINER ID="Page">
    <DESCRIPTOR>                              //타이틀
      <STATEMENT Type="text/xml">
        <mbd:PAGEID></mbd:PAGEID>
        <mbd:TITLE></mbd:TITLE>
        <mbd:BACKIMAGE></mbd:BACKIMAGE>
        <mbd:BACKCOLOR></mbd:BACKCOLOR>
        <mbd:BACKAUDIO></mbd:BACKAUDIO>
      </STATEMENT>
    </DESCRIPTOR>
    <![ CDATA[ <%                                  //ASP 코드
    Dim Name
      Name = Request("name")
    %>]]>
    <ITEM ID="1">                                  //이미지
      <DESCRIPTOR>
        <STATEMENT Type="text/xml">
          <mbd:OBJECTTYPE>IMAGE</mbd:OBJECTTYPE>
          <mbd:SUBTYPE>NULL</mbd:SUBTYPE>
          <mbd:CBNAME></mbd:CBNAME>
          <mbd:RESOURCE>./Img/logo.gif</mbd:RESOURCE>
          <mbd:OBJECTNAME></mbd:OBJECTNAME>
          <mbd:POSITION>-1,4,112,31</mbd:POSITION>
          <mbd:Z-INDEX>0</mbd:Z-INDEX>
          <mbd:ALIGN>NULL</mbd:ALIGN>
        </STATEMENT>
      </DESCRIPTOR>
    </ITEM>
    <ITEM ID="2">                                  //이미지
      <DESCRIPTOR>
        <STATEMENT Type="text/xml">
          <mbd:OBJECTTYPE>IMAGE</mbd:OBJECTTYPE>
          <mbd:SUBTYPE>NULL</mbd:SUBTYPE>
          <mbd:CBNAME></mbd:CBNAME>
          <mbd:RESOURCE>./Img/top_text.gif</mbd:RESOURCE>
          <mbd:OBJECTNAME></mbd:OBJECTNAME>
          <mbd:POSITION>154,4,85,31</mbd:POSITION>
          <mbd:Z-INDEX>0</mbd:Z-INDEX>
          <mbd:ALIGN>NULL</mbd:ALIGN>
        </STATEMENT>
      </DESCRIPTOR>
    </ITEM>
    <ITEM ID="3">                                  //이미지
      <DESCRIPTOR>
        <STATEMENT Type="text/xml">
          <mbd:OBJECTTYPE>IMAGE</mbd:OBJECTTYPE>
```

```
      <mbd:SUBTYPE>NULL</mbd:SUBTYPE>
      <mbd:CBNAME></mbd:CBNAME>
      <mbd:RESOURCE>./Img/top_visual_join.gif</mbd:RESOURCE>
      <mbd:OBJECTNAME></mbd:OBJECTNAME>
      <mbd:POSITION>-1,35,240,90</mbd:POSITION>
      <mbd:Z-INDEX>0</mbd:Z-INDEX>
      <mbd:ALIGN>NULL</mbd:ALIGN>
    </STATEMENT>
  </DESCRIPTOR>
</ITEM>
<ITEM ID="4">                                          //텍스트
  <DESCRIPTOR>
    <STATEMENT Type="text/xml">
      <mbd:OBJECTTYPE>TEXT</mbd:OBJECTTYPE>
      <mbd:SUBTYPE>NULL</mbd:SUBTYPE>
      <mbd:COLOR>255, 0, 0, 0</mbd:COLOR>
      <mbd:POSITION>34,163,195,14</mbd:POSITION>
      <mbd:ALIGN>NULL</mbd:ALIGN>
      <mbd:RAWSTRING>
        <![ CDATA[ <% response.write Name %>]] >
      </mbd:RAWSTRING>
    </STATEMENT>
  </DESCRIPTOR>
</ITEM>
<ITEM ID="5">                                          //이미지
  <DESCRIPTOR>
    <STATEMENT Type="text/xml">
      <mbd:OBJECTTYPE>IMAGE</mbd:OBJECTTYPE>
      <mbd:SUBTYPE>NULL</mbd:SUBTYPE>
      <mbd:CBNAME></mbd:CBNAME>
      <mbd:RESOURCE>./Img/icon_point.gif</mbd:RESOURCE>
      <mbd:OBJECTNAME></mbd:OBJECTNAME>
      <mbd:POSITION>20,163,12,12</mbd:POSITION>
      <mbd:Z-INDEX>0</mbd:Z-INDEX>
      <mbd:ALIGN>NULL</mbd:ALIGN>
    </STATEMENT>
  </DESCRIPTOR>
</ITEM>
<ITEM ID="6">                                          //텍스트
  <DESCRIPTOR>
    <STATEMENT Type="text/xml">
      <mbd:OBJECTTYPE>TEXT</mbd:OBJECTTYPE>
      <mbd:SUBTYPE>NULL</mbd:SUBTYPE>
      <mbd:COLOR>255, 0, 0, 0</mbd:COLOR>
      <mbd:POSITION>46,184,176,14</mbd:POSITION>
      <mbd:ALIGN>NULL</mbd:ALIGN>
      <mbd:RAWSTRING>님 회원가입을 축하합니다!</mbd:RAWSTRING>
    </STATEMENT>
  </DESCRIPTOR>
</ITEM>
```

```
  </CONTAINER>
</DIDL>
<DIDL xmlns:mpeg21="urn:mpeg:mpeg21:2002:01-didl-NS"
      xmlns:mbd="http://medialab.ssu.ac.kr/ObjectAttribute">
  <CONTAINER ID="Page">
```

위의 소스들을 메모장에 입력하고 DIDL 파일로 저장한 다음 웹 서버에서 실행하면 된다. 이로서 게시판, 로그인 기능을 통하여 DIDL을 이용한 데이터베이스를 포함하는 페이지를 구현해 보았다.

10.4 이미지 맵이 적용된 페이지 만들기

10.4.1 이미지 맵 DIDL 소개

이미지 맵도 페이지 내에 포함되어 있는 하나의 객체이고 DIDL의 규정에 따라서 정의되어 있다. 그러므로 이미지 맵에 관한 DIDL은 기존의 DIDL 형식에 따르며, 이미지 맵의 사용에 필요한 요소들을 추가한다. DIDL에 있는 속성들은 이미지 맵의 표현에 필요한 정보들을 충분히 표현할 수 있어야 한다. 기존의 DIDL의 형식을 따르면서 이미지 맵의 고유한 속성을 표현할 수 있도록 이미지 맵 객체의 DIDL을 다음과 같은 일반 속성과 고유 속성으로 정의한다.

| 표 10.21 | 이미지 맵 DIDL의 일반 속성

종 류	요소명	형 식	설 명
Resource	<mbd:RESOURCE>	String	· 현 객체의 리소스를 설정
ObjectName	<mbd:OBJECTNAME>	String	· 페이지가 링크하고 있는 objectDIDL명
ObjectType	<mbd:OBJECTTYPE>	Enum	· 객체의 Type을 정의
ObjectSubtype	<mbd:OBJECTSUBTYPE>	Enum	· 객체에 대한 SubType 정의
Position	<mbd:POSITION>	Rectangle	· 위치 혹은 크기를 정의
Z_index	<mbd:Z_INDEX>	Positive Integer	· 여러 개의 객체가 겹쳐져 있을 경우 우선순위를 부여
Align	<mbd:ALIGN>	Enum	· 현 객체의 한 라인상의 위치
Hyperlink	<mbd:HYPERLINK>	String	· 현 객체의 링크 걸려 있는 주소
Crop	<mbd:CROP>	Rectangle	· 오브젝트의 클릭 여부를 표시

| 표 10.22 | 이미지 맵 DIDL의 고유 속성

종 류	요소명	형 식	설 명
Map	<mbd:MAP>	String	· 이미지 맵을 설정
Area	<mbd:AREA>	String	· area 설정
Shape	<mbd:SHAPE>	String	· 모양 설정 Circle, rect, poly로 지정
Coords	<mbd:COORDS>	String	· 영역을 정의하는 좌표
Href	<mbd:MAPHREF>	String	· 링크될 주소
Alt	<mbd:MAPALT>	String	· 이미지의 alt와 동일한 의미

하나의 이미지 맵은 한 개 혹은 여러 개의 영역을 포함하고 있을 수 있다. 위의 고유 속성에서 area는 map의 하위 노드로 들어가며, map은 적어도 하나 이상의 area를 포함하고 있어야 한다. 또한 shape, cords, href, alt 등 속성들은 area의 하위 노드로 들어간다. 모든 고유 속성들을 Mobile Gate에서 이미지 맵을 처리할 때 필요로 하는 객체들이며, 이미지 맵을 모바일에서 표현하기 위한 필수 요소들이다.

10.4.2 이미지 맵이 적용된 페이지

위에서 설명한 이미지 맵을 이용하여 모바일 페이지를 구성하여 보자. 그림 10.9와 같은 두 개의 모바일 페이지를 편집하였다. 첫 번째 모바일 페이지의 연구실 소개는 두 번째 페이지를 링크하고 있다. 두 개의 모바일 페이지는 기존의 방식대로 이미지와 텍스트로 표현되고 있다. 여기서는 이미지와 텍스트가 아닌 이미지 맵을 이용하여 표현하는 방법에 대하여 설명하고자 한다.

| 그림 10.12 | 이미지 맵을 이용하여 특정 영역에 링크 설정

위의 모바일 페이지에 해당되는 DIDL페이지는 그림 10.10과 같이 표현될 수 있다. 이미지 맵이라는 <ITEM>은 10개의 area를 포함하고 있다. 한 개 area는 기존의 DIDL에서 하나의 객체이다. 객체의 링크 정보는 area의 서브 속성인 maphref로 표현되고 있다.

이미지 맵을 적용하면 사용자 입력을 받을 수 없기 때문에 사용자 입력을 받는 입력 박스를 기준으로 이미지를 나누어서 이미지 맵을 구성한다. 입력창은 기존의 입력버튼으로 처리를 하게 된다. 그림 10.10은 기존의 DIDL은 포함된 하나의 객체에 대한 정보를 여러 개 <ITEM>으로 표현하였고, 이미지 맵 DIDL은 이미지 맵 타입을 가지는 하나의 <ITEM>에서 여러 개의 영역 정보를 포함하고 있는 DIDL 파일로 변화되었다. 이 DIDL은 이미지 맵 객체와 사용자 입력을 받을 수 있는 input 객체로 구성되었다.

```
  <?xml version="1.0" encoding="euc-kr" ?>
- <DIDL xmlns:mpeg21="urn:mpeg:mpeg21:2002:01-didl-NS" xmlns:mbd="http://medi
  - <CONTAINER ID="Page">
    - <DESCRIPTOR>
      - <STATEMENT Type="text/xml">
          <mbd:PAGEID>index</mbd:PAGEID>
          <mbd:TITLE />
        + <mbd:BACKIMAGE>
          <mbd:BACKCOLOR>White</mbd:BACKCOLOR>
        + <mbd:BACKAUDIO>
        </STATEMENT>
      </DESCRIPTOR>
    - <ITEM ID="1">
      - <DESCRIPTOR>
        - <STATEMENT Type="text/xml">
            <mbd:OBJECTTYPE>IMAGEMAP</mbd:OBJECTTYPE>
            <mbd:SUBTYPE>NULL</mbd:SUBTYPE>
            <mbd:POSITION>0,0,240,334</mbd:POSITION>
          - <mbd:RESOURCE>
              <![CDATA[ CaptureImage\index_0.bmp ]]>
            </mbd:RESOURCE>
            <mbd:MAPNAME>0</mbd:MAPNAME>
          + <mbd:AREA ID="1">
          + <mbd:AREA ID="17">
          + <mbd:AREA ID="13">
          + <mbd:AREA ID="14">
          + <mbd:AREA ID="15">
          + <mbd:AREA ID="16">
          + <mbd:AREA ID="7">
          + <mbd:AREA ID="6">
          - <mbd:AREA ID="8">
              <mbd:SHAPE>RECT</mbd:SHAPE>
              <mbd:COORDS>7,116,107,216</mbd:COORDS>
              <mbd:MAPHREF />
              <mbd:MAPALT />
            </mbd:AREA>
          + <mbd:AREA ID="5">
          + <mbd:AREA ID="11">
          + <mbd:AREA ID="9">
          + <mbd:AREA ID="12">
          + <mbd:AREA ID="10">
          </STATEMENT>
        </DESCRIPTOR>
      </ITEM>
    </CONTAINER>
  </DIDL>
```

| 그림 10.13 | 이미지 맵 DIDL

CHAPTER 11

11 모바일 웹 페이지 저작도구를 사용하여 모바일 페이지 만들기

본장에서는 모바일 단말기별 각 마크업 언어를 작성하여 모바일 사이트를 구축하지 않고, 단 하나의 모바일 페이지를 다양한 모바일 상에 표현할 수 있는 모빌더를 사용하여 모바일 웹 페이지를 제작하고자 한다.

11.1 정적 콘텐츠를 포함하는 페이지 만들기

모바일 웹 페이지 저작도구인 모빌더를 사용하여 텍스트 페이지를 만들어 본다. 모빌더 아이콘을 더블 클릭하여 모빌더 프로그램을 실행시킨다.

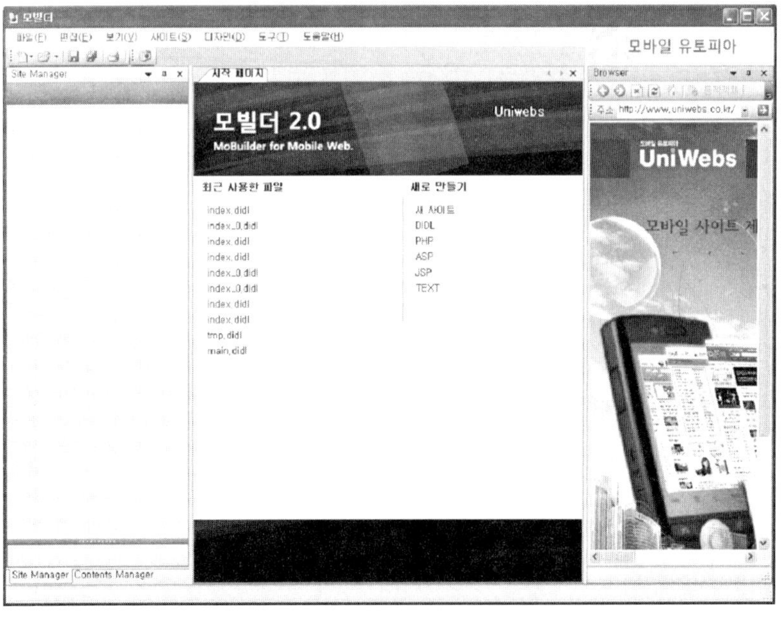

| 그림 11.1 | 모빌더 실행 첫 화면

모빌더를 실행시키고 사이트를 만든다. 실행 화면에 있는 새 사이트 버튼을 클릭해도 되고 파일 메뉴에서 새 사이트를 선택하여도 된다. 버튼을 클릭하면 사이트 등록이라는 대화상자가 나타난다. 숭실대학교 미디어 연구실의 메인 페이지를 제작하는 상세한 과정에 대하여 설명하려고 한다.

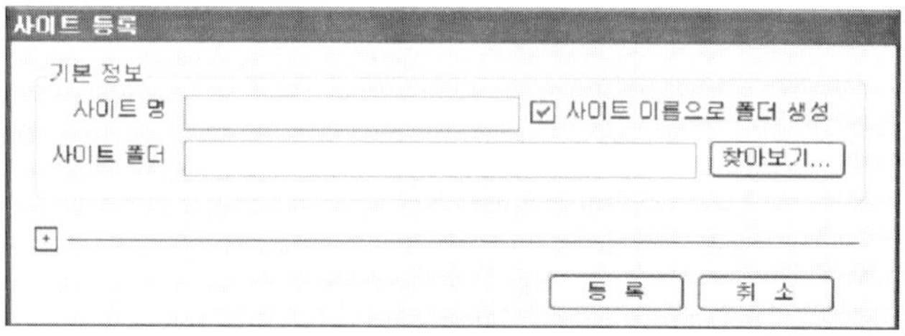

| 그림 11.2 | 사이트 등록 대화상자

사이트 명에 soongsil이라고 입력하고 사이트를 저장할 폴더를 선택한다.

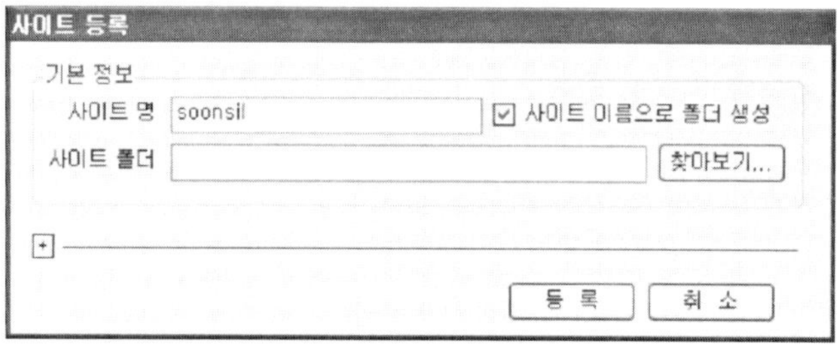

| 그림 11.3 | 사이트 등록

찾아보기 버튼을 클릭하여 사이트를 저장하려는 폴더를 선택한다.

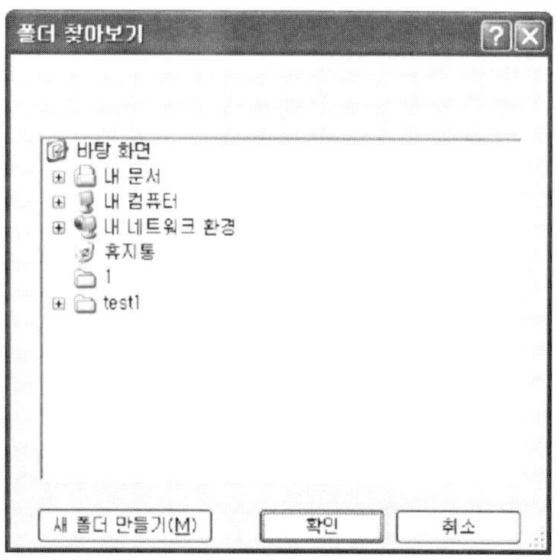

| 그림 11.4 | 폴더 찾아보기

폴더를 선택하고 등록버튼을 클릭한다.

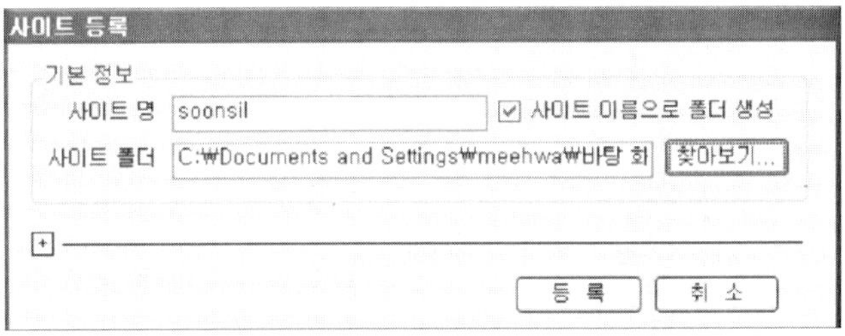

| 그림 11.5 | 등록된 사이트 확인

soongsil 사이트가 생성되었다는 메시지 창이 뜨게 된다.

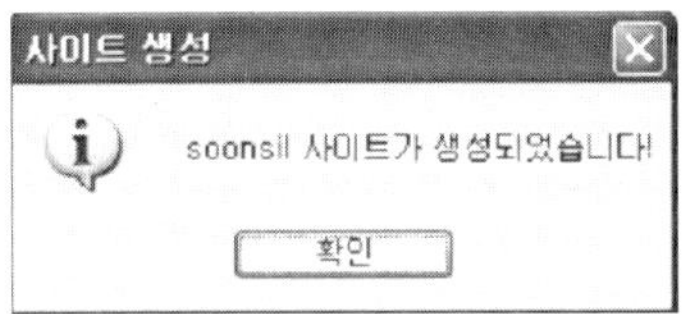

| 그림 11.6 | 사이트 생성후 결과 화면

새로 만든 사이트에 모바일 웹 페이지를 제작한다. 연구실 로고 이미지를 삽입한다. 메뉴 바에서 이미지 메뉴를 클릭한다.

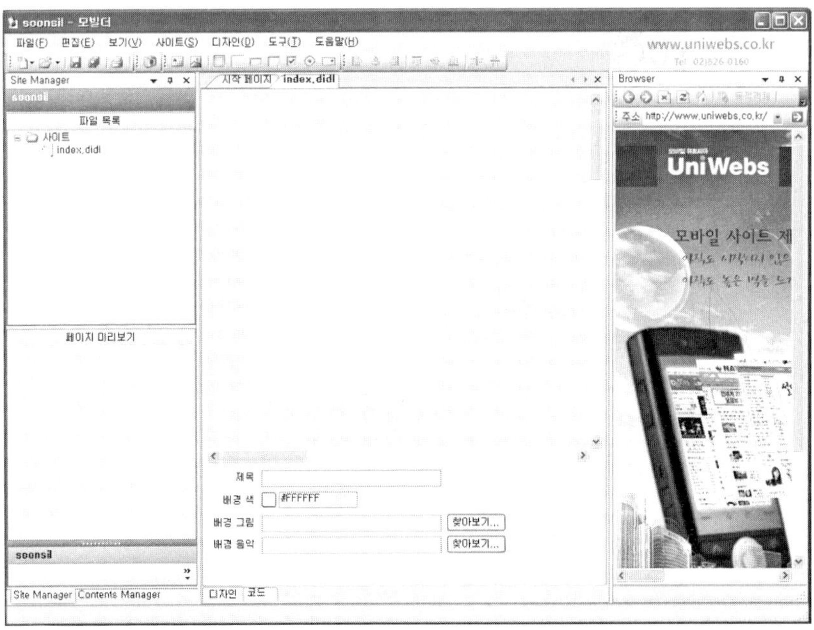

| 그림 11.7 | 이미지 메뉴 선택 화면

이미지 메뉴를 클릭하면 로고 이미지를 찾는 대화상자가 뜨게 된다. 로고 이미지가 있는 폴더로 이동하여 로고 이미지를 선택한다.

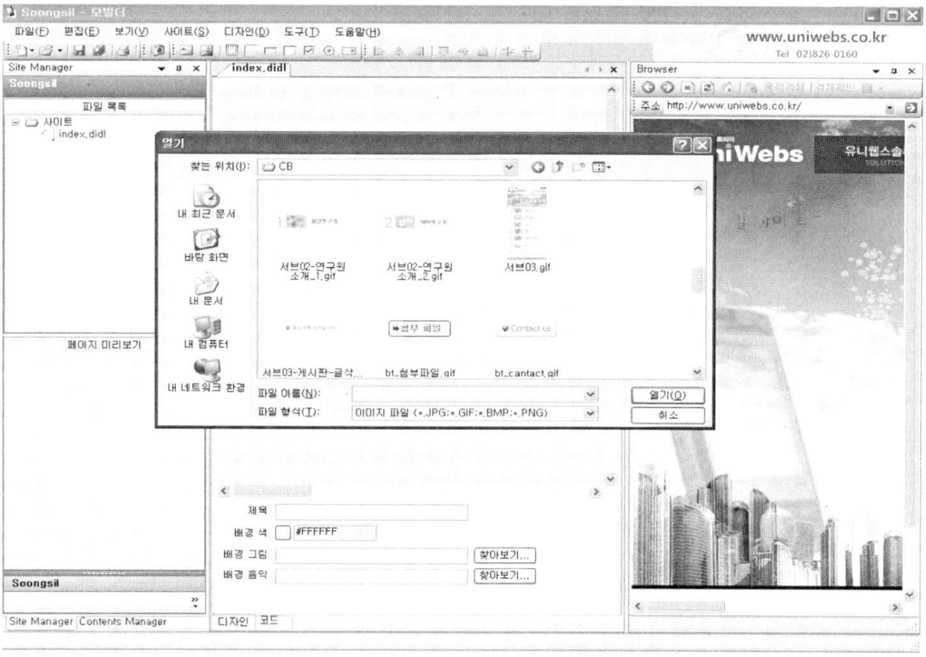

| 그림 11.8 | 이미지 파일 선택

이미지를 선택하여 열기 버튼을 클릭하면 선택된 이미지를 다시 저장할 폴더를 찾는 대화상자가 뜬다. 일반적으로 이미지는 현재 제작되고 있는 사이트 폴더에 저장된다. 서비스할 때 사이트 폴더만 올리면 이미지도 서비스되는 편리한 이유 때문에 이렇게 하는 경우가 일반적이다. soongsil 폴더를 선택하고 확인 버튼을 클릭한다.

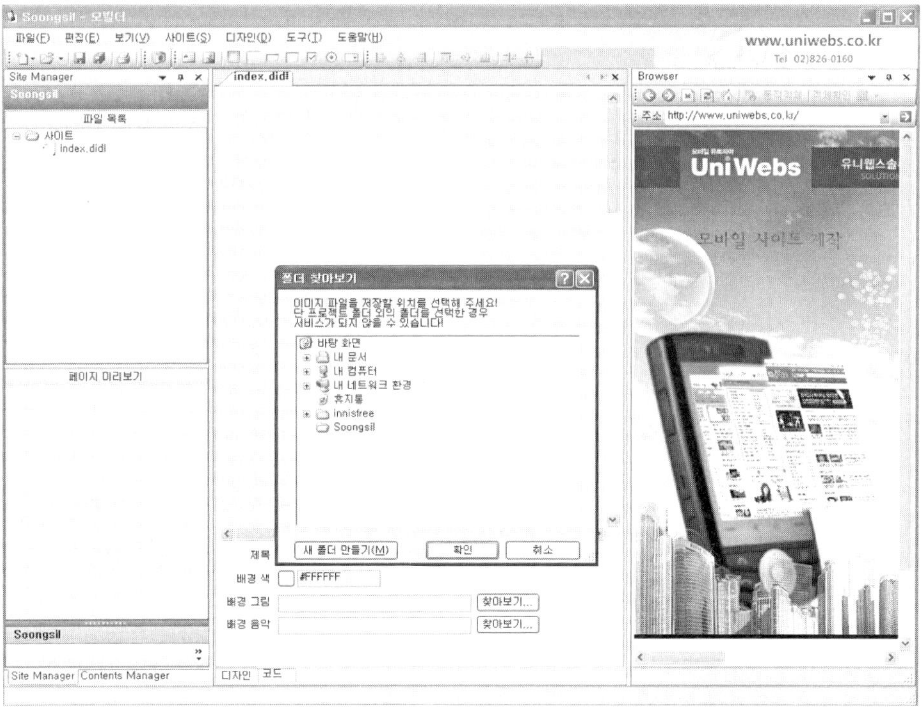

| 그림 11.9 | 이미지 복사 화면

로고 이미지가 페이지 편집 창에 입력된다.

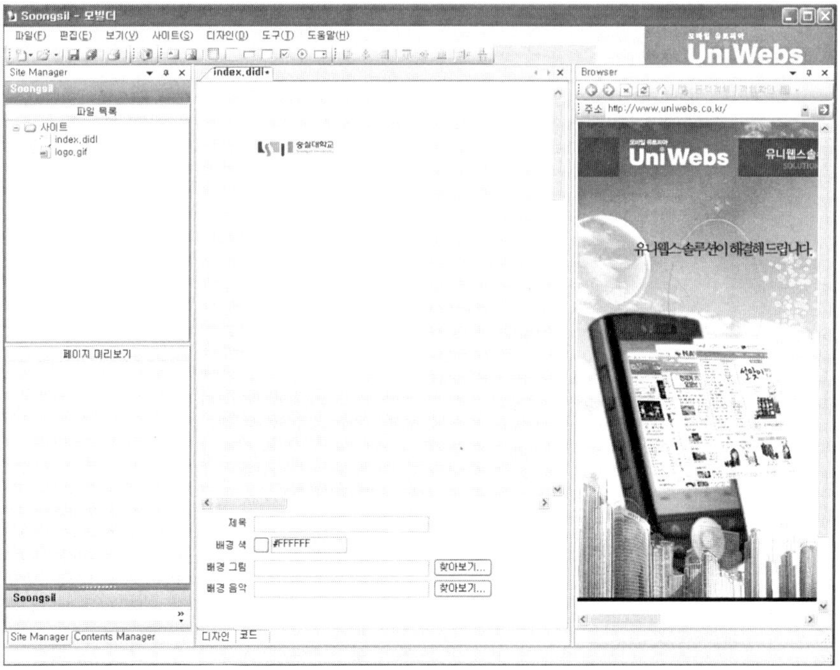

| 그림 11.10 | 로고 이미지 편집 화면

같은 방법으로 로그인 이미지와 main visual 이미지를 삽입하여 메인 페이지를 편집한다.

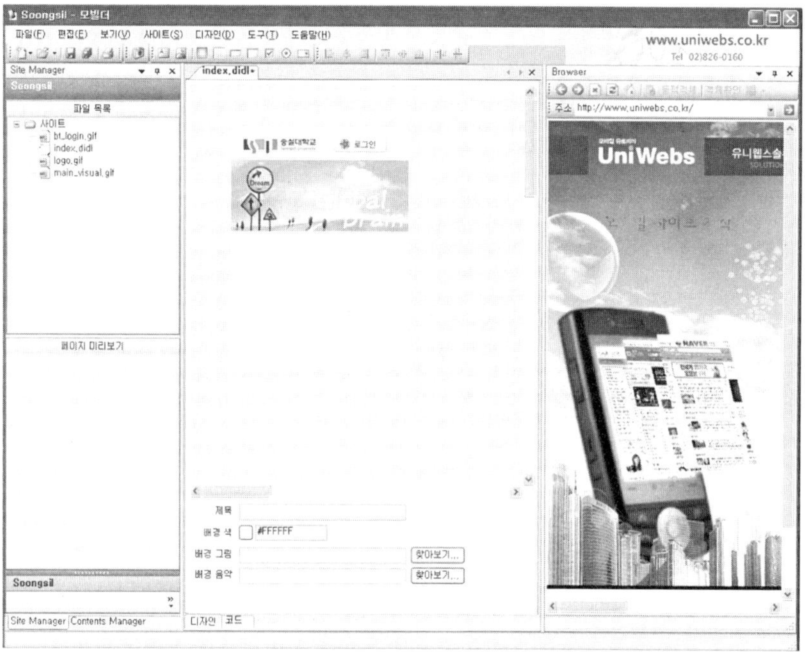

| 그림 11.11 | 메인 비주얼 이미지 편집 화면

다음으로 텍스트를 편집한다. 먼저 메뉴 바에서 텍스트 메뉴를 선택한다.

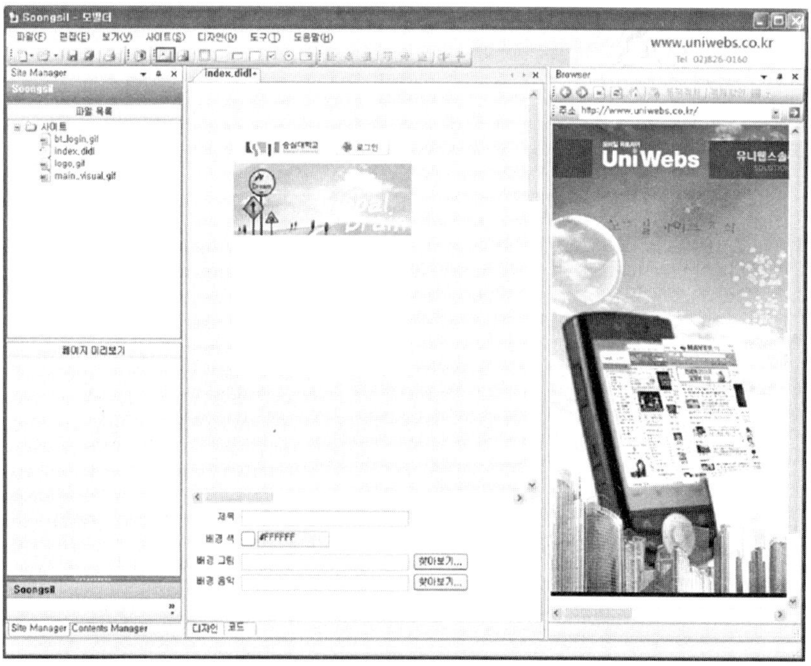

| 그림 11.12 | 텍스트 메뉴 선택 화면

텍스트 메뉴를 클릭하면 "텍스트를 입력해 주세요."라는 문구가 편집창의 왼쪽 위 귀퉁이에 삽입된다.

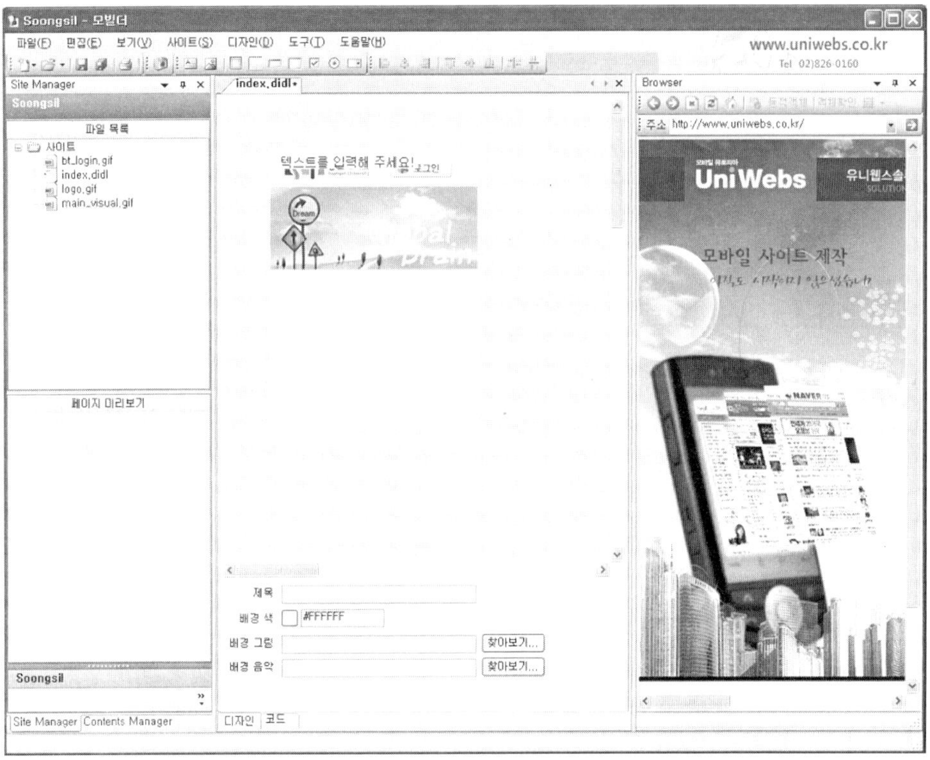

| 그림 11.13 | **텍스트 박스 입력 화면**

텍스트 위에 마우스로 한번 클릭하여 마우스를 클릭한 상태에서 원하는 위치에 이동한다. 여기서는 main visual 이미지 하단으로 텍스트 영역을 이동하였다.

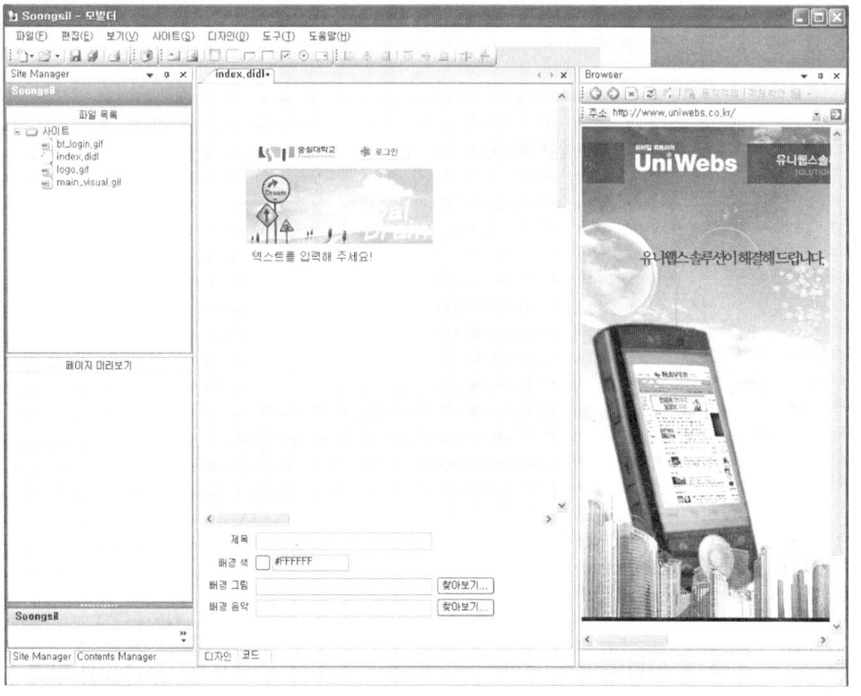

| 그림 11.14 | 텍스트 위치 이동 화면

텍스트 영역에 마우스를 옮겨가서 더블 클릭하여 텍스트를 편집한다.

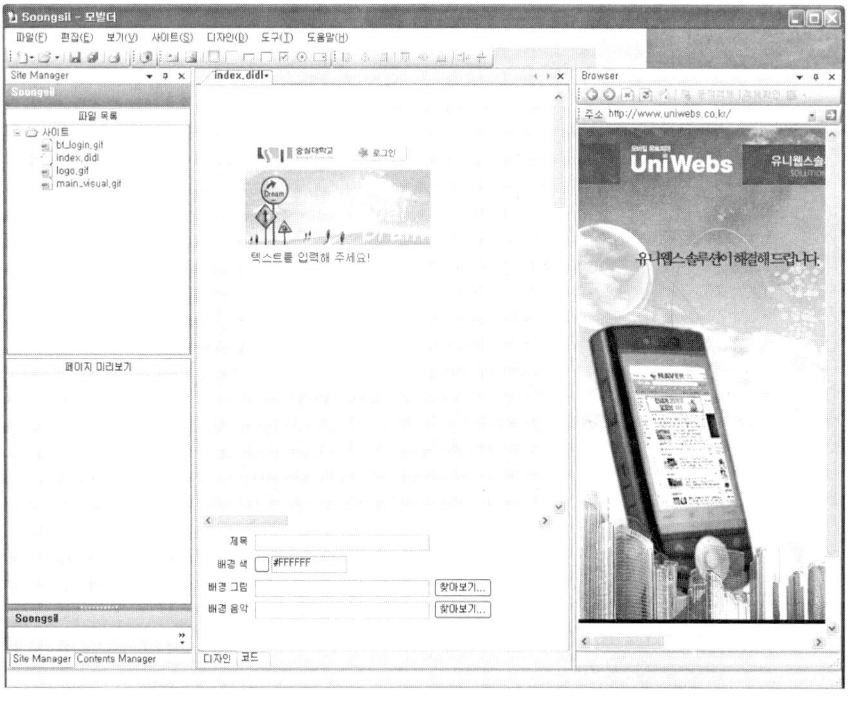

| 그림 11.15 | 텍스트 편집 화면

“안녕하세요. 이곳은 숭실대학교 미디어 학과 연구실입니다.”라는 문구를 편집한다.

텍스트 영역을 클릭하면 편집 창 하단에 텍스트에 관련된 속성들이 나타난다. 이 속성을 이용하여 글꼴, 크기, 색상 등과 같은 텍스트 속성을 변경할 수 있다.

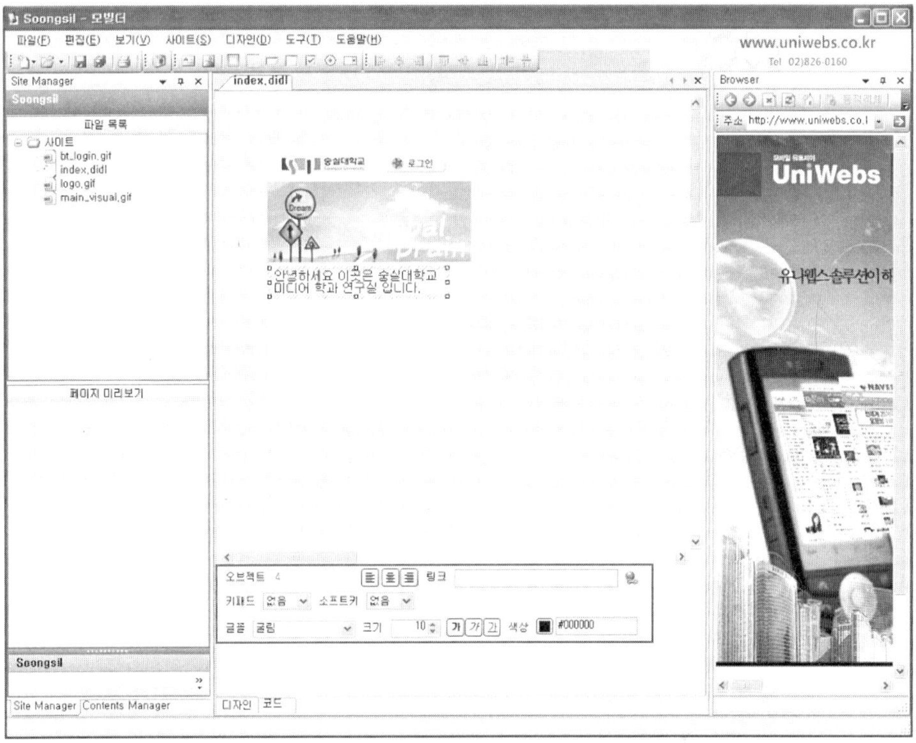

| 그림 11.16 | 텍스트 속성 확인 화면

계속하여 메인 페이지를 편집한다. 위에서 설명한 방법대로 공지사항, 설문조사, 질문 & 답변, Contact us, Sitemap, 검색 등 메뉴 이미지를 삽입한다.

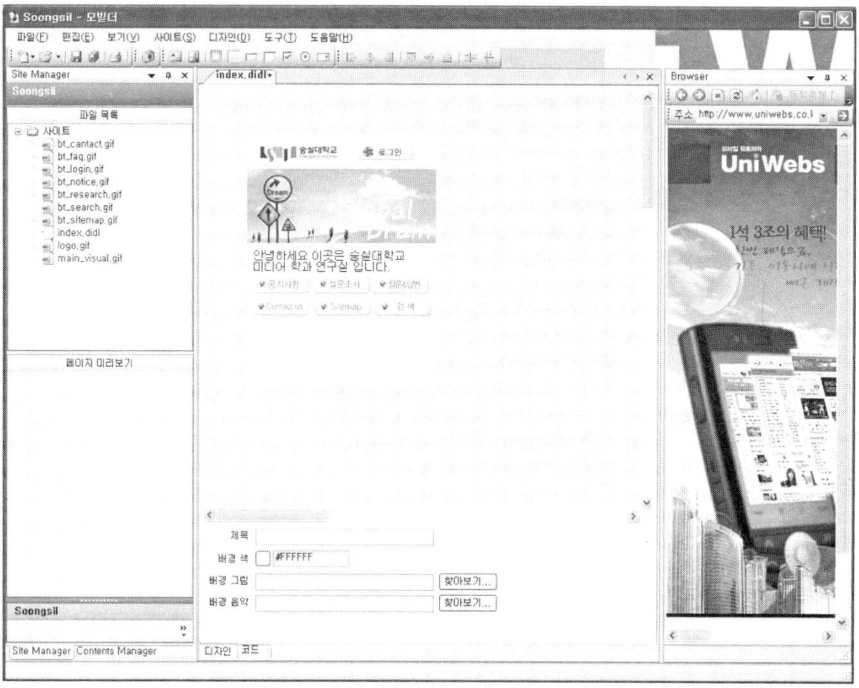

| 그림 11.17 | 이미지 버튼 메뉴 삽입 화면

"연구실 소개"라는 텍스트를 위와 같은 방법으로 삽입한다.

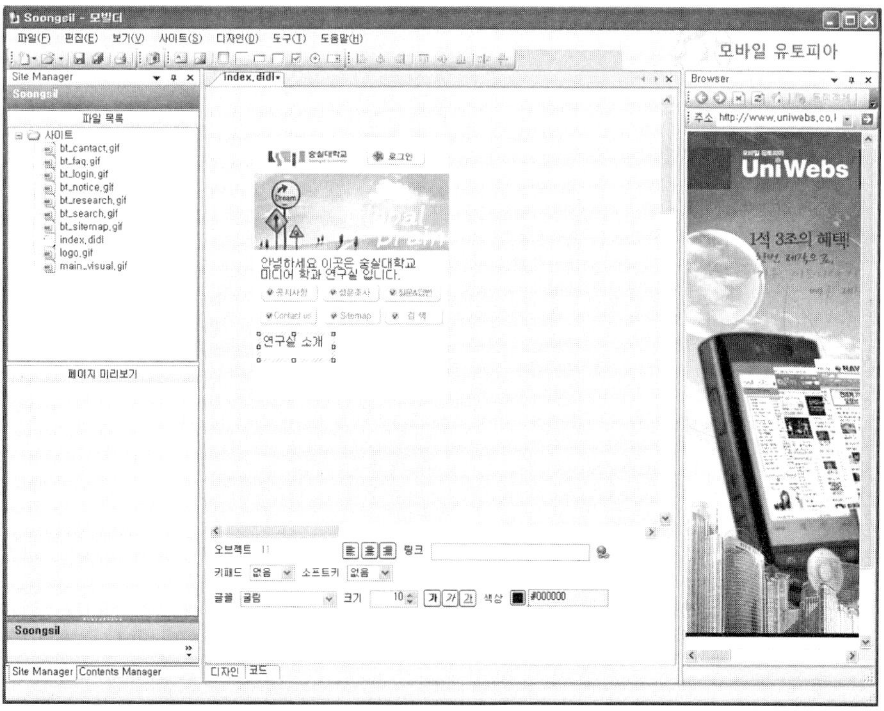

| 그림 11.18 | "연구실소개" 텍스트 편집 화면

텍스트의 색상을 변경한다. 편집 창 아래 영역에서 색상이라는 버튼을 클릭한다. 색상표에서 원하는 색상을 선택한다.

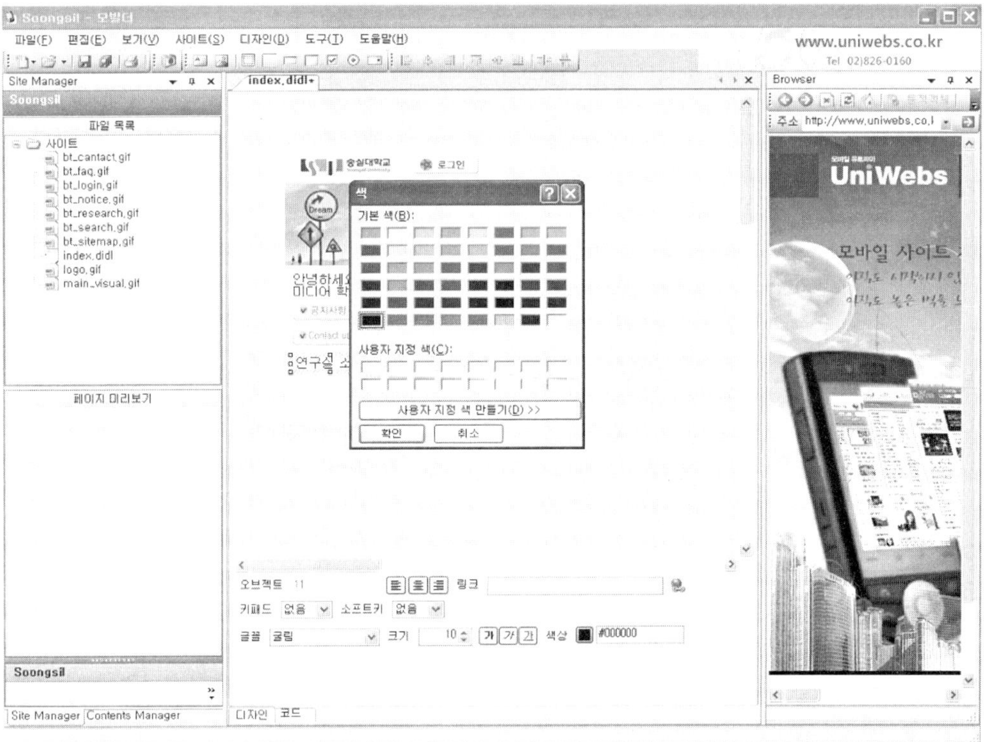

| 그림 11.19 | **텍스트 색상 선택 화면**

텍스트를 강조하기 위해 굵기를 적용한다. 편집 창 하단의 굵기 버튼을 클릭한다.

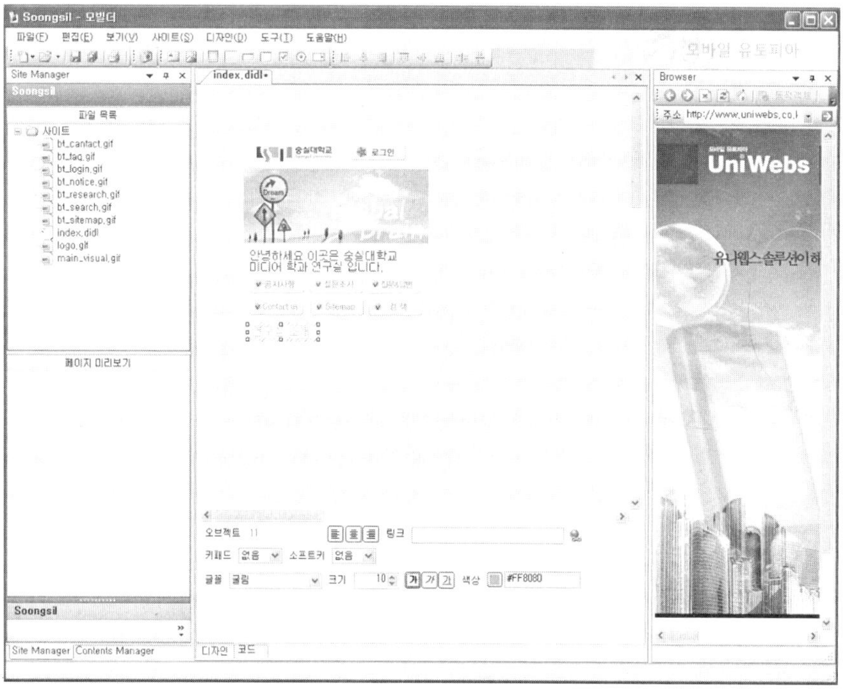

| 그림 11.20 | 텍스트 굵기 변경 화면

"연구실 소개" 텍스트에 대한 편집이 완료되었다.

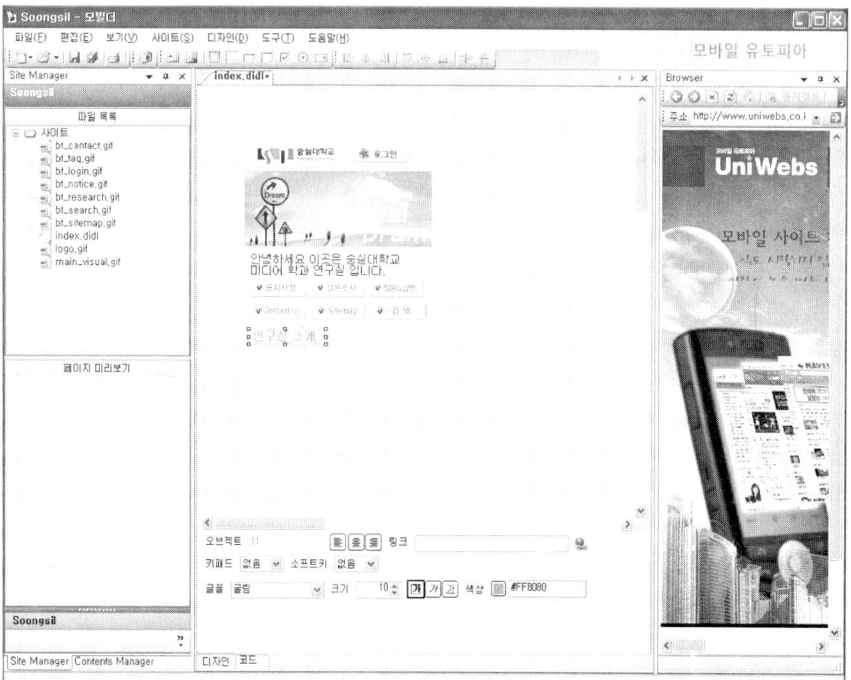

| 그림 11.21 | 텍스트 편집 완료 화면

이미지 삽입 방식과 같은 방식으로 연구실 소개, 대학원 소개, 연구실 프로젝트, 관련 사이트, 게시판, 방명록 등 이미지를 메인 페이지에 삽입한다.

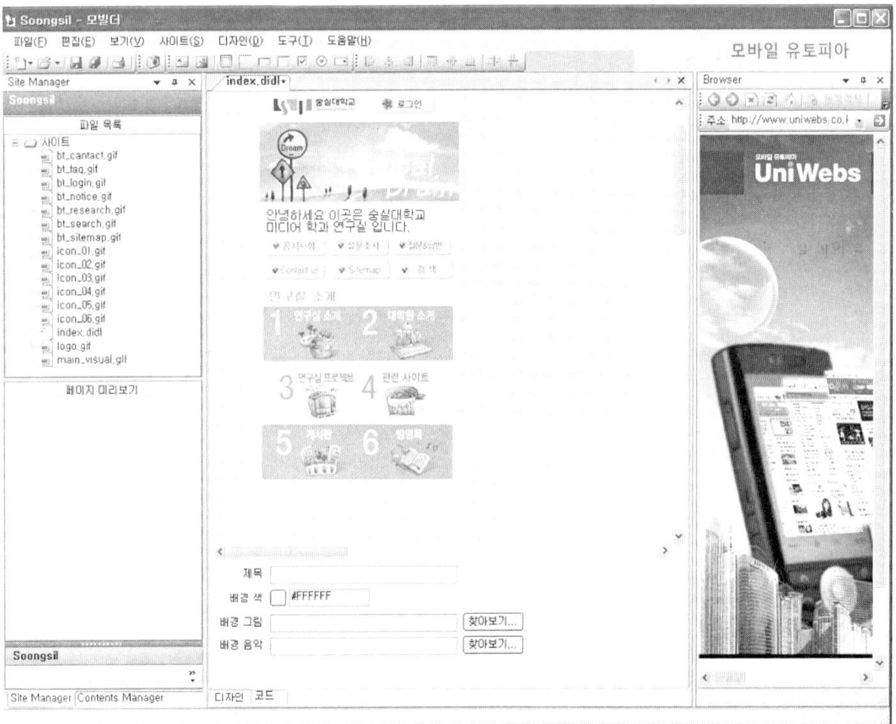

| 그림 11.22 | 메인 페이지 제작 완료 화면

연구실 메인 페이지 제작을 완료하였다. 메인 페이지에 해당되는 메뉴에 링크를 설정하기 위해 몇 개의 모바일 페이지를 더 제작한다. 그림의 왼쪽 파일 목록에 보이는 것과 같이 위에서 설명한 방식대로 링크할 모바일 페이지를 추가로 편집하였다.

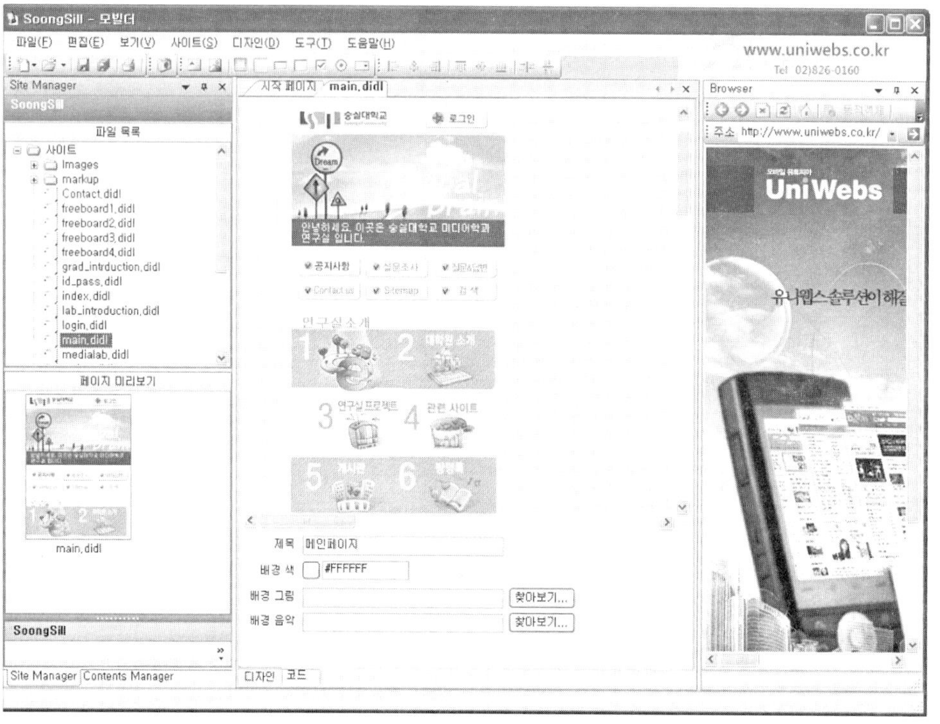

| 그림 11.23 | 링크할 DIDL 페이지 리스트 화면

메인 페이지의 로그인 이미지 버튼에는 로그인 페이지를 링크한다. 로그인 이미지 버튼을 클릭하면 편집 창 하단에 관련된 속성들이 나타난다. 속성들 중에서 링크를 찾는다.

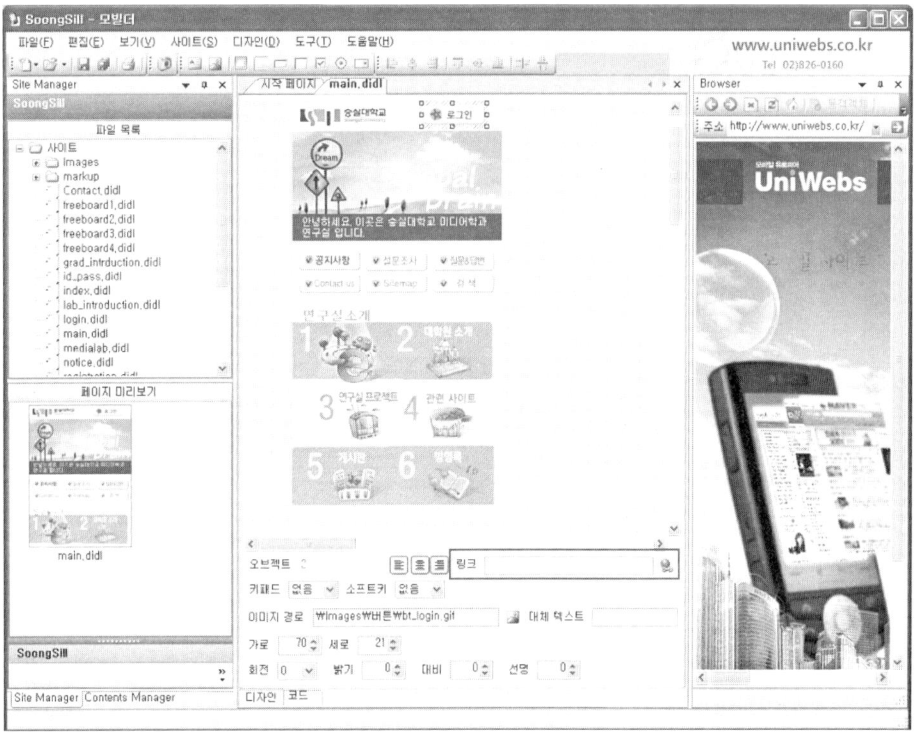

| 그림 11.24 | 링크 속성 확인 화면

링크 버튼을 클릭하면 링크하려는 페이지를 검색할 수 있는 대화상자가 뜬다. 원하는 페이지가 있는 폴더로 이동하여 파일을 선택하고 열기 버튼을 클릭한다.

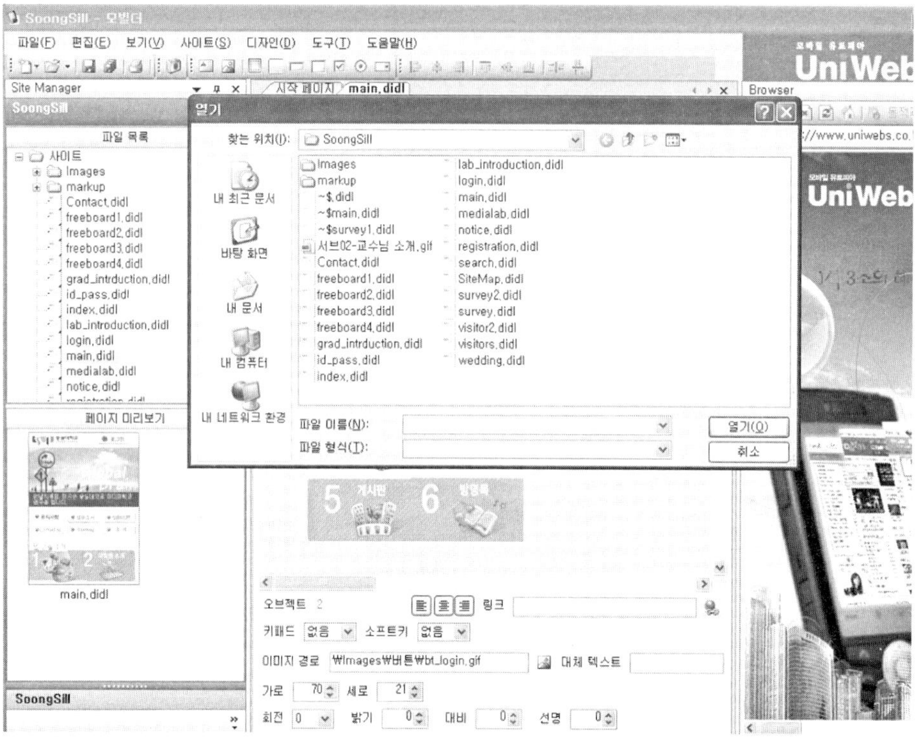

| 그림 11.25 | 링크 파일 선택 화면

로그인 이미지 버튼은 로그인하는 페이지와 링크되어 있다. 링크 영역을 보면 링크되어 있는 파일명이 들어가 있는 것을 확인할 수 있다.

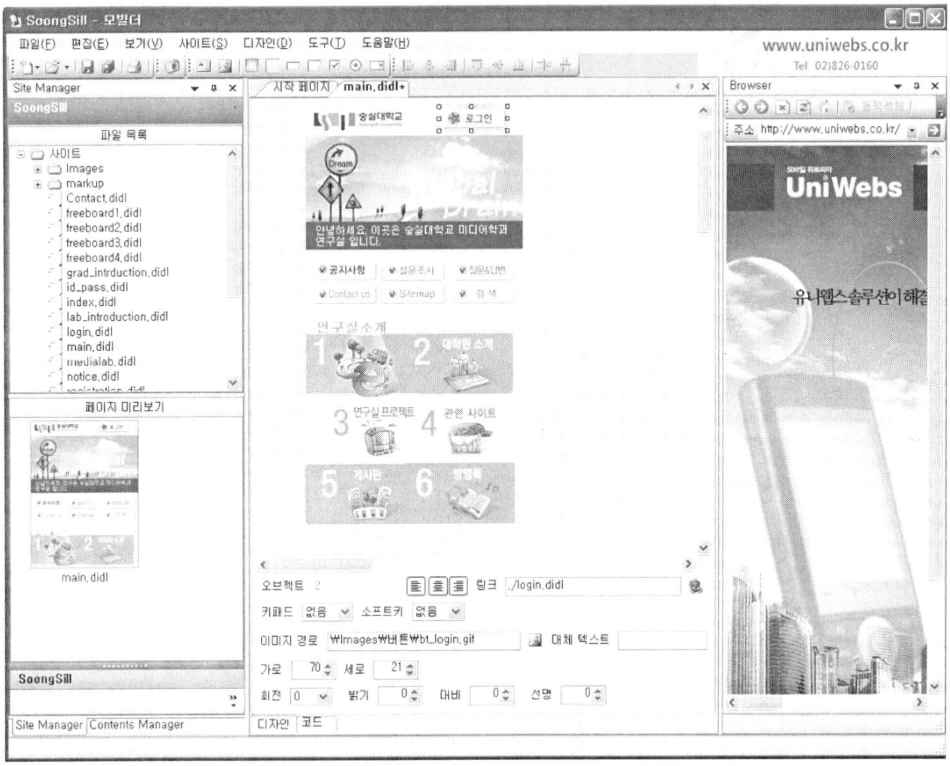

| 그림 11.26 | 링크 설정 완료 화면

같은 방법으로 공지사항, 설문조사, 질문 & 답변, Contact us, Sitemap, 검색 등 페이지에 링크를 설정한다. 다음으로 연구실 소개, 대학원 소개, 연구실 프로젝트, 관련 사이트, 게시판, 방명록 등 메뉴에 링크를 설정하는 방법을 설명하기로 한다. 단순한 페이지로의 링크 설정은 로그인 이미지 버튼 링크 설정과 같은 방식으로 링크하면 된다. 모바일은 일반 웹과 달리 숫자 버튼이 있다. 따라서 링크된 페이지로 이동할 때는 기존 웹에서 사용하는 방식도 가능하지만 숫자 버튼을 클릭함으로써 링크 페이지로 이동할 수도 있다. 모바일의 숫자 버튼과 연결하는 방법을 아래에서 설명한다.

숫자 "1"이 쓰여 있는 연구실 소개 메뉴와 핸드폰의 숫자 버튼 "1"을 연결하려고 한다. 연구실 소개 이미지를 클릭하고 키패드를 선택한다. 선택하지 않은 상태에서는 default로 "없음"으로 되어 있다.

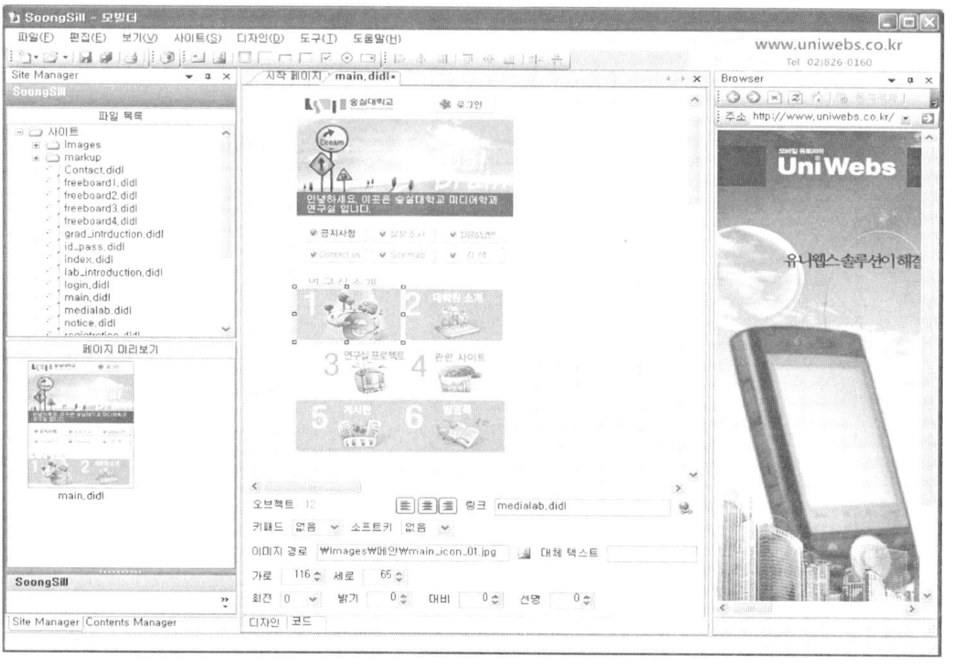

| 그림 11.27 | 키패드 선택 화면

콤보박스를 펼쳐 콤보박스의 콘텐츠를 확인한다.

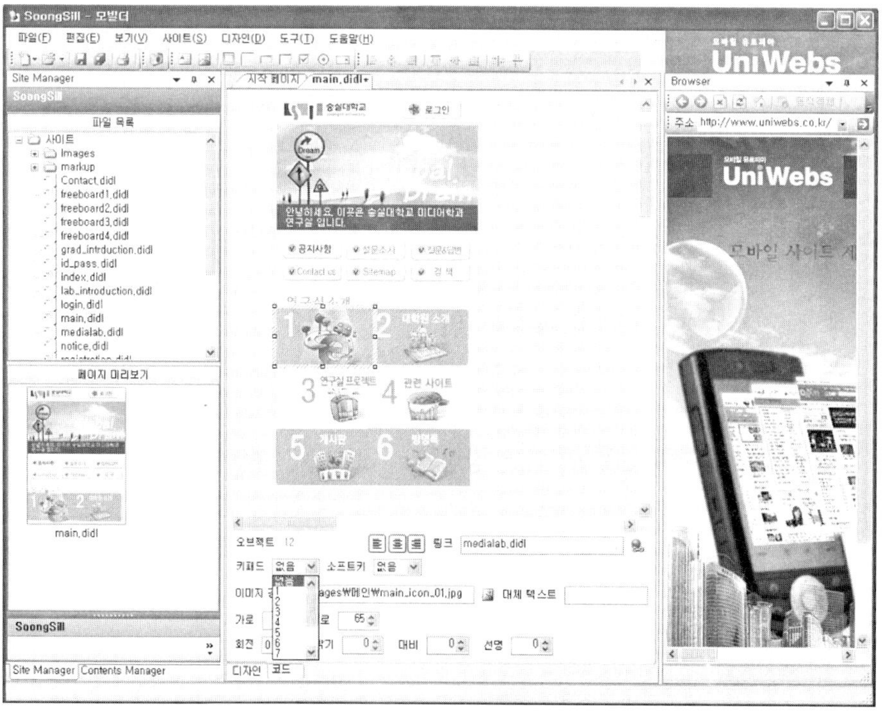

| 그림 11.28 | 콤보박스 콘텐츠 확인 화면

이미지 상에 "1"로 표시되어 있기에 숫자 "1"을 선택한다. 그러면 제작한 모바일 페이지를 핸드폰에서 서비스할 때 숫자 버튼 "1"을 클릭하면 연구실 소개 페이지로 링크가 걸린다. 같은 방법으로 대학원 소개, 연구실 프로젝트, 관련 사이트, 게시판, 방명록 등 이미지에도 같은 방법으로 각각 "2"부터 "6"까지의 숫자 버튼을 연결한다.

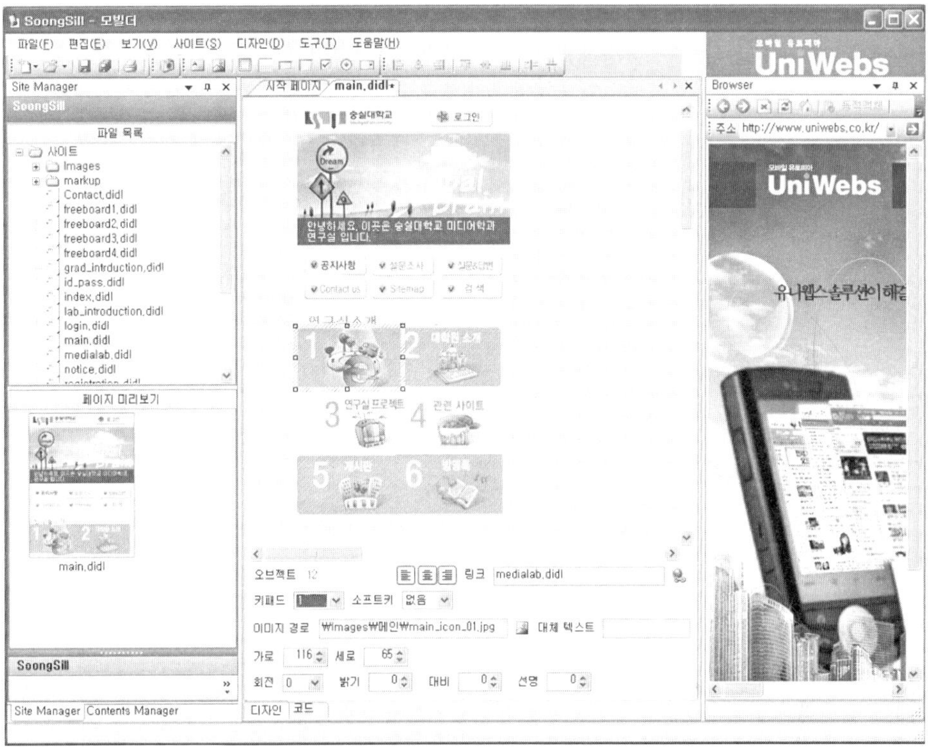

| 그림 11.29 | 숫자 버튼 연결 완료 화면

11.2 동적 콘텐츠를 포함하는 페이지 만들기

위에서 메모장을 이용하여 손으로 직접 코딩하여 동적인 DIDL 페이지를 만들어 보았다. 직접 코딩하여 모바일 웹 페이지가 구현 가능하지만 개발자가 개발하기에는 너무 불편하고 시간을 많이 낭비한다. 보다 간편하고 쉽게 모바일 웹 페이지를 구현하기 위하여 모빌더를 이용하여 동적인 모바일 웹 페이지를 만들어 구현하도록 하겠다. 게시판, 로그인 등 동적인 페이지 구현을 설명하도록 하겠다.

11.2.1 로그인 페이지 만들기

(1) 로그인 페이지 만들기

우선 이미지와 텍스트, 텍스트 박스 등을 이용하여 로그인 페이지를 구성하여야 한다. 모빌더를 실행하고 test 라는 사이트를 생성한다. [파일]메뉴에서 [새로 만들기]를 선택하고 [새 사이트]를 선택한다. 다음 사이트 명을 입력하고, 사이트 폴더를 선택하여 새 사이트를 등록한다.

사이트가 생성되면 지금부터 로그인 페이지를 만들어 보자. 페이지 구성에 필요한 이미지, 텍스트 등 오브젝트들을 가져와야 한다. 이미지는 위쪽 메뉴 바에서 이미지 버튼을 클릭하여 이미지를 가져오거나, 왼쪽 파일 목록에서 이미지를 마우스로 페이지에 drag & drop하면 된다.

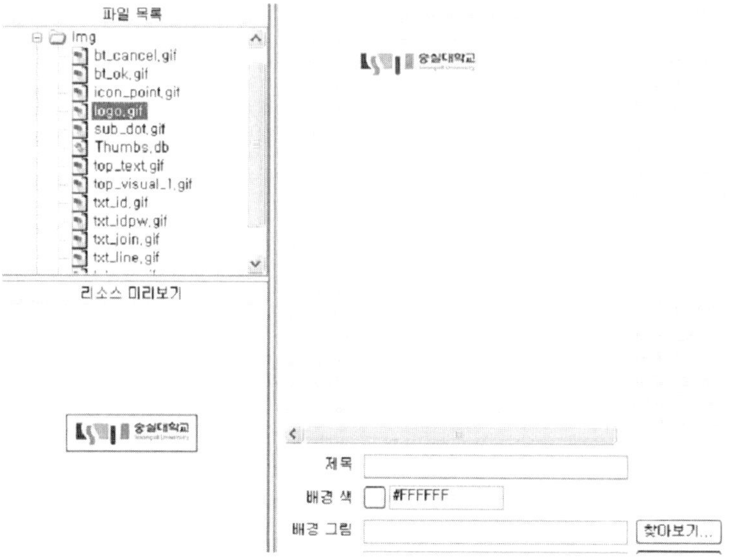

| 그림 11.30 | 이미지 가져오기

텍스트와 입력 박스 및 액션 버튼을 추가하여야 한다. 페이지에 텍스트를 추가하려면 위의 메뉴 바에서 텍스트 버튼을 클릭하고 텍스트를 입력하면 된다. 입력 박스와 액션 버튼도 같은 방식으로 추가한다.

| 그림 11.31 | 로그인 페이지 구성하기

다음은 ASP와 연동하여 아이디와 패스워드를 체크하여 로그인하는 과정을 구현하도록 하자.

먼저, 속성에서 아이디와 패스워드를 입력하는 입력 박스에 이름을 부여한다.

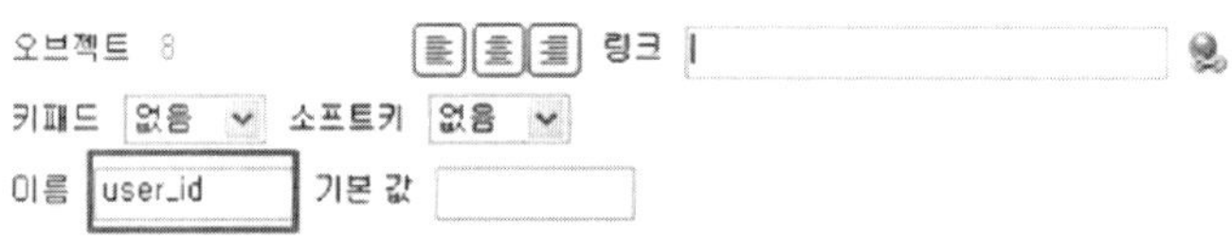

| 그림 11.32 | 입력 박스에 이름 부여

입력 박스에 입력된 값을 ASP 코드를 이용하여 로그인 체크하여야 한다. 입력 값들은 GET 방식으로 ASP 페이지(예 : login_check.asp)로 넘겨준다. 먼저 폼을 클릭하고 속성에서 Action URL 값에 링크 페이지를 적어준다.

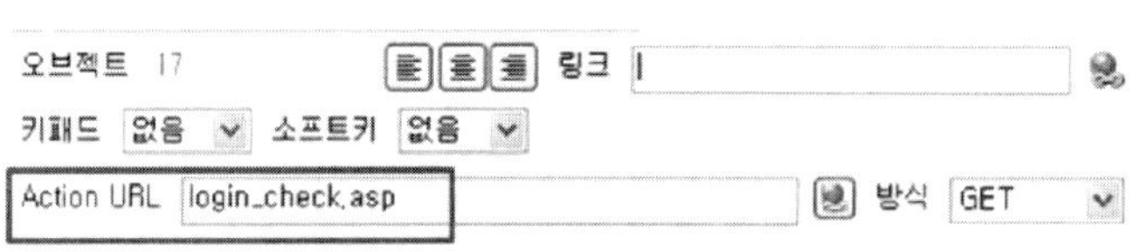

| 그림 11.33 | Action URL 링크 걸기

ASP 페이지에서 아이디와 패스워드를 체크하여 정확하면 로그인 성공 페이지로 넘어가고, 아니면 실패 페이지로 넘어간다. 성공시 사용자 아이디를 GET 방식으로 다음 페이지에 넘겨준다.

```
<%
strcon = "DRIVER=MySQL ODBC 3.51 Driver;SERVER=220.70.1.183; DATABASE=test;UID=root;PWD=123456;OPTION=35"
set DBConn = Server.CreateObject("ADODB.Connection")
DBConn.open strcon

U_id = Request("user_id")
U_password = Request("user_password")

SQL = "select id, password from user_infor where id='"&U_id&"' and password='"&U_password&"'"
Set Rs = DBConn.Execute(SQL)

if(Rs.Eof or Rs.Bof) then
%>
<script>
  location.replace("login_false.didl");
</script>
<%
  else
%>
<script>
  location.replace("login_true.didl?id=<%=U_id%>");
</script>
<%
  end if
%>
```

아이디, 패스워드 체크

페이지 이동

GET방식으로 ID넘기기

로그인에 성공하였을 때 GET 방식으로 받은 아이디를 이용하여 데이터베이스로부터 사용자 이름을 읽어서 보여준다. 아래의 ASP 코드를 DIDL 페이지에 추가하여야 한다.

```
<%
//데이터베이스 연결.
strcon = "DRIVER=MySQL ODBC 3.51 Driver;SERVER=220.70.1.183; DATABASE=test;UID=root;PWD=123456;OPTION=35"
set DBConn = Server.CreateObject("ADODB.Connection")
DBConn.open strcon

//GET방식으로 받은 사용자 아이디 변수에 저장.
U_id = Request("id")

//데이터베이스에서 사용자 이름 읽어오기.
SQL = "select username from user_infor where id='"&U_id&"'"
Set Rs = DBConn.Execute(SQL)

Dim Name

Name = Rs("username")

%>
```

이름을 읽은 다음 페이지에 텍스트 박스를 하나 추가하고, DIDL 코드에서 읽은 이름을 삽입하여 주면 된다.

```
<ITEM ID="6">
 <DESCRIPTOR>
  <STATEMENT Type="text/xml">
   <mbd:OBJECTTYPE>TEXT</mbd:OBJECTTYPE>
   <mbd:SUBTYPE>NULL</mbd:SUBTYPE>
   <mbd:COLOR>255, 0, 0, 0</mbd:COLOR>
   <mbd:POSITION>25,153,195,14</mbd:POSITION>
   <mbd:ALIGN>NULL</mbd:ALIGN>
   <mbd:RAWSTRING>
   <% response.write Name %>
   </mbd:RAWSTRING>
  </STATEMENT>
 </DESCRIPTOR>
</ITEM>
```

변수에 저장한 사용자 이름 DIDL코드에 삽입하기

| 그림 11.34 | 모바일 페이지 변수 지정 방법

(2) 회원가입 페이지 만들기

다음은 모빌더를 사용한 회원가입 구현을 해보도록 하겠다. 회원가입 역시 DIDL과 ASP를 연동하여 구현해야 한다. 모빌더를 이용한 페이지 구성과 ASP 코드를 사용하는 방법은 위의 로그인 구현 방법과 같으며, 중복된 부분들은 생략하여 간략하게 설명하도록 하겠다.

① 회원가입 페이지 구성

먼저, 모빌더를 사용하여 회원가입 페이지를 만들어야 한다. 만드는 과정은 메뉴에서 텍스트 박스, 입력 박스, 액션 버튼, 폼 들을 클릭하여 페이지에 생성하면 된다. 구체적인 과정은 생략하고 그림 11.35와 같은 페이지를 만든다.

| 그림 11.35 | 회원가입 페이지

| 그림 11.36 | 회원가입 완성

페이지 구성이 끝나면 다음 각 입력박스의 속성에서 이름을 부여한다. 폼의 Action URL 속성에 링크될 페이지 주소를 적어준다. 회원가입 여부를 확인하여야 함으로 ASP 페이지(예 : registration_check.asp)를 링크시켜 준다.

ASP 페이지에서 ASP 코드를 통하여 데이터베이스를 연동하여 이미 가입한 회원인지 아니면 새로운 회원인지를 체크하여 준다. 새로운 회원이면 회원가입을 한다. 아래의 코드를 참고하라.

```
<%
 //데이터베이스 연결.
  strcon = "DRIVER=MySQL ODBC 3.51 Driver;SERVER=220.70.1.183; DATABASE=test;UID=root;PWD=123456;OPTION=35"
  set DBConn = Server.CreateObject("ADODB.Connection")
  DBConn.open strcon

  //GET방식으로 회원정보 받아 변수에 저장.
  name = request("name")
  ID = request("ID")
  pwd = request("pwd")
  conpwd = request("conpwd")
  serial = request("serial1")&request("serial2")
  email = request("email1")&"@"&request("email2")

  //가입 여부 확인.
  SQL = "select id, serial from user_infor where id='"&ID&"' and serial='"&serial&"' "
  Set Rs = DBConn.Execute(SQL)

  //미가입시 회원정보 데이터베이스에 저장.
  if(Rs.Eof or Rs.Bof) then
     SQL = "INSERT INTO user_infor (id,password,username,serial,email) VALUES ('" & ID &"','" & pwd & "','" & name & "','" & serial & "','" & email

     DBConn.Execute SQL

     DBConn.close
%>

<script>
     location.replace("regist_ok.didl?name=<%=name%>");
</script>
<%
  Else
%>
<script>
     location.replace("regist_fail.didl");
</script>
<%
  End If
%>
```

그림 11.36은 회원가입 성공 페이지이다. 회원이름은 텍스트박스를 하나 추가하고, 그곳에 회원이름을 저장하는 변수를 삽입하면 된다. 아래의 코드를 참고하라.

```
<%
   Dim Name
   Name = Request("name")
%>
<DESCRIPTOR>
  <STATEMENT Type="text/xml">
    <mbd:OBJECTTYPE>TEXT</mbd:OBJECTTYPE>
    <mbd:SUBTYPE>NULL</mbd:SUBTYPE>
    <mbd:COLOR>255, 0, 0, 0</mbd:COLOR>
    <mbd:POSITION>34,163,195,14</mbd:POSITION>
    <mbd:ALIGN>NULL</mbd:ALIGN>
    <mbd:RAWSTRING>
     <% response.write Name %>
    </mbd:RAWSTRING>
  </STATEMENT>
</DESCRIPTOR>
```

DIDL페이지 삽입할 ASP코드. GET방식으로 받은 사용자 이름을 변수에 저장.

변수에 저장된 값 DIDL코드에 삽입.

11.2.2 게시판, 글쓰기, 글삭제가 가능한 페이지 만들기

다음은 모빌더를 사용하여 게시판, 글쓰기, 글삭제가 가능한 페이지를 만들어 보도록 하겠다. 이러한 페이지들 역시 ASP를 삽입하여 완성하여야 한다. 아래에 먼저 게시판 페이지부터 구현하여 보도록 하자.

(1) 게시판 페이지 만들기

위에서 회원가입 페이지를 구현하였을 때처럼 우선 모빌더를 사용하여 게시판 페이지를 구성하여야 한다. 우선 모빌더를 작동하고 새로운 사이트를 만든다. 다음 새로운 페이지를 만들고 페이지 이름(예 : `freeboard.didl`)을 지어준다. 그리고 그림 11.37처럼 페이지 구성에 필요한 이미지, 텍스트 박스로 페이지를 작성한다.

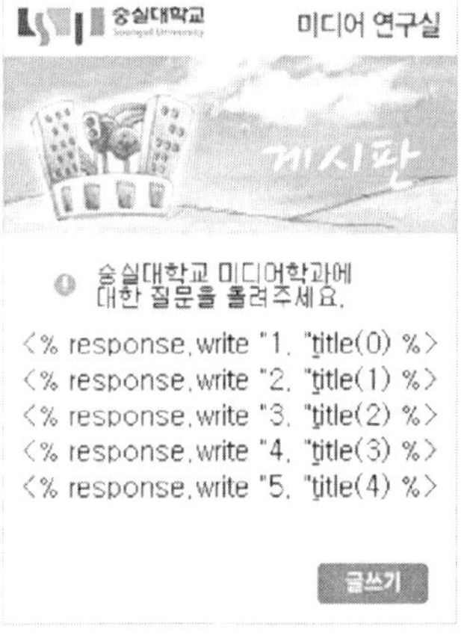

| 그림 11.37 | 게시판 첫 페이지

| 그림 11.38 | 게시물 내용 페이지

게시판의 게시물 내용은 데이터베이스로부터 읽어서 DIDL 페이지에 추가하여야 한다. 데이터베이스로부터 읽어오는 과정은 ASP로 코딩하여 DIDL 페이지 코드에 추가하여야 한다. 추가할 ASP 코드는 다음과 같다.

```
<%
  //데이터베이스 연결.
  strcon = "DRIVER=MySQL ODBC 3.51 Driver;SERVER=220.70.1.183; DATABASE=test;UID=root;PWD=123456;OPTION=35"
  set DBConn = Server.CreateObject("ADODB.Connection")
  DBConn.open strcon

  //게시물 제목 읽기.
  SQL = "select  title,date  from freeboard"
  Set Rs = DBConn.Execute(SQL)

  Dim title(5)

  for i=0 to 4
     title(i) = Rs("title")

     Rs.MoveNext
  next

  //게시물 내용보기 페이지이름
  Dim nextPage
  nextPage = "content.didl?id="
%>
```

코드에서 보면 데이터베이스로부터 게시물 제목 5개를 읽어서 변수에 저장한다. 다음 5개의 제목들을 차례로 텍스트 박스에 삽입하면 된다. 아래의 코드를 참고하라.

```
<ITEM ID="6">
 <DESCRIPTOR>
  <STATEMENT Type="text/xml">
   <mbd:OBJECTTYPE>TEXT</mbd:OBJECTTYPE>
   <mbd:SUBTYPE>NULL</mbd:SUBTYPE>
   <mbd:COLOR>255, 0, 0, 0</mbd:COLOR>
   <mbd:POSITION>6,173,229,14</mbd:POSITION>
   <mbd:ALIGN>NULL</mbd:ALIGN>
   <mbd:RAWSTRING>
    <% response.write "1. "&title(0) %>          ← 게시물 제목을 저장한 변수 삽입
   </mbd:RAWSTRING>
   <mbd:HYPERLINK><% response.write nextPage&"1" %></mbd:HYPERLINK>
  </STATEMENT>                                   ↑ 게시물 내용 페이지 링크
 </DESCRIPTOR>
</ITEM>
```

위의 DIDL 코드는 텍스트 박스 부분이다. 코드에서 텍스트 박스 내용은 ASP 변수에 저장한 게시물 제목을 삽입한다. 그리고 텍스트에 게시물 내용을 상세히 볼 수 있게 해당 내용 페이지(예 : content.didl)를 링크시킨다.

다음으로 게시물 내용 페이지를 만들어 보도록 하자. 다음 게시물 내용들을 읽어오는 ASP 코드를 삽입하여야 한다. 코드는 아래와 같다.

```
<%
  //데이터베이스와 연결.
  strcon = "DRIVER=MySQL ODBC 3.51 Driver;SERVER=220.70.1.183; DATABASE=test;UID=root;PWD=123456;OPTION=35"
  set DBConn = Server.CreateObject("ADODB.Connection")
  DBConn.open strcon

  //게시물 아이디 받기.
  id = request("id")

  //게시물 내용 읽어오기.
  SQL = "select  title,writer,date,content  from freeboard where id='"&id&"'"
  Set Rs = DBConn.Execute(SQL)

  Dim title
  Dim writer
  Dim date_
  Dim content

  //제목, 글쓴이, 날자, 글내용 읽어서 변수에 저장.
  title = Rs("title")
  writer = Rs("writer")
  date_ = Rs("date")
  content = Rs("content")

%>
```

그리고 ASP 변수에 저장된 내용들을 해당 텍스트 박스 코드에 삽입하면 끝이다.

```
<ITEM ID="10">
  <DESCRIPTOR>
    <STATEMENT Type="text/xml">
      <mbd:OBJECTTYPE>TEXT</mbd:OBJECTTYPE>
      <mbd:SUBTYPE>NULL</mbd:SUBTYPE>
      <mbd:COLOR>255, 0, 0, 0</mbd:COLOR>
      <mbd:POSITION>72, 173, 181, 14</mbd:POSITION>
      <mbd:ALIGN>NULL</mbd:ALIGN>
      <mbd:RAWSTRING>
      <% response.write title %>
      </mbd:RAWSTRING>
    </STATEMENT>
  </DESCRIPTOR>
</ITEM>
```

변수에 저장된 게시물 내용 삽입

다른 변수 값들도 똑같이 해당 텍스트 박스에 삽입하면 된다.

(2) 글쓰기, 글삭제 페이지 만들기

글쓰기, 글삭제 페이지를 만들어 보도록 하자. 먼저 글쓰기 페이지(예 : write.didl)를 만든다. 우선 전처럼 모빌더를 사용하여 글쓰기 페이지를 구성하여야 한다. 페이지는 이미지, 입력 박스, 여러 줄 입력 박스, 액션 버튼, 폼으로 구성되었다. 그림 11.39를 참고하라.

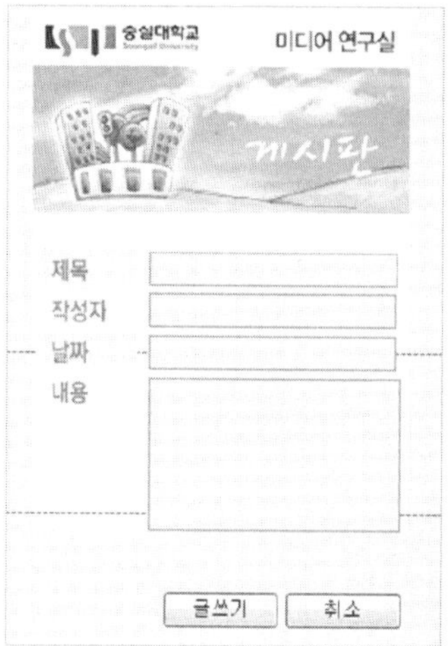

| 그림 11.39 | 글쓰기 페이지

| 그림 11.40 | 글쓰기 완성 페이지

각 입력박스의 속성에서 이름값을 부여한다. 폼의 속성에서 Action URL에 입력박스의 내용들을 데이터베이스에 저장시킬 ASP 페이지(예 : `write.asp`)를 링크시킨다. 아래의 코드를 참고하라.

글쓰기가 끝나면 그림 11.40의 완성 페이지로 이동한다. 다음은 글삭제 기능을 구현하도록 하자. 글삭제는 그림 11.39의 게시물 내용 페이지에서 글삭제 버튼을 클릭시 해당 게시물을 삭제하는 기능을 구현하는 것이다.

우선 글삭제 버튼에 데이터베이스로부터 글을 삭제하는 ASP 페이지(예 : `delete.asp`)를 링크시켜야 한다. ASP 페이지의 코드는 아래와 같다.

```
<%
  //데이터베이스 연결.
  strcon = "DRIVER=MySQL ODBC 3.51 Driver;SERVER=220.70.1.183; DATABASE=test;UID=root;PWD=123456;OPTION=35"
  set DBConn = Server.CreateObject("ADODB.Connection")
  DBConn.open strcon

 //GET방식으로 받은 게시물 제목, 글쓴이, 날자, 내용을  변수에 저장.
  title = request("title")
  writer = request("writer")
  date_ = request("date")
  content = request("content")

  //게시물 제목, 글쓴이, 날자, 내용 데이터베이스에 저장.
  SQL = "INSERT INTO freeboard (title,writer,date,content) VALUES (' " & title &" ',' " & writer & " ','" & date_ & "',' " & conte

  DBConn.Execute SQL

  DBConn.close
%>

<script>
     location.replace("write_ok.didl");
</script>
```

```
<%
  //데이터베이스 연결.
   strcon = "DRIVER=MySQL ODBC 3.51 Driver;SERVER=220.70.1.183; DATABASE=test;UID=root;PWD=123456;OPTION=35"
   set DBConn = Server.CreateObject("ADODB.Connection")
   DBConn.open strcon

   //GET방식으로 글번호 받기.
   id = request("id")

   //데이터베이스에서 해당 글 삭제.
   SQL = "delete from freeboard where id = "&id&" "

   DBConn.Execute SQL

   DBConn.close
%>


<script>
      location.replace("delete_ok.didl");
</script>
```

글이 삭제되면 아래의 글삭제 완성 페이지로 이동한다.

| 그림 11.41 | 글삭제 완성 페이지

이렇게 하면 모빌더를 사용하여 게시판, 글쓰기, 글삭제 페이지가 완성되었다.

12 기존 PC 웹 페이지 활용 하기

12.1 PC 웹 페이지를 이용하여 모바일 웹 페이지 작성시 이점

모바일 인터넷을 위해서는 무선 선로를 이용하여 정보를 공유할 수 있는 모바일용 콘텐츠를 제작하여야 한다. 앞의 3, 4부에서는 이런 모바일 콘텐츠를 만들 때 어떠한 참고 자료 없이 기획된 스토리보드를 가지고 제작하였다. 이는 처음 유선 웹 페이지를 제작하는 과정과 유사하다. 하지만 이미 유선 상에 제공되고 있는 멀티미디어 데이터 및 데이터베이스를 이용한다면 모바일 서비스를 위한 데이터베이스 비용 및 콘텐츠 제작을 위한 시간적인 비용도 줄일 수 있을 것이다. 기존 PC 상에 서비스되던 웹 페이지를 이용하여 모바일 페이지를 제작할 때 가져다주는 이점을 정리해 보았다.

(1) 빠른 시간에 모바일 페이지를 제작할 수 있다.

이미 웹 페이지에 제작되어 있는 콘텐츠를 이용하기 때문에 빠르게 제작할 수 있다. 즉, 웹에서 사용하고 있는 콘텐츠를 모바일용으로 다시 제작할 필요가 없으며, 모바일 페이지만의 데이터베이스를 구성할 필요 없이 PC 웹에서 사용하던 데이터베이스를 그대로 사용할 수 있다. 따라서 그만큼 콘텐츠 제작에 들어가는 인건비나 시간적인 기회비용을 획기적으로 줄일 수 있다. 마지막으로 모바일 페이지를 새롭게 디자인할 필요 없이 웹 페이지에 이미 제작되어 있는 디자인과 톤 앤 매너를 그대로 모바일로 옮겨서 사용할 수 있기 때문에 기획부터 들어가는 노력을 많은 부분 줄여나갈 수 있다.

(2) 모바일 페이지의 유지 보수가 쉽다.

웹 페이지의 콘텐츠를 링크해서 사용함으로 웹 페이지의 수정만으로 모바일 페이지까지 수정되며, 또한, PC 웹 페이지의 데이터베이스를 같이 사용함으로 데이터베이스 하나만 수정하면 모바일 페이지까지 적용될 수 있다. 이러한 이점을 바탕으로 웹페이지를 관리하는 노력만으로 모바일 페이지까지 쉽게 유지 보수할 수 있는 장점을 가지고 있다.

12.2 Story Board 만들기

12.2.1 주제 선정하기

5장에서는 기존 PC 웹 페이지를 이용한 모바일 웹 페이지 만드는 방법에 대해서 배워보도록 하겠다. 2장에서 배운바와 같이 모바일 웹 사이트를 제작하는 목적을 잘 설정해야 하는데, 여기에서는 숭실대학에 대한 정보를 전달하는 목적에 초점을 맞춰서 진행하도록 하겠다. 또한, 예제를 제작하는 것이기 때문에 사이트에 해당하는 모든 페이지를 제작하기 보다는 특별한 기능을 갖는 페이지들 위주로 작성하겠다. 여기에는 텍스트로 이루어진 페이지, 이미지로 이루어진 페이지, 단말기 키 버튼 링크 페이지, 일반 하이퍼링크 페이지, 로그인 페이지, 게시판 페이지 등의 가장 기본이 되는 페이지 형태서부터 동적으로 데이터를 받아오는 페이지까지 꼭 필요한 부분들만 얘기하도록 하겠다. 사이트 구성에 필요한 다른 페이지 제작은 위에서 이야기한 내용을 바탕으로 응용하여 제작하면 될 것이다.

12.2.2 개별적 페이지 디자인하기

(1) 정적 콘텐츠 페이지

메인 디자인은 숭실대학교 로고와 대학 정보를 잘 나타낼 수 있는 링크 버튼들만을 선택해서 디자인했다. 또한, PC 웹 페이지의 이미지를 그대로 사용했기 때문에 전체인 톤 앤 매너를 PC 웹 페이지 그대로 유지했다.

① 이미지, 텍스트

이미지와 텍스트를 이용한 페이지는 동적으로 변하는 것이 아닌 정적인 페이지를 제작할 때 주로 사용한다. 그림 12.1은 이미지와 텍스트를 이용해서 디자인한 전형적인 모바일 페이지를 보여준다. 메인 페이지 디자인에서 가운데 콘텐츠 부분만 각 메뉴에 맞춰서 수정했다.

| 그림 12.1 | 이미지와 텍스트만을 이용해서 제작한 페이지

② 단말기 키 버튼

메인 페이지에서 단말기 키 버튼과 각각의 메뉴를 링크시켜준 페이지 디자인이다. 겉으로 볼 때는 일반 이미지, 텍스트 기반의 페이지와 같지만 휴대폰 숫자 버튼과 다이렉트로 링크되는 기능이 추가되어 있다.

| 그림 12.2 | 단말기 키 버튼 링크를 적용한 페이지

(2) 동적 콘텐츠 포함 페이지

동적 콘텐츠를 포함하는 페이지의 대표적인 예로 로그인 페이지와 게시판 페이지를 디자인 시안으로 잡았다. 숭실대학교 PC 웹 페이지의 로그인 이미지를 그대로 가지고 와서 PC 웹과 이질감이 느껴지지 않게 디자인했다.

① 로그인 페이지

로그인 페이지는 사용자 입력 페이지와 로그인 성공, 실패를 보여주는 결과처리 페이지 등의 세 가지로 그림 12.3처럼 나누어서 디자인했다.

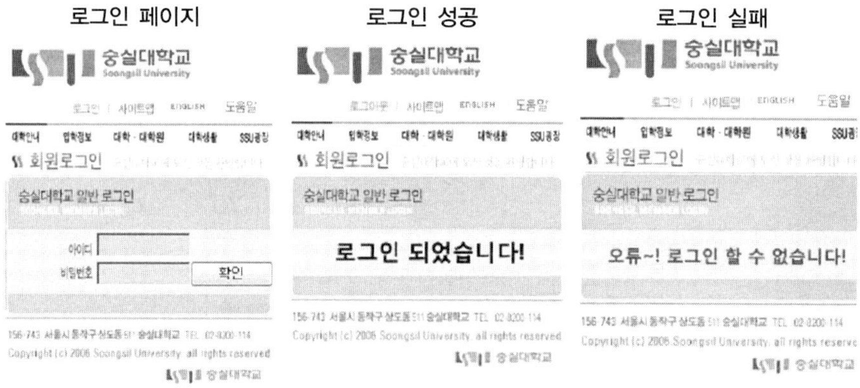

| 그림 12.3 | 로그인 페이지

② 게시판, 공지사항

게시판과 공지사항은 제목을 보여주는 페이지와 해당 내용을 보여주는 페이지로 나누어 두 개의 페이지로 디자인했다. 또 여기에서는 게시판과 공지사항의 제목을 보여주는 페이지를 하나로 두어 제작했다.

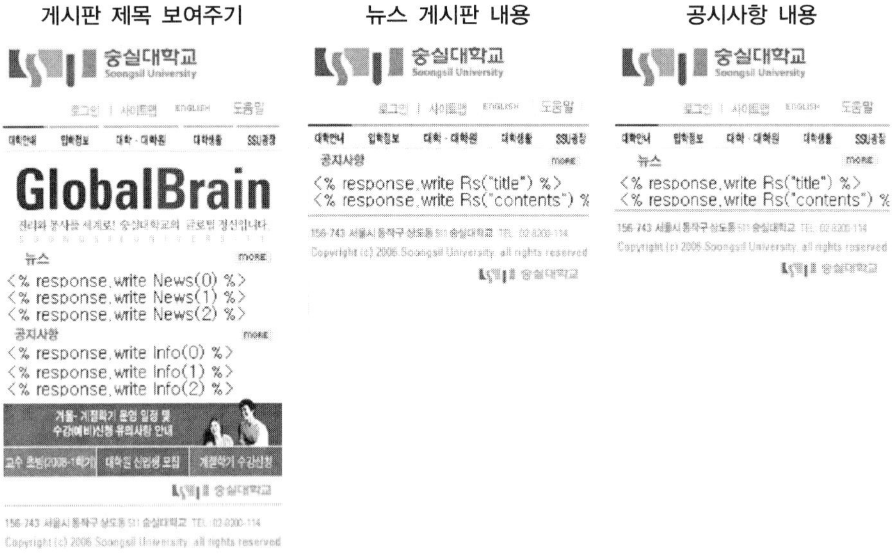

| 그림 12.4 | 게시판, 공지사항 페이지

12.3 모빌더 사용하기

12.3.1 정적 콘텐츠를 포함하는 페이지 만들기

(1) 텍스트 페이지 만들기

텍스트 페이지는 과거 모바일 웹의 통신 속도가 매우 느렸을 때 사용했던 방법이다. 용량이 작은 텍스트를 위주로 작성되기 때문에 모바일 웹 페이지의 로딩 속도가 빠르고 접속에 사용되는 데이터 요금이 적게 든다는 장점이 있다. 하지만 좀 더 비주얼한 페이지를 제작하기 어렵다는 단점도 가지고 있다. 이러한 문제 때문에 현재는 텍스트만으로 제작된 모바일 페이지는 찾아보기 어렵다. 모빌더에서는 텍스트 페이지를 만들기 위한 두 가지 방법을 제공하고 있다. 첫째, 모빌더에서 텍스트 박스를 생성해서 내용을 작성하는 방법, 둘째, 웹페이지에 있는 텍스트를 Drag & Drop으로 가져오는 방법이 있다. 우선 첫 번째 방법부터 살펴보면 다음과 같다.

우선 모빌더를 실행시키고 텍스트를 넣고자 하는 페이지를 생성 또는 불러낸다. 로드된 페이지를 선택하면 모빌더 상단 툴바에 텍스트 박스 아이콘이 생성되는데(그림 12.5에서 상단 사각 박스 영역) 이 아이콘을 선택하면 페이지에 텍스트 박스가 생성된다. 생성된 텍스트 박스를 더블 클릭하여 원하는 내용을 채워 넣으면 텍스트 페이지가 완성되게 된다.

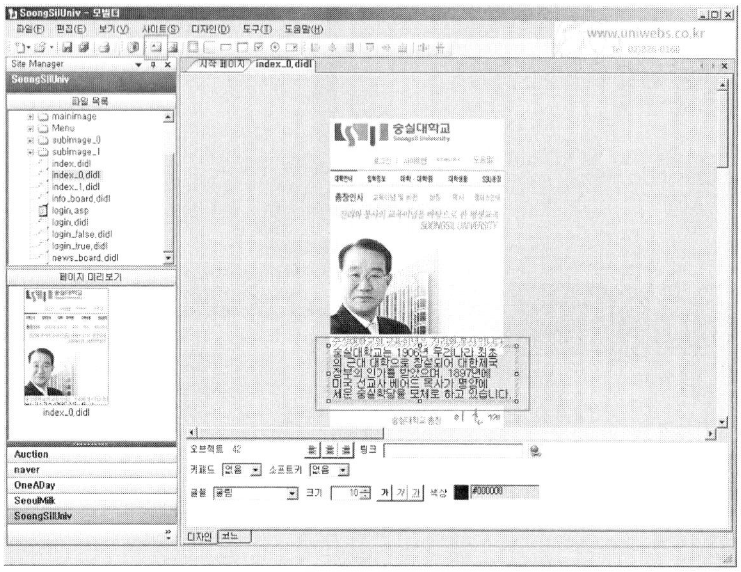

| 그림 12.5 | 텍스트 박스를 생성해서 텍스트 페이지 만들기

두 번째 방법은 제작하고자 하는 웹 페이지를 브라우저에 띄워 놓고 원하는 텍스트를 Drag & Drop 방식으로 페이지에 추가하는 방법이다. 이 방법은 직관적이면서 따로 손으로 타이핑할 필요가 없어서 모바일 페이지를 제작하는 시간을 획기적으로 줄여줄 수 있다.

모빌더를 실행시키고 텍스트를 넣고자 하는 페이지를 생성, 또는 불러낸다. 그 후에 그림 12.6과 같이 "보기" 메뉴의 "브라우저"를 선택한다. "브라우저"를 선택하면 모빌더에 그림 12.7과 같이 브라우저 창이 생성된다. 이렇게 생성된 브라우저에 텍스트를 가져오기 원하는 웹사이트 주소를 넣어서 웹 페이지를 연다.

열려진 웹 페이지에서 사용하기 원하는 텍스트에 마우스 포인트를 올려놓고 드래그한다. 드래그한 텍스트를 그림 12.7과 같이 모빌더에 로드되어 있는 모바일 페이지에 놓는다. 이렇게 놓게 되면 해당 텍스트가 모바일 페이지에 들어가게 되는데 이렇게 들어간 텍스트를 원하는 크기와 위치로 조절해서 놓으면 웹 페이지에 있는 텍스트를 드래그 드롭 방식으로 모바일 페이지를 만드는 것이 완료된다.

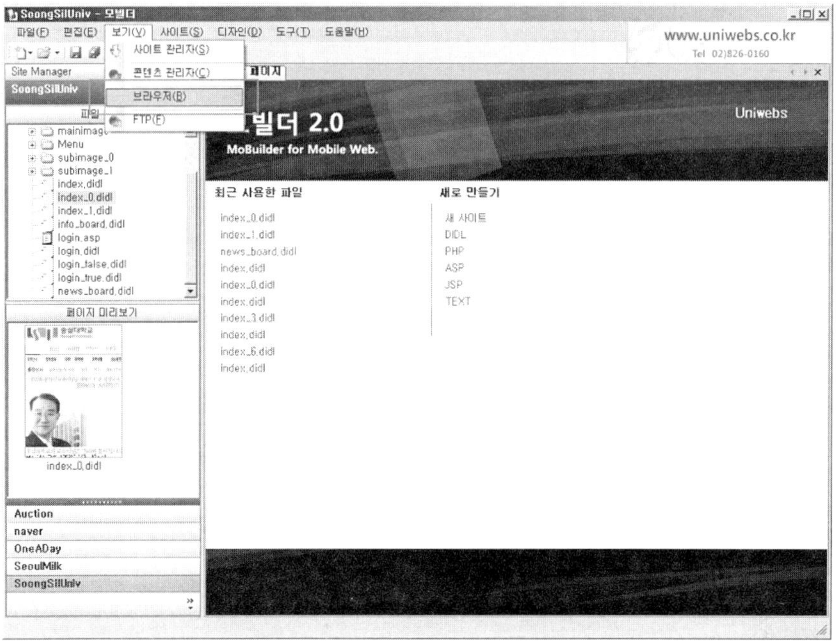

| 그림 12.6 | 브라우저 열기

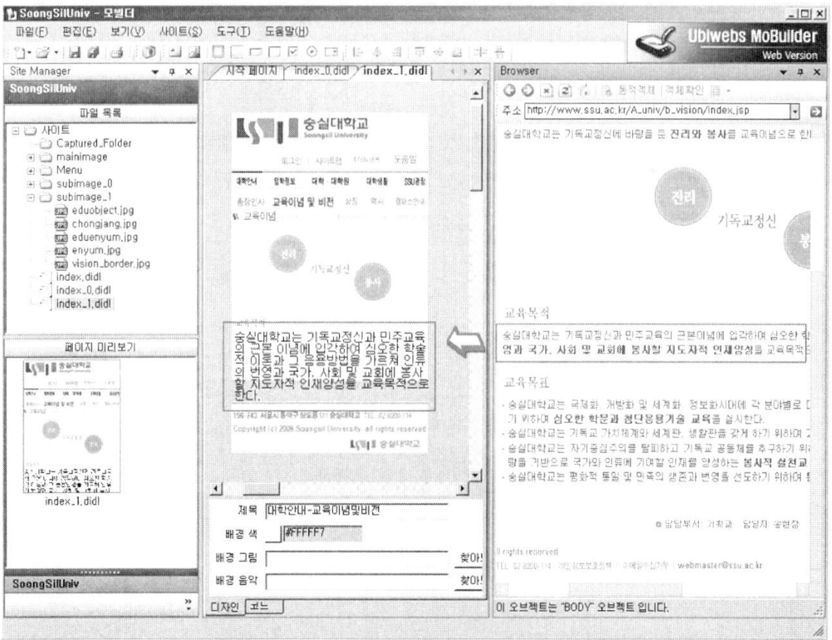

| 그림 12.7 | 웹 페이지의 텍스트 가져오기

이처럼 모빌더를 이용한 모바일 텍스트 페이지 만들기는 쉽고 단순하기 때문에 빠른 시간 내에 제작할 수 있다는 장점을 가지고 있다.

(2) 이미지 페이지 만들기

과거에는 모바일 기기의 전송 속도 때문에 이미지를 사용하는 것을 꺼려했지만, 현재의 모바일 기기의 전송 속도에서는 이미지를 다량으로 쓰더라도 큰 문제가 되지 않는다. 따라서 현재는 대부분의 모바일 페이지가 이미지로 제작되고 있다. 이미지를 사용하면 모바일 페이지를 원하는 모양, 모습으로 비주얼하게 제작할 수 있으며 모바일 웹 페이지로 표현하고자 하는 뜻을 정확히 보여줄 수 있다. 하지만 이미지 페이지의 단점은 웹 페이지에서 보여주는 동영상, 플래시 등의 화려한 효과들은 줄 수 없다는 문제를 가지고 있다.

모빌더에서는 세 가지 방법으로 이미지 페이지를 제작하는 것을 지원하고 있다. 첫째, 이미 제작되어 있는 로컬 이미지를 프로젝트로 불러와서 제작하는 방법, 둘째, 웹 페이지에 있는 이미지를 드래그 드롭 방식으로 가져와서 제작하는 방법, 마지막으로 세 번째는 캡처 모듈을 통해 PC 모니터 상의 어떠한 이미지라도 캡처해서 제작하는 방법이 있다. 우선 첫 번째 방법부터 살펴보면 다음과 같다.

① 외부 로컬 이미지로 페이지 만들기

그림 12.8과 같이 로컬 이미지를 가지고 이미지 페이지 만드는 방법은 일반 웹 페이지 제작 프로그램과 동일한 방식을 가지고 있다. 로컬 이미지 가져오기에는 두 가지 방식이 있는데 하나는 모빌더 파일 메뉴나 사이트 매니저의 컨텍스트 메뉴에 있는 "가져오기 - 파일 가져오기"가 있으며 다른 하나는 툴바의 이미지 버튼을 클릭하여 프로젝트 외부의 로컬 이미지를 가지고 올 수 있다. 첫 번째 방법을 실행해서 선택한 이미지 파일들은 현재 사이트 매니저에서 선택되어 있는 경로에 표시되게 된다. 이렇게 표시된 이미지 파일을 편집 영역의 원하는 위치로 드래그 드롭으로 추가하면 이미지 페이지를 만들 수 있다. 두 번째 방법을 이용하면 좀 더 빠르게 제작할 수 있다. 툴바의 이미지 버튼을 통해 가지고 온 이미지는 사이트 매니저에서 따로 드래그할 필요 없이 바로 편집 영역에 생성된다.

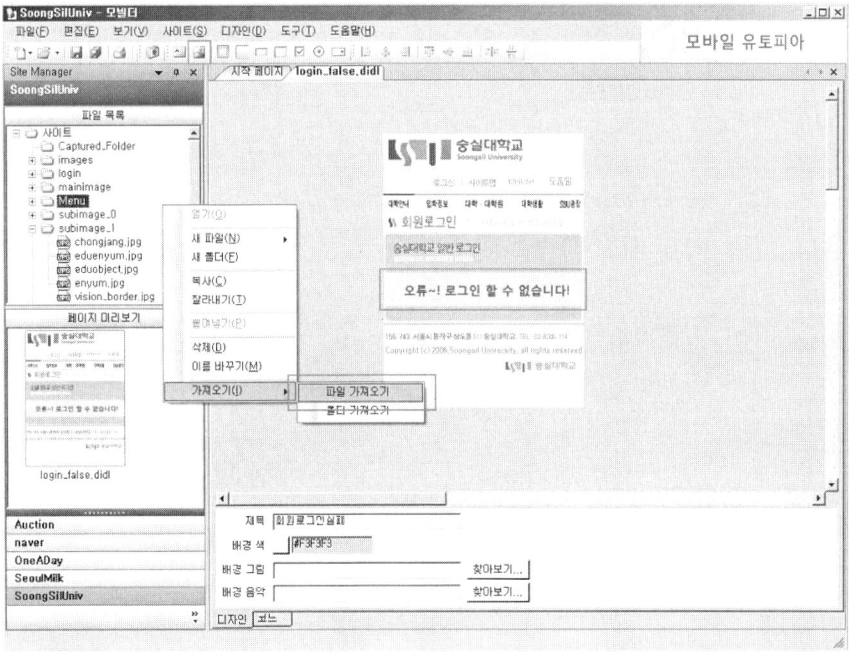

| 그림 12.8 | 로컬 이미지 가져오기

② 웹 페이지에서 이미지 드래그 드롭으로 페이지 만들기

이미지 페이지를 만드는 두 번째 방법은 웹 페이지에 있는 이미지를 드래그 드롭으로 편집 영역에 추가하는 방법이다. 이 방법은 기존에 사용하던 웹 페이지를 모바일 페이지로 바꾸고 싶을 때 유용한 방법이다. 기존에 이미 제작해 놓은 콘텐츠들을 그대로 사용할 수 있음으로 모바일 페이지 제작을 위해 추가적으로 콘텐츠를 제작할 필요가 없다. 따라서 콘텐츠 제작에 따른 추가 비용이나 시간적인 비용을 획기적으로 줄일 수 있다.

이 기능을 사용하기 위해서는 우선 모빌더의 메뉴 중 보기 메뉴에서 브라우저를 클릭하여 새로운 브라우저를 생성한다. 그리고 브라우저에서 모바일 페이지로 제작하고 싶은 홈페이지에 접속을 한다. 그 후에 홈페이지에 접속된 상태에서 모바일 페이지에 넣고 싶은 이미지들을 그림 12.9와 같이 드래그 드롭 방식으로 편집 영역에 추가해준다. 이 방법을 사용하면 큰 노력 없이 모바일 페이지를 제작할 수 있다.

| 그림 12.9 | 웹 페이지의 이미지 가져오기

③ 이미지 캡처로 페이지 만들기

마지막으로 이미지 캡처로 페이지를 만드는 방법이 있다. 이 방법은 모바일 웹에서 지원하지 않는 동영상, 플래시, 또는 웹에서 드래그 드롭으로 가져올 수 없는 콘텐츠들을 이미지로 변환해서 가져옴으로써 모바일 페이지로 보여줄 수 있게 한다. 캡처는 두 가지 방식으로 할 수 있는데 트리 뷰로 저장해서 편집 영역으로 가져오는 방식과 캡처 폼에서 편집 영역으로 바로 드래그 드롭하는 방식으로 나뉜다.

첫 번째 방법은 그림 12.10에서와 같이 툴바에서 스마트 캡처 버튼을 누른 후 나오는 폼을 캡처하기 원하는 위치에 놓고 캡처 버튼을 눌러서 캡처한 후, 저장 버튼을 통해 사이트 매니저에 저장하는 방식이다. 이 방식은 저장된 이미지를 사이트 매니저에서 다시 드래그해서 가지고 와야 한다는 불편함은 있지만 캡처한 이미지 이름이나 위치를 쉽게 재조정할 수 있다는 장점을 가지고 있다.

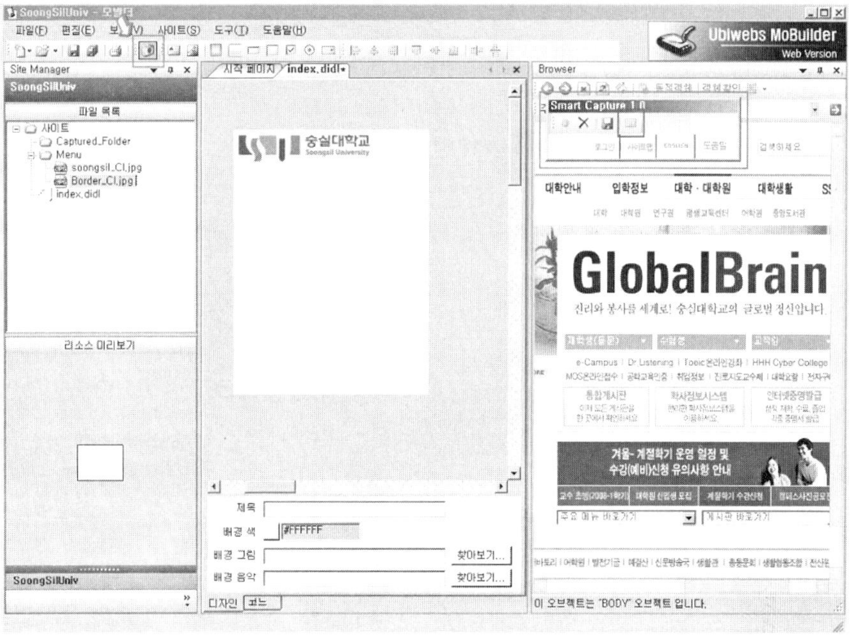

| 그림 12.10 | 캡처 폼 띄우기

두 번째 방법은 캡처한 후, 캡처된 이미지를 드래그 드롭으로 편집 영역에 추가하는 방법이다. 이 방법은 캡처된 이미지를 빠르게 사용할 수 있다는 장점을 가지고 있지만, 파일명이나 저장하는 위치를 수정하기가 까다롭다는 단점을 지니고 있다.

스마트 캡처에는 여러 개의 이미지를 한 번에 캡처할 수 있는 그리드 캡처(그림 12.10) 기능을 갖추고 있다. 이 기능을 사용하면 웹 페이지 상에 구현되어 있는 이미지들을 한 번에 링크별로 캡처해 올 수 있다. 캡처해온 결과는 그림 12.11과 같다.

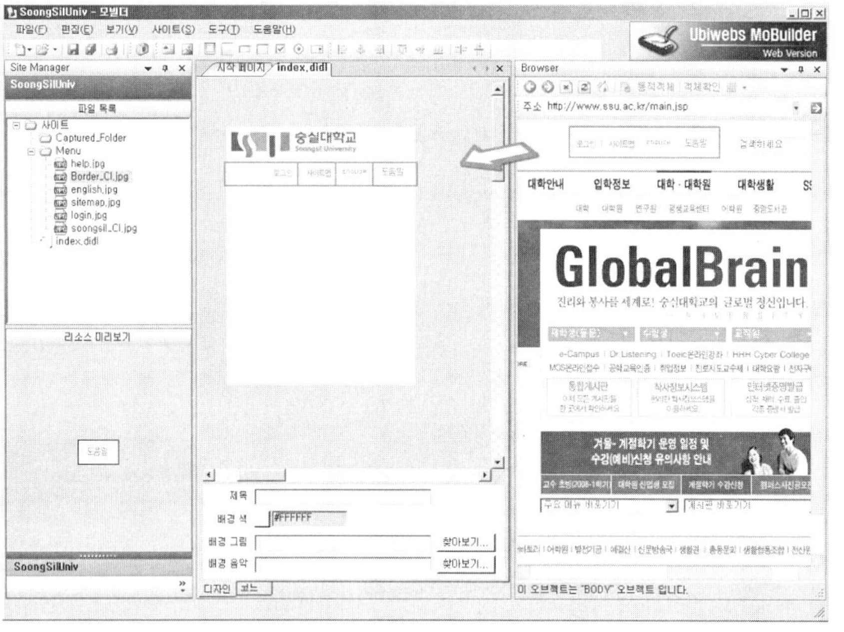

| 그림 12.11 | 캡처 폼에서 가져오기

앞에서 설명한 이미지 페이지를 제작하는 세 가지 방법을 통해 다음 그림 12.12와 같은 모바일 페이지가 제작되었다.

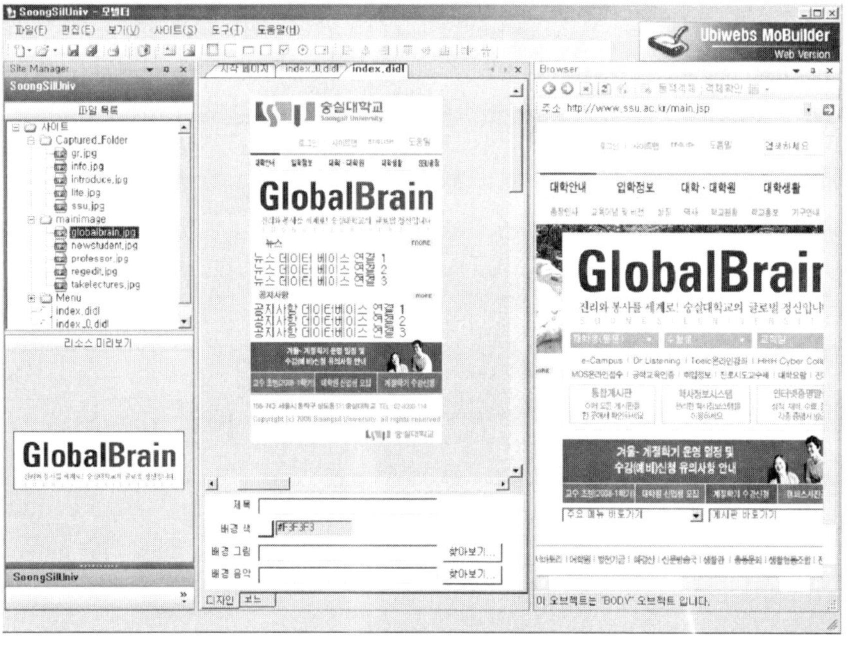

| 그림 12.12 | 완성된 이미지로 제작된 페이지

기존의 모바일 페이지를 제작하던 방식과 다른 방법을 사용하여 단시간 안에 모바일 페이지를 제작할 수 있는 것을 보았다. 다음에는 이렇게 제작된 모바일 페이지들을 서로 간의 링크를 생성하여 하이퍼링크를 포함하는 페이지를 제작해 보도록 하겠다.

(3) 하이퍼링크를 포함하는 페이지 만들기

여기서는 앞에서 제작한 페이지들을 바탕으로 서로 간의 하이퍼링크를 연결해 보겠다.

모빌더에서 페이지 간의 하이퍼링크를 걸기 위해서는 그림 12.13과 같이 링크를 걸 콘텐츠를 페이지에서 선택하고 편집 영역 하단의 속성 창에서 링크 버튼을 클릭하면 링크를 연결할 수 있는 창이 보이는데, 이곳에서 링크를 걸기 원하는 페이지를 선택하면 하이퍼링크를 걸 수 있게 된다.

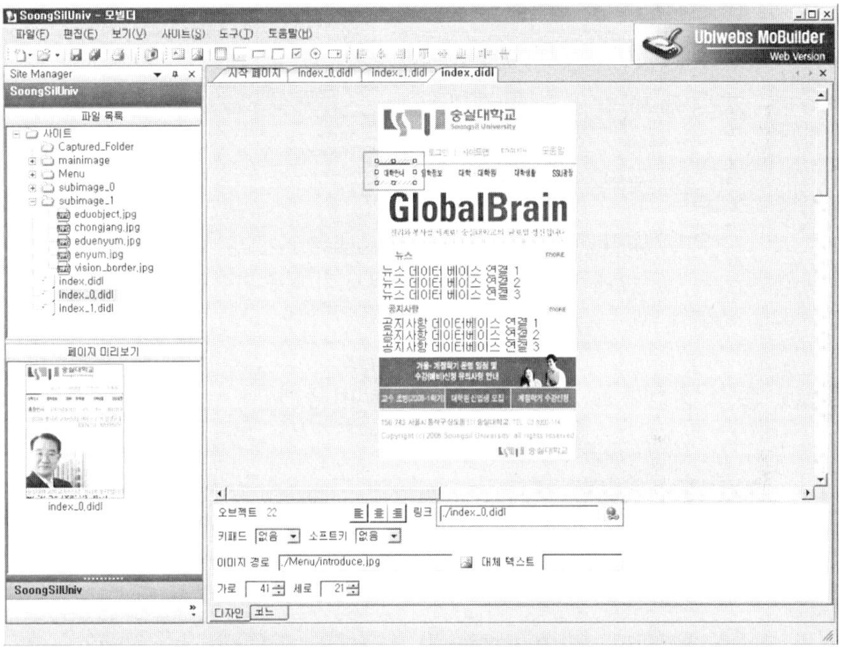

| 그림 12.13 | 하이퍼링크를 포함하는 페이지

(4) 단말기 키 버튼 만들기

모바일의 독특한 특성상 일반 PC 웹에서 지원하지 않는 단말기 키 버튼 링크라는 기능을 모바일 웹 페이지에서는 지원한다. 이 기능은 모바일 웹페이지에 접속한 사용자가 스크롤을 통해서 버튼을 찾는 번거로움을 없애기 위해서 지원하고 있다. 이 기능을 사용하면 원클릭 링크를 통해 좀 더 빠르게 원하는 페이지로 이동할 수 있다. 모빌더에서는 제작자가 이 기능을 쉽게 넣을 수 있도록 지원하고 있다. 그림 12.14와 같이 모빌더의 편집 영역에서 키 버튼 링크를 넣어줄 콘텐츠를 선택하고 하단에 보이는 속성 창에서 키패드 속성을 선택하여 원하는 키패드를 선택하면 키패드 링크가 연결되게 된다.

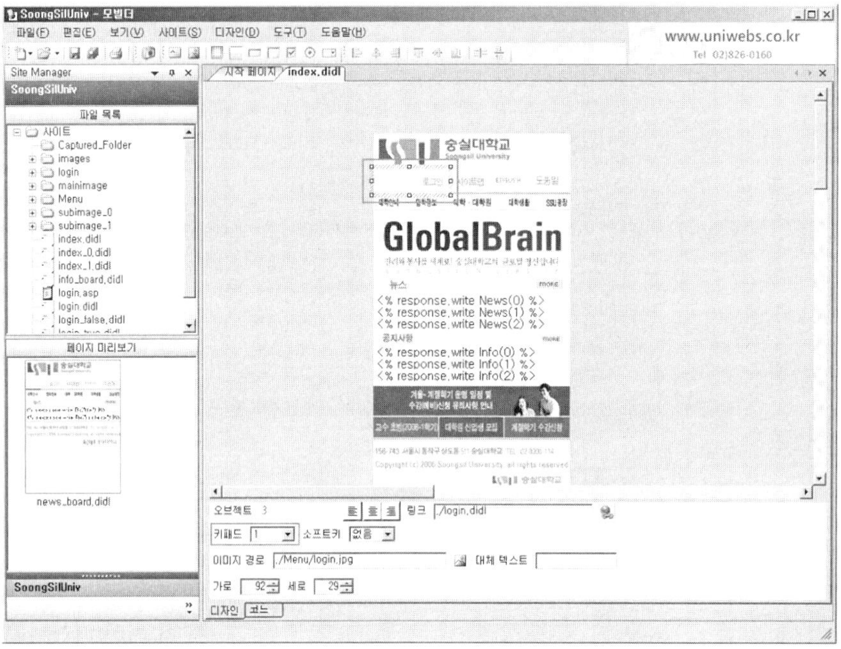

| 그림 12.14 | 단말기 키 버튼이 적용된 페이지

12.3.2 동적 콘텐츠를 포함하는 페이지 만들기

(1) 모빌더에서 접속할 데이터베이스 및 테이블 구성하기

모빌더에서는 MySQL, MSSQL, Oracle 등의 모든 DBMS를 지원한다. 예제에서는 무료로 사용할 수 있는 MySQL을 바탕으로 설명하겠다. 우선 그림 12.15에서 보이는 MySQL 사이트에서 MySQL 신버전과 MySQL GUI 툴, ODBC를 다운받는다.

다운받은 MySQL, MySQL GUI 툴, ODBC를 차례대로 설치한다. 모든 툴이 설치가 되었으면 MySQL GUI 툴의 그림 12.16과 같이 MySQL Query Browser를 실행시킨다.

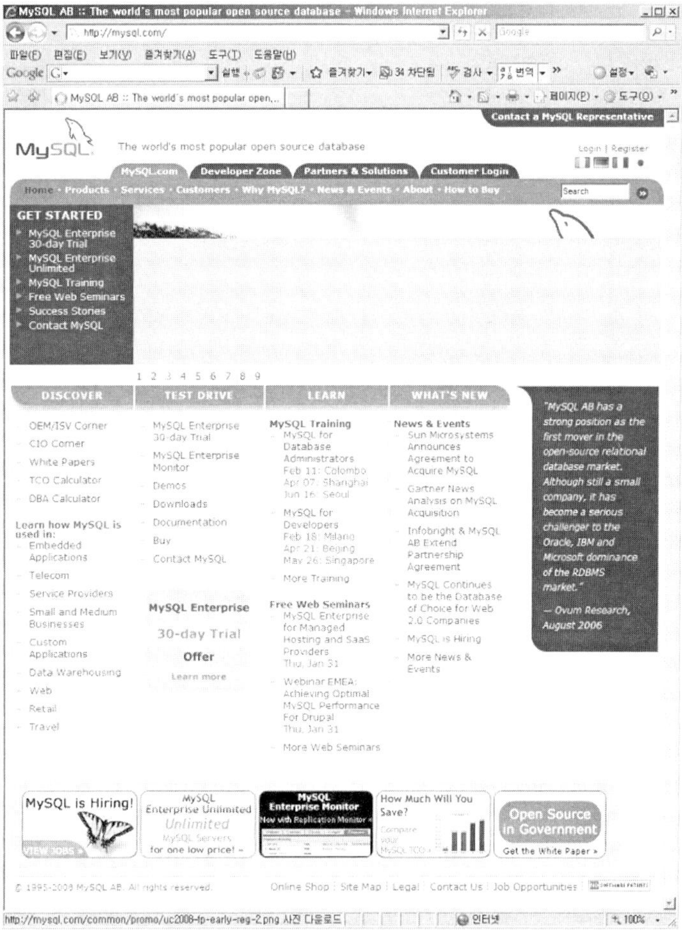

| 그림 12.15 | MySQL 사이트

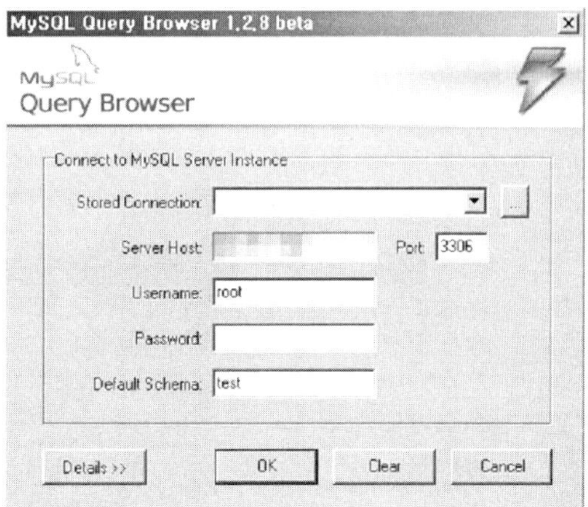

| 그림 12.16 | MySQL Query Browser 실행 및 접속 화면

접속화면에서 Username과 Password를 넣고 접속하기 원하는 Default Schema 이름을 넣고 확인을 하면 그림 12.17과 같은 화면이 나온다.

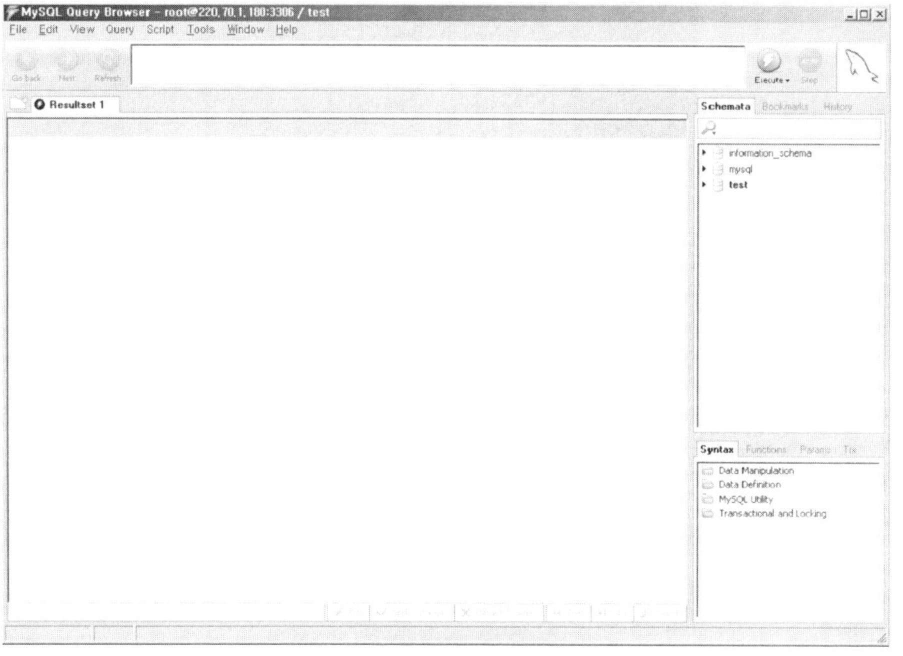

| 그림 12.17 | MySQL Query Browser에 접속된 화면

그림 12.17의 오른쪽 화면에서 테이블을 넣기 원하는 Schema를 선택한 후 마우스 오른쪽 클릭을 통해 컨텍스트 메뉴를 불러낸다. 컨텍스트 메뉴 그림 12.18에서 Create New Table 메뉴를 클릭한다. 혹시, 테이블을 넣을 Schema가 없는 경우에는 Create New Schema를 먼저 실행해서 Schema를 먼저 생성한 후 테이블을 생성한다.

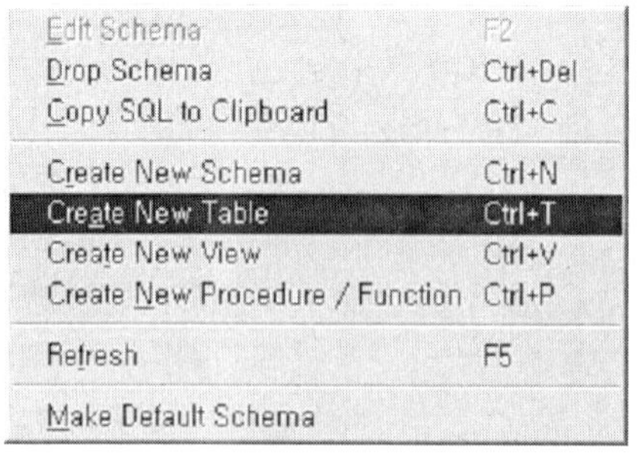

| 그림 12.18 | 컨텍스트(Context) 메뉴

테이블을 생성하는 메뉴를 실행하면 다음 그림 12.19와 같은 폼이 나오는데 이곳에 저

장되기 원하는 목록을 설정해 준다. 여기서는 뉴스 데이터베이스의 가장 기본이 되는 ID와 Title, Contents만 설정해 주었다.

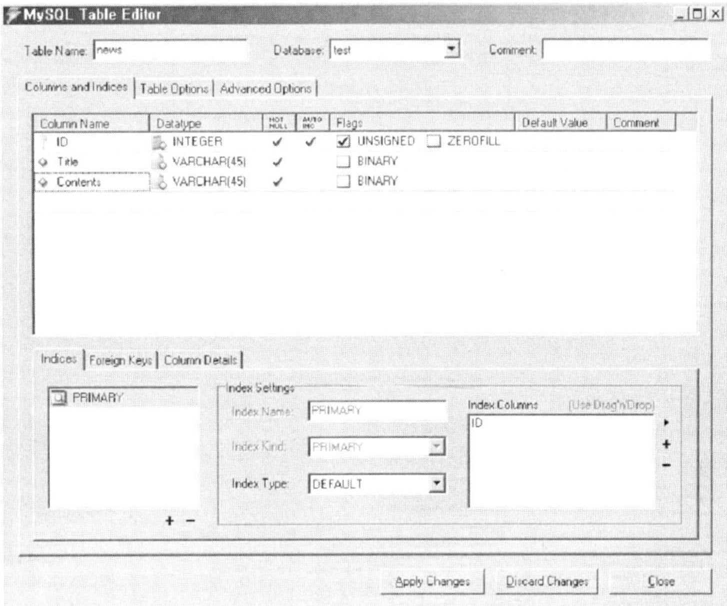

| 그림 12.19 | 새로운 테이블 설정

자 이제 모바일 페이지에서 접속할 수 있는 뉴스 데이터베이스가 생성되었다. 이 데이터베이스를 바탕으로 다음 장에서는 뉴스 게시판 페이지를 제작해 보도록 하겠다.

(2) 게시판 페이지 만들기

모빌더에서 사용하는 DIDL 마크업 언어는 서버 사이드 스크립트(이하 SSS)를 지원한다. 따라서 일반 웹에서와 동일한 동적인 기능들을 할 수 있다. 그 중에서 모바일 페이지에서 가장 많이 사용하게 될 게시판을 Microsoft사에서 제공하는 ASP를 바탕으로 제작하는 방법을 알아보겠다. 여기에서 제작하는 게시판은 데이터베이스에서 제목을 불러와 보여주고 해당 제목을 클릭하면 내용을 보여주는 게시판의 단순한 기능만을 구현해 볼 것이다. 단순한 기능이지만 이 기능을 충분히 익히면 게시판의 주요 기능 중 하나인 쓰기 기능도 충분히 작성할 수 있을 것이다.

우선 게시판을 구현하기 위해서는 데이터베이스 서버를 갖추고 있어야 한다. 이 부분은 이미 앞에서 설명했으므로 넘어가도록 하겠다. 혹시, 잘 기억이 나지 않으면 전 페이지로 넘어가서 다시 공부하도록 하자. 게시판을 구현하기 위해 필요한 준비물은 모빌더, 데이터베이스 서버(MySQL)가 필요하다. 데이터베이스 서버가 준비되었다면 그림 12.20과 같이 데이터베이스에 게시판을 제작하기 위해 필요한 테이블들을 생성한다. 여기에서는 테스트를 위해 해당하는 값들을 임의로 넣어 두었다.

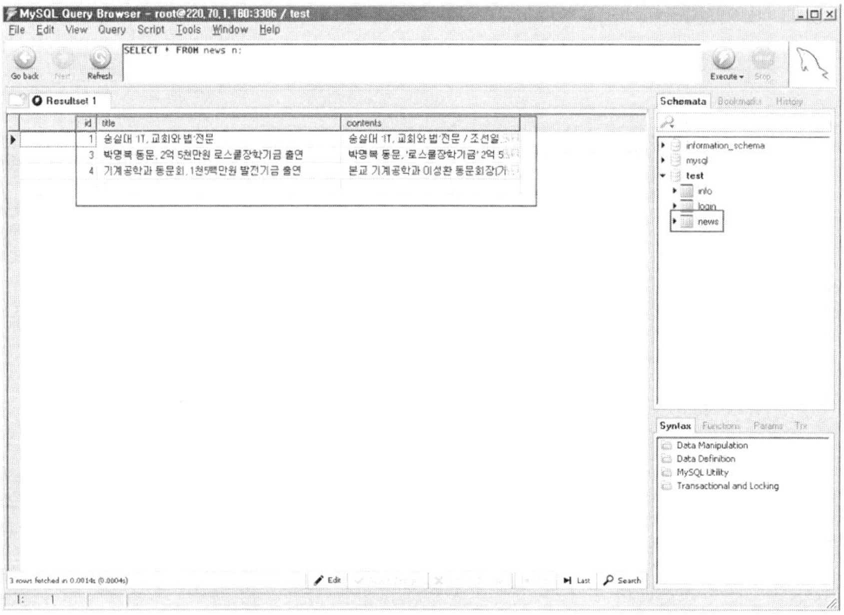

| 그림 12.20 | 데이터베이스(MySQL)에 뉴스 게시판 테이블 생성하기

데이터베이스가 준비되었다면 이제 모빌더로 들어가서 게시판을 꾸밀 페이지를 제작해 보자. 전 과정에서 제작해 놓은 텍스트, 이미지 모바일 페이지를 불러들인다. 그림 12.21과 같이 게시판 글들의 제목을 보여줄 텍스트 상자를 추가해 원하는 위치에 넣어 준다.

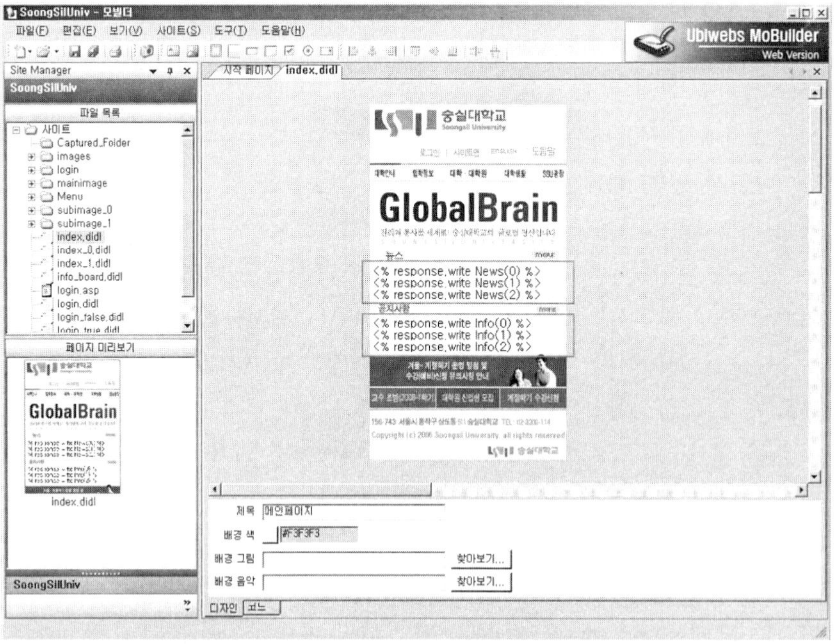

| 그림 12.21 | 게시판 내용을 보여줄 텍스트 생성하기

해당 페이지의 코드 뷰로 넘어가서 방금 제작해 놓은 데이터베이스에 접속하는 ASP 코드를 그림 12.22와 같이 작성한다.

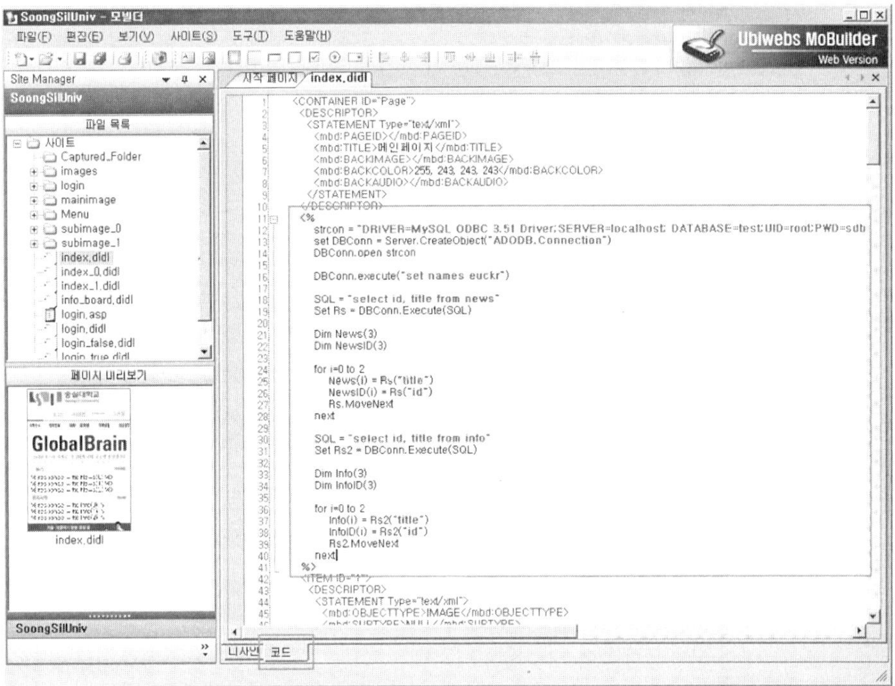

| 그림 12.22 | 코드 뷰에서 게시판 데이터베이스 연결하는 ASP 코딩하기

데이터베이스에 연결해서 원하는 목록을 받아오는 ASP 코드는 다음과 같다.

```
<%
   strcon="DRIVER=MySQLODBC3.51Driver;SERVER=localhost;
      DATABASE=DB명;UID=아이디;PWD=비밀번호;OPTION=35"
    set DBConn = Server.CreateObject("ADODB.Connection")
    DBConn.open strcon

    DBConn.execute("set names euckr")

    SQL = "select id, title from news"
    Set Rs = DBConn.Execute(SQL)

    Dim News(3)
    Dim NewsID(3)

    for i=0 to 2
     News(i) = Rs("title")
     NewsID(i) = Rs("id")
```

```
        Rs.MoveNext
     next
%>
```

DIDL은 HTML 등의 다른 마크업 언어처럼 코드 중간 중간에 스크립트를 사용할 수 있다. 이를 통해서 동적인 페이지를 제작할 수 있다.

데이터베이스에 연결이 되었다면 이제 디자인 뷰로 넘어와서 조금 전에 생성한 텍스트 박스에 다음과 같이 적어 넣는다. 이 코드는 위의 데이터베이스 접속 코드에서 받아온 뉴스 데이터 중 제목을 보여주는 ASP 코드이다.

```
<% response.write News(해당 아이템의 배열 넘버) %>
```

위의 코드를 적어 넣으면 그림 12.23과 같이 생성되게 된다. 마지막으로 이렇게 제작된 텍스트 박스(제목)가 클릭되었을 때 내용을 보여줄 페이지에 링크를 걸어 주어야한다. 따라서 그림 12.23과 같이 해당 텍스트 박스를 클릭하고 속성창의 링크 부분에 내용을 보여줄 페이지를 링크한다. 링크 코드는 다음과 같다.

```
./news_board.didl?ID=<% response.write NewsID(해당 아이템의 배열 넘버) %>
```

위 코드는 선택한 텍스트 박스(제목)에 해당하는 아이템 넘버를 뉴스의 내용을 보여주는 DIDL 페이지에 GET 방식으로 보냄으로써 이 넘버를 받는 news_board.didl 페이지에서 해당 아이템의 내용을 데이터베이스에서 가지고와 보여주게 된다.

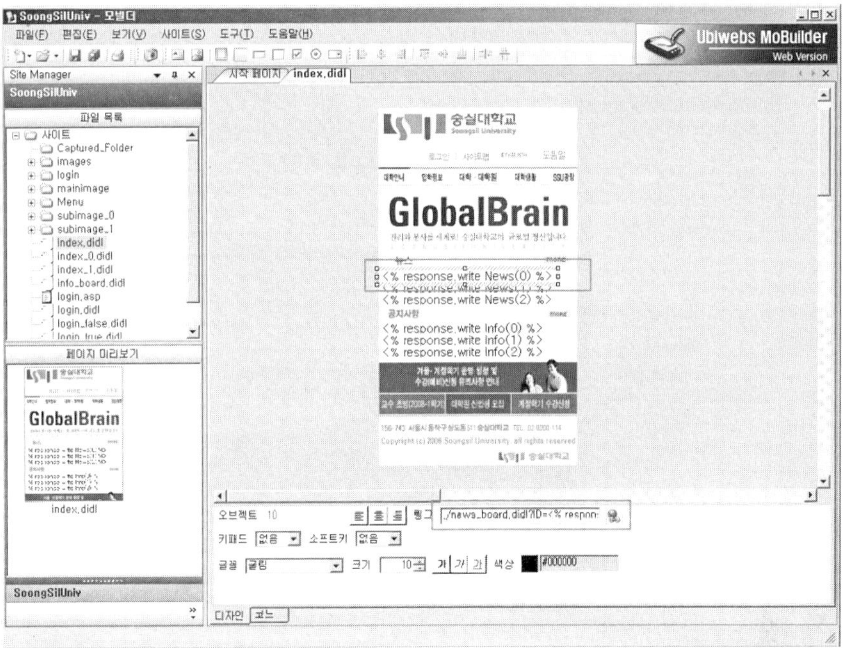

| 그림 12.23 | 게시판 텍스트에 내용을 보여줄 페이지 연결하기

이제 뉴스 내용을 보여줄 new_board.didl 페이지를 제작해 보자. 그림 12.24와 같이 새로운 페이지를 추가하고 제목을 보여줄 텍스트 박스와 내용을 보여줄 텍스트 박스를 생성한다. 각 텍스트 박스에 다음 ASP 코드를 넣는다.

- 제목 텍스트 박스

```
<% response.write Rs("title") %>
```

- 내용 텍스트 박스

```
<% response.write Rs("contents") %>
```

각 텍스트 박스에 위와 같이 작성했다면 코드 뷰로 넘어와서 데이터베이스에 접속하고 받아온 아이템 넘버에 해당하는 뉴스의 제목과 내용을 받아오는 ASP 코드를 작성한다. ASP 코드는 그림 12.25와 같이 작성한다. 이 ASP 코드는 데이터베이스에 접속하고 받아온 아이템 넘버(ID)에 해당하는 글의 제목과 내용을 받아오는 내용을 담고 있다.

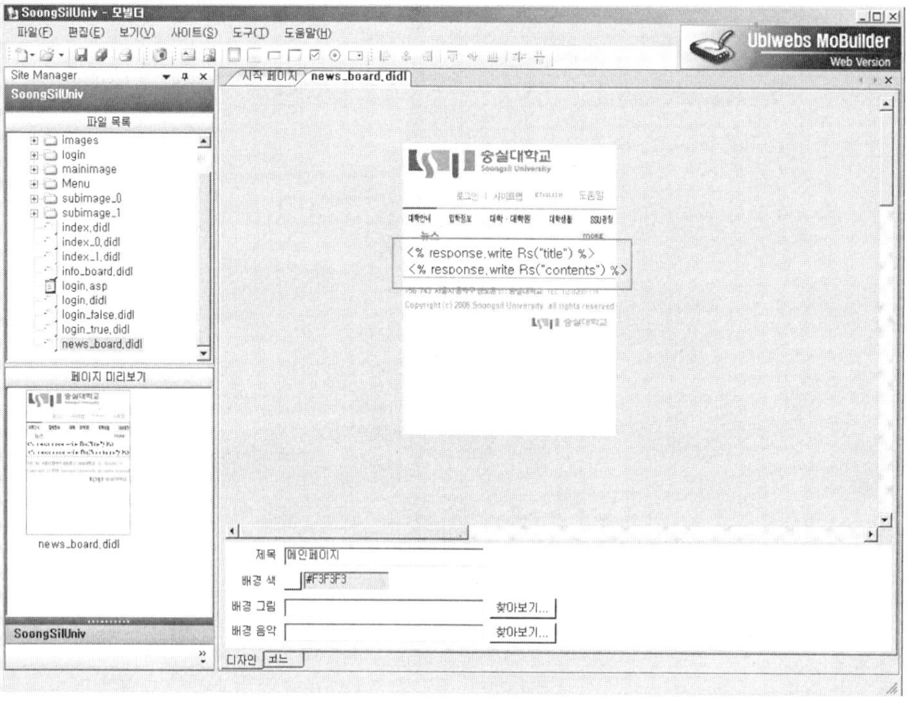

| 그림 12.24 | 선택한 항목에 대한 내용을 보여주는 페이지 만들기

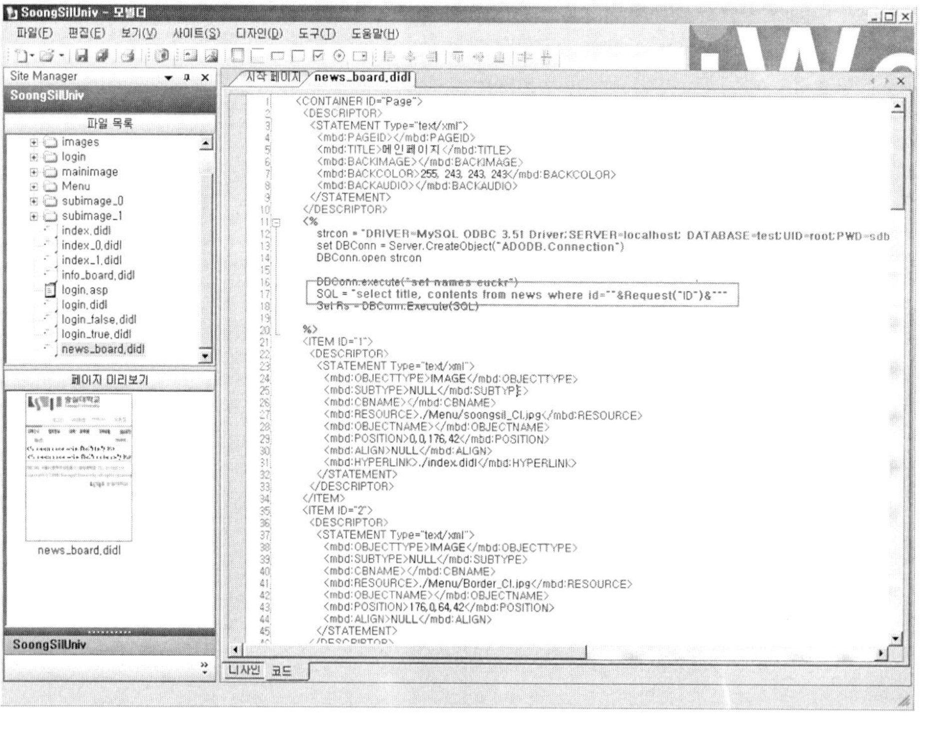

| 그림 12.25 | 데이터베이스에서 내용을 받아오는 코드

자세한 코드는 다음과 같다.

```
<%
    strcon = "DRIVER=MySQL ODBC 3.51 Driver;SERVER=localhost;
              DATABASE=test;UID=root;PWD=sdboy80;OPTION=35"
    set DBConn = Server.CreateObject("ADODB.Connection")
    DBConn.open strcon

    DBConn.execute("set names euckr")
    SQL = "select title, contents from news where id='
          "&Request("ID")&"'"
    Set Rs = DBConn.Execute(SQL)

%>
```

(3) 로그인 페이지 만들기

여기에서 제공하는 로그인 페이지는 단순하게 로그인하는 로직에 대해서만 간단하게 제공하겠다. 우선 로그인은 사용자 ID와 비밀번호를 이용해서 특정 페이지에 접속할 수 있는 권한을 주는 과정이다. 따라서 로그인 기능을 구현하기 위해서는 사용자 ID와 비밀번호를 저장하고 있는 데이터베이스가 있어야 한다. 다음 그림 12.26과 같이 MySQL을 이용해서 사용자 정보 데이터베이스를 단순하게 만들었다.

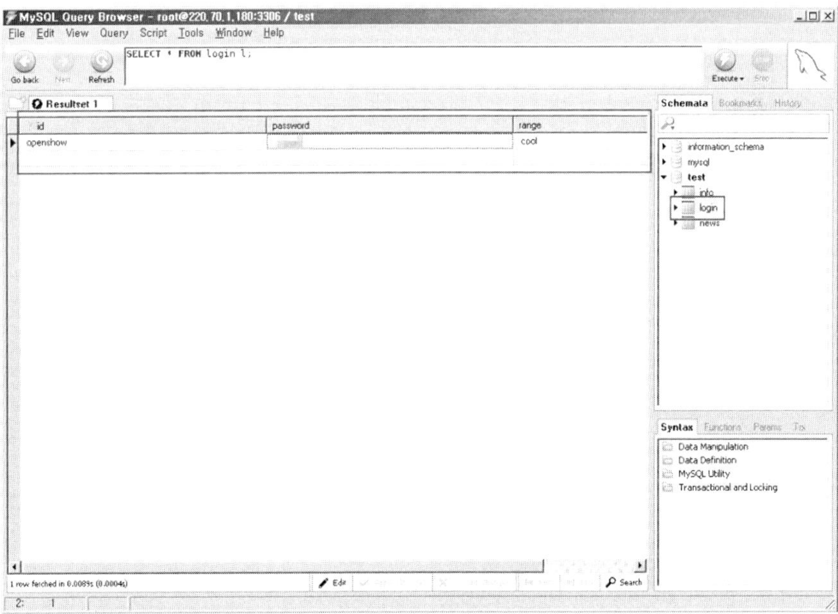

| 그림 12.26 | 로그인 데이터베이스 테이블

이제 모빌더를 실행시키고 새 페이지를 생성한 후 로그인 페이지를 그림 12.27과 같이 제작한다. 아이디와 비밀번호를 입력받아야 하기 때문에 인풋 박스 2개와 액션 버튼을 추가한다. 그림 12.27과 같이 아이디를 받을 인풋 박스를 선택하고 속성창의 이름에 'user_id'라고 적는다. 또 그림 12.28과 같이 비밀번호 인풋 박스도 선택한 후 속성창의 이름에 'user_password'라고 적는다.

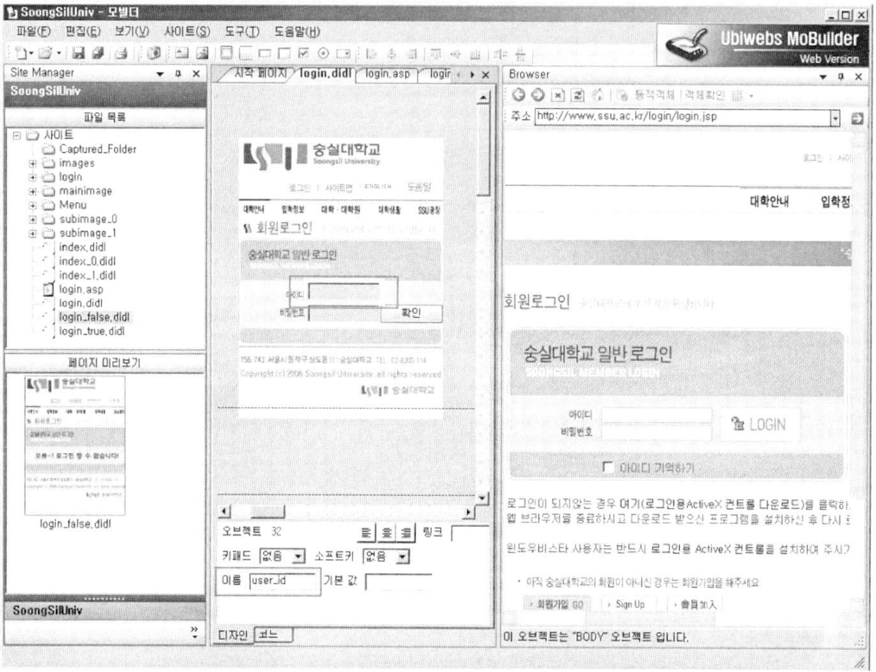

| 그림 12.27 | 로그인 폼의 아이디 인풋 박스에 이름 넣기

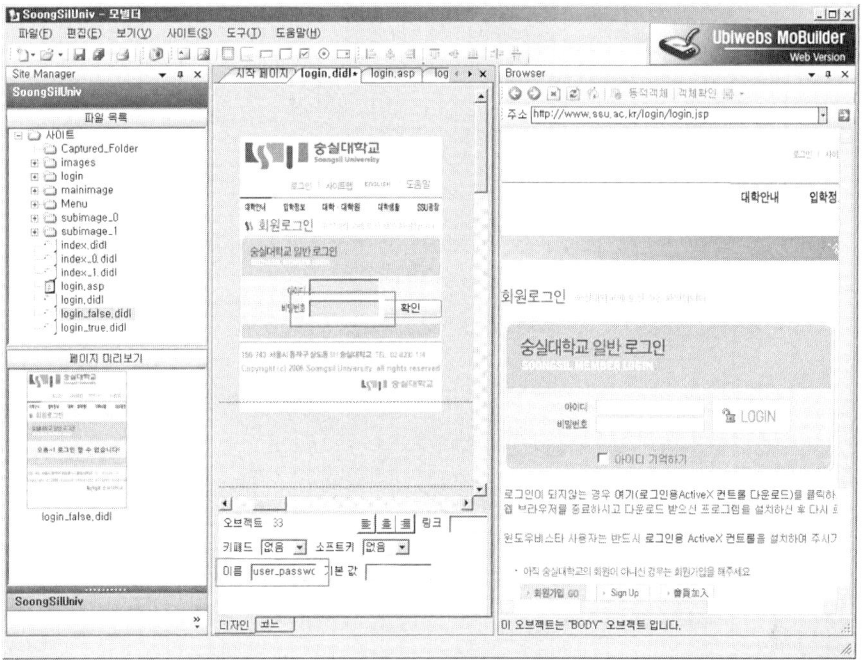

| 그림 12.28 | 로그인 폼의 비밀번호 인풋 박스에 이름 넣기

비밀번호는 다른 사람이 보아서는 안 되는 특성을 가지고 있기 때문에 그림 12.29처럼 코드 뷰에서 비밀번호 인풋 박스의 SUBTYPE를 "PASSWORD"로 바꿔준다.

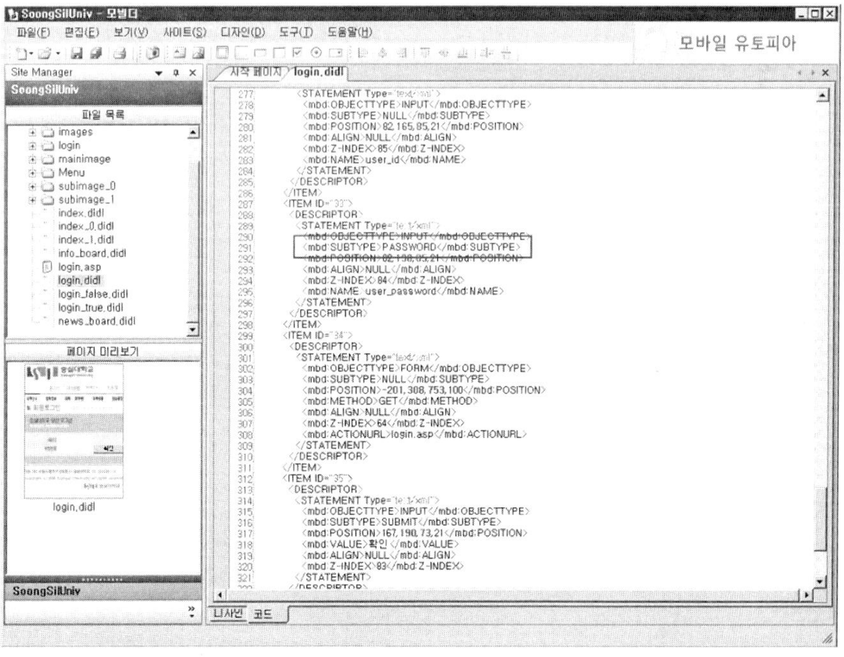

| 그림 12.29 | 패스워드 인풋 박스의 SUBTYPE를 PASSWORD로 수정

입력 받은 아이디와 비밀번호를 다음 페이지에 보내주기 위해서 그림 12.30과 같이 폼을 추가한다. 그리고 속성창의 Action URL 부분에 로그인에 필요한 아이디, 비밀번호, 비교를 수행할 페이지(login.asp)를 링크시켜준다. 방식은 모바일에서 지원하는 GET 방식으로 한다.

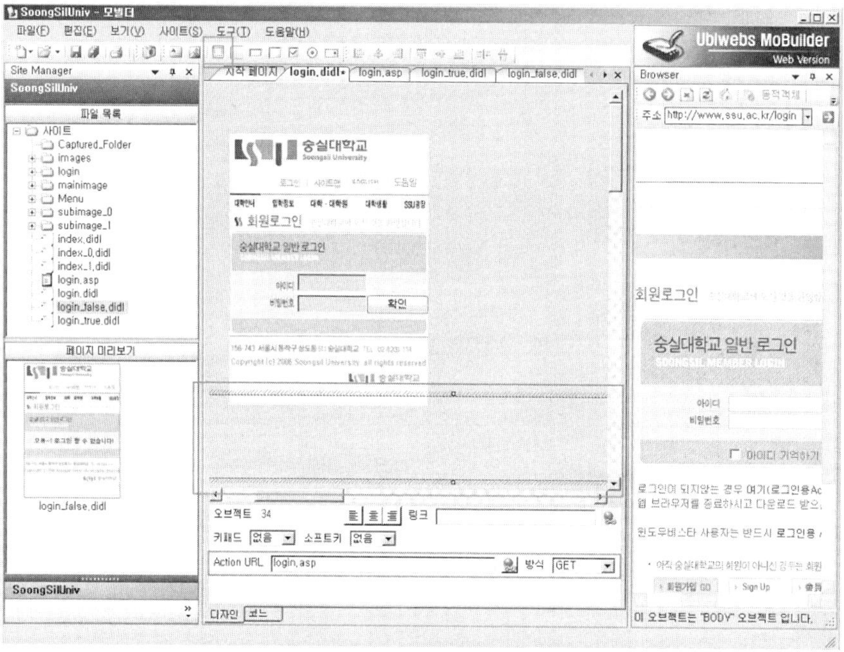

| 그림 12.30 | 폼 생성 후 액션 URL 넣기

이제는 아이디와 비밀번호가 맞는지 확인하는 ASP 페이지(login.asp)를 작성해 보겠다. 우선 모빌더에서 APS 페이지를 추가한다. 그리고 그림 12.31과 같이 코드를 작성한다.

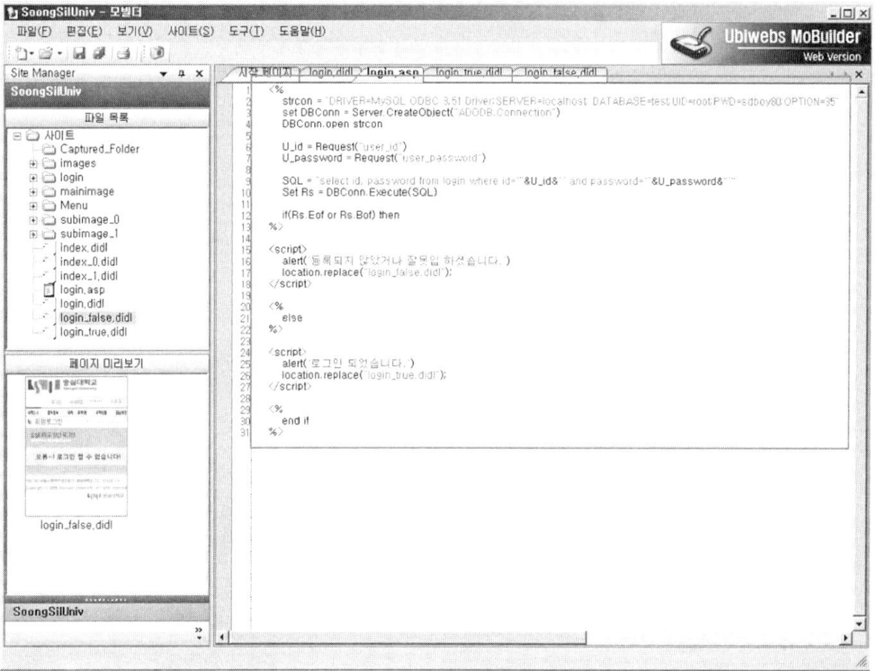

| 그림 12.31 | 코드 뷰에서 로그인에 대한 ASP 코드 처리하기

내용을 좀 더 자세히 보면 다음과 같다.

```
<%
    strcon = "DRIVER=MySQL ODBC 3.51 Driver;SERVER=localhost;
           DATABASE=DB이름;UID=사용자 아이디;PWD=비밀번호;OPTION=35"
    set DBConn = Server.CreateObject("ADODB.Connection")
    DBConn.open strcon

    U_id = Request("user_id")
    U_password = Request("user_password")

    SQL = "select id, password from login where id='"&U_id&"' and
        password='"&U_password&"'"
    Set Rs = DBConn.Execute(SQL)

    if(Rs.Eof or Rs.Bof) then
%>

<script>
    alert('등록되지 않았거나 잘못 입력하셨습니다.')
    location.replace("login_false.didl");
</script>
```

```
<%
    else
%>

<script>
    alert('로그인되었습니다.')
    location.replace("login_true.didl");
</script>

<%
    end if
%>
```

데이터베이스에 접속한 뒤 전 페이지에서 입력받은 아이디와 비밀번호가 일치하는지 확인한다. 아이디와 비밀번호가 일치하면 그림 12.32와 같은 로그인 성공메시지를 담을 페이지를 링크시켜준다. 혹, 아이디와 비밀번호가 일치하지 않으면 그림 12.33과 같은 로그인 실패 페이지를 링크시켜준다.

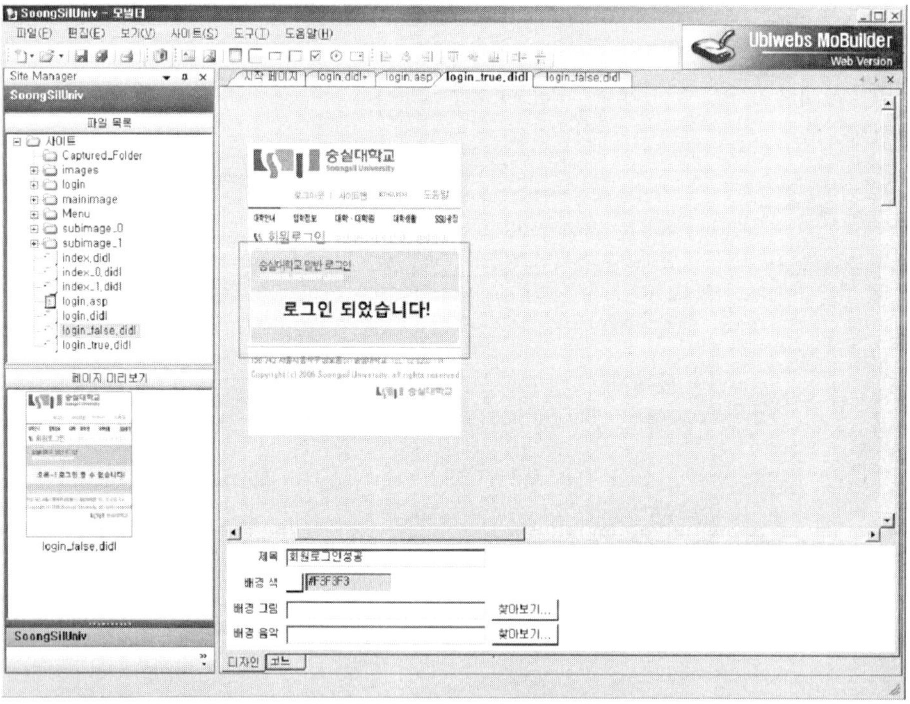

| 그림 12.32 | 처리결과 로그인 성공

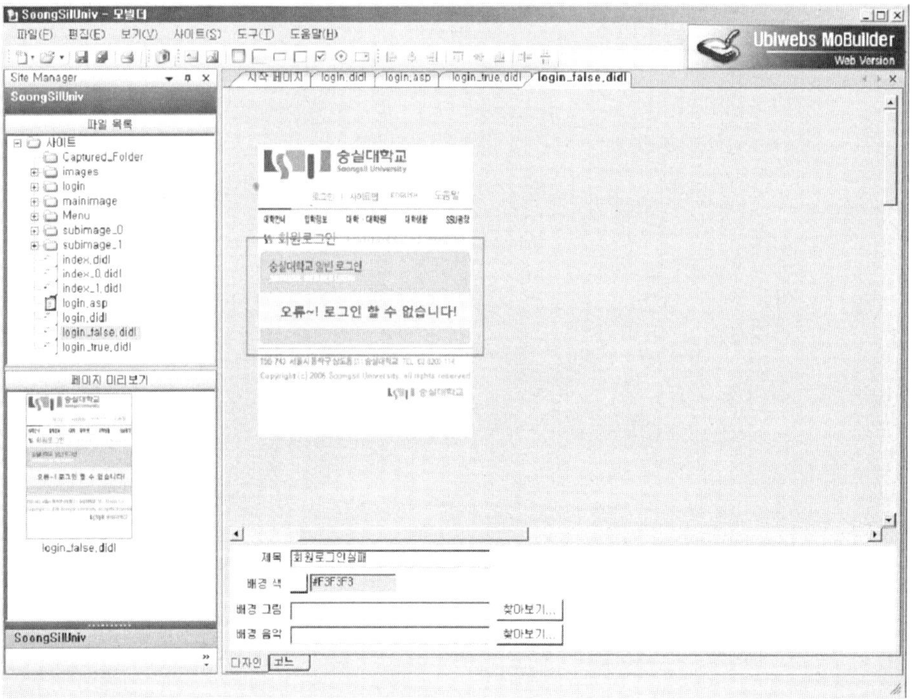

| 그림 12.33 | 처리결과 로그인 실패

이제 모든 페이지가 작성되었다. 제작한 사이트를 모바일 게이트 서버에 올린 후 휴대폰으로 접속해 보자(모바일 게이트 서버에 올리는 방법은 다음 장에서 자세히 설명할 것이다). 그림 12.34는 휴대폰으로 접속한 화면이다.

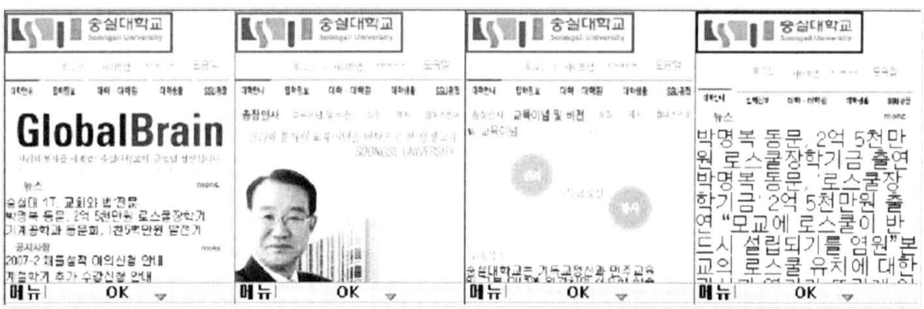

| 그림 12.34 | 휴대폰 접속 화면

5 PART

휴대폰으로 모바일 웹 사이트 이용하기

CHAPTER 13

13 휴대폰으로 모바일 웹 사이트 접속하기

13.1 WINC 접속하기

13.1.1 WINC(모바일 주소)란?

특정 모바일 웹 사이트에 접속하기 위해서는 일반 웹에서와 마찬가지로 URL 혹은 IP 주소를 입력해야 한다. 모바일 웹 서비스는 인터페이스 자원을 이용하여 다기능을 지원하기 위해서 기존의 도메인, IP를 이용해서 웹 서비스의 특정한 서비스 사이트에 접속하는 것 대신에 모바일 웹에서는 특정 CP(Contet Provider)의 사이트에 바로 접속할 수 있도록 일명 모바일 주소 혹은 윙크(WINC)라고 부르는 서비스로 인터넷에서 특정 주소를 입력하여 특정 사이트에 접속한다. WINC(모바일 주소)는 무선인터넷 이용자들의 이용환경을 개선하고자 복잡한 URL 입력대신 번호를 통해 무선인터넷 콘텐츠에 접속하도록 실시하는 공공서비스이다. 모바일 주소를 이용하면 기존의 URL 직접 입력이나 복잡한 메뉴를 선택하는 과정 대신, 숫자 입력 후 무선인터넷 접속 버튼(Nate, magicn, eZ-i, T, show)을 누르는 것만으로 모바일 홈페이지(폰 페이지)에 바로 접속할 수 있다.

13.1.2 WINC 이용 방법

WINC는 모바일 기기를 이용하여 간단한 숫자 입력으로 단계적으로 접근해야 했던 모바일 웹 페이지 접근을 직접 접근할 수 있는 서비스 방법이다. WINC 서비스를 웹 사이트 접속 방법으로는 무선 인터넷 키 방식, 메뉴 방식, URL 직접 입력 방식이 있다.

(1) 무선 인터넷 키 방식

2002년도 말부터 국내 이동통신 3사(SKT, KTF, LGT)와 공동으로 국가인터넷 주소 자원관리 기관인 한국인터넷진흥원(NIDA)에서 길고 복잡한 인터넷의 URL 대신에 숫자를 이용하는 핫키를 이용하여 모바일 인터넷 콘텐츠에 접속하도록 실시하는 공공서비스이다. 기존의 많은 입력을 요하는 번거로움을 서비스를 통해서 사용자의 이용 편의성 증대시키고, CP(Contents Provider)들의 자산 콘텐츠 접근 번호에 대한 홍보 효과를 증진하게 되었다.

| 그림 13.1 | 무선인터넷 키 방식(네이버 모바일 웹 사이트 접속 방법)
[출처 : http://mobile.naver.com 2007년 11월 13일자]

WINC 번호(숫자)를 입력한 후 무선인터넷 키를 누르면 모바일 홈페이지로 접속하게 된다. 그림 13.2는 현재 단말기에서 WINC를 이용하여 접속할 수 있는 대표적인 모바일 웹 사이트의 WINC 주소와 간단한 내용을 기술한 것이다.

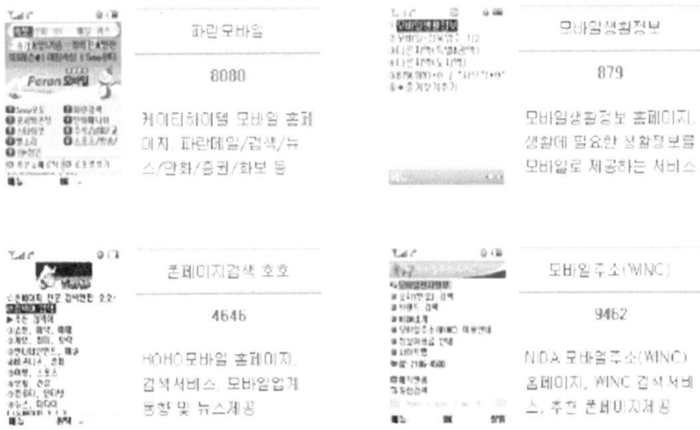

| 그림 13.2 | 모바일 웹 사이트와 WINC 주소
〈자료 : http://www.winc.or.kr/〉

(2) 메뉴방식

이동통신사의 포털사이트를 접속하여 WINC 서비스 메뉴를 이용하는 방식이다. 메뉴 위치는 이동통신사별로 상이할 수 있다.

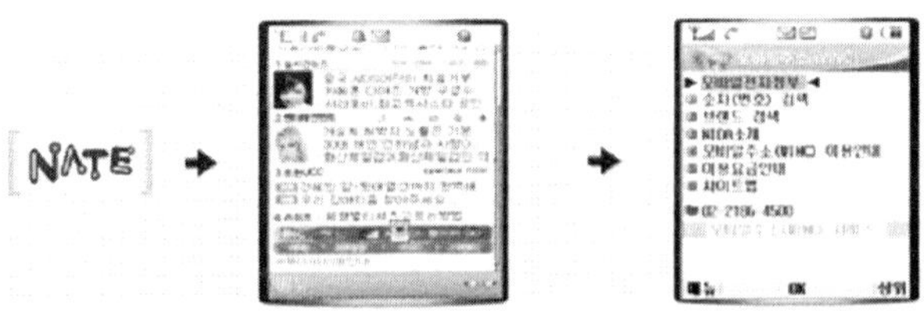

| 그림 13.3 | NATE 포털을 이용한 모바일 주소 이용방법

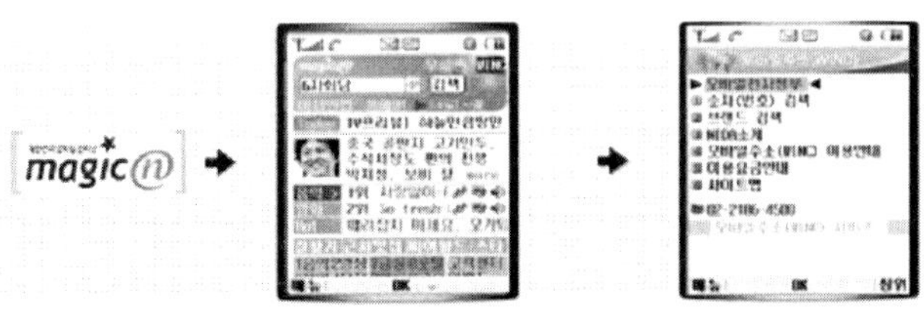

| 그림 13.4 | magicN 포털을 이용한 모바일 주소 이용방법

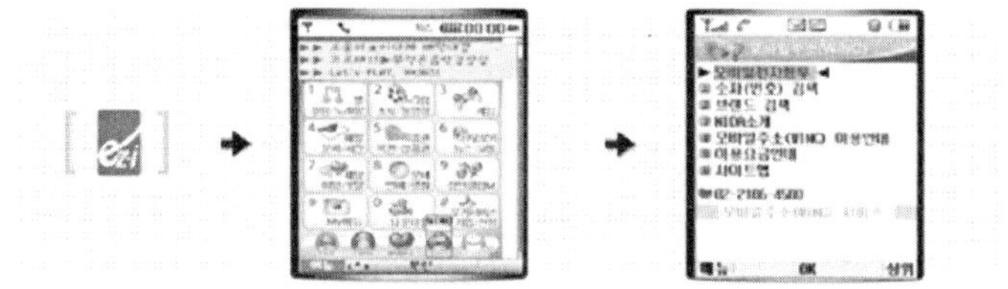

| 그림 13.5 | eZ-i 포털을 이용한 모바일 주소 이용방법

(3) URL 직접입력방식

휴대폰의 무선인터넷 메뉴에 있는 URL 직접입력에 "http://winc.or.kr" 입력 후 확인을 눌러 WINC 사이트로 들어가 모바일 주소를 입력하여 들어간다.

| 그림 13.6 | URL 직접입력방식

〈자료 : Anycall SPH-M4500 사용설명서〉

13.1.3 WINC(모바일 주소)이용 예

아래 그림들은 대표적인 포털 사이트에서 제공하는 모바일 사이트를 모바일 주소를 이용하여 접속한 화면이다.

| 그림 13.7 | 369 NAVER 접속화면

| 그림 13.8 | 9090 YAHOO 접속 화면

| 그림 13.9 | 3355 Daum 접속 화면

13.2 콜백 URL 단문 서비스를 이용하여 접속하기

13.2.1 콜백 URL 단문 서비스란?

콜백 URL 단문 서비스란 짧은 메시지 서비스(SMS)에 인터넷 URL을 링크해서 전송하면 휴대폰 이용자는 단문메시지를 읽어보고, 확인 버튼(또는 통화 버튼 및 무선인터넷 접속 버튼)만 누르면 해당 주소의 무선 인터넷 사이트에 자동으로 접속되는 서비스이다. 이 서비스를 이용하면 특정 모바일 웹 사이트의 접속이 매우 쉬워져 다운로딩 서비스나 인터넷 정보 서비스의 이용이 쉬워진다. 최근에는 광고 등에 많이 이용되고 있다. 이처럼 콜백 URL 단문 서비스를 사용하게 되면 사용자들은 특정 무선 인터넷 사이트에 접속하기 위해서 이동통신사의 무선인터넷 포털을 경유하거나, 아니면 특정 무선인터넷 사이트의 URL 주소를 외울 필요 없이 수신한 SMS를 이용하여 바로 무선 인터넷 사이트로 이동할 수 있게 된다.

13.2.2 콜백 URL 단문 서비스 이용 방법

콜백 URL 단문 서비스의 이용은 크게 두 가지로 구분할 수 있는데 한 가지는 특정 모바일 웹 사이트를 다른 사람들에게 알리기 위해 콜백 URL 단문 메시지를 보내는 서비스를 이용하는 경우이고, 다른 한 가지는 콜백 URL 단문 메시지를 받은 이용자가 휴대폰으로 콜백 URL 단문 메시지에 포함되어 있는 URL로 접속하는 경우이다.

(1) 콜백 URL 단문 메시지 보내기

콜백 URL 단문 메시지를 일반 이용자가 보내기에는 아직 어려움이 있다. 콜백 URL 단문 메시지를 이용하기 위해서 슈어엠(www.surem.co.kr)과 같은 업체에서 제공하는 서비스 모듈을 이용할 수 있지만 모듈을 통해 메시지를 보내기 위해서 웹 프로그래밍 등을 해야 하기 때문에 일반 개인 사용자가 이용하기에는 어려움이 있다.

이를 위해 여기서는 일반 사용자가 쉽게 콜백 URL 단문 서비스를 이용할 수 있는 6005플러스(http://www.6005plus.com) 사이트의 서비스를 소개하고자 한다. 6005플러스 사이트에 접속하여 콜백 URL 서비스로 들어가면 그림 13.10과 같은 화면이 보인다.

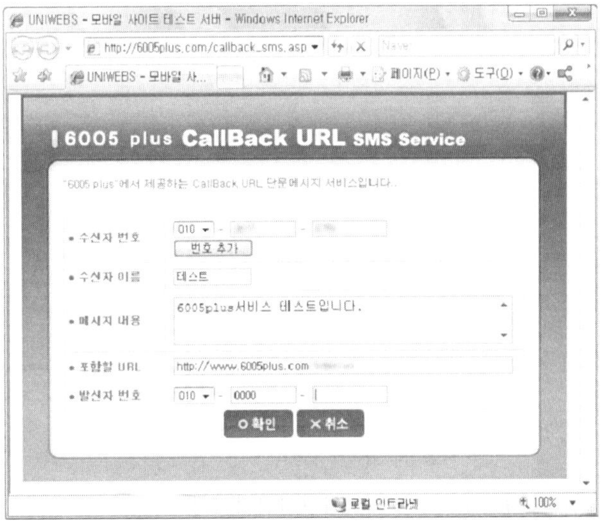

| 그림 13.10 | 6005plus SMS 서비스

이곳에서 수신자 번호와 이름, 메시지 내용과 URL을 입력하고 확인을 누르면 그림 13.11과 같이 메시지가 휴대폰으로 전송되게 된다.

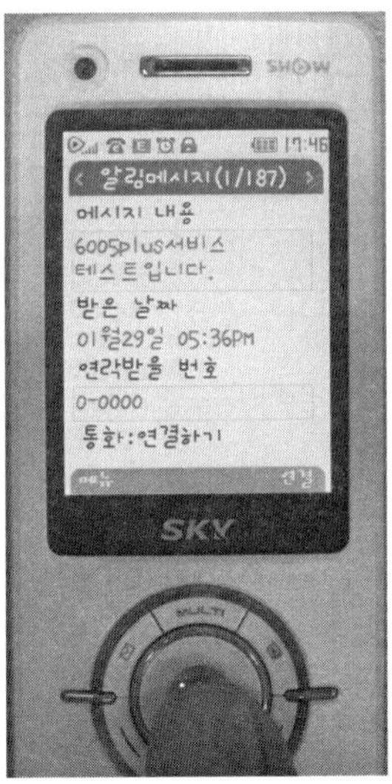

| 그림 13.11 | Callback URL Message

| 그림 13.12 | Callback URL을 통한 접속

(2) 휴대폰으로 페이지 접속하기

그림 13.11과 같은 메시지를 받은 후에 확인 버튼 혹은 무선인터넷 버튼이나 통화버튼을 누르면 그림 13.12에서 보는 것처럼 콜백 URL 메시지에 포함되어 있는 주소의 사이트에 접속하게 된다.

13.3 6005 플러스 서비스로 모바일 웹 사이트 직접 체험하기

13.3.1 직접체험이란?

11장에서 소개한 모빌더를 통해 제작한 모바일 웹 사이트를 모바일 웹 서버에서 서비스하는 것처럼 모바일 웹 서비스를 직접 체험하여 볼 수 있도록 한 것으로서, 모빌더를 통해 모바일 사이트를 제작하는 단계와 6005plus 서비스를 이용하기 위해 플러스 번호를 부여받고 제작한 사이트를 업로드하는 단계, 부여받은 플러스번호를 통해 핸드폰으로 서비스하는 단계로 이루어져 있다.

직접 체험 및 6005plus 서비스는 http://uniwebs.co.kr과 http://6005plus.com에서 서비스하고 있으며 각 사이트에서 더 많은 정보를 얻을 수 있다.

13.3.2 모바일 사이트 제작하기

11장에서 설명하고 있는 대로 모빌더라는 프로그램을 통해 모바일 웹 사이트를 제작한다.

| 그림 13.13 | 모빌더를 통한 모바일 페이지 제작

13.3.3 플러스 번호 받기 및 사이트 업로드

모빌더에서 사이트 제작을 완료한 후 모빌더 파일 메뉴의 "6005plus 서비스"를 선택한다.

| 그림 13.14 | 6005 Plus 서비스 메뉴

직접 체험 대화상자에서 사용자 아이디와 비밀번호를 입력하고 "확인"을 누른다. 이 때 처음 사용하는 사용자는 등록하기를 선택하여 플러스 번호를 받아야 한다.

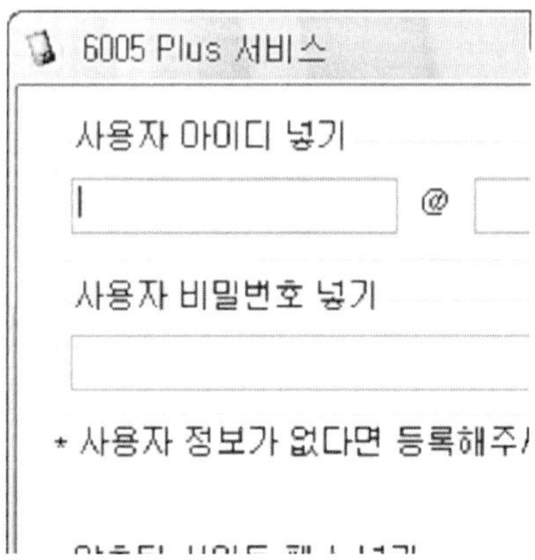

| 그림 13.15 | 6005 plus 서비스

등록하기 버튼을 클릭하면 그림 13.16과 같은 6005 plus 회원가입 사이트가 열린다. 이곳에서 기본적인 정보를 입력하여 회원가입을 함으로서 플러스번호를 받을 수 있다. 플러스번호는 숫자만 사용할 수 있다.

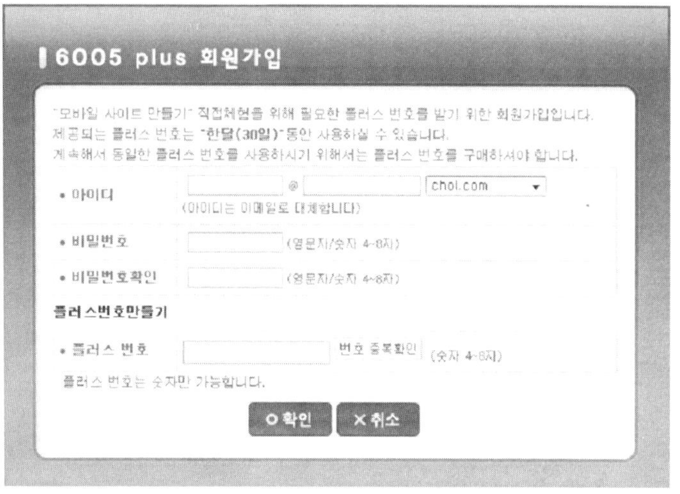

| 그림 13.16 | 6005 plus 회원가입

회원가입을 통해 플러스 번호를 받았다면 그림 13.16의 대화상자에서 가입 시에 적었던 아이디와 비밀번호를 입력한 후 확인을 누른다. 확인을 누르면 모빌더를 통해 제작된 사이트가 6005 plus 서비스 서버로 자동업로드가 되며, 업로드 완료와 함께 완료메시지가 출력된다.

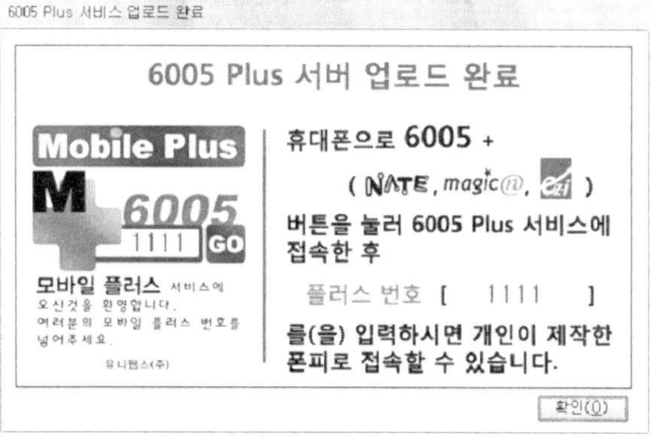

| 그림 13.17 | 업로드 완료 화면

플러스 번호란 휴대폰으로 6005 플러스 서비스에 접속한 이후에 개인이 제작한 모바일 웹 사이트로 접속하기 위한 고유번호로서 유선 웹 사이트의 URL과 같다. 사용방법은 휴대폰으로 6005번을 누르고 무선 인터넷 키를 눌러 6005plus에 접속한 이후에 그림 13.17과 같은 모바일 웹 페이지의 입력창에 플러스 번호를 입력하면 그에 해당하는 모바일 사이트로 접속할 수 있다.

| 그림 13.18 | 6005plus의 모바일 웹 페이지

13.3.4 휴대폰으로 서비스 보내기

6005plus 서버에 업로드가 완료되면 휴대폰으로 서비스할 준비가 모두 완료된 것이다. 이제 휴대폰을 통해 서비스되는 모습을 확인해보자.

제작한 사이트를 휴대폰으로 보기 위해 먼저 6005plus 모바일 웹 페이지에 접속한다. 이를 위해 휴대폰에서 6005를 누른 후에 무선인터넷 버튼을 누른다. 그러면 그림 13.18의 화면이 보이는데 여기서 각자가 신청한 플러스 번호를 입력한 후 확인 버튼을 누른다.

그림 13.19를 통해 모빌더에서 제작한 모바일 페이지가 휴대폰으로 서비스되는 모습을 확인할 수 있다.

| 그림 13.19 | 6005 plus를 이용한 모바일 웹 서비스

PART 6 기존 PC 웹 페이지를 모든 휴대폰에 서비스하기

Chapter 14 적응적 모바일 웹 콘텐츠 변환 시스템

CHAPTER 14

14 적응적 모바일 웹 콘텐츠 변환 시스템

지난 몇 년간 인터넷과 더불어 무선통신의 급속한 발전에 의해 사용자들은 인터넷처럼 언제, 어디서나 필요한 정보를 쉽고 간편하게 얻을 수 있기를 희망하게 되었다. 이런 사용자의 욕구를 충족시키기 위해 등장한 것이 유비쿼터스(Ubiquitous)이다. 유비쿼터스란 기존에 가지고 있던 한계를 뛰어넘어 "Any Time, Any Where, Any Device" 상황에서도 인간이 원하는 서비스를 제공하는 것으로써 MPEG-21 멀티미디어 프레임워크가 이를 뒷받침해주고 있다. MPEG-21은 기존의 MPEG 시리즈의 개념과 달리 멀티미디어를 효과적으로 전달, 소비하기 위한 멀티미디어 프레임워크로써 광범위한 네트워크와 장비에서 멀티미디어 자원을 투명하게, 안전하게, 다양하게 제공할 수 있도록 하는데 목표가 있다. MPEG-21을 이용한 연구로는 최근에 DMB(Digital Multimedia Broadcasting) 분야에서 활발히 진행 중이다. 하지만 MPEG-21의 또 다른 활용분야로써 생각해 볼 수 있는 것이 모바일 인터넷이다. 모바일 인터넷은 기존 유선 인터넷을 기반으로 하는 서비스를 제공함과 동시에 활용의 극대화를 유도하며, 무선 통신망 환경에서 휴대형 단말기 (휴대폰, PDA 등)에 인터넷 서비스를 제공하는 기술이다. 하지만 모바일 인터넷을 서비스하기 위해서는 다양한 매체(이미지, 애니메이션, 동영상 등)로 작성된 내용을 일반 PC와는 다른 최소한의 하드웨어 특성을 가지는 휴대용 단말기에 어떻게 보일 수 있도록 할 것인가, 기존의 웹 서버를 확장하여 어떻게 이동 단말기에서도 자연스럽게 접속이 가능하도록 할 것인가 하는 문제를 가지고 있다.

14.1 모바일 단말기의 이질성을 고려한 서비스

모바일 웹을 서비스하는 과정에서 다양한 모바일 단말기를 지원하기 위한 방법을 웹 콘텐츠를 생성 및 서비스하는 시점으로 볼 때 크게 수동 생성과 자동 생성으로 구분된다.

14.1.1 장치 기반 서비스(Device-specific Service)

장치 기반 서비스 방식은 단말기의 특성에 맞게 각각 콘텐츠를 미리 작성하여 제공하는 방법으로써 일반 웹에서 서비스되는 방법과 같이 사용자 혹은 자동으로 구성된 모바일 페이지들을 각 단말기에 적합한 별도의 웹 콘텐츠를 미리 만들어 두고 서비스하는 방법이다.

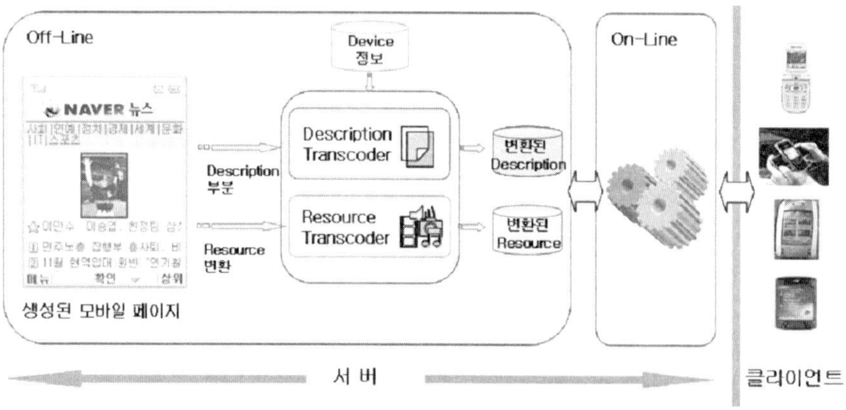

| 그림 14.1 | 장치 기반 서비스

그림 14.1은 사용자에 의해 생성된 모바일 페이지를 비실시간으로 구성한 후 클라이언트에 의해 서비스되는 과정을 도식화한 것이다. 서버는 모바일 웹 콘텐츠를 서비스하기 위하여 수집된 모바일 단말기의 정보를 이용하여 제작된 모바일 페이지에 포함되어 있는 각 멀티미디어 데이터를 모바일 단말기의 특성에 맞게 오프라인에서 미리 변환한다. 또한 생성된 모바일 페이지를 각 단말기에 표현 가능한 형태의 마크업 언어로 미리 변환한다. 이 방법은 변환 시간이 오래 걸리는 대용량의 멀티미디어 데이터와 각 마크업 언어를 미리 변환하여 데이터베이스에 미리 대기함으로써 요청 단말기에 대한 응답시간을 최소화할 수 있는 이점이 있다. 하지만 이 방법은 모바일 단말기의 특성에 맞게 미리 변환하여 데이터베이스에 저장하기 때문에 충분한 서버의 용량이 요구된다.

14.1.2 자동 변환 서비스(Full-Automatic Service)

자동 변환 서비스 방식은 클라이언트로부터 서비스 요청을 받았을 때 단말기의 특성에 맞게 콘텐츠를 자동 재생성하여 서비스하는 방법이다.

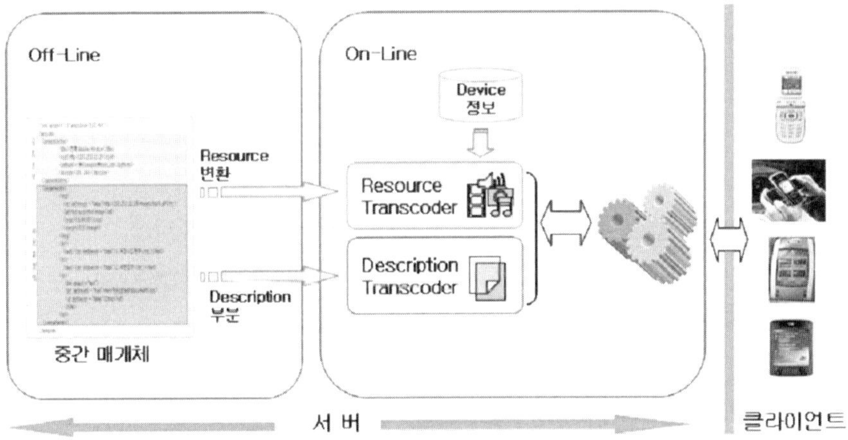

| 그림 14.2 | 자동 변환 서비스

이 방법은 그림 14.2에서 보이는 것처럼 오프라인 상태에서 사용자 조작 혹은 자동으로 모바일 페이지를 생성한 후, 모바일 단말기의 요청을 받기 위해 대기한다. 모바일 단말기가 서비스를 요청할 경우 서버는 단말기의 HTTP Header를 분석하여 단말기 정보를 추출한 후 해당 콘텐츠에 대한 멀티미디어 데이터와 마크업 언어를 실시간으로 변환한다. 변환이 종료되면 서버는 변환된 콘텐츠를 요청한 단말기에 반환함으로써 서비스는 종료된다. 이 방법은 실시간으로 변환한 후 서비스가 이루어지기 때문에 콘텐츠를 저장하기 위한 서버의 용량이 필요하지 않다. 하지만 요청한 콘텐츠 내에 포함된 멀티미디어의 종류 및 데이터 크기에 따라 변환시간이 오래 걸리기 때문에 응답시간에 큰 영향을 미친다.

14.2 MPEG-21 기반의 모바일 게이트 시스템

14.2.1 모바일 게이트 시스템의 정의

모바일 게이트 시스템(Mobile Gate System)은 모바일 단말기로부터 서비스 요청을 받고 단말기에 적합한 콘텐츠를 생성 및 서비스하는 서버로써 낮은 하드웨어 사양을 갖고 있는 핸드폰에 초점을 맞추고 있다.

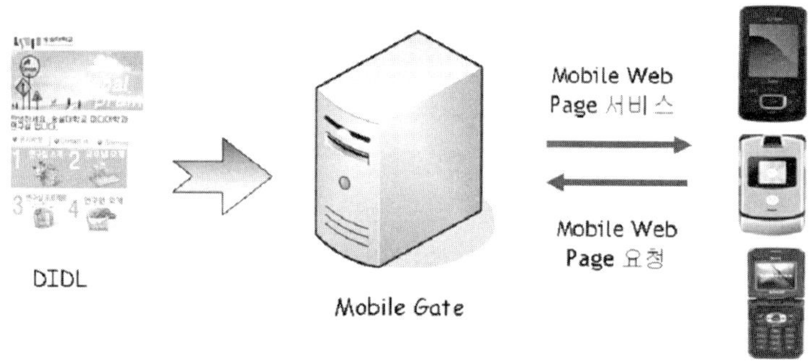

| 그림 14.3 | Mobile Gate System

모바일 게이트 시스템은 모바일 콘텐츠가 모두 제작된 후 변환 시간이 오래 걸리는 콘텐츠 내의 멀티미디어 객체는 비실시간으로 변환한다. 그리고 서비스가 요청될 때 DIDL을 이용하여 Description을 실시간으로 변환하여 단말기에 서비스 가능한 마크업 언어를 생성하여 멀티미디어 객체와 함께 서비스한다. DIDL은 제작된 각 모바일 웹 콘텐츠를 저장하기 위한 문서 파일로써 다양한 모바일 단말기에 실시간으로 요청 콘텐츠를 변환하는 XML 파일이다. 이는 MPEG-21의 Part2에 표준안으로 채택된 문서로써 추후 MPEG-21을 응용하는 환경에 유연하게 확장 및 적용할 수 있다. 여기서 각 모바일 웹 콘텐츠는 일반 PC 웹 콘텐츠 및 사용자에 의해 제작된 콘텐츠를 이용하여 제작 툴을 이용하여 제작된다.

14.2.2 시스템 구조

모바일 게이트 시스템은 크게 Call Server, Content Generator, Image Converter라는 3개의 모듈을 갖고 있으며 1개의 캐시와 2개의 데이터베이스를 갖고 있다.

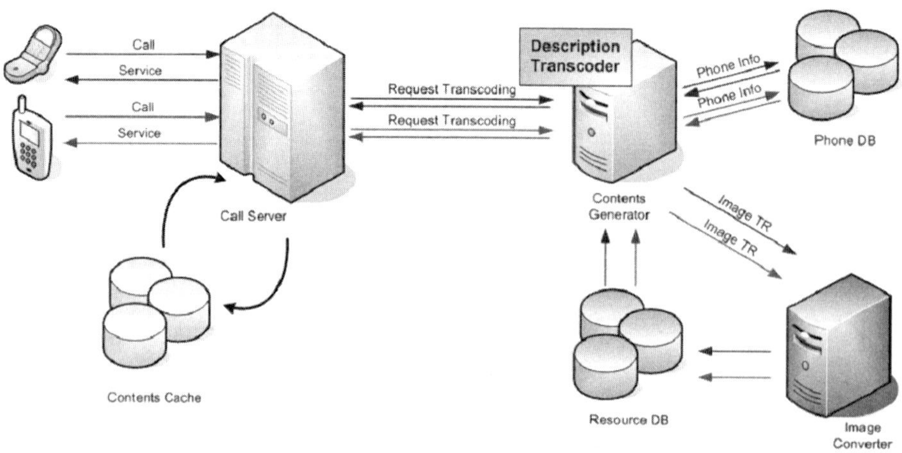

| 그림 14.4 | Mobile Gate System의 구성도

① Call Server

Call Server는 다양한 모바일 단말기가 서버에게 서비스 요청을 했을 경우, 단말기의 헤더 분석을 통하여 모바일 단말기 특성(미디어 처리 능력, 브라우저 정보 등)을 파악하고 Content Cache에서 요청한 콘텐츠의 검색을 수행한다. 여기서 요청한 콘텐츠에 대하여 Content Cache 내에 정확히 일치하는 콘텐츠나 서비스 가능한 콘텐츠가 검색된 경우 바로 단말기에 서비스를 하며 해당 콘텐츠가 존재하지 않을 경우에는 Content Generator에게 변환을 요청한다.

② Contents Generator

Contents Generator는 Call Server의 요청에 의해 Description 변환을 담당하는 부분으로써 캐시 내 콘텐츠가 존재하지 않을 경우 실시간으로 변환을 수행한다. 이 모듈은 요청된 콘텐츠를 Call Server에게 전달할 때 미리 변환된 멀티미디어 객체와 함께 전송한다. Contents Generator는 후 변환에 해당하는 모듈로써 후 변환 알고리즘에 따라 단일 혹은 복수개의 콘텐츠를 생성한다.

③ Image Converter

제작된 모바일 웹 콘텐츠 중 멀티미디어 객체에 대한 변환을 오프라인에서 비 실시간적으로 수행하는 부분으로써 동적(Dynamic) 혹은 실시간으로 변환되어야 하는 멀티미디어 객체에 대해서는 Contents Generator의 요청에 의해 변환을 수행하기도 한다. DIDL을 분석하여 멀티미디어 객체를 추출하고 변환된 객체를 멀티미디어 데이터베이스에 저장한다.

14.3 풀 브라우징을 이용한 PC 웹 페이지를 모바일 단말기에 서비스하기

14.3.1 웹 페이지 분석

"웹 페이지를 모바일에서 접속하면, 어떻게 될까?"라는 의문을 가지고 단말기의 브라우저를 이용하여 접속하여 보았다. 아주 간단한 웹 페이지임에도 불구하고, 단말기의 메모리가 부족하다는 메시지와 이미지가 박스로 표현되는 현상을 그림 14.5처럼 볼 수 있었다.

| 그림 14.5 | 싸이월드 리소스 변환 오류 발생

이는 서비스된 콘텐츠가 단말기에서 표현할 수 없는 이미지 형식임을 나타내는 것으로써 단말기의 브라우저에서 재생 가능한 콘텐츠의 용량을 벗어나 발생한 것이다. 이러한 문제점을 최소화하기 위해서 먼저 자주 사용되는 웹 콘텐츠를 분석해 보았다. 그림 14.6은 Naver.com에 연결되어 있는 링크 및 이미지 입력 박스에 대한 위치를 사각영역으로 나타낸 것이다. 이렇게 많은 웹 콘텐츠 요소는 사람이 직관적으로 인식할 수 있는 디자인이 적용되어 많은 블록으로 나누어져서 구성되고 있다. 내부의 데이터를 살펴보면 텍스트는 숫자, 영어, 한글이 기본으로 작성되어 있고, 폰트, 색상, 굵기 등의 속성이 매우 복잡하게 구성된다. 이미지 데이터는 많은 수의 gif 파일과 몇 개의 jpg 파일로 구성되어 있다. Link 데이터는 JavaScript를 이용하는 Link와 텍스트 링크로 크게 나누어 볼 수 있고, Link 주소에 ID와 같은 데이터가 첨부되어 전달되도록 구성되어 있다. 그림 14.6의 페이지는 18개의 이미지 데이터와 169개의 링크로 구성되어 있으며, 내부에 텍스트가 169개(3390자) 이상의 콘텐츠들이 하나의 웹 페이지를 구성하고 있다.

모바일 단말기가 발전하였지만, 아직 컴퓨터와 같은 연산을 하기는 매우 어렵다. 따라서 이런 높은 복잡도를 갖는 데이터를 모바일에 그대로 전달하는 것은 재생 가능성과 전송 효율 측면에서 좋지 않은 평가를 갖는다. 단말기 별로 재생 장치 및 재생하는 소프트웨어의 차이에 의해서 발생하는 문제를 해결하기 위해서 원본 콘텐츠의 전체 혹은 일부를 추출하고, 사용자 단말기에서 재생할 수 있도록 콘텐츠를 변환하여 전달하여야 한다.

| 그림 14.6 | Naver.com 홈페이지

14.3.2 일반 웹 페이지를 모바일 단말기에 이미지화하여 서비스하기

풀 브라우징(Full Browsing)이란 휴대폰을 통해 다양한 유선 웹사이트에 접근할 수 있는 개념으로, 사용자는 휴대폰을 통해서도 PC로 보는 웹사이트와 동일한 형태로 볼 수 있으며 모든 인터넷 페이지의 웹서핑이 가능하다. 이동통신사 무선포털이 제공하는 콘텐츠 범위를 넘어서 직접 URL 입력을 통해 유선 웹 포털로 직접 접속이 가능하다. WAP과 WEB의 통합으로도 표현할 수 있다. 즉, 풀 브라우징 서비스는 기존의 폐쇄적인 모바일 환경을 벗어나 개방형으로의 전환을 의미한다고 할 수 있다.

(1) 웹 페이지 이미지화를 위한 시스템

페이지의 콘텐츠를 모바일 브라우저를 이용하여 재생하기 위해서 PC 웹 페이지를 이미지화하고, 모바일에서 재생 가능한 이미지 포맷으로 변환하여 서비스하고자 한다. MobileGate에 Contents Generator에 요구하는 페이지에 대한 URL의 정보를 전달하면, 전달받은 정보를 이용하여 PC 웹 콘텐츠를 이미지화하여 단말기에 맞는 이미지로 변환하여 서비스를 제공한다.

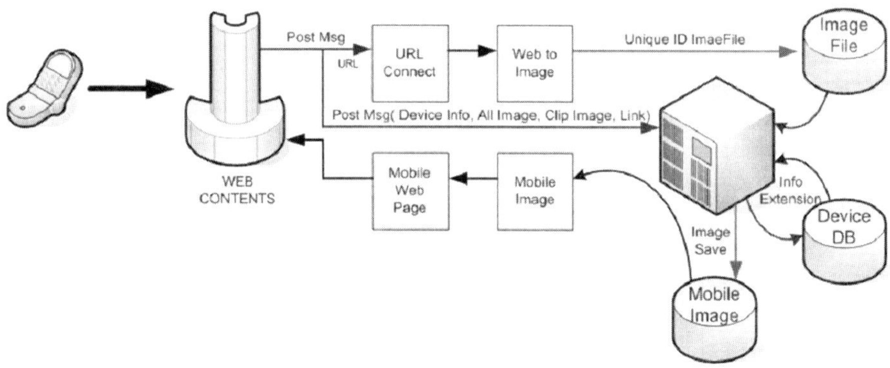

| 그림 14.7 | 적응적 모바일 웹 콘텐츠 변환 서비스

모바일 웹 브라우저에서 PC의 웹 주소의 콘텐츠를 얻고자 요청을 하면, 서버에 전달된 URL 주소와 모바일 단말기에 대한 정보와 사용자의 선호도에 대한 정보가 전달된다. 웹 서버는 이러한 정보를 이용하여 URL로 웹 브라우저에 접속하고 접속된 콘텐츠의 내용을 이미지화하여 이미지 파일 데이터베이스에 기록하고, 추후에 동일한 주소에 대한 요청이 있을 때 사용된다. 접속하는 사용자에 대한 정보인 CC/PP를 이용하여 Device Database에 기록되어 있는 하드웨어, 소프트웨어의 상세한 정보를 추출한다. 이러한 정보를 기반으로 모바일 사용자에게 재생할 이미지를 모바일 이미지 데이터베이스 등록하고, 요청한 사용자에게 모바일 웹 페이지를 전송하여 이미지를 사용할 수 있도록 한다. 전달되는 모

바일 웹 페이지에는 이미지화된 웹 페이지의 모바일 사용자 디바이스에 재생되는 위치에 대한 정보와 확대, 이동 가능한 URL 등의 정보가 은닉되어서 전달된다.

(2) 일반 웹 페이지를 모바일 단말기에 적응적으로 이미지화하는 방법

모바일 단말기를 이용하여 일반 PC 웹 콘텐츠를 서비스하기 위해서 가장 먼저 고려해야 할 사항은 제한된 모바일 단말기의 해상도를 고려한 일반 웹 페이지의 표현 범위이다. 이를 위하여 모바일 단말기의 브라우저에서 재생 불가능한 콘텐츠를 재생 가능한 이미지 콘텐츠로 변경하여 사용자가 선호하는 영역의 콘텐츠로 잘라내어 모바일 웹 서비스를 제공함으로써 단말기 사용자가 PC를 이용하여 웹 콘텐츠를 사용하는 것과 같은 효과를 얻기 위한 방법을 소개한다.

① 사용자 선호 영역인 캐럿

콘텐츠의 오브젝트는 전달하고자 하는 내용들을 그룹 단위로 구성한 것이다. 최근에는 콘텐츠를 이용하여 정보를 표현하는데 복합 콘텐츠에 다양한 디자인을 적용함으로써 기존에 원론적인 콘텐츠에 비하여 더욱 복합적인 콘텐츠를 제작하고 배포하는 것이 일반화되었다. 그 대표적인 예가 웹 콘텐츠를 제작하는 것이다. 초기 웹 콘텐츠에는 어떠한 내용을 표현할까에 대한 해답을 찾는 것이 웹 콘텐츠 제작 과정이었으나, 최근에는 이 웹 콘텐츠를 사용하는 사용자의 해상도를 고려하여 디자인 된 배경에 콘텐츠가 등록되는 방법으로 제작하고 있다. 하지만 이 방법은 모바일 단말기에 적용하기에는 다소 어려움을 갖는다. 그 이유는 PC 웹 브라우저상에 표현되어지는 단위의 콘텐츠를 작은 해상도를 갖는 모바일 해상도에 모두 표현하기에는 다소 어려움이 있기 때문이다. 만약 재생이 가능하다 할지라도 해상도의 축소로 인하여 정확한 정보의 의미전달을 할 수가 없다.

따라서 모바일 단말기마다 하드웨어/소프트웨어적인 차이점을 고려하여 PC를 기반으로 제작된 콘텐츠를 모바일 단말기에서 재생 가능한 단위로 재구성하기 위해서는 현재 모바일 웹 브라우저 상에 보여지는 영역을 구분하는 방법이 필요하다.

캐럿(Caret)은 모바일 단말기의 브라우저 해상도를 고려하여 생성되는 재생 단위이기 때문에 사용자가 작은 브라우저상에서 정보를 습득하는데 불편함을 최소할 수 있는 장점을 제시한다.

② 적응적 캐럿 영역 설정 방법

캐럿은 접속한 모바일 단말기의 브라우저 해상도에 따라 자동으로 설정할 수 있을 뿐만 아니라 사용자가 지정한 위치를 중심으로 크기를 설정할 수 있다. 뿐만 아니라, 참조한 웹 페이지의 구조적 분석을 통하여 특정 영역을 선택 및 재생하기 위한 영역으로서 사용되기도 한다. 이 때 재생되는 영역 단위를 캐럿으로 정의할 수 있다.

● 일반 웹 페이지를 정적으로 분할하기

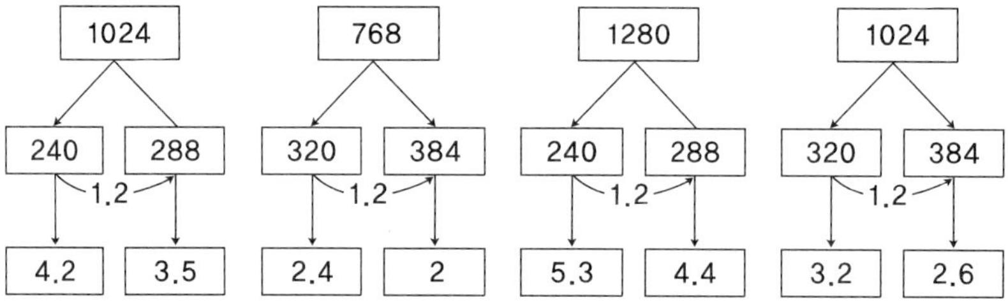

| 그림 14.8 | 일반 웹 콘텐츠의 해상도에 따라 생성되는 캐럿 수

웹 페이지의 기본 해상도인 1024*768을 모바일 페이지의 요즘 동향인 기본 단말기 240*320 해상도의 단말기에 재생하기 위해서는 콘텐츠를 이론상으로 가로로 4.2개 세로로 2.4개로 나누어서 표현하여야 한다. 하지만, 해상도가 낮아지면서 콘텐츠의 정보 유실이 발생될 수 있다. 일반 웹 페이지를 이미지화 했을 때 다양한 콘텐츠들 중 사용자가 가장 큰 정보 유실로 판단할 수 있는 콘텐츠가 텍스트이다. PC에서는 기본 타이틀의 경우 최소 10포인트를 사용하며 모바일에서는 8포인트를 사용한다. 이러한 인간 친화적인 요소를 고려한다면 기존의 4.2개, 2.4개의 크기는 각각 3.5개, 2개로 추정된다. 즉 1024*768 웹 페이지는 최소 7개의 모바일 페이지로 변화되어야 한다.

● 사용자 지정에 의한 임의 위치 지정하기

실제 웹 페이지를 웹 브라우저에 재생되는 해상도로 이미지화하여 모바일 웹 브라우저에서 재생한다. 이미지화된 웹 페이지를 모바일 웹 브라우저에 제공하면 적은 화면 해상도를 갖는 모바일 웹 브라우저에서는 인지할 수가 없다. 따라서 사용자의 작은 단말기에서 인지 가능한 콘텐츠로 재생하기 위해서는 이미지화된 웹 페이지 내에 재생할 윈도우를 지정하여 모바일 웹 서비스를 제공한다. 이를 위해서 모바일 화면을 고려한 가상의 영역을 생성하고 이미지화하여 제공한다. 이러한 캐럿 영역은 사용자 단말기 정보인 CC/PP의 단말기 해상도를 기준으로 생성된다. 그림 14.9는 이미지화된 NAVER 웹 페이지 중 X축 390, Y축 530으로 이동한 캐럿의 영역을 모바일 웹 브라우저에서 재생하는 이미지이다.

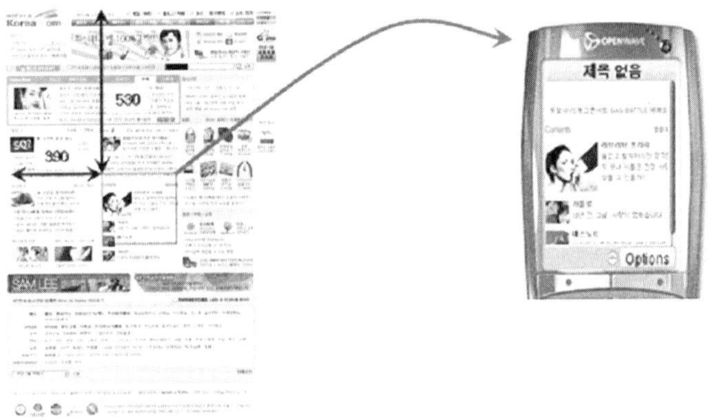

| 그림 14.9 | 웹 페이지 내의 X축 390, Y축 530으로 이동한 캐럿 위치의 모바일 웹 서비스로 제공되는 화면

(3) 캐럿 단위 재생의 예

캐럿 단위 재생을 위한 웹 콘텐츠를 재구성하는 모바일 서버의 구성은 IIS 6.0과 .NET #2, PHP가 연동되는 MobileGate 서버에 등록된 Html2Img 모듈에 의해서 서비스가 이루어진다. 서버에 사용자가 요청하는 웹 페이지가 웹 브라우저의 크기에 맞게 이미지화되고, 요구하는 위치와 크기로 모바일 사용자에게 서비스된다. 그림 14.10은 서버에 1.778KB 크기의 jpeg 파일로 생성되고, 생성된 이미지 파일을 축소 및 Corp된 이미지로 모바일 웹 브라우저에 제공되는 화면을 나타내고 있다.

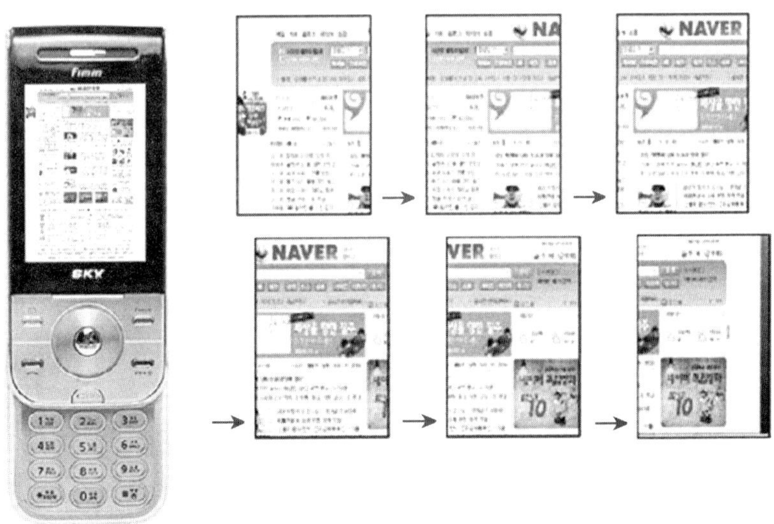

| 그림 14.10 | 모바일 단말기를 이용한 모바일 웹 서비스 화면

그림 14.6의 NAVER 웹 페이지의 콘텐츠를 이미지화하여 모바일 단말기의 웹 브라우저를 이용하여 재생하고자 한다면, 기본 해상도 1024*786의 웹 콘텐츠를 10배 정도 축소하여 재생하여야 한다. 이렇게 재생됨에 따라서 콘텐츠의 윤곽적인 서비스는 제공되지만, 웹 페이지의 콘텐츠를 인지할 수는 없다. 361개의 Hyperlink, 88개의 재생되는 이미지 파일, 39개의 테이블로 구성되어 있는 페이지 내의 콘텐츠를 이용하기 위해서 그림 14.10과 같이 모바일 단말기 사용자가 KEYPAD를 이용하여 웹 콘텐츠의 임의의 위치를 보고자 하는 요구를 할 수 있다. 웹 페이지의 경우에 중앙에 메인 광고와 그밖에 작은 광고들이 플래시 파일로 구성되어 있으며, 동적인 콘텐츠 서비스 제공을 위해서 JavaScript 데이터가 다수 추가되어 있다. 단말기에서 재생할 수 없는 이러한 오브젝트 콘텐츠 또한 이미지화되어 제공됨에 따라서 어떠한 단말기에서도 재생 가능하다. SKY 단말기에서 재생되는 화면의 이미지를 보면 처음에는 전체 화면의 내용이 재생되고, 사용자의 확대, 축소에 해당하는 기능 조작에 의해서 확대된 화면으로 제공되며, 상하 좌우 조작에 의해서 웹 페이지의 모든 콘텐츠가 이미지화 되어서 단말기 사용자에게 모든 내용을 인식 가능한 콘텐츠로 변환되어 서비스됨을 볼 수 있다.

14.4 모바일 웹 서비스의 응답시간 향상시키기

14.4.1 모바일 웹 서비스의 응답시간을 향상 시키는 방법

모바일 단말기에 모바일 인터넷을 효율적으로 서비스하기 위하여 고려해야할 사항중의 하나는 단말기의 환경(예 : Markup Language, Resolution, Color Depth, Memory size etc.) 정보이다. 그 이유는 접속한 단말기의 환경에 맞게 적응적으로 모바일 콘텐츠를 생성하는데 시간적인 비용이 필요하기 때문이다. 뿐만 아니라 각 단말기 별로 변환 및 생성된 모바일 콘텐츠의 버전 수는 서버의 용량을 증가시키는 요인이 된다. 즉, 다양한 단말기의 특성을 고려하여 모바일 웹 서비스를 제공하기 위해서는 서버 측에서 변환시간에 따른 응답시간과 서버의 용량을 최소화할 수 있는 방법이 필요하다.

일반적인 웹에서 응답시간을 최소화하는 방법으로는 웹 캐시(Web Cache)와 웹 선인출(Web Prefetching)을 많이 사용한다.

(1) 웹 캐시

웹 캐시는 시간적인 지역성을 이용하는 방법으로써 서버와 클라이언트 사이에 위치하며 클라이언트가 페이지 요청을 보내고 서버로부터 응답을 받을 때까지의 웹 대기시간을 줄이는 것을 목표로 한다. 이런 목표를 달성하는 과정에서 캐시의 제한된 크기를 인지하여 캐시 내에 보관할 웹 문서의 우선순위를 설정하는 다양한 대체 알고리즘들이 연구되고 있다.

(2) 웹 선인출

웹 캐시와 더불어 사용자 대기 시간을 줄이는 다른 방법은 웹 선인출 방법이다. 선인출은 웹 객체의 공간적인 지역성을 이용하는 방법으로, 사용자가 웹 문서를 요청하기 전에 요청할 문서를 예측하여 웹 캐시에 미리 가져다 놓는 것으로써 응답시간을 개선하는데 그 목적을 두고 있다.

(3) 모바일 단말기에서의 웹 캐시와 선인출

모바일 단말기는 이동성, 협소한 네트워크 환경, 움직임의 특성으로 인한 잦은 접속 단절, 제한적인 배터리 용량, 작은 화면크기와 같은 기존의 일반 PC와는 상이한 특성을 갖고 있다. 따라서 기존의 캐시 및 선인출 방법과 이동 컴퓨팅에서의 캐시 및 선인출 방법은 그 목적에서 차이를 두고 있다. 전자의 경우에는 단순히 사용자의 지연시간을 최소화하고 캐시 미스가 발생하면 단지 지연이 길어질 뿐이지만, 후자의 경우는 클라이언트에게 지연시간을 최소화시킬 뿐만 아니라 단절 연산을 지원하는 것이 목표이다. 이와 같이 이동 컴퓨팅에서의 선인출은 서버의 접근 지연을 단축시킬 수 있을 뿐만 아니라 데이터 전송량을 줄여서 이동 컴퓨팅의 단점인 전력을 절약할 수 있으며, 네트워크 단전시의 접근 가능성을 높일 수 있다.

14.4.2 모바일 웹 서비스의 응답시간을 향상시키기 위한 선 서비스 후 변환

웹 캐시와 선인출 기법은 사용자가 요청한 웹 콘텐츠를 서버에서 직접 가져오는 시간을 줄임으로써 사용자의 대기 시간을 줄일 수 있었고 사용자가 웹 문서를 요청하기 전에 요청될 문서를 미리 예측하여 캐시에 가져다 놓음으로써 응답시간을 추가적으로 줄일 수 있다.

웹 캐시와 선인출은 이처럼 캐시의 적중률을 높일 수 있는 방법에 대하여 중요하게 생각한다. 컴퓨터의 구조적인 측면에서 캐시의 적중률은 명령과 프로그램의 실행에서 요구되는 데이터와 명령어를 읽어 오기 위해 중앙 처리 장치(CPU)가 주기억 장치에 접근해야 하는 전체 횟수에 대하여 캐시 기억 장치 접근으로 충족되는 횟수의 비율을 의미한다. 따라서 웹에서는 서버와 클라이언트 사이에 캐시를 둠으로써 서비스 요청에 대한 서버의 접근 횟수를 줄일 수 있으며 대기 시간을 줄일 수 있는 성능 평가의 척도가 된다.

(1) 선 서비스(Pre-Service)

다양한 단말기의 하드웨어적인 특성을 고려하여 효율적인 모바일 웹 서비스를 제공하기 위해서는 접속한 단말기의 사양을 분석하고 그에 맞는 마크업 언어와 리소스를 단말기에 맞게 생성하여 서비스하여야 한다. 하지만 다양한 단말기의 특성에 맞도록 멀티미디어 객체와 함께 모바일 웹 페이지를 실시간으로 매번 생성하는 것은 콘텐츠 내의 구성요소와 크기에 따라 변환시간이 증가하기 때문에 전체적인 성능 저하를 유발한다.

일반적 개념에서의 캐시는 사용자 콘텐츠를 캐시 내에 보관함으로써 반복적으로 서비스되는 페이지에 대한 응답시간을 줄이는데 그 목적이 있다. 하지만 다양한 단말기의 사양에 맞는 콘텐츠를 생성하는 것은 캐시를 사용함에도 불구하고 한정된 캐시 용량에 의해 빈번한 캐시 대체를 요구함과 동시에, 캐시의 적중률을 감소시킴으로써 많은 응답시간을 요구한다. 여기서 캐시의 빈번한 대체는 서버에게 콘텐츠에 대한 많은 변환을 요구하는 것을 의미하므로, 캐시를 적용하더라도 모바일 콘텐츠를 생성 혹은 변환하는데 걸리는 시간을 줄이고 응답시간을 최소화하는 방법이 필요하다. 이런 단점을 보안하기 위한 방법 중의 하나가 선 서비스이다.

24Bit JPG 1Bit JPG

| 그림 14.11 | 모바일 단말기 상에 보이는 24Bit와 1Bit 이미지

120×96 176×144

| 그림 14.12 | 다른 해상도에서 보여지는 동일 이미지

선 서비스 방법은 각 모바일 단말기에 보이는 Quality는 민감하지 않을 것이라는 가정하에서 출발한다. 그림 14.11은 서로 다른 Color Depth를 갖는 이미지를 동일 사양을 갖는 단말기에 표현했을 때를 표현한 것이다. 그림에서 보이는 것처럼 24Bit의 이미지를 표현할 수 있는 단말기는 24Bit 이하의 Color Depth의 모든 이미지 표현이 가능하다. 그리고 그림 14.12는 120×96의 해상도를 갖는 이미지를 102×96과 176×144의 해상도 크기를 갖는 모바일 단말기에 표현했을 때의 실행결과를 나타낸 그림이다. 120×96의 해상도를 갖는 휴대폰이 있다고 가정하자. 이 휴대폰에 가로, 세로 스크롤바가 제공되지 않을 때 보여질 수 있는 최대 이미지의 크기는 120×96일 것이다. 따라서 이 휴대폰에 표현할 수 있는 마크업 언어를 생성한 후 120×96의 크기에 맞게 이미지 콘텐츠를 서비스해야 할 것이다. 하지만 동일 마크업 언어와 120×96보다 큰 해상도(예: 176×144)를 갖는 단말기 역시 어떠한 변환 없이 서비스가 가능하다. 다만 사용자의 눈에는 좀 더 작은 이미지로 인식될 것이다.

선 서비스는 요청한 단말기에 해당되는 콘텐츠가 캐시 내에 존재하지 않을 경우 최적의 질적 콘텐츠를 서비스할 수는 없지만 캐시내의 여러 개의 콘텐츠들 중 단말기에 서비스 가능한 콘텐츠를 선별하고 먼저 서비스하는 방식이다.

일반적인 모바일 웹 서비스 방법은 단말기로부터 서비스 요청이 들어왔을 때 캐시에서 단말기에 맞는 콘텐츠를 검색한 후 서비스한다. 즉 클라이언트로부터 특정 모바일 페이지의 요청을 받았을 때 캐시 내에서 클라이언트에 서비스 가능한 모바일 콘텐츠를 선별하고 우선적으로 요청에 응답하는 것을 의미한다. 여기서 선별 기준은 서비스 가능 범위인 임계값(Threshold)을 기준으로 한다. 이 임계값은 사용자 혹은 관리자에 의해 결정된다.

(2) 후 변환(Post-Transcoding)

선 서비스는 모바일 단말기에 서비스 가능한 콘텐츠를 캐시 내에서 추출하여 서비스하는 방법으로서, 단말기에 최적의 콘텐츠를 제공할 수는 없지만 우선적으로 서비스하여 응답시간을 향상시킬 뿐만 아니라 빈번한 캐시의 대체 횟수를 줄일 수 있다. 하지만 단말기가 요청한 콘텐츠에 대하여 임시적으로 응답을 했을 뿐이지 질적으로 향상된 최적의 콘텐츠를 서비스한 것은 아니다. 즉, 동일 단말기가 이전에 요청했던 동일 콘텐츠를 재요청할 경우를 고려해야 한다. 모바일 인터넷 서비스를 제공받는 연령분포와 사용 단말기의 사양을 고려할 때 특정 단말기들이 서비스를 받기 위해 재접속할 확률이 높다고 할 수 있다. 따라서 특정 콘텐츠의 서비스를 요청하는 단말기에 응답하기 위하여 서비스 가능한 콘텐츠를 캐시 내에서 검색하여 우선적으로 서비스하더라도 추후에 재접속을 시도할 확률을 고려하지 않을 수 없다. 그러므로 우선적으로 서비스한 콘텐츠에 대하여 추후 최적의 서비스를 제공하기 위한 콘텐츠 변환과정이 필요하다.

후 변환은 요청한 단말기에 대하여 서비스를 하지 못하였거나 서비스 가능한 범위 내에서 만족도가 낮은 콘텐츠를 선택하여 서비스했을 경우 재접속의 발생을 고려하고 추후 최적의 질적 서비스를 제공하기 위하여 요청했던 단말기에 대한 해당 콘텐츠 및 관련된 복수개의 콘텐츠들을 변환하는 방법이다.

선인출 방법은 사용자가 요청할 문서를 예측하여 캐시에 미리 가져다 놓는 것이다. 후 변환 방법은 선인출 기법을 확장한 것으로써 향후 질적 서비스를 제공하기 위한 기법이다. 기존 선인출 개념과의 차이는 예측된 콘텐츠를 미리 캐시에 가져다 놓는 것에서 확장하여 재접속시 질적으로 향상된 콘텐츠를 제공하기 위하여 콘텐츠 변환을 수행한 후 변환된 콘텐츠를 캐시에 저장하는 것이다. 후 변환 방법은 서비스를 제공한 후 수행되는 부분으로서 응답시간에 큰 영향을 주지 않기 때문에 자주 접근되는 콘텐츠에 대하여 특정 단말기가 요청한 콘텐츠를 변환할 수도 있지만 서비스된 콘텐츠와 연관된 복수개의 콘텐츠를 미리 변환하여 캐시에 저장할 수도 있다.

14.4.3 선 서비스 후 변환의 구조

사용자에게 빠른 응답 서비스를 제공하기 위해 제안한 방법은 그림 14.13에서 보이는 것처럼 크게 선 서비스부와 후 변환부로 구분되어진다. 여기서 선 서비스부는 사용자로부터 서비스 요청을 받고 단말기 정보를 고려하여 해당 콘텐츠를 캐시에서 검색하며 변환이 필요할 때 후 변환부에 변환을 요청하는 역할을 담당한다. 선 서비스의 전반적인 처리는 Call Server에서 제공한다. 후 변환부는 콘텐츠에 대한 전반적인 변환을 담당한다. 후 변환에 대한 전반적인 처리는 Content Generator에서 제공한다.

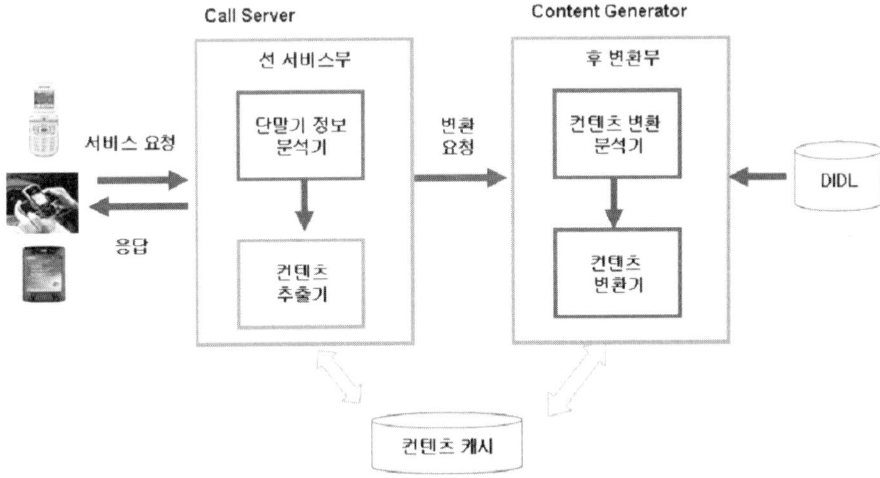

| 그림 14.13 | 선 서비스 후 변환의 내부 구성

① 단말기 정보 분석기

특정 모바일 단말기가 서비스 요청이 있을 때 단말기의 헤더 부분을 분석하여 정보를 추출하는 부분이다. 모바일 단말기가 접속했을 때 서버는 단말기의 HTTP_USER_AGENT을 통하여 이동통신사, 단말기 브라우저가 지원하는 각각의 정보를 추출하는 부분이다. 추출된 정보는 Phone 정보 데이터베이스에 저장된다.

② 재생 가능 콘텐츠 추출기

단말기 정보 분석기에 의해 추출된 단말기 정보를 이용하여 캐시내의 콘텐츠 중 분석된 정보를 바탕으로 단말기에 재생 가능한 콘텐츠를 선별하는 곳이다. 여기서 재생 가능한 콘텐츠는 단말기의 정보 및 요청 콘텐츠에 정확하게 일치하는 콘텐츠뿐만 아니라 재생 가능한 콘텐츠를 포함한다. 만약 캐시 내에 서비스 가능한 콘텐츠가 존재하지 않거나 후 변환이 요구될 때 후 변환부에 메시지를 발생시켜 변환을 요청하게 된다.

③ 콘텐츠 변환 분석기

선 서비스부로부터 변환 요청을 받았을 때 콘텐츠의 변환 수행 여부를 결정하며 변환이 요구될 경우에는 전송받은 콘텐츠를 분석한다. 분석한 내용으로는 콘텐츠의 마크업 종류와 리소스가 있다. 그리고 단말기의 정보를 이용하여 지원되는 마크업 종류 및 지원되는 사양에 따라 어떤 형식으로 변환할지 결정한다. 그리고 각 변환 알고리즘에 따라 변환 대상이 되는 복수개의 콘텐츠를 추출한 후 콘텐츠 변환기에 변환을 요청한다.

④ 콘텐츠 변환기

분석된 정보를 바탕으로 실질적으로 변환을 수행하는 부분이다. 이 부분은 마크업 언어를 변환하는 Description 변환 부분과 콘텐츠내의 실질적인 멀티미디어 객체를 변환하는 리소스 변환부분으로 구분된다. 만약 선 서비스부에서 캐시로부터 재생 가능한 콘텐츠를 선별하고 서비스하지 못하였을 경우에는 단말기 정보를 이용하여 새로운 콘텐츠를 생성한다. 하지만 선 서비스부가 재생 가능한 콘텐츠를 서비스하였고 단지 질적 서비스를 위해 재 변환을 요청하였을 경우에는 차이점만을 보정하여 변환에 걸리는 시간을 줄인다.

찾아보기

(하)

정가 19,000원

모든 휴대폰을 위한

모바일 웹사이트 제작 및 프로그래밍

2008년 2월 15일 초판 인쇄
2010년 4월 15일 수정판 발행
저 자 : 임 영 환
발행자 : 우 명 찬 · 송 준
발행처 : 홍 릉 과 학 출 판 사
주 소 : 서울시 강북구 인수동 455-60
142-885
등 록 : 1976년 10월 21일 제5-66호
전 화 : 999-2274 ➡ 5, 996-8341, 903-7037
팩 스 : 905-6729
ISBN : 978-89-7283-678-0
hongpub@hongpub.co.kr
www.hongpub.co.kr

저자와의 협의하에 인지생략